Der Bully

Rassetypisches, Haltung, Aufzucht und Geschichte der Französischen Bulldogge

von Ursula Bratke-Jorns

Impressum:

Bullyverlag
Ursula Bratke-Jorns, D-83471 Schönau am Königssee,
Telefon und Fax 08652/4520
1. Auflage 1993, 2. Auflage 2000, 3. Auflage 2003
Gesamtherstellung: Berchtesgadener Anzeiger Druckerei und Verlag
83471 Berchtesgaden
ISBN 3-929707-00-4

Gedruckt auf chlorfrei gebleichtem Papier

Inhalt

Grußwort

Drei Generationen haben mich begleitet, die Gründerin des Zwingers „vom Hochwald am Grünstein" Frau Cäcilie Bratke, die Tochter Frau Ursula Bratke-Jorns und die Enkelin Jutta Christine Jorns. Sie, nunmehr Tierärztin, führt den Zwinger, also die Zucht weiter.

Eigentlich hätte dies ihrer Mutter zugestanden, die alle Freuden und Leiden die vielen Jahre mit ihrer Mutter teilte, aber ganz bescheiden im Hintergrund blieb.

So hat sie zu Gunsten ihrer heranstürmenden Tochter auf die Zwingerfortführung verzichtet. Dafür braute sich etwas anderes in ihrem Kopf zusammen, etwas sehr Wichtiges. Ich möchte es „das kleine Lexikon der Französischen Bulldogge" nennen. Ein Informationsbuch von A - Z!

Es ist damit eine Lücke gefüllt, die Interessenten und Neubesitzern sehr viel Wissenswertes hilfreich vermittelt. Natürlich wird es auch Gegenstimmen geben, aber ich gehe immer davon aus: der Züchter legt den Grund, die Aufzucht macht den Hund!

So wünsche ich der Autorin für ihre mühe- und liebevolle Arbeit den Erfolg und den Dank, den sie verdient hat.

Lorle Spakowsky
(Ehrenpräsidentin im IKFB)

Hamburg im August 1990

Grußwort

Hallo, Jingo! Gruezi Aimée! Salut Aladin! Seid gegrüßt, Bullies, wie Ihr auch heißt und wo Ihr auch lebt! Dieses Buch ist Euch gewidmet in der Hoffnung, daß der „große Bruder" Mensch Euch besser verstehen und lieben lernt.

Ihr seid zwar „Zuchtprodukte", aber keine Durchschnittsgeschöpfe. Ihr Bullies, jeder für sich ein besonderes Individuum, existiert um Euer selbst willen und nicht, um Eure Besitzer aus Renommiersucht mit Stolz zu erfüllen. Ihr seid keine „Objekte", an denen Geld verdient werden soll. Noch weniger seid Ihr „Spielzeuge", die man wegwirft, wenn man keine Lust mehr zum Spielen hat, oder gar „schicke Accessoires", von denen man sich trennt, wenn sie unmodern werden. Ihr seid viel mehr als das: Lebende Wesen mit Gefühl und Intelligenz!

Ihr kleinen Gottesgeschöpfe mit Eurer kleinen Hundeseele, seid empfindende Kreaturen, die in guten wie in schlechten Zeiten das Schicksal ihrer Menschen teilen.

Welche Enttäuschung fühlt Ihr, wenn Euer Herrchen oder Frauchen schimpft, während Ihr gerade dachtet, besonders brav gewesen zu sein. Zu große Strenge, gar Strafen, lassen Eure Spontanität verkümmern. Wenn Ihr zu Hause nicht glücklich seid, möchtet Ihr woanders, oft kilometerweit weg, das fehlende Verständnis und die vermißte Liebe suchen.

Mit Herz und Gefühl schildert Frau Bratke-Jorns die Lebensbedingungen die Ihr braucht, um glücklich zu sein. Die Autorin ist mit Euren Artgenossen aufgewachsen, Hunde begleiteten ihr ganzes Leben.

Das vorliegende Buch ist kein Hundebuch wie andere. Es wurde nicht nur mit Erfahrung, Wissen und Technik, sondern vor allem einfühlsam mit Liebe geschrieben, damit Du, kleiner Bully, (und jeder andere Hund auch) besser verstanden und geliebt wirst.

Anita - L. Gay

Genf, im Februar 1991

Zum Geleit

Inschrift eines Grabsteines auf der englischen Kanalinsel Jersey

Gebet eines Hundes*

„Oh, Herr der Menschen, mach, daß mein Herr so treu sei seinen Mitmenschen gegenüber, so wie ich ihm treu bin. Mach, daß er seiner Familie und seinen Freunden immer anhänglich sei, so wie ich ihm anhänglich bin. Mach, daß er ihm anvertrautes Gut bewahre, so wie ich das seine bewahre. Gib ihm ein freundliches Wesen, gleich meinem wedelnden Schweif, gib ihm den Geist der Dankbarkeit, gleich meiner leckenden Zunge; gib ihm Geduld, gleich der meinen, welche auf seine Schritte wartet stundenlang ohne zu klagen; durchglüh ihn mit meiner Wachsamkeit, meinem Mut und meiner Bereitschaft alles zu opfern, sowohl jede Bequemlichkeit als auch das Leben selbst.

Erhalte ihn allezeit jung in seinem Herzen und rüst ihn aus mit dem Geist der heiteren Spiellust, so wie du es mit mir getan hast. Mach ihn als Mensch so gut, wie ich als Hund es bin, mach ihn würdig meiner

seinem Hund!"

(* aus: „Die Französische Bulldogge", bearbeitet von E. Trenkle, 1937)

Vorwort

Als Freundin Französischer Bulldoggen habe ich mich mit meiner Tochter Jutta Gerwert als Züchter um die Fortführung des Zwingers „vom Hochwald am Grünstein" bemüht, der 1957 von meiner Mutter Cäcilie Bratke gegründet wurde und nach ihrem Tode weiter bestehen sollte, um neuen „Hochwald-Bullies" das Leben zu schenken. Von Freunden ermuntert und von meiner jahrzehntelangen Erfahrung im Umgang mit Hunden, insbesondere mit den liebenswerten Französischen Bulldoggen gestützt, habe ich mich der Aufgabe gewidmet, ein Buch zur Freude, Anregung und Bereicherung für Bullyfreunde und für solche Menschen zu schreiben, die mit der Französischen Bulldogge bisher kaum Bekanntschaft gemacht haben und wenig oder gar keine Literatur über Hundehaltung und Hundeaufzucht besitzen.

Es ist so gut wie unmöglich, ein ausführliches Werk zu diesem Thema nur aus eigener Sicht zu verfassen, ohne sich auf das Wissen und die Erkenntnisse von Forschern, Züchtern und anderen Hundeliebhabern zu stützen. Ich danke allen, die mir Informations- und Bildmaterial zur Verfügung stellten und mir durch Rat und Tat halfen. Mein besonderer Dank gilt Frau Lorle Spakowsky, Ehrenpräsidentin des Internationalen Klubs für Französische Bulldoggen; Frau Hildegard Räßler, langjährige Vorsitzende und Zuchtwartin der Landesgruppe Bayern; Frau Anita-Louise Gay, Mitautorin des Buches „Die Französische Bulldogge"; Frau Dr. Ursula Fuhrich-Grubert, unermüdliche Lektorin, und natürlich meiner Tochter Jutta, von der viele Zeichnungen, Grafiken und Ratschläge stammen. Ein ganz herzliches Dankeschön möchte ich auch Herrn Frank Wolter, Vorsitzender der Landesgruppe Hamburg, sagen, der mir insbesondere bei der Beschaffung von Reproduktionen aus vergriffenen Büchern und Schriften behilflich war. Die Fotos „zeitgenössischer" Bullies wurden mir von Bullyfreunden zur Verfügung gestellt oder stammen aus eigenem Besitz.

Es ist ebenfalls kaum möglich, sämtliche, bei der Bullyhaltung auftretende Fragen so zu beantworten, daß ein jeder zufriedengestellt wird oder Tierarztbesuche gar unnötig werden. Das kann kein Autor und kein Buch leisten. Mein Anliegen ist es, Ihnen Anregungen und Tips zu geben und dazu beizutragen, daß Ihr Bully glücklich, gesund und gut versorgt lebt. Bei der Gliederung habe ich beim ersten Teil des Buches an den Neubesitzer eines Bullys gedacht, beim zweiten Teil vor allem an den „fortgeschrittenen" Bullyhalter.

Was aber weder durch Buchwissen noch durch Ratschläge guter Freunde und durch nichts auf der Welt ersetzt werden kann, ist die Liebe zum Hund, zu Ihrem Bully! Lassen Sie dieses Gefühl stets Ihren Vierbeiner spüren und beim Lesen meiner Ausführungen mitschwingen.

Wenn keine Einschränkungen in den Überschriften oder im Text gemacht werden, ist stes von der erwachsenen Französischen Bulldogge, gesund an

„Leib und Seele", die Rede. Einige Themen werden gleichzeitig in verschiedenen Kapiteln behandelt. Diese inhaltlich übereinstimmenden Darlegungen sollen dem „schnellen" Leser auf der Suche nach Antworten helfen, Zeit zu ersparen. Die von mir mit Namen genannten, industriell hergestellten Artikel zu Bullys Haltung werden von mir nur deshalb erwähnt, weil ich sie für empfehlenswert halte. Ich betreibe keine Produktwerbung und erhalte keine Vergünstigungen von den Herstellerfirmen.

Sie, liebe Leser und Leserinnen, bitte ich um Verständnis dafür, daß ich in meinen Ausführungen einheitlich die Begriffe „Rudelführer" und „Herrchen" verwende und scheinbar den Eindruck erwecke, als gäbe es keine „Rudelführerrinnen" und „Frauchen". Da ich selbst, wie unzählige andere Damen, zu den Bullybesitzerinnen mit einer Familie gehöre, erübrigt sich die nachdrückliche Feststellung, daß eine Französische Bulldogge kein „Männer- oder Einmannhund", sondern ein typischer Familienhund ist, der fröhlich und dankbar die Zuneigung aller Bezugspersonen genießt.

Ich hoffe, daß das vorliegende Buch Ihre Erwartungen erfüllt und dazu beiträgt, Ihren Bully immer zu verstehen und wie ein „Kind Ihres Herzens" zu umsorgen.

Ursula Bratke-Jorns

Schönau am Königssee, im August 1992
und Januar 2000 (Neuauflage)

Begleitende Worte zur dritten Auflage finden Sie am Ende dieses Buches.

(Foto: Kraus, Studio: Ecker)

Meiner Mutter, Cäcilie Bratke,
und allen Bullyfreunden gewidmet

Beschreibung und Charakter

Die Französische Bulldogge, auch „Bully" oder (von Engländern) „Frenchie" genannt, nimmt unter sämtlichen Rassehunden einen besonderen Platz ein, weil sie in ihrem Charakter und Verhalten alle Vorzüge eines treuen und verläßlichen Gefährten vereint.

Die „Bouledogue français" (französische Bezeichnung) zeichnet sich durch große Aufmerksamkeit, Intelligenz, Wachsamkeit, Anhänglichkeit, Spiellust, Gutmütigkeit und Anpassung an jede Lebensweise aus, sei es in einer kleinen Stadtwohnung oder in einem geräumigen Landhaus. Sie ist ein zugänglicher, fröhlicher, quicklebendiger, zugleich ruhiger, selbstbewußter, empfindsamer, sehr liebebedürftiger und angenehm auffallender **Begleit- und Gesellschaftshund** ohne Schärfe, der in den Grenzen eines kleinen Hundes körperlich belastbar ist. Bei Bully fallen die großen, dunklen, ausdrucksstarken Augen auf, die Vergleiche mit „kindhaften" Geschöpfen aufkommen lassen. Man kann einem derartigen Hund, der sich fast alle Herzen im Sturm erobert und meistens zu Scherzen und Spielen aufgelegt ist, einfach nichts übelnehmen.

Bullys Gesicht, mit seinen zahlreichen Falten auf Stirn, Nase und Jochbögen, spiegelt eine ganze Palette von Gefühlen wider. Sie reichen von größter Freude und lebhaftestem Interesse bis zu tiefster Trauer und Niedergeschlagenheit. Diese fast menschliche Ausdruckskraft wird von der Körpersprache begleitet und unterstützt. So kann es nicht verwundern, daß Bullies mit ihrem stämmig-muskulösen Körperbau, ihren „Fledermausohren" und ihrem liebenswert komisch-würdevollen Wesen besonders viele Spitznamen haben. Eine Auswahl: „Charmeur", „Sorgenbrecher", „Irrwisch", „Kobold", „Kleiner Athlet", „Mini-Herkules", „Rentnerboxer" und „Clown im Philosophenrock".

Der „French Bulldog" (englische Bezeichnung) ist kurzhaarig und „pflegeleicht". Künstliche „Verschönerungen" - wie zum Beispiel das Kupieren der Ohren - waren bei der Französischen Bulldogge noch nie üblich. Die originellen Stehohren sowie Form und Länge der Rute sind angeboren und werden vererbt.

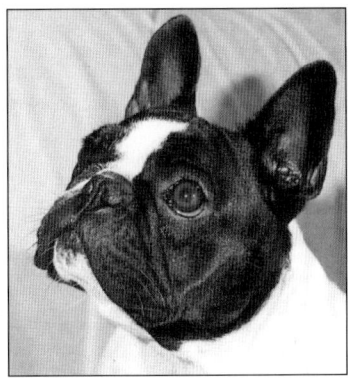

Für die Zwingerhaltung ist die Französische Bulldogge völlig ungeeignet, da sie die individuelle und uneingeschränkte Zuwendung ihres Besitzers und Halters unbedingt braucht und nie den Kontakt zu ihren Bezugspersonen vermissen möchte.

Ein unruhiger oder aufdringlicher „Hausgeist" ist Bully nicht, da er zum würdevollen Abwarten und Beobachten seines Umfeldes neigt. Dabei seufzt er gelegentlich oder schnarcht, scheinbar schlafend. Doch sobald etwas Bullys besondere Aufmerksamkeit erregt, ist er hellwach und bellt bei unerwarteten Besuchern ein- bis zweimal kurz, tief-kehllautig klingend. Mit seiner markanten Hundepersönlichkeit fordert er respektierende Beachtung, ohne von seiner Veranlagung her tatsächlich gefährlich zu sein. Die Französische Bulldogge zeigt das Gebaren eines großen, selbstbewußten Hundes, der nur selten bellt und Kläfferei verachtet. Belästigende Personen werden durch Drohgebärden abgeschreckt und in Gefahrensituationen bleibt dem Bullybesitzer Zeit, Hilfe zu rufen. (Selbst Versicherungsexperten sehen in einem wachsamen Hund - auch wenn er klein und harmlos ist - als „Alarmanlage" einen wirksamen Schutz vor Einbrechern.)

Wenn aber die Spazier- und Spielstunde schlägt, ist Bullys Begeisterung, Freude und Ausgelassenheit groß und ansteckend. Lassen Sie sich mitreißen und gönnen Sie Ihrem Hund, so oft wie nur möglich, Bewegung, frische Luft und Spiel! Er braucht das, wie Sie vermutlich auch. Weisen Sie Bully n i e m a l s barsch zurück, Grobheiten sind das Schlimmste für ihn. Er würde scheu, zurückhaltend und grämlich werden und sich zu einem eigensinnigen, enttäuschten und weniger liebenswürdigen vierbeinigen Familienmitglied entwickeln.

Bullies brauchen nicht viel Auslauf, doch wenn sie Gelegenheit zu ausgedehnten Spaziergängen haben, sind sie hocherfreute und aufmerksame Begleiter. Auch noch im reiferen Alter toben sie wie ein „Wirbelwind" mit jüngeren Artgenossen und menschlichen Gefährten herum. Sie lieben Spiele je-

Das macht Bully Spaß! (Foto Girard)

der Art, Wasserplantscherei und Autofahren, vertragen aber wie die meisten Zwei- und Vierbeiner k e i n e Zugluft, pralle Sonne, große Hitze und Kälte.

Urlaubsreisen sind wunderschön und erlebnisreich für Bullies, da ihre geliebten Menschen dann noch mehr Zeit als gewöhnlich für sie haben. Aufgrund ihrer „handlichen" Größe und ihrer idealen Charaktereigenschaften kann man diese Hunde überall dorthin mitnehmen, wo nicht ausdrückliches Hundeverbot besteht. Bully muß dann nicht in fremder oder gar ungeschützter Umgebung und vor allem nicht alleingelassen im Auto warten.

(Foto: Piewatz, Staudt und Jorns)

„Strandwächter"

An dieser Stelle möchte ich der irrigen Auffassung entgegentreten, die Französische Bulldogge sei mit den „Bullenbeißern" früherer Zeiten und mit den sogenannten „Kampfhunden" identisch, die in der Presse zuweilen für Schlagzeilen sorgen. Sie ist auch keine „Unterform" der Englischen Bulldogge. Durch sorgfältige Zuchtauswahl innerhalb vieler Jahrzehnte ist eine völlig eigenständige, vortreffliche, gutmütige und liebenswerte Rasse entstanden, die genauso wie ihre englischen „Vetter", oft falsch eingeschätzt wird und unter unbegründeten Vorurteilen zu leiden hat. Was jedoch Französischen und Englischen Bulldoggen gemeinsam ist und unbestritten von Kennern und Liebhabern beider Rassen gilt, umschreibt der englische Ausspruch: „Once a bulldogman - always a bulldogman!"

Jeder, der einmal eine Französische Bulldogge mit ihrer geradezu zärtlich zu nennenden Seele besaß, weiß wie einmalig ein Bully ist. Wer diesen „Franzosen" noch nicht kennt und mit dem Wunsch, einen spielfreudigen, nie nervös werdenden Begleithund zu besitzen, eine Französische Bulldogge wählt, wird nicht enttäuscht werden.

Bullies von jung bis alt und von allen Seiten …

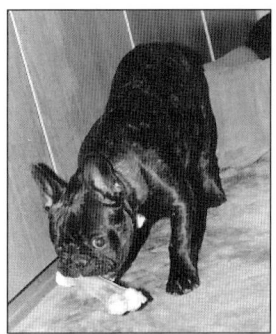

(Foto Flach, Franz, Kraus, Staudt und Jorns)

Bullys Beziehung zu Menschen

Da Bully einer nicht alltäglichen Rasse angehört und sich durch Besonderheiten auszeichnet, kann man auf Spaziergängen mit ihm allerlei erleben. Man trifft Menschen, die spontan Interesse oder manchmal sogar „Liebe auf den ersten Blick" am vierbeinigen Begleiter bekunden oder sich mit Worten und entsprechenden Gebärden albern, abwehrend, ängstlich und voreingenommen benehmen. Aussprüche von Passanten: „Das ist aber ein niedlicher Mops!" oder „Halten Sie Ihre bissige Töle fest!" können den Bullybesitzer mitunter frustrieren. Lassen Sie sich von solchen Reden nicht die Stimmung verderben oder sich gar zu impulsiven Antworten und zu dem häufig gebrauchten Satz: „Mein Hund beißt nicht!" hinreißen! Denn prompt und meist im aggressiven Ton wird darauf geantwortet: „Das sagt jeder!" und schon ist ein Wortwechsel entbrannt, bei dem der Bullybegleiter in die Defensive gedrängt, kaum noch zu Wort kommt. Besser ist es, solche und ähnliche Konfrontationen zu vermeiden oder z.B. „Mein Hund ist sehr neugierig und verspielt" zu erwidern. Diese freundlich-unverbindliche Antwort fordert keinen Widerspruch heraus, weil sie etwas über ein Verhalten aussagt, das im allgemeinen toleriert wird. Wenn sich aber die Gelegenheit zu einem wirklichen Gespräch ergibt, sollte man nicht versäumen, Verständnis für Hunde zu wecken und zu versuchen, hundefeindliche, voreingenommene Menschen umzu-

stimmen, und so neue Freunde für diese Vierbeiner, insbesondere für Bullies zu gewinnen. Um überzeugen zu können, sollte aber die Voraussetzung erfüllt sein, daß der eigene Begleithund gehorcht und sich artgerecht verhält. Denn grundsätzlich braucht jeder Hund eine artangepaßte Erziehung und viele Begegnungen mit Zwei- und Vierbeinern, damit er durch Erfahrungen lernt und keine durch ihn verschuldete Konfliktsituationen entstehen können.

Bullys Neugierde und Spiellust sowie sein Verhalten interessiert zu fast jedermann hinzulaufen, wobei er mehr oder weniger lautstark „schnorchelt", wird zuweilen sogar als „knurrender Angriff" gedeutet. Auch seine Fähigkeit, sich ohne deutlich wahrnehmbares Wedeln zu verständigen (Bullys Rute ist zur auffallenden Verständigung zu kurz und ungelenk), ist eine der Rassebesonderheiten, die gelegentlich zu Mißverständnissen führen können. Gelegentlich hat es der Bullybegleiter schwer, ängstliche Menschen bei Begegnungen von der Harmlosigkeit der Französischen Bulldogge zu überzeugen. Würden sich diese, meist „hunderasse-unkundigen" Leute doch etwas Zeit dafür nehmen, Bully kennenzulernen und seine **Körpersprache** zu beobachten, wenn er mit seinem Hinterteil wackelt und seine Maulwinkel wie zu einem Lachen verzieht!

Bullys ganzer Körper „spricht" und vermittelt seine augenblickliche Gemüts-
verfassung und insbesondere seine Einstellung zu dem Geschöpf, das sich ihm
nähert und Kontakt aufnehmen will. Die Französische Bulldogge ist zwar sehr
kontaktfreudig, kann aber, vor allem im reiferen Alter, zurückhaltend, fast ab-
weisend sein, wenn sie von Zuwendungen überrumpelt wird. Denn Bully
möchte vor Berührung und „Verletzung seiner Intimsphäre" (ca. 10 cm seines Körperumfeldes) Gelegenheit dazu haben, die jeweilige „Kontaktperson"
zu beschnüffeln, um Bekanntschaft zu machen. Er möchte „gefragt" und respektiert werden, würde jedoch nie, auch nicht bei einem menschlichen Fehlverhalten absichtlich und ernsthaft Menschen und Artgenossen verletzen,
da seine Unempfindlichkeit gegenüber solchen Reizen, seine arterhaltende
Hemmschwelle **(Beißhemmung)** sowie sein **Rudelzugehörigkeitsgefühl**
sehr stark ausgeprägt sind. Menschen sind für Bully „Rudeltiere", bei denen
der Rudelführer das Oberkommando hat. Bully richtet sein angeborenes
Triebverhalten nach den Weisungen seines Herrchens, der die Stellung des
Rudelführers einnimmt, und fühlt sich als untergeordnetes, aber trotzdem
sehr wichtiges Mitglied des „Herrchenrudels".

Wenn Bully an Kinder gewöhnt ist, verhält er sich ihnen gegenüber besonders
aufgeschlossen, fröhlich und spielbereit, manchmal etwas zu stürmisch, aber
nie böswillig. Denn Kinder, sofern sie von Erwachsenen beim Umgang mit
Hunden nicht falsch erzogen wurden, sind unbefangen und unbekümmert.
Ihre Art und Weise der Kommunikation ähnelt dem Charakter und dem natürlichen Verhalten von Bullies, die sich von Kindern sogar „Welpenfrechheiten"
gefallen lassen.

Mit den Menschen, die Ihren Begleithund als Französische Bulldogge erkennen, ergeben sich manchmal die nettesten Bekanntschaften. Mir ist es einige Male passiert, daß Autofahrer plötzlich stoppten, ausstiegen und ihr In-

Gute Freunde (Foto Schulze und Jorns)

teresse an meinen mitgeführten Bullies bekundeten. Gleiches habe ich getan, wenn ich „Bullyleute" traf. Man fragt nach Bullys Abstammung, Alter, nach seinen Vorlieben und Gewohnheiten, tauscht Erfahrungen und Erlebnisse aus und entdeckt meistens gemeinsame Bekannte.

Die Bullybesitzer sind wie Angehörige einer großen Familie, bei der jeder an jedem Anteil nimmt und unbeeinflußbar zu „seinen Kindern" - sprich Bullies - hält. Es ist ein Zusammengehörigkeitsgefühl, das Brücken zwischen Menschen aller Altersklassen und Berufe schlägt.

Warum nur relativ wenige Zeitgenossen die Rasse der Französischen Bulldogge kennen und andere ein Kennenlernen sogar ablehnen, hängt damit zusammen, daß Bullies mancherorts nicht „in" sind. Es liegt aber auch an der Rassebezeichnung, welcher der an Hundeschaukämpfe erinnernde Name „Bulldogge" anhaftet, wodurch Vorurteile aufgebaut werden. Eine Umbenennung der Rasse in „Französischer Bully" würde dazu beitragen, daß sich mehr Menschen mit den gutmütigen Bullies beschäftigen und unvoreingenommen Freundschaft mit ihnen schließen.

Obwohl es nur eingeschränkt in den Kapitelaufbau paßt und den folgenden Themen vorweggenommen ist, möchte ich Ihnen, liebe Bullybesitzer, bereits hier zur Anschaffung einer zweiten Französischen Bulldogge mit einem gewissen Altersunterschied zu Ihrer ersten raten. Ihre Freude an diesen Vierbeinern verdoppelt sich, nicht jedoch der Aufwand. Bully hat dann einen gleichartigen Spielgefährten, zu dessen Beschäftigung, Körperertüchtigung und Konditionserhaltung Sie weniger Energie brauchen, insbesondere dann, wenn Sie gehbehindert sind und ausgedehnte Spaziergänge Sie körperlich allzusehr belasten. Und - last but not least -, wenn der alte Bully aus Ihrem Leben scheidet, bleibt Ihnen der jüngere Hund, der sich wie mitfühlend, als wolle er Sie trösten, an Sie drängt.

Hab mich lieb!

Ob zur Sommer- oder Winterzeit, lustig ist ein Spiel zu zweit!

Menschen- und Bullykinder

(Foto A.-L. Gay, Lienert-Gentner, Schulze und Jorns)

Regeln für den Umgang mit Hunden

für kleine und große Kinder

1. Gehe nie zu einem fremden Hund und berühre ihn nicht, wenn Du allein mit ihm bist!

2. Laufe nie (auch nicht mit Rollschuhen u.a.) vor einem Hund fort, sondern bleibe stehen, *ohne* Abwehr- und Drohgebärden zu machen, wenn er Dir nachläuft!

3. Wenn sich Dir ein Hund nähert und Du willst das nicht, sage zu ihm (oder schreie ihn an): „Weg mit Dir, pfui, pfui, pfui!" Schlage *nicht* nach ihm!

4. Willst Du mit einem Hund spielen, dann rufe ihn und laß ihn zu Dir kommen, n i c h t in umgekehrter Reihenfolge!

5. *Bevor* Du einen Hund streichelst, reiche ihm zum „Schnüffelbegrüßung" die Handfläche einer Deiner Hände!

6. Laß Dich von einem Hund nur beschnuppern, aber nicht ablecken und „abbusserln" und faß ihm nicht in die Schnauze!

7. Pack' keinen Hund am Nackenfell, wenn Du ihn hochheben möchtest, sondern greife mit Deiner linken Hand zwischen den Vorderbeinen durch zur Unterseite der Brust und mit Deiner rechten Hand unter den Hundebauch!

8. Sei *nie* grob zu Hunden, reize und quäle sie nicht!

9. Störe schlafende, dösende und fressende Hunde nicht und gehe nicht hinter ihren Rücken vorbei!

10. Nimm Hunden während sie fressen, nicht das Futter fort und auch nicht das Spielzeug, mit dem sie gerade spielen!

11. Wenn Du einen eigenen Hund hast, sorge für ihn und lerne Verantwortung zu tragen und Dich zu beherrschen!

12. Denke daran, daß ein Hund k e i n Spielzeug ist, das Du nach Lust und Laune stundenlang beanspruchen oder vernachlässigen darfst!

Überlegungen und Informationen zur Anschaffung

Sie sind von der Französischen Bulldogge begeistert und möchten einen eigenen Vertreter dieser liebenswerten Rasse haben. Sicher haben Sie schon längst Ihr Gewissen und Ihre persönliche Umgebung geprüft und dabei folgende Gesichtspunkte berücksichtigt:

1. Ist in meinem Wohnhaus Hundehaltung überhaupt erlaubt?

2. Ist die *ganze* Familie mit der Anschaffung eines Bullys einverstanden?

3. Wo kann Bully seine Notdurft verrichten, wo unangeleint spielen?

4. Habe ich genügend Zeit, Bully zu versorgen und mich ihm zu widmen, mit ihm zu spielen und spazieren zu gehen?

5. Wer versorgt Bully während meines Urlaubs, meiner beruflichen oder anderweitig bedingten Abwesenheit?

6. Habe ich nach Zahlung des Kaufpreises für Bully während der Dauer von zehn bis fünfzehn Jahren ausreichend Geld für Hundefutter, Hundesteuer, Tierarzt, Impfschutz, Versicherung und andere, nach Notwendigkeit anfallende Kosten zur Verfügung?

Da Sie sich einen Hausgenossen anschaffen wollen, der viele Jahre Ihres Lebens, auch unter veränderten Begleitumständen (z.B. Wohnungswechsel, Älterwerden) mit Ihnen zusammen sein wird, sollten Sie sich nicht von Gefühlsüberschwang und sogenannten Gelegenheitskäufen hinreißen lassen! Denn, wenn Sie weder den **Züchter** noch die **Abstammung** eines Bullys kennen, ist Zurückhaltung ratsam! Ein Welpe ist immer „süß", niedlich und possierlich, aber bekam er wirklich gutes, aufbauendes Futter, ist er gesund, wurde er wesensmäßig gefördert usw.?

Sobald sich Ihr Entschluß zum Bullykauf gefestigt hat, nehmen Sie Verbindung mit dem **Internationalen Klub für Französische Bulldoggen** auf, wenn Sie in einem anderen Land als Deutschland leben, mit dem dortigen Bullyklub (siehe **Adressenverzeichnis**). Nach Erhalt einer Züchteradresse, setzen Sie sich möglichst umgehend mit dem Wurfbesitzer in Verbindung, vereinbaren einen „Hundebesichtigungs-Termin" und erfragen die Kaufbedingungen.

Welpen sind immer niedlich

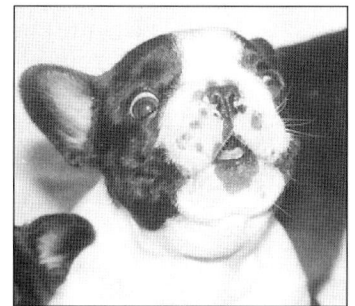 

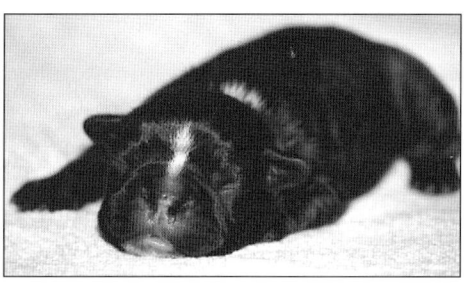

(Foto Girard, Jorns und Buchwald)

Je persönlicher sich Ihr Kontakt zu dem Züchter gestaltet und je mehr Zeit Sie sich dafür nehmen, umso mehr erfahren Sie über die Lebensgewohnheiten und Verhaltensweisen der Hundekinder, von denen eines Ihr neues Familienmitglied sein wird und zu Ihnen passen soll. Wenn Sie bei Ihrem Zwingerbesuch die verspielten, herumpurzelnden Welpen in ihrer „Kinderstube" sehen, werden Sie sicher Ihr „Herzenskind" inmitten der wesensverschiedenen Wurfgeschwister entdecken. Es gibt lebhaftere und ruhigere „Typen". Beobachten Sie sie und hören Sie der Beurteilung des Züchters gut zu. Er kennt die Kleinen schließlich seit ihren ersten Stunden. Nicht nur die spätere Umgebung, sondern auch angeborene Veranlagungen prägen lebende Wesen.

Die Geschlechtswahl und die bullyspezifischen Anlagen sind für den Bullykäufer, insbesondere für den, der selbst einmal züchten will, von großer Bedeutung. Mancher Welpe zeigt die Anlagen deutlicher, ein anderer weniger ausgeprägt. Doch prophezeien, wie sich ein Welpe entwickeln wird und dafür garantieren, kann niemand. Ganz allgemein ist zu sagen, daß Rüden die Rassemerkmale ausgeprägter und eindrucksvoller zeigen, selbstbewußter sind und versuchen, überall ihre „Duftmarken" anzubringen und bei Gelegenheit zu stromern. Hündinnen sind anhänglicher, häuslicher und etwas zierlicher als ihre männlichen Rassegenossen. Sie werden ca. alle sechs Monate läufig und müssen vor unerwünschter Trächtigkeit geschützt werden.

Treffen Sie Ihre Wahl sorgfältig und mit Bedacht! Sie tun sich und Bully keinen Gefallen, wenn Sie - vielleicht gehbehindert - dem lebhaftesten Welpen den Vorzug geben, der besser in einer Familie mit Kindern aufgehoben ist. Sie müssen die verschiedenen Temperamente berücksichtigen! Ihre Entscheidung führt auch zu persönlichen Einschränkungen durch Ihr neues „Familienmitglied", auf das Sie Rücksicht nehmen müssen, gleich wo. Wer nicht uneingeschränkt dazu bereit ist, sollte nochmals nachdenken! Hundehaltung verschafft nicht nur positive Erlebnisse, sondern auch negative (Ärger mit unfreundlichen Nachbarn, Gastwirten u.a.)!

Fragen Sie den Bullyzüchter lieber einmal zuviel, als einmal zu wenig! Als verantwortungsvoller Mensch wird er Ihre Wißbegier und Ihr Interesse sogar begrüßen. Er erfährt dadurch, daß „sein" Hundekind in umsichtige Hände kommt.

Die zuvor erhaltenen Informationen kommen Ihrem „Familienzuwachs" zugute. Sie können sich dem Welpen, wenn er in Ihrem Zuhause ist, mehr widmen und ihm Haltungs- und Fütterungsfehler sowie Verhaltensstörungen, eventuell Krankheiten ersparen. Denn auch zuviel Zuwendung, „Vermenschlichung", falsch angebrachtes Mitleid, Überfütterung und ständiger Körperkontakt mit Ihnen können schädigend sein!

Wenn Sie schon einmal einen Bully hatten und einen im Aussehen und Wesen gleichen wieder besitzen möchten, werden Sie vergeblich suchen und bestenfalls einen ähnlichen Rassevertreter finden. Jeder Bully ist auf seine Art eine „Persönlichkeit" und ein einmaliges „Produkt" der Schöpfung.

Notwendiges vor Bullys Einzug

Bevor Bully Einzug in sein neues Heim hält, müssen Sie Vorbereitungen treffen und sich darüber mit dem Züchter absprechen, damit sich Ihr zukünftiges Familienmitglied schnell und gut bei Ihnen einlebt.

Ich empfehle die Anschaffung (bzw. Anfertigung) eines „**Schaumstoff-Körbchens**" oder den Kauf einer dicken Schaumstoffmatte in der Größe 75 x 75 cm mit gut wasch- und wechselbaren Stoffbezügen. Bei dem Mattenlager passen Kopfkissenbezüge. Schaumstoff ist praktisch, desinfizierbar, schnell ersetzbar und man kann, ohne großen Kostenaufwand, mehrere Lager an Bullys Lieblingsplätzen schaffen.

Die handelsüblichen Körbchen aus Naturmaterial sind zwar preiswerter als die Schaumstoff-Körbchen und sehen ansprechend aus, aber sie verlocken mehr zum Benagen als die aus dem weichen Material hergestellten Körbchen und werden deshalb schneller „aufgearbeitet". Es widerstrebt mir, einen Hund beim Körbchen-Benagen zu tadeln und „sein Reich" mit „Pfuis" und Verboten zu belegen. Ein Tier handelt nicht nach menschlichen Verhaltensmustern. Das Körbchen, gleich aus welchem Material, mit den Gegenständen darin und in der näheren Umgebung, vermittelt einem Hund den Platz, zu dem er sich zurückziehen kann und wo er sich geborgen, sicher und rundherum wohl fühlt. Dieser Körbchen-Stellplatz sollte mit Überlegung gewählt werden und zug- sowie störungsfrei bei einer gleichbleibenden Raumtemperatur zwischen 18° und 22° C sein (für entwöhnte Welpen gilt die obere Grenze). Zimmer- und Flurecken oder Nischen werden gern angenommen, nach den Seiten offene Plätze (z.B. zwischen Tischbeinen) weniger gern.

Dieser Bully wundert sich: „War das Körbchen nicht für mich?"

(Foto Schulze)

Hundehütten und **Transportbehälter** aus Holz, Kunststoff oder dergleichen sind, wenn es um Bullys Sicherheit geht, aber auch auf Reisen, Ausstellung oder beim Aufenthalt in Geschäftsräumen, sehr empfehlenswert. Manche Bullies ziehen sich gern von allein in Ihre „Behausung" zurück, um in Ruhe zu schlafen oder zu warten. Man sollte jedoch *nie* vergessen, daß eine Französische Bulldogge ein Familienhund ist, Streicheleinheiten und Blickkontakt braucht und nicht aufs „Abstellgleis" gehört!

Sie müssen auch überlegen und dafür Vorsorge treffen, w o Ihr zukünftiger Hausgenosse u n g e s t r a f t (!) seine Notdurft in der Wohnung machen darf, wenn es draußen regnet, stürmt, schneit oder einfach zu kalt für ein „Baby" ist. Nicht zu Unrecht prägte der Volksmund das Sprichwort: „Nicht einmal ein Hund geht bei diesem (Sau-) Wetter vor die Tür!" Sie können und dürfen einen, noch an die „Kuschelwärme" der Mutter und Geschwister gewohnten Welpen *nicht* jedem Wetter aussetzen, auch wenn Sie selbst sehr viel von Abhärtung halten! Es könnte auch sein, daß der erwachsene Bully einmal **Durchfall** bekommt, und dann ist es von Vorteil, er erinnert sich an „sein Plätzchen" und muß Herrchen nicht womöglich Tag und Nacht in Bewegung halten. (Ein Welpe *muß* bei **Durchfall** s o f o r t zum Tierarzt, der Medikamente verabfolgen und den **Flüssigkeitsverlust** ausgleichen wird.)

Bei der **Reinlichkeitserziehung** „schwören" manche Züchter auf Zeitungen als Unterlage, manche auf Heu-, Stroh- oder Sägemehleinstreu. Ich machte die besten Erfahrungen mit dem gut zu reinigenden, sogenannten „Katzenklo" aus Kunststoff (nicht Holzkiste, da Splittergefahr!) und der dazu erhältlichen möglichst schnellklumpendem, staubarmen Einstreu, die geruchsblockend „umweltfreundlich" (Herstellerhinweis beachten!) *und* hundeverträglich ist. Dieses Material ähnelt der natürlichen Bodenbeschaffenheit, ein daran gewöhnter Hund braucht nicht umzulernen.

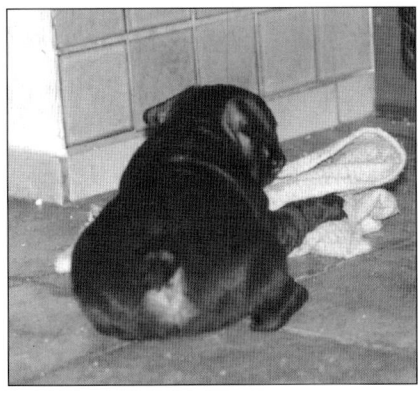

Für Bullys **Ernährung** müssen Sie auch vorsorgen und sich das, wozu Ihnen der Züchter geraten hat, beschaffen. Wenn „Ihr Hundekind" eine „Lieblingsspeise" hat, halten Sie diese bereit. Vielleicht ist es Rinderhack, Rindermagen (Kutteln, Pansen), gekochtes Herz, Hühnchen, Fisch, Boulette, Welpen-Dosenfutter oder sind es (gefüllte Mark-) Hundekuchen?

Zu Bullys **Beschäftigung** und um Ihre Einrichtungsgegenstände zu schützen, sollten Sie einige Dinge zum Spielen, Zerren und Benagen in Bereitschaft halten: z.B. ein Stofftier, eine Quietschmaus, drei zusammengeknotete Krawatten, einen mittelgroßen Ball (keinen Tennisball!), einen Hartgummiring, einen kleinen, nicht splitternden Ast, Hundekuchen, altbackene Brötchen u.a.

Ferner benötigen Sie: ein leichtes, weiches **Halsband** (ca. 32 - 35 cm für Welpen), eine **Ausgehleine** (ca. 1.20 m), eine **Laufleine** (5 - 10 m Perlonschnur mit Karabiner genügen, erhältlich in Sportgeschäften) sowie je einen **Wasser-** und einen **Futternapf.** Hierbei ist von Näpfen in einer untrennbar verbundenen Einheit abzuraten. Denn Futterreste *sollen* nach der Hungerbefriedigung fortgenommen werden, aber Wasser *muß* immer bereitstehen und mindestens einmal täglich erneuert werden. Die Wasserbereitstellung könnte man übersehen, wenn die „Futternapfeinheit" in der Spülschüssel steht.

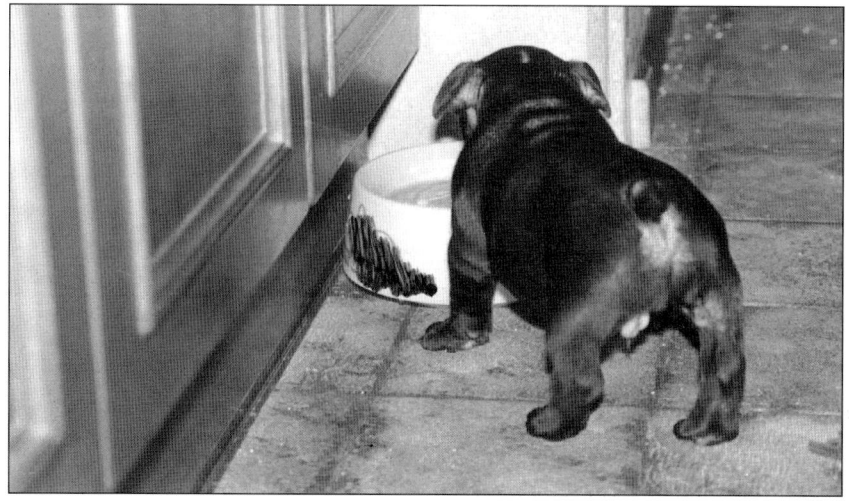

Der Wassernapf steht immer bereit

Übernahme und Formalitäten

Sie haben mit dem Züchter den Termin der Entgegennahme Ihres Bullys vereinbart und viel Zeit dafür eingeplant. Vielleicht bringt Ihnen der Züchter das Hundekind auch ins Haus, lernt zu seiner eigenen Beruhigung das neue Heim des Welpen kennen und gibt Ihnen noch einige Tips.

Wenn *Sie* zur Abholung fahren, nehmen Sie eine warme Decke, Papiertücher, Näpfe, eine mit Leitungswasser gefüllte Flasche, (bei mehr als vierstündiger Fahrt auch Futter!), Leine, Halsband, ein Spielzeug und für alle Fälle - vor allem bei Alleinabholung - einen Reisebehälter (höherer Korb oder Karton genügen) mit.

Der Züchter wird Ihnen einen **Kaufvertrag** (siehe unverbindlichen „Muster-Kaufvertrag") in doppelter Ausfertigung (einen für sich selbst, den anderen für Sie) vorlegen (wenn nicht, bestehen Sie darauf), in dem möglichst klar und unmißverständlich ausgedrückt wird,

> was der Züchter dem Käufer zusichert,
> welche Verpflichtungen der Käufer auf sich nimmt,
> daß sich der Züchter das **Vorkaufsrecht** vorbehält
> und anderes mehr.

Fassen Sie die Vertragsvorlage mit dem **Rückkaufs-Vorbehalt** nicht mißtrauisch auf! Die schriftliche Verkaufsform zeichnet den Züchter als verantwortungsvollen Tierfreund und Menschen aus, dessen Sorge um das Wohlergehen „seiner" Hunde nicht am Tage der Abgabe endet und unterscheidet ihn dadurch von den nur am Profit interessierten Hundeverkäufern, Hundehändlern und „Hundefabrikations-Züchtern"!

INTERNATIONAL CERTIFICATE OF VACCINATION
CERTIFICAT INTERNATIONAL DE VACCINATION
CERTIFICADO INTERNACIONAL DE VACUNACION
INTERNATIONALER IMPFPASS

FOR DOGS	FOR CATS
POUR CHIENS	POUR CHATS
PARA PERROS	PARA GATOS
FÜR HUNDE	FÜR KATZEN

This certificate follows the code of the INTERNATIONAL OFFICE OF EPIZOOTICS, based on principles laid down by Expert Committees of the WORLD HEALTH ORGANIZATION and the FOOD AND AGRICULTURE ORGANIZATION OF THE UNITED NATIONS

Ce certificat est conforme aux prescriptions de L'OFFICE INTERNATIONAL DES EPIZOOTIES, basées sur les principes formulés par des comités d'experts de L'ORGANISATION MONDIALE DE LA SANTE et de L'ORGANISATION DES NATIONS UNIES POUR L'ALIMENTATION ET L'AGRICULTURE

Este certificado está de acuerdo con las prescripciones de la OFICINA INTERNACIONAL DE EPIZOOTIAS, basadas en los principios formulados por una comisión de expertos de la ORGANIZACION MUNDIAL DE LA SALUD, y de la ORGANIZACION DE LAS NACIONES UNIDAS PARA LA AGRICULTURA Y LA ALIMENTACION

Dieser Paß entspricht den Vorschriften des INTERNATIONALEN TIERSEUCHEN-AMTES und den von Expertenkomitees der WELTGESUNDHEITSORGANISATION und der WELTERNÄHRUNGS- UND LANDWIRTSCHAFTSORGANISATION DER VEREINTEN NATIONEN festgelegten Richtlinien.

Das Vorkaufsrecht übt der Züchter dann aus, wenn Sie sich als ungeeigneter Hundebesitzer erweisen oder Umstände eintreten, die Hundehaltung verbieten. Damit übernimmt der fürsorglich-umsichtige Züchter eine mühevolle, zeit- und kostenaufwendige Aufgabe. Er wird den „Besitzer-Waisen" entweder wieder in eigene Hände nehmen oder einen Unterbringungsplatz suchen, der dem Hund eine möglichst gute Haltung sicherstellt.

Sie werden einen internationalen „**Hunde-Impfpaß**" mit der Bescheinigung der verabfolgten **Schutzimpfungen** und Hinweisen auf weitere **Impftermine**, die Sie *unbedingt* einhalten sollten, bekommen.

Auf die **Ahnentafel,** die beim **Zuchtbuchamt** ausgestellt wird, müssen Sie in der Regel warten. Das liegt daran, daß die Welpen nach Beendigung ihrer neunten Lebenswoche dem **Zuchtwart** zur **Wurfabnahme** vorgestellt werden müssen und die Welpenabgabe meist unmittelbar danach erfolgt.

Der Zuchtwart beschreibt im **Wurfmeldeschein** jeden vorgestellten Welpen genauestens. Diese Aufzeichnungen dienen dem Zuchtbuchamt als Unterlage für die Registrierung und Ausfertigung der Ahnentafeln.

Wahrscheinlich wird Ihnen der Züchter etwas aus der **Hunde-Kinderstube** mitgeben, das vertraut riecht und Bully in seine neue Umgebung begleitet. Wenn der Züchter das vergißt, bitten Sie ihn um einen Gegenstand, der Ihnen bestimmt nicht verweigert werden wird. Es kann eine alte Decke, ein Stoffetzen oder ein abgenagtes Spielzeug sein. Nicht der Wert ist entscheidend, sondern, daß das Hundekind etwas ihm Bekanntes in seiner Nähe hat. Natürlich konnten Sie nach Vereinbarung mit dem Züchter schon vorher eine Decke oder etwas anderes bei seinem Hundenachwuchs zur „Geruchsannahme" abgeben. Doch, wie auch immer, etwas Anheimelndes muß Bully haben, damit er sich in den ersten Stunden und Tagen im neuen Heim glücklicher und sicherer fühlt!

(unverbindliches) Kaufvertrags-Muster

Kaufvertrag

Zwischen dem **Verkäufer** (Name und Anschrift) ....

....

und dem **Käufer** (Name und Anschrift) ....

....

wird heute Folgendes vereinbart:

Der Käufer erwirbt von dem Verkäufer den Französischen Bulldoggenwelpen ....

.... (Name des Hundes)

Wurfdatum: .... Geschlecht: .... VDH/FCI-ZFB-Nr. ....

Mutter des Welpen: ....

VDH/FCI-ZFB-Nr. ....

Vater des Welpen: ....

VDH/FCI-ZFB-Nr. ....

zum Kaufpreis von .... (i.W...)

Der Verkäufer bestätigt, daß der genannte Welpe aus eigener Zucht stammt und sorgsam und gewissenhaft aufgezogen wurde. Die Paarung der Elterntiere erfolgte mit der Zielsetzung, möglichst gute und gesunde Welpen zu züchten. Der Wurf wurde vom zuständigen Zuchtwart abgenommen; die Ausstellung ordnungsgemäßer Ahnentafeln ist befürwortet. Der Verkäufer versichert, daß ihm keine offensichtlichen oder verborgenen Mängel oder Krankheiten des o.g. Welpen bekannt sind und alle Angaben in der Urkunde der Wahrheit entsprechen. Der Verkäufer händigt dem Käufer den Internationalen Impfpaß aus und verpflichtet sich, die VDH/FCI-Ahnentafel nach Erhalt vom Zuchtbuchamt unverzüglich und kostenlos nachzureichen.

Der Käufer bestätigt, den Welpen besichtigt und keine Mängel festgestellt zu haben. Er sichert ordnungsgemäße Haltung und Pflege des Hundes zu. Der Käufer stellt den Verkäufer von der Haftung für Beeinträchtigungen und Schäden frei, die durch falsche Haltung, Aufzucht oder Behandlung des Hundes entstehen.

Der Käufer verpflichtet sich, den vorerwähnten Hund nicht an dritte Personen zu verkaufen oder weiterzugeben und im Fall eines notwendig werdenden Besitzerwechsels des Hundes, den Verkäufer umgehend zu benachrichtigen. Dem Verkäufer steht das Vorkaufsrecht zu.

Der Käufer erklärt, daß er mit dem Hund nicht* züchten und ihn nicht* ausstellen will. (*Nichtzutreffendes bitte streichen)

Weitere Vereinbarungen: ....

....

....

Verkäufer und Käufer erhalten je eine Ausfertigung dieses Kaufvertrages.

Ort und Datum: ....

.... (Unterschriften) ....

Der Verkäufer   Der Käufer

Abholung und Reisetag

Bevor Sie mit Bully im Auto abfahren (bei Fahrten mit anderen Verkehrsmitteln gelten nachstehende Ausführungen sinngemäß), lassen Sie Ihren Hund noch seine Notdurft verrichten. Manche Züchter füttern Welpen vor der Abreise nicht mehr, um ihnen auf der mehr oder weniger anstrengenden Reise den infolge des Transports evtl. ausgelösten Würge- und Brechreiz zu ersparen und, um den neuen Hundebesitzern daheim Gelegenheit zu geben, sich mit Futtergaben einzuschmeicheln und beliebt zu machen. Mich überzeugt das nicht. Der neue Hundebesitzer hat vor und während der Fahrt genügend Zeit und Gelegenheit, Kontakte mit seinem vierbeinigen Gefährten anzuknüpfen. Ich bin unbedingt dafür, die regelmäßigen Fütterungszeiten einzuhalten, um den Welpen-Versorgungsrhythmus nicht unnötig zu stören! Dem neuen Besitzer mag es zwar angenehmer sein, keinen erbrochenen Nahrungsbrei im Auto oder auf seiner Kleidung befürchten zu müssen, doch Bullys altersgerechte Versorgung steht im Vordergrund. Im übrigen können sich Hunde, z.B. bedingt durch eine ungleichmäßige Fahrweise, auch mit leerem Magen übergeben. Dabei erbrechen sie Magensaft und Schleim.

Tadeln Sie Ihren Welpen bei oder nach dem Erbrechen nicht und vermeiden Sie ruckartiges Fahren, das das Auslösen des Brechreizes fördert! Unterbrechen Sie die Fahrt bereits nach 10 - 15 Minuten, danach stündlich und gehen Sie dann mit Bully dorthin, wo er sich *ungestört* von anderen Personen und von Verkehrsabläufen „erleichtern" kann. Falls der Welpe an ein „Hundeklo" gewöhnt ist, suchen Sie einen sandigen Platz und lassen Sie Bully genügend Zeit zum Schnüffeln und zum Verrichten seiner Notdurft. Hektik bringt nichts, da sie zu Fehlverhalten und einem gestörten Vertrauensverhältnis führt.

Halten Sie Wasser in ständiger Bereitschaft und bieten Sie es Bully unterwegs recht oft an! Ein Welpe hat im allgemeinen einen größeren Flüssigkeitsbedarf

„Bitte Wasser!"

als ein erwachsener Hund, im besonderen aber nach erfolgtem Erbrechen. Wenn Bully vor der Abfahrt Futter bekam, müssen Sie ihn nach vier Stunden Fahrt füttern, anderenfalls entsprechend früher.

Beobachten und beruhigen Sie Bully und schützen Sie ihn gegen Kälte und Zugluft! Vorausgesetzt, Sie fahren nicht selbst, wird sich Bully auf Ihrem Schoß, eingehüllt in die mitgebrachte Decke, wohler fühlen als allein auf den Rücksitzen, von denen er herabfallen oder in den vorderen Wagenbereich geschleudert werden könnte. Vergessen Sie das Anschnallen - trotz des Hundes auf Ihrem Schoß - nicht!

Holen Sie Bully allein ab, ist er am besten im Fußraum des Beifahrersitzes in seinem **Reisebehälter** aufgehoben, nachdem Sie die nach unten führende Belüftung wegen der Zugluftgefahr abgestellt haben. Dort ist Ihr Hund in Ihrer Blick- und Streichelnähe. Sie müssen allerdings sehr darauf achten, daß er sich nicht selbständig macht und frei im Wagen herumkrabbelt. Bullys Unternehmungslust können Sie dadurch etwas behindern, indem Sie die mitgeführte Decke leicht über den Reisebehälter legen. Ihr Reisegefährte wird mehr schlafen, wenn seine Umgebung dunkler ist. Sollte Bully jedoch nicht zu „bändigen" sein, muß er mitsamt seinem Behälter aus Sicherheitsgründen in den Fußraum der Rücksitze oder in den Fond Ihres Wagens, je nach Platz und Autotyp. Ihre Fahrsicherheit geht v o r Bullys Traurigkeit und Ihrem, in diesem Fall falsch angebrachten, verkehrsgefährdenden Mitleid.

Sie können und sollten Bully auf seiner großen Reise in seine neue Hundewelt sehr verwöhnen und ihm, wenn er nicht schläft, Unterhaltung und Abwechslung verschaffen, ähnlich wie einem sich langweilenden Kind. Herausgenommen aus seiner ihm gewohnten Welpenumgebung, ist Bully besonders liebebedürftig! Die Fahrt ins neue Heim ist auch für einen jungen Hund anstrengend und kann ihm schaden, wenn nicht menschliche Vernunft und Rücksicht walten.

Denken Sie daran, daß Ihrem Bullykind ein neuer Lebensabschnitt in fremder Umgebung, mit unbekannten Bezugspersonen und eventuell vorhandenen, anderen Haustieren bevorsteht. Ein Hund kann keine Wünsche äußern und sagen, was er vermißt oder gern haben möchte. Ihr Bully ist nur lieb, drollig, verspielt, neugierig, vielleicht auch anfangs scheu und verunsichert, jedoch völlig *Ihrem* **Verständnis** anvertraut, um nicht zu sagen, Ihnen „ausgeliefert".

In den e r s t e n Stunden und Tagen in Ihrer Obhut baut sich die Beziehung auf, die Mensch und Hund in einem glücklichen, vertrauensvollen Zusammenleben bindet.

Nehmen Sie sich für Bully *viel* Zeit, seien Sie einfühlsam, geduldig u n d beherrscht!

Neues Heim

Nachdem Sie bei Ihrem Wohnhaus angekommen sind, gehen Sie mit Bully vor dem Betreten der Wohnung zu dem Platz, den Sie als „äußeres Hundeklo" **(Löseplatz)** an einem möglichst ungestörten Ort vorgesehen haben. So lange Bully noch nicht den kompletten Impfschutz erhalten hat, meiden Sie die von anderen Hunden aufgesuchten Stellen. Lassen Sie Bully für seine Notdurft ausreichend Zeit, die er, zur Eile angetrieben, sonst dort verrichten würde, wo Sie es nicht möchten. Diese „Fehlplazierungsstelle" wäre markiert und würde weiterhin Anziehungskraft ausüben. Das Hundekind bekäme die ersten Tadel und Sie würden mit Putzmitteln herumlaufen, anstatt sich ihm liebevoll zu widmen. Wenn ein „Malheur" passiert ist, nehmen Sie es nicht tragisch und beseitigen Sie die Spuren unauffällig und ohne Gefühlsausbrüche.

„Wo ist hier das Hundeklo?"

Bitte lassen Sie sich weder am ersten Tag noch an anderen Tagen bei Mißgeschicken dieser Art zu Beschimpfungen hinreißen! Die Verrichtung körperlich-natürlicher Bedürfnisse ist nicht tadelnswert und heißt nicht zu Unrecht **„Notdurft"** (siehe Reinlichkeitserziehung)! So lange sich die Beziehung zwischen Ihnen und Bully nicht gefestigt hat, sollte Tadel überhaupt unterbleiben; nicht Gehorsam, sondern Hundeangst und Hundescheu wären die Folge!

Lassen Sie Bully ausgiebig die ihm „erlaubte" Wohnung (siehe Eingewöhnung) und seine „Wohnungstoilette" beschnuppern, geben Sie ihm Wasser und Futter, spielen Sie mit ihm und locken Sie ihn immer wieder zu seinem „Klo". Aber lassen Sie Bully n i c h t aus den Augen: herumliegende Kabel sind gefährliches Spielzeug; Teppiche, Möbel und Pflanzen verführen zu näherer „Untersuchung"!

Laufen Sie Bully n i e m a l s nach und versuchen Sie nicht, Ihren Hund unterm Sofa, wo er sich beispielsweise versteckt hat, zu ergreifen! Locken Sie

Bully mit Papiergeraschel oder einem Quietsch-spielzeug. Neugierde ist größer als Zurückhaltung und unter einem Sofa wird es schließlich auch langweilig. Lassen Sie i m m e r Bully zu sich kommen, nicht in umgekehrter Reihenfolge (siehe Erziehungsgrundlagen)!

Ihr neuer Hausgenosse wird nach all' den ungewohnten Eindrücken bald müde sein und seinen Schlafplatz aufsuchen. Legen Sie das Erinnerungsstück aus seiner Kinderstube in sein Körbchen hinein und lassen Sie Wasser und das „Hundeklo" daneben stehen. Nun können Sie hoffen, daß „Ihr Baby" durchschläft. (Als Beruhigungs- und Ablenkungsmittel ist eine in Hörnähe aufgestellte tickende Uhr nützlich.)

Die erste Nacht stellt eine Ausnahmesituation dar. Das Hundekind hat sein inneres und äußeres Gleichgewicht verloren. Haben Sie Verständnis dafür, wenn es zu quengeln anfängt und Bedürfnisse hat, - es vermißt ganz einfach die gewohnte „Nestwärme". Sie müssen sich um das junge Hundegeschöpf wie um einen klei-

"So habe ich mir das nicht vorgestellt!"

nen, menschlichen Erdenbürger kümmern, es beruhigen, ihm Nahrung und Beschäftigung (z.B. einen Hundekuchen) anbieten oder mit ihm „Gassi-gehen".

Wenn Sie Bully einmal in Ihr Bett mitnehmen, ist das eine Entscheidung, die kaum noch zu korrigieren ist. Sie werden ihn dann als ständigen Gefährten Ihres Nachtlagers bei sich haben. (Streichelnähe würde auch genügen.) Jeder Hund hat ein überraschend gutes Erinnerungsvermögen, besonders an die Annehmlichkeiten Ihrer Bettstatt. Er wird immer wieder das, was er einmal mit Betteln und Winseln durchsetzte, zu erreichen suchen und Sie bei Ablehnung nicht verstehen.

A l l e s , was von Ihnen ausgeht, ob angenehm oder nicht, stärkt oder mindert Bullys Vertrauen zu Ihnen, seinem Herrn und „**Rudelführer**".

Enttäuschen Sie Ihren Hund n i e durch Inkonsequenz, - die **Erziehung** beginnt am ersten Tag im neuen Heim!

Eingewöhnung im neuen Heim

9. - 12. Woche

Der Welpe braucht zwei bis drei Wochen, um sich in seinem neuen Heim und in der fremden Umgebung einzuleben. Er ist vollauf damit beschäftigt, alles ihm Zugängliche zu erkunden, zu beschnüffeln, zu „erschmecken" und sich mit ungewohnten Geräuschen vertraut zu machen. Wenn Bully von einem fachkundigen Züchter aufgezogen wurde und Sie dessen Ratschläge über Fütterungszeiten und Gewohnheiten beachten, ist die Eingewöhnungszeit belastungsfreier, bleibt aber aufregend und folglich schnell ermüdend. Ein Bully braucht während seiner Wachstumsphase sehr viel Schlaf, mehr als in seinem erwachsenen Leben. Dies sollten Sie berücksichti-  gen und Ihrem Welpen besonders in den ersten Wochen viel Freiraum gewähren, ihn aber *nicht* aus den Augen lassen! Ein Teppich zum Beispiel ist schnell angeknabbert und dann heißt es sofort handeln: Wie ein „Blitz aus heiterem Himmel" ergreifen Sie Bullys Nackenfell (nicht Bully daran hochheben!), beuteln es ein wenig, wobei Sie gleichzeitig tadelnd „Pfui, Bully, pfui!" sagen. Anstatt Bullys Nackenfell zu schütteln, können Sie dem „Missetäter" auch mit der Hand (!) einen leichten Klaps auf sein Hinterteil geben. So maßregeln Sie Bully „hundeverständlich", auch wenn Ihnen diese Ratschläge für einen heranwachsenden Welpen entsetzlich roh vorkommen und Sie Ihren ertappten Hund lieber wortreich tadeln oder „zur Strafe" in einen anderen Raum einsperren möchten. Was könnte Bully daraus lernen? Nichts, denn menschliche Erziehungsmethoden sind artfremd und bleiben unverständlich. Sie verunsichern Bully nicht nur, sondern mindern sein Vertrauen zu seinem Herrn und „Rudelführer". Schlagen Sie vor allem Bully niemals mit einer Zeitung oder ähnlichen Gegenständen, sondern benutzen Sie wie alle verständigen Hundeerzieher, wenn ein Klaps angebracht ist, Ihre Hände (siehe Erziehungsgrundlagen).

In der Natur oder bei dem Züchter, der die Gegebenheiten dazu hat, übernehmen die Elterntiere die Welpenerziehung und zeigen ihrem Nachwuchs energisch, was erlaubt oder verboten ist. Diese „Nachwuchsbehandlung" ist hart und unsanft, aber die heranwachsenden Hunde lernen dadurch, sich in ihrer Umwelt zurechtzufinden. Der Einwand ist naheliegend: „Hunde in freier Natur kann man nicht mit Bullies, die noch nie in Freiheit lebten, in einem Atemzug nennen!". Es steht jedoch fest, daß Verhaltensmuster trotz Domestizierung und Rassezüchtungen erhalten bleiben. Die geduldigste Bullymutter weist wie eine Wolfsmutter jeden Welpen in die Schranken, der sie ärgert oder der seine eigenen Wege gehen will. Sie bellt nicht langatmig oder verbannt den ungezogenen Welpen; sie knurrt, greift schnell und entschlossen ein und geht anschließend - als sei nichts geschehen und vor allem nicht nachtragend

- zur „Tagesordnung" über. Aus der Beobachtung des natürlichen Verhaltens von Hunden resultiert die Erkenntnis, daß Bullys Verstehen menschlicher „Erziehungspraktiken" nur durch Nachahmung arttypischer Verhaltensweisen erreicht wird.

„Nachwuchserziehung"

Je mehr Sie selbst, nach Ihrer „Blitzhandlung" bei einem Fehlverhalten Bullys so tun, als ob das „Ereignis" (Nackenschütteln, Klaps) *nicht* von Ihnen kommt oder Sie interessiert, umso weniger wird Bully Sie als Verursacher des Schreckens betrachten und seine Verhaltensweise mit dem von ihm „bearbeiteten" Gegenstand, z.B. mit dem Teppich, in Zusammenhang bringen. In Bullys Kopf setzt sich als **Lernerfahrung** fest: „Teppich beknabbern tut weh!" Somit ist die **Verknüpfung** von **Verhalten** mit Bullys **Gefühlsleben** erreicht!

Lob muß dem erwünschten Verhalten folgen und löst bei Bully **Lustgefühl** aus; **Tadel** folgt dem unerwünschten Verhalten und bewirkt **Unlustgefühl.** Hierbei ist zu beachten, daß Bully sofort oder in zeitlich unmittelbarer Folge gelobt oder getadelt wird, um zu lernen und nicht falsche Erkenntnisse zu gewinnen. Wenn Sie zur „Bestrafung" z.B. nach einer Zeitung greifen, hat Bully Zeit, Ihre Hand und die Zeitung zu beobachten. Er wird beides zukünftig meiden, denn sie vermitteln Unangenehmes. Eine „Strafpredigt" versteht Bully nicht. Wenn

„… und was kann ich hier anstellen?"

er danach ausgesperrt wird, freut er sich darüber, den Mißlauten zu entkommen und in der sogenannten „Verbannung" neue Betätigungsmöglichkeiten zu entdecken. Tadeln Sie Bully andererseits, wenn Sie den Raum betretend, die „Bescherung" sehen und von Ihrem Hund freudig begrüßt werden, stellt sich bei ihm die Gefühlsverbindung ein: „Herrchen-Begrüßen ist unangenehm!" Das wäre doch bestimmt nicht das, was Sie bei Bullys Erziehung erreichen möchten! Bully speichert als **Lernerfahrung** nur die Verbindung von seinem Verhalten und seinen dabei gleichzeitig erlebten Gefühlen.

In dieser Bully verständlichen Kombination greifen Sie immer dann blitzschnell ein, wenn Ihr Hund „Unerlaubtes" tut. Da Bully von vornherein nicht weiß, was das ist, müssen Sie es ihm von Fall zu Fall verständlich machen und konsequent durchsetzen. Wenn Sie z.B. nicht wollen, daß Ihr vierbeiniger Freund Ihren Lieblingssessel „erobert" oder Ihr Badezimmer betritt, packen Sie ihn tadelnd und befördern ihn sanft, aber unmißverständlich vom Sessel hinunter oder aus dem Badezimmer hinaus.

Hindern Sie Bully *unbedingt* daran, daß er bis zu einem Alter von etwa sechs Monaten, von einem Sessel zum anderen oder von Ihrem Schoß hinauf- oder herabspringt und Treppen allein läuft (heben und tragen!)! Die jugendlichen Gelenke Bullys sind Sprungbelastungen noch nicht gewachsen und werden geschädigt.

Bully wird auch versuchen, sich außerhalb seiner Fütterungszeiten Leckerbissen zu erbetteln. Wenn Sie nachgiebig sind, erziehen Sie sich einen notorisch futtergierigen Hund, der lästig, mäkelig und fett wird. Um das zu vermeiden, ist es ratsam, Bully nur aus seinem eigenen Napf und nur zu seinen Fütterungszeiten fressen zu lassen. Damit Sie sich nicht den sehnsuchtsvollen Bullyblicken aussetzen und eventuell doch schwach werden, rate ich dazu, Ihren Hund vor dem Zubereiten des Essens und vor Ihrer eigenen Mahlzeit in einen anderen Raum zu bringen. Bully wird zwar einen betrübten Eindruck machen, aber als Lernerfahrung schließlich begreifen: „Herrchens Nahrung gehört nicht mir und meine Essenszeit ist nicht die gleiche wie Herrchens!" Nach diesem Erziehungserfolg wird sich Bully überall gesittet benehmen, da er weiß, daß er nicht zu kurz kommt.

Sie brauchen nicht den ganzen Tag in ständiger Bereitschaft für Bully zu sein. Wenn er sich ausgetobt hat und spielmüde ist, genießt er Ruhe und Schlaf ausgiebig. Seien Sie jedoch konsequent in Bullys Tageseinteilung und vermitteln Sie Ihrem Hund Bereicherung seiner Erfahrungen durch Erlebnisse im Spiel und Umgang

Wenn Bully, aus einem Ihnen zunächst nicht ersichtlichen Grund, ständig sein Körbchen meidet und beharrlich einen anderen Platz aufsucht und belegt, kann das daran liegen, daß er den von Ihnen gewählten Körbchenstandort grundsätzlich nicht mag. Vielleicht paßt ihm z.B. im Flur die Temperatur, das Kommen und Gehen nicht, vielleicht möchte er bloß mehr in Ihrer Nähe seinen Platz haben oder dort, wo er alles was passiert, besser wahrnehmen kann? Es hat überhaupt keinen erzieherischen Sinn, Bully an ein ungeliebtes Lager zu fesseln oder ihn wegen seiner Unruhe am Tage und seines nächtlichen Winselns in einen abgelegenen Raum zu sperren, damit er sich eingewöhnt. Das Gegenteil wäre der Fall. Ein unangenehmes Erlebnis nach dem anderen würde sich bei Bully einprägen und ihm seine fröhliche Unbekümmertheit rauben. Darum: Verbote und Tabus *nur* dort setzen, wo sie erforderlich sind, aber Bully soviel Zugeständnisse machen, wie vertretbar! Was darunter zu verstehen ist, entscheiden Sie entsprechend Ihren individuellen Vorstellungen und Ihrer familiären und örtlichen Umgebung.

„… und wann gibt es bitte die nächste Portion?"

„So richtig gemütlich finde ich es hier noch nicht, aber das kann sich ändern …"

„Jetzt bin ich zufrieden!"
(Foto Held und Bratke)

Spielen und Spielzeug

Spielen ist für Bully ein Grundbedürfnis. Je einfallsreicher Sie mit Ihrem Vierbeiner spielen, umso mehr wird er als Welpe in seiner Entwicklung und als erwachsener Hund bei der Erhaltung seiner fröhlichen Lebhaftigkeit gefördert. Ob Sie einen Apfel oder einen Ball über den Boden rollen lassen, Bully eine Karotte, ein Stöckchen, ein Tuch hinwerfen oder ihm andere Dinge zum Nachlaufen, Zerren, Benagen oder zum Zerlegen geben, ist Ihrer Phantasie überlassen. Die Hauptsache ist, daß Ihr Hund seine Sinne und Körperkräfte einsetzen kann, ohne dabei Schaden zu erleiden oder anzurichten. Auch eine Spieldauer, bei der Bullys Kräfte ohne Rücksicht auf sein Alter und seine körperliche Einsatzfähigkeit allzu stark beansprucht werden, kann Bully schädigen. Vernunft und Einsicht können Sie von Ihrem Hund nicht erwarten!

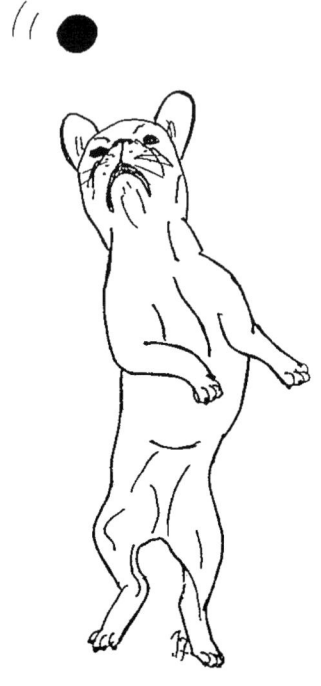

Zum Spielen gehört **Spielzeug**, wobei - wie bei einem kleinen Kind -, nicht der Kaufpreis und die Anzahl wichtig sind, sondern der Spielwert und die Abwechslung. Jedes Spielzeug wird langweilig, wenn es ständig da ist, gegen einen anderen Gegenstand ausgetauscht und nach einigen Tagen zurückgegeben, ist es wieder „neu" und interessant.

Bälle, Hanteln und Ringe aus **Hartgummi** eignen sich zum Spielen besonders gut, wenn sie in solchen Größen angeschafft werden, die weder Bullys Kräfte überfordern noch Ihren Hund auf andere Weise gefährden können. Vor allem darf Spielzeug, gleich welcher Art, keinesfalls so klein sein, daß die Möglichkeit besteht, verschluckt (z.B. Bälle!) oder über die Schnauze gestülpt (z.B. Gummiringe!) zu werden.

Stoff- und Kuscheltiere lieben Bullies sehr, da sie sich hervorragend zum Zerren eignen. Beim Kauf sollten Sie darauf achten, daß sie aus robustem Material hergestellt sind und keine etwaige Verletzungsgefahr zum Beispiel durch verdrahtete Glasaugen bieten. Den gleichen Zweck wie Kuscheltiere erfüllen auch mehrere zusammengeknotete Tücher, Krawatten oder Strümpfe.

Kugeln, Hanteln und ähnliche Gegenstände aus **Hartholz** sind gleichfalls empfehlenswertes Spielzeug, da sie nahezu unverwüstlich sind und Bullys Konditionstraining dienen. Sie eignen sich jedoch mehr zur Verwendung im Freien, weil das Rollen und Kollern nicht lautlos ist und in einer Wohnung stören kann.

(Foto Wolter und Jorns)

Hundekuchen, altbackene Brötchen und **abgelagerte Brotscheiben** sind zu Bullys Zeitvertreib ebenfalls sehr gut geeignet. Sie fesseln seine Aufmerksamkeit, sättigen und dienen zudem gleichzeitig der wichtigen **Zahnpflege.** Auch weiche **Kalbsknochen** (roh oder gekocht) sind für Bully interessantes Spielzeug. Es ist jedoch darauf hinzuweisen, daß gekochte und gefressene Knochen zur Verstopfung führen und verschluckte Knochen und Knochensplitter Bullys Leben gefährden können.

Nicht als Spielsachen oder Beschäftigungsgegenstände zu empfehlen sind Büffelhautknochen, Handschuhe, Pantoffel und andere Dinge aus Haut bzw. Leder und lederähnlichem Material. Wenn Bully auch nur Teile davon schluckt, wird er sich sehr häufig erbrechen und stundenlang „Speichelfahnen" haben. Denn durch den Kauvorgang wird zuviel Speichel gebildet, der zum

Verschleimen und zu Atemnot, schlimmstenfalls sogar zum Ersticken führen kann. Auch aus einem anderen Grund sind Handschuhe und Schuhe nicht als Spielzeug zu empfehlen, sondern mit Verboten und Tabus zu schützen. Wie könnte Bully die Sachen, die Sie ihm zum Spielen geben, von denen unterscheiden, die Ihnen als Kleidung dienen und genau so gut riechen? Bully hat in unbeobachteten Augenblicken reichlich Gelegenheit an Dinge Ihres Besitzes heranzukommen und ein Beknabbern - z.B. Ihrer besten Schuhe - wäre möglich. Der darauf folgende Tadel bliebe Bully unverständlich, denn in seinem Begriffsvermögen ohne Wertmaßstäbe, ist ein Schuh eben ein Spielzeug.

Wenn Sie kleine Kinder haben oder selbst Stofftiere sammeln, sollten Sie Bully auch keine Kuscheltiere zum Spielen geben, sondern auf andere Dinge ausweichen. Denn wie bei Handschuhen und Schuhen bliebe Bullys Verständnis auch auf der Strecke, wenn er z.B. mit dem Lieblingsstofftier Ihres Kindes spielt und dafür getadelt wird.

Völlig verboten als Spielsachen sind Steine, Weichholz- und Kunststoffgegenstände. Steine schädigen die Zähne und können wie Weichholzspäne und Kunststoffteile zu Verletzungen, einem Darmverschluß und zum vorzeitigen Hundetod führen. Hohle Gummi- oder Plastikspielsachen sind ebenfalls unbedingt von Bully fernzuhalten, weil sie zerbissen und geschluckt werden können. Das Einwirken der Magensäfte läßt das Material anschwellen, dadurch kann es auf natürlichem Wege nicht ausgeschieden werden.

„Ob ich das darf?" (Foto Simon)

Erziehungsgrundlagen und Hundeverständnis

Erziehung ist ausnahmslos für j e d e n Hund - gleich welcher Abstammung und Geschlechts - notwendig, um ihn für ein fröhliches Leben mit Mensch und Tier in seiner Umwelt zu rüsten. Bei den Erziehungspraktiken, die ich vertrete, ist die moderne, kynologische Verhaltensforschung der Grundstein. Unter Berücksichtigung der Hundepsyche und Hundelerntechnik werden natürliche Anlagen, Fähigkeiten und Triebäußerungen genutzt, gefördert und „Verknüpfungen" mit dem Gefühlsleben erreicht. Dadurch wird der Hund artgerecht motiviert, so daß er die erwünschte Einstellung bekommt und sich letztendlich überall richtig verhält, d.h. den menschlichen Lebensumständen angepaßt, ohne seine eigene Lebensfreude zu verlieren.

Meine Erziehungsratschläge beschränken sich auf die **Grundausbildung** eines Begleithundes. Er braucht sie, um zu den glücklichen Hunden zu gehören, die von ihrem Herrchen oft und gern mitgenommen werden, denn: „dem Hunde, wenn er gut gezogen, wird selbst ein weiser Mann gewogen!" (Goethe-Zitat aus „Faust"). Unerzogene Hunde sind weniger glücklich, sie müssen öfter Trennung und „Verbannung" erleiden. Zur Beantwortung der Kernfrage „Wie erziehe ich meinen Hund?" einige Leitgedanken:

Ein Hund hat kein angeborenes Wertgefühl für „gut" und „schlecht" und keine intellektuelle Abstraktionsfähigkeit. Seine Handlungen sind von Natur aus triebbedingt und dienen der Lebens- und Arterhaltung. Der **Lernerfolg** eines Hundes wird durch seine Erfahrungen während Erlebnisabläufen und seinen dabei gleichzeitig erlebten **Lust- oder Unlustgefühlen** erzielt. Die Hundeerziehung stützt sich unter Anwendung der Methoden „Abwechslung" und „Wiederholung" in der gleichen oder veränderten Form der Übungen auf Motivation und Reizauslösungen, also auf das Erwecken, Fördern und Festigen dieser Gefühle. Das wird **„Reizverknüpfung"** genannt. Zum Beispiel sind Lob und Fressen angenehme Empfindungen, Nackenbeuteln und Klapse hingegen unangenehme Empfindungen.

Das gelegentliche **Fehlverhalten** eines Hundes beruht nicht auf Vorsatz, Dummheit, Arglist oder gar auf angeborene Böswilligkeit und andere Charakterfehler, sondern zeigt im allgemeinen nur die augenblickliche Unsicherheit dieses Vierbeiners in einer Situation, für die er noch keine entsprechenden oder noch keine ausreichend gefestigten Erfahrungswerte hat. Die Erfahrungswerte gehen mit den Lernabschnitten und der Lernfähigkeit des Hundes Hand in Hand und basieren nicht zuletzt auf den Fähigkeiten und dem Verständnis des Hundeerziehers. Bei einem Fehlverhalten des Hundes - insbesondere im Wiederholungsfall -, sollte man sich zuerst nach dem „Warum" fragen und die Dinge selbstkritisch sehen, bevor man den „Missetäter" tadelt. W e r ist denn z.B. schuld daran, wenn Bully ständig bei Tisch bettelt oder (auch mit schmutzigen Pfoten!) in Ihr Bett springt?

Kein Hund ist einem anderen genau wesensgleich oder zu dumm zum Lernen. Manche Erziehungsmethode, die sich bei einem Hund als hilfreich erweist, versagt bei einem anderen völlig, weil die Tiere unterschiedliche Temperamente und Veranlagungen haben, die sich z.B. auch in der Rangstellung im Rudel, in einem anderen Zusammenhang als „Hackordnung" bekannt, auswirken. Früher glaubte man, einem unerzogenen oder störrischen Hund mit der berüchtigten „harten Hand" beibringen zu können, wie er sich zu benehmen hat. Heute nützt der erfahrene Hundeerzieher die Erkenntnisse der Verhaltensforschung und handelt dementsprechend. Er weiß, vollkommene Hunde gibt es nicht, aber j e d e r gesunde Hund ist *lernbereit*, sofern er noch nicht durch einen Vorbesitzer und menschliches Versagen in seinem natürlichen Verhalten gestört, falsch geprägt und bereits fehlerhaft erzogen wurde.

„Hast Du Zeit für mich?" (Foto Held)

„Nur der Mensch kann lernen, wie ein Hund denkt - nie umgekehrt!" Diese Worte des Verhaltensforschers Eberhard Trumler sollte jeder Hundeerzieher vor Augen haben, um die **Erziehungsziele** „hundeverständlich" zu erreichen. Daß es trotz der vielfältigen und jedem Menschen zugänglichen Informationen über die Haltung und Erziehung von Hunden immer noch falsch- und unerzogene, in krassen Fällen sogar bissige Hunde gibt, liegt an der Disziplinlosigkeit, Ignoranz und dem Lernunwillen der betreffenden Hundehalter. Solche Personen diskreditieren Hunde, die verläßlichsten und ältesten Gefährten der Menschheit, in unverantwortlicher Weise!

Das **Hundeverständnis** entsteht vorrangig durch Beobachtung typischer Bewegungen des Hunderziehers (Herrchens Körpersprache). Es orientiert sich an der Art, *wie* sich Herrchen seinem Hund gegenüber verständlich macht. Je mehr Herrchen das Auffassungsvermögen seines Vierbeiners berücksichtigt und auf seinen Charakter eingeht und sich somit um das „Hunde-Verstehen" bemüht, ohne menschliche Maßstäbe anzulegen oder den Hund gar zu „vermenschlichen", umso mehr versteht sein Gefährte. Denn Hund bleibt Hund, gleich welcher Rasse und Abstammung!

Es kommt weniger darauf an, *was* Sie zu Ihrem Hund sagen, als vielmehr darauf, *wie* Sie es ihm sagen, wobei Sie weder überlaut zu sprechen noch übertrieben zu gestikulieren brauchen. Ein Hund hört und sieht recht gut, im allgemeinen besser als der Mensch. Außerdem führen Übertreibungen im Wiederholungsfall, insbesondere bei Lob und Tadel durch Gewöhnung zu einer verminderten Wirkung. Bei der Verständigung mit Ihrem Hund zählt nicht Ihre Kraftanstrengung, sondern (auch im übertragenen Sinn) d e r Ton, der bekanntlich die Musik macht *und* die innere, partnerschaftlich zu nennende

Beziehung zwischen Ihnen und Ihrem Hund. Bei der Verwendung des Begriffs „partnerschaftlicher" Beziehung denke ich nicht daran, die Rangordnung zu entkräften, sondern daran, daß ein Hund viele Fähigkeiten und Eigenschaften hat, die dem Menschen gleichwertig, wenn nicht sogar überlegen sind. Der Mensch ist zwar „Herr" des Hundes, aber er sollte nicht herrschsüchtig sein und den Hund als verläßlichen und begabten „Partner" und Gefährten seines Lebens verständnisvoll anerkennen. Der Preußenkönig Friedrich der Große beschrieb Hunde mit folgenden Worten: „Hunde haben alle guten Eigenschaften der Menschen, ohne gleichzeitig ihre Fehler zu besitzen." Er war nicht die einzige Persönlichkeit, die das Wesen der Hunde erkannte und ihnen zugestand, mehr als Kreaturen niederer Ordnung zu sein.

Zum (angeborenen) **Erbgut** der Französischen Bulldogge gehören u.a. der Selbsterhaltungstrieb (Hunger), woraus auch das „Scheinbeutemachen", der Spieltrieb, resultiert; der Arterhaltungstrieb (Paarungsbereitschaft, Welpenversorgung usw.) und der Meutetrieb, aus dem sich das Sozialverhalten ableitet. Der Meutetrieb motiviert somit den Hund, sich einem Rudel zugehörig zu fühlen und zu der Bereitschaft, mit einem Rudel zusammen zu arbeiten und den Rudelführer anzuerkennen. Dabei sind mit „Rudel" in der Reihenfolge Familie, Mensch und Herrchen gemeint und einsetzbar. Diese Triebe und Veranlagungen sind „Säulen" der Erziehung, sofern sie dem Alter, Temperament, Verständnis und der Aufnahmefähigkeit eines Hundes angepaßt, genutzt und gefördert werden. Ein Hund kommt der Erziehung instinktbedingt sogar entgegen: Er möchte s e i n e m Rudelführer jederzeit gefallen, weil dessen Wohlwollen seine eigene Existenz sichert und angenehme Gefühle auslöst.

Sie, der Bullybesitzer und Erzieher, nehmen die Stellung des Rudelführers ein, dem Gehorsamkeit und Unterordnung nicht verweigert werden darf. Ein Rudelführer straft nicht mit Schlägen oder Fußtritten, sondern zischt, pfeift, ruckt an der Leine, klatscht in die Hände oder schüttelt Bullys Nackenfell. Ergänzende Kommandos (Hörzeichen) „Pfui!" bei absoluten **Verboten** (z.B. beim Teppich beknabbern, Dreck fressen) und „*Nein!*" bei **Korrekturen** (z.B. beim Hinlegen statt Hinsetzen, Notdurftverrichtung im Zimmer) sind ausreichende **Erziehungsmittel,** die dem Fehlverhalten u n v e r z ü g l i c h zu dem Zeitpunkt, in dem Bully etwas falsch macht, überraschend und wie „aus heiterem Himmel" folgen müssen, damit er die *richtige* **Gefühlsverbindung** herstellt, z.B.: „Das gestohlene Würstchen ..." oder „der beknabberte Schuh ist böse, Herrchen ist gut!" Das Herrchen ist zwar in Wirklichkeit sehr verärgert, aber es läßt sich nichts anmerken und tut völlig unbeteiligt, weil es weiß, daß das Denkschema eines Hundes „eingleisig" ist und ihm nur direkte Zusammenhänge (Handlung - Folge) begreiflich sind. (Ein Mensch kann „mehrgleisig" denken, also mehrere Dinge gleichzeitig im Sinn haben, aber sie unabhängig voneinander verstehen.) Ein Hund versteht seine Fehlhandlung nicht, w e n n er die strafende Hand sieht und die dazugehörende Person wortreich und vielleicht auch noch lautstark in Erscheinung tritt. Er verknüpft Handlungen,

Worte und eventuelle Emotionen dann vielmehr mit dem ausführenden Menschen und begreift als **Lernerfahrung**: „Herrchen ist böse und tut mir weh, für mich ist es besser, ihm aus dem Weg zu gehen!" Deshalb sind Zurechtweisungen nach menschlichen Erziehungsmustern, Maßstäben und Verhaltensregeln bei Hunden völlig falsch und unangebracht! Kein Hund lernt dadurch „gutes Benehmen" oder ändert sein Fehlverhalten. Er würde verwirrt, zurückhaltend, handscheu, ängstlich und vielleicht sogar ein „Angstbeißer" werden, der von dort, wo er sich sicher fühlt, sozusagen aus dem Hinterhalt herausflitzt und seine Zähne gebraucht.

Schuhe beknabbern ist „Pfui"!

Ein Beispiel, wie Sie dem Denkschema Ihres Hundes angepaßt - entgegen Ihrer Denkweise - handeln sollten: Bully ist einer Katze nachgelaufen und bequemt sich erst nach einiger Zeit, Ihrem wiederholten Rückruf zu folgen. Sie sind vielleicht etwas gereizt, dürfen aber Ihren Hund *nicht* für sein Fehlverhalten tadeln, sondern müssen ihn (auch wenn es Ihnen schwerfällt) für sein Kommen freundlich loben! Ein Tadel würde Bully Zurückkommen bei nächster Gelegenheit noch mehr verzögern und ihm verleiden, denn er hat die Katze schon so gut wie vergessen. Sie ist gar nicht mehr von Bedeutung für ihn, weil *jetzt* Sie und Ihr Lob gegenwärtig sind. Dieser Augenblick, in dem etwas durch Ihre Mitwirkung geschieht - ob angenehm oder nicht - ist wichtig, nur er verankert erzieherisch wirksame Eindrücke.

Bully soll nicht aus Furcht vor Strafe in einer Art von „Kadavergehorsam" Kommandos befolgen, sondern er soll unbeschwert und fröhlich sein, wenn er Ihnen etwas zum Gefallen (und zu seinem Lob und Wohlgefühl!) tun darf. Er macht niemals etwas absichtlich falsch, um Sie zu ärgern, sondern handelt aus seiner Sicht (nach seinem Erbgut in Verknüpfung mit **erlebten Gefühlen)** immer „hunderichtig". Alles, was er als angenehm oder als unangenehm empfunden hat, verankert sich bei Bully mit großer Sensibilität. Er reagiert auf Stimmungen und Verhaltensänderungen seiner Bezugsperson so einfühlsam, als ob er besonders empfindsame Antennen hätte.

„Rufst Du mich?"

Der Vergleich eines Welpen mit einem Kind im Babyalter bietet sich an. Nur mit sehr viel Liebe, Geduld und Verständnis können Sie ein junges Geschöpf so erziehen, daß es Ihre Liebe erwidert, sich behütet wohlfühlt, Ihnen angstfrei gehorcht und in die soziale Gemeinschaft hineinwächst. Im Gegensatz zu Kindern müssen Hunde jedoch sehr viel schneller lernen und können es auch, aufgrund ihrer spezifischen Entwicklungsphasen und Anlagen.

Beschäftigen Sie sich möglichst oft mit Bully, vermitteln Sie ihm Erlebnisse, bei denen er seine Kräfte messen und Sinne schärfen kann, und sprechen Sie v i e l zu ihm. Sie stärken dadurch das seelische Gleichgewicht Ihres Hundes. Bully versteht zwar wenig von dem zu ihm Gesagten, aber er fühlt sich in Ihre Welt einbezogen und zeigt Anteilnahme. Menschen, die behaupten: „Mein Hund versteht jedes Wort!", irren sich. Denn einem Hundegehirn ist es aufgrund seiner Anlage gar nicht möglich, den menschlichen Wortschatz zu speichern und zu verarbeiten. Es beschränkt sich auf 30 - 50 Wörter, wobei bei der Umsetzung sogar noch die Betonung eine Rolle spielt. Nette Worte, Kose- oder Phantasienamen haben wie unfreundliche Worte oder Schimpfwörter, wenn sie mit der genau gleichen Betonung gesagt werden, die selbe Wirkung auf einen Hund und verunsichern ihn, wenn er sie, mit veränderter oder umgekehrter Betonung gesprochen, bereits kennt.

Daß bei der Hundeschulung von „Befehlen" und „Kommandos" die Rede ist, soll nicht den Eindruck eines sogenannten „Kasernenhoftons" erwecken. Selbstverständlich werden vom Hund Gehorsam und vom Hundeerzieher Selbstdisziplin während der Übungen gefordert, doch sollen „zackige" Zurufe und eindeutige Handbewegungen nicht etwa als getarnter Militarismus gedeutet werden. Für den „schnellen" Leser werden **Befehle** an Hunde in „..." gesetzt, um Mißverständnissen vorzubeugen. Kurze Worte, der jeweiligen Forderung in der Modulierung angepaßt, und präzise Zeichen erleichtern dem Hund, den Wunsch seines Herrn zu verstehen und auszuführen.

Ob Sie die von mir nachfolgend verwendeten **Hör- und Sichtzeichen** übernehmen, durch andere ersetzen oder bei weiterführender Bullyerziehung ergänzen, liegt in Ihrem Ermessen. Verwenden Sie jedoch *unverwechselbare* und exakte Ausdrücke und Bewegungen in der zielgerichteten Anwendung im m e r betonungs-, inhalts- und bezeichnungsgleich! Sie ersparen sich dadurch Enttäuschungen und Zeitaufwand, Bully hingegen Verunsicherung und Mißverständnisse. Dies alles zusammen würde in der Folge Bullys Fehlverhalten und letztendlich Ihre Tadel auslösen.

Vergessen Sie nicht, *auch* Ihre Familienangehörigen, Bezugspersonen und Besucher über Ihre speziellen Erziehungsmethoden, Absichten und Verhaltensweisen zu informieren! Unterlassen Sie es, würde das in der Folge ebenfalls zu Bullys Verunsicherung und unter Umständen zum Familienstreit führen, wenn verschiedene Personen unterschiedlich handeln.

„O weia, Herrchen hat mit mir geschimpft!" (Foto Lienert-Gentner)

Beginnen Sie die Erziehung mit **Übungszeiten** von 5 - 10 Minuten ein- bis zweimal täglich und steigern Sie deren zeitliche Dauer im Laufe eines Jahres allmählich auf eine halbe Stunde, verteilt auf den ganzen Tag. Auf die Regelmäßigkeit der Übungszeiten kommt es an, nicht auf ihre Länge. Allzu ausgedehnte Lernzeiten würden Bully körperlich und seelisch überanstrengen. Brechen Sie eine Übung ab und vertagen Sie sie auf den nächsten Tag, wenn Sie bei Ihrem Hund Konzentrationsmangel bemerken und nichts klappt. Vielleicht bleibt Bullys Interesse länger geweckt, wenn Sie die beabsichtigte Übung bei der nächsten Gelegenheit in einer anderen Umgebung durchführen oder einfallsreicher gestalten?

Vermeiden Sie u n b e d i n g t, gleichzeitig mehrere Übungen zu beginnen, auch wenn die folgenden, der Erziehung gewidmeten Kapitel zum Teil zeitgleiche Angaben „ab ... Woche" enthalten. Diese Zeitangaben sollen Sie nicht irreführen, sondern Sie auf Bullys „Begriffsvermögen" entsprechend seinem Alter hinweisen. Der Aufbau der Hundeerziehung hängt nicht nur von Bullys Alter, Entwicklung und seiner fröhlichen Bereitschaft mitzuarbeiten ab, sondern auch davon, welchem der **Erziehungsziele** (anerzogenem Verhalten) S i e zeitlich den Vorzug geben. Versuchen Sie jedoch, Bullys **Grunderziehung** bis zu seinem fünfzehnten Lebensmonat abzuschließen. In dieser Zeit ist Ihr Hund besonders lernfähig. Eine zu spät einsetzende Erziehung stellt Ihre Bemühungen in Frage, denn auch ein Bully kommt ins „Flegelalter" und seine Aufnahmefähigkeit nimmt im fortschreitenden Alter ab.

Liebe allein erzieht keinen Hund, insbesondere keinen Bully. Sie ist zwar das unersetzbare Fundament, auf dem sich alle gegenseitigen Kontakte und innigen Beziehungen aufbauen und die grundsätzliche Voraussetzung des Zusammenlebens von Ihnen und Bully. Damit aber Ihr Hund die **Lernziele** erreicht, sind neben Ihrer Zuneigung Ihr Einfühlungsvermögen, Ihr Gerechtigkeitssinn, Ihre Selbstbeherrschung und zielgerichtete Beharrlichkeit sowie Ihr Lob und ständig erneutes Lob für Bully genauso wichtig und notwendig.

Reinlichkeitserziehung (ab etwa 9. Lebenswoche)

Sobald Bully erwacht ist, möchte er sein Lager verlassen, um „seine Geschäftchen" zu verrichten. Passen Sie diesen Zeitpunkt ab und locken Sie Bully beispielsweise mit den Worten: „Komm, Gassi gehen" zu seinem **Löseplatz.** Dort angekommen, sagen Sie zu Bully: „Mach Pfützchen!" und warten ab. Nachdem sich Bully erleichtert hat, loben Sie ihn tüchtig. Bei Ihrem Hund prägt sich ein: „Lösen" (Geschäftchen-machen) ist fein!" (Lob = Lustgefühl). Wenn möglich, lassen Sie Bullys Exkremente, vor allem in der Eingewöhnungszeit, bis zum nächsten Hinausführen liegen. Es ist ein Naturinstinkt, daß immer wieder gern der gleiche Löseplatz aufgesucht wird.

„So ist's brav!"

Die Wahl des Löseplatzes muß, wie im Kapitel „Notwendiges vor Bullys Ankunft" bereits erwähnt, beizeiten gut überlegt werden. Abgesehen vom möglichen Unverständnis des Hausbesitzers oder anderer Personen, sollte das „äußere Hundeklo" ungestört vom Straßen- und Passantenverkehr und keinesfalls dort gelegen sein, wo Menschen hineintreten können und entsprechende Gebote bestehen (Gehwege, Grünanlagen, Spielplätze u.a.). Nicht nur die mancherorts zu erwartenden, erheblichen Geldbußen nach Hundenotdurftverrichtung am falschen Platz sollten Sie abschrecken, sondern Sie müssen auch daran denken, daß Lärm und Bewegungsabläufe Bully ablenken, insbesondere vom „Geschäftchen-machen". Er wird zwar immer überaus interessiert am Boden schnüffeln und die Umgebung begutachten, aber sich die Befriedigung seiner Bedürfnisse unter Umständen für die ruhige Ecke unter Ihrem Sofa aufheben.

Mancher Bully will anfangs überhaupt nicht mit Zuschauern, angeleint oder sofort nach dem Hinauslassen wie „aus der Pistole geschossen" seine Notdurft verrichten. Er möchte zuerst spielend herumtoben und sich danach in ein Versteck oder unter einem Gebüsch zurückziehen, wo es Erde oder Ähnliches zum Bedecken der „Hinterlassenschaft" gibt. Wenn der von Ihrem Bully gewählte Löseplatz für Sie und Ihre Umwelt annehmbar ist, lassen Sie Ihren Hund auch bei Wiederholung gewähren. Er handelt instinktiv und will möglichen Feinden seinen derzeitigen Aufenthaltsort verbergen.

Durch Beobachten werden Sie bald die Anzeichen für Bullys Drang zur Notdurftverrichtung (unruhiges Suchen, Bodenschnüffeln, Kreisdrehen) erkennen und lernen, sich darauf einzustellen. Je natürlicher Sie selbst empfinden, umso problemloser wird die Erziehung zur **Stubenreinheit,** die nach ungefähr drei bis vier Wochen abgeschlossen ist. Sie und Ihr Bully sind dann aufeinander „eingespielt" und, falls Sie Glück haben, gehört er zu den Hunden, die sich akustisch melden, wenn sie ihren Drang verspüren. Sobald Bully erstmals deshalb winselt oder gar bellt, fördern Sie diese relativ seltene Veranlagung durch Lob (Bullies sind ja keine Kläffer). Sie ersparen Ihrem Bully eventuell lange Wartezeiten auf seine „Erleichterung", denn es kann passieren, daß Sie durch Ihre jeweilige Tätigkeit abgelenkt, den Blick auf die Uhr und die Beobachtung Ihres Hundes vergessen.

In den ersten Tagen Bullys bei Ihnen ist es ratsam, Ihren neuen Hausgenossen zu seinem Löseplatz zu tragen, damit nichts am falschen Ort passiert. Sollte es doch geschehen sein, tadeln Sie Ihr Hundekind nicht! Es kann seine Notdurft noch nicht stundenlang zurückhalten und weiß anfangs auch noch nicht, was mit „Gassi-gehen" gemeint ist. Versäumen Sie jedoch nicht, die fälschlicherweise als „Klo" benutzte Stelle gründlich zu reinigen, nötigenfalls zu desinfizieren und vor allem zu „entduften", damit weitere „Untaten" und Verunreinigungen vermieden werden. Entsprechende Mittel führt der Handel; Sagrotan ist zu empfehlen.

Lassen Sie Bully für seine Bedürfnisse Zeit! Früh und nach jeder Mahlzeit wird er als Welpe oder Junghund regelmäßig seinen Kot absetzen; als erwachsener Bully bei Fütterung am Spätnachmittag meistens nur früh. Wasserlassen muß ein Hundebaby etwa stündlich. Dieser Drang verringert sich mit zunehmendem Alter auf einen Rhythmus von vier bis sechs Stunden am Tage. Nachts schläft ein gesunder, erwachsener Bully acht bis zehn Stunden durch, ohne sein Herrchen zu stören.

Für die Eingewöhnungszeit ist anzuraten, daß Sie sich stündlich von einem Wecker an die Lösezeiten Ihres Welpen erinnern lassen. Dadurch werden Sie an Ihre Pflichten und Bully an die zeitliche Regelmäßigkeit der Notdurftverrichtung gewöhnt. Gehen Sie jedoch *nicht* mit dem Klingelton zum Löseplatz! Bully würde sich merken: „Klingeln = Lösen" und zukünftige „Geschäftchen" nur mit akustischer Begleitung erledigen.

Vergessen Sie jedoch nie, bevor Sie selbst zu Bett gehen, Bully zur Notdurftverrichtung an seinen Platz im Freien zu führen und ihm in den ersten

Wochen bei Ihnen, zusätzlich freien Zugang zu seiner „häuslichen Toilette" zu gewähren! Sie ersparen sich nächtliche Störungen oder unliebsame „Überraschungen" am Morgen. Auch hier gilt dann, *nicht* tadeln, vor allem nicht nachträglich! Kein Hund, ob groß oder klein, weiß nach Stunden noch, warum er gerade jetzt ausgeschimpft wird!

Grundsätzlich sollten Sie Bully nicht so erziehen, als sei das Exkremente-Absetzen eine „Pfui-Handlung". Es ist ein natürliches Grundbedürfnis und gehört wie der Futtertrieb zum Leben jedes Lebewesens. Lassen Sie sich niemals nach der „Erziehungsmethode" früherer Zeiten, in denen es noch keine Verhaltensforschung gab, dazu hinreißen, Bullys Schnauze in seine verrichtete Notdurft zu stoßen! Eine solche Handlungsweise, Tadel oder etwa gar Bestrafung bei diesem Fehlverhalten Ihres Hundes, hätten nur zur Folge, daß das Vertrauen Bullys zu Ihnen schwindet, er sich mit seinen Notbedurftbedürfnissen vor Ihnen zurückzieht und verhaltensgestört, wenn nicht sogar krank wird!

Mit der Zeit müssen Sie Bully auch daran gewöhnen, auf Kommando (z.B. „Mach' hier Pfützchen!"), von Ihnen gewählte, den örtlichen und zeitlichen Umständen entsprechende, andere Löseplätze anzunehmen, damit er seine Notdurft nicht unnötig lang zurückhalten muß oder in Druck geraten, „Unerlaubtes" vielleicht etwa auf dem Bürgersteig oder in einem Blumenbeet verrichtet. Wenn sich Ihr Hund an einer, von Ihnen nicht gewünschten Stelle doch gelöst hat, gebürt nicht Bully der Tadel, sondern Ihnen wegen mangelnder Aufmerksamkeit! Daß Sie so einsichtig und diszipliniert sind, das fehlplazierte „Hundehäufchen" zu entfernen und zu einem für diesen Unrat vorgesehenen Ort zu bringen, sollte Ihnen, lieber Bullybesitzer, wie jedem verantwortungsvollen Hundebegleiter, eine Selbstverständlichkeit sein! Gedankenlosigkeit und mangelnde Selbstdisziplin schüren die Hundefeindlichkeit mancher Menschen! Denken Sie daran, *stets* einige Papiertücher einzustecken, um auf etwaige „Mißgeschicke" vorbereitet zu sein!

Wenn sich Bully nur sehr schwer an die **Stubenreinheit** gewöhnt oder rückfällig wird, kann das verschiedene Ursachen haben, z.B. unregelmäßige Fütterungszeiten, zu wenig Auslauf, Ablehnung des von Ihnen gewählten Löseplatzes und seiner Bodenbeschaffenheit, Verkühlung, Krankheit und dergleichen. Aufmerksame Beobachtung Bullys, sorgfältige Einhaltung der Fütterungs-, Verdauungs- und Lösezeiten und evtl. auch ein Tierarztbesuch bei krankhaften Erscheinungen sind notwendig!

Wenn Sie jedoch alles richtig machten, Bully rundum gesund, aber ein „Langsam-Begreifer" ist, hilft es (ist aber nur Hundebesitzern mit

(Zeichnung aus Burkert, B.: „Der Bully")

einem *sehr* leichten Schlaf zu empfehlen!), den **Lagerreinhaltungstrieb** auszunutzen. In Ihrer unmittelbaren Nähe, nachts neben Ihrem Bett, stellen Sie Bullys Körbchen und binden Ihren Hund so kurz fest, daß er sich zwar umdrehen, aber ohne Ihre Hilfe nicht sein Lager verlassen kann. Sie können aber auch Bullys Körbchen mit Möbeln und Brettern so absichern, daß Ihr Hund nicht von selbst hinausspringen kann. Unweigerlich wird er dann zu winseln anfangen, wenn er seinen „Drang" verspürt. Unverzüglich und mit lobenden Worten befreien Sie Bully und führen (oder tragen) ihn ohne Zeitverlust zu seinem Löseplatz. Damit machen Sie sich bei Bully beliebt. Er reagiert dankbar und freudig, weil er, ohne verschreckt zu werden, Angenehmes erlebt: Notdurftverrichtung und Lob.

Manche Hundebuchautoren und Züchter raten dazu, Hunden nach 17 Uhr kein Wasser mehr zu geben. Ich schließe mich dieser Meinung <u>nicht</u> an. Der **Flüssigkeitsbedarf** eines Hundes hängt von verschiedenen Faktoren ab, z.B. von der Futterbeschaffenheit und vom Wetter. Bei Verfütterung von Trockenfutter und bei Hitze säuft ein Hund mehr, ebenfalls nach körperlicher Anstrengung. Ein Bully sollte, genauso wie jedes andere Lebewesen, *jederzeit* seinen Durst löschen dürfen, damit er (und andere) nicht Mangel leiden oder, sofern er dazu Gelegenheit hat, sogar gesundheitsschädigende Vorratswirtschaft betreibt. Jeder Tierhalter, insbesondere Bullybesitzer sollte Verständnis für die Grundbedürfnisse lebender Geschöpfe haben und darauf Rücksicht nehmen! Welcher Mensch läßt es sich widerspruchslos gefallen, wenn ihm Erfrischung und seine spätere „Erleichterung" aus Bequemlichkeit verweigert wird?

Wer einem Tier nicht die entsprechende Befriedigung der Lebensbedürfnisse zugesteht, es nicht art- und altersgerecht versorgt, ihm vermeidbare Leiden und Schäden zufügt und nicht dazu bereit ist, Unbequemlichkeiten auf sich zu nehmen, sollte sich kein Tier, geschweige denn eine Französische Bulldogge anschaffen (dürfen)!

Halsband- und Leinengewöhnung (ab 9. Lebenswoche)

Damit Bully mit Halsband und Leine ausgeführt werden kann, ohne in Panik zu geraten, wenn er einen „Fremdkörper" am Hals verspürt, muß zuerst das Halsbandtragen mit dem Hundekind geübt werden. Wenn Bully angstfrei an Halsband und Leine gewöhnt wird, verbindet er angenehme Gefühle mit diesen Dingen und zeigt seine Freude, sobald Herrchen sie in die Hand nimmt.

Um Ihrem Hund das unvermeidliche „Fremdkörpergefühl" zu erleichtern, legen Sie dem schlafenden Bully das Halsband locker an. Bully wacht zur gewohnten Zeit auf, wundert sich zwar ein bißchen, aber da er dringend seine „Geschäftchen machen" muß und außerdem Hunger hat, wird dem Halsband keine besondere Beachtung geschenkt. Nach der Befriedigung von Bullys Bedürfnissen nehmen Sie das Halsband ab. Das Halsbandanlegen beim schlafenden Bully wiederholen Sie an jedem folgenden Tag, bis er nach zeitlich länger werdenden Halsband-Tragzeiten kaum noch Reaktionen (Kratzen am Hals u.a.) zeigt. Bully gewöhnt sich an das Halsbandtragen, weil es zum Tagesgeschehen gehört. Von Bullys ständigem Tragen des Halsbandes rate ich ab, damit sich durch eine längere Tragezeitdauer kein „Ring" in Bullys Fell abzeichnet, der die Hals- und Nackenlinie beeinträchtigt.

Verwenden Sie niemals Zughalsbänder, durch die sich Bully strangulieren könnte und befestigen Sie das Lederhalsband so, daß Ihr Hund nicht mit seinem Kopf hinausschlüpfen und möglichen Gefahren entgegenlaufen kann. Natürlich darf ein Halsband nicht so eng geschnallt werden, daß dadurch Bullys Atmung behindert wird. Ich selbst verwende seit einiger Zeit zur Gewöhnung ans Halsband einfache Katzenhalsbänder, die ohne jede negative Reaktion von Welpen getragen werden, weil sie weich und durch das, bei diesen Halsbändern üblicherweise eingenähte Gummibandstückchen elastisch sind und somit nicht drücken. Dadurch wird den Hundekindern die unangenehme Gewöhnungsphase erspart und von den neuen Bullybesitzern wird das an Katzenhalsbändern angebrachte kleine Glöckchen als akustisch lustige Zugabe begrüßt. Natürlich sind diese Halsbänder nicht besonders strapazierfähig und sollten rechtzeitig gegen bessere ausgetauscht werden.

Eine Hundeleine ist nicht nur ein Gegenstand zur Befestigung Ihres Hundes und als solcher eine Führungshilfe, sondern dient als Kommunikationsmittel auch dem Aufbau der besonderen Beziehung zwischen Ihnen und Ihrem Bully. Sie ist für Bully das sichtbare Signal für Unternehmungen und Erlebnisse in Gemeinschaft und der ihn beschützenden Nähe seines Herrchens und „Rudelführers". Bullys Selbstwertgefühl sowie seine Selbstüberschätzung können nach Leinengewöhnung allmählich so zunehmen, daß sich Ihr Hund in seinem **Leinenbereich** ungemein wichtig und stark fühlt und schließlich die Beschützerrolle selbst übernimmt, gleich ob es sein Herrchen oder sein Revier betrifft.

Zur Gewöhnung an die Leine gelangt Bully durch behutsam gesteuerte **Lernerfahrungen**. Bully würde sich ungebärdig aufführen, wenn er plötzlich Spielraumbegrenzung und Leinenzug spürte. Die Folgen wären Angst und

„Komm endlich, ich will spazierengehen!" (Foto Fritzsche)

Schrecken vor der unbekannten, „bösen" Leine. Lassen Sie darum Bully vor dem Anleinen an der Leine schnuppern, aber nicht damit spielen. Bully soll mit der Leine nur Bekanntschaft machen, um sie nicht als Fremdkörper und „Schreckensding" zu empfinden. Nach dieser „Kontaktaufnahme" leinen Sie Bully an, ermuntern ihn mit „Bully, fortgehen!" und setzen sich mit ihm in Bewegung oder folgen Ihrem Hund, tempo- und schritthaltend.

Hierbei ist anfänglich nicht klar, wer - wen an der Leine führt. Diese Frage und die Antwort darauf sind bei den ersten Leinenübungen jedoch überhaupt nicht von Bedeutung; denn, gleich ob in der „Leinenführerrolle" oder nicht, ist zunächst nur die Vermeidung von Angstgefühlen bei Bully wichtig. Tempogleich und mit locker durchhängender Leine spürt er das Angebundensein nicht und empfindet das gemeinsame Laufen als Spiel. Sobald Bully eine Art von Behinderung merkt, locken Sie ihn freundlich zu sich, lassen Ihren Hund ausruhen und Ihre Nähe genießen. Danach geht es mit der Aufmunterung: „Bully, fortgehen!" wieder weiter, wobei Sie bewußt versuchen, Bully an Ihrer linken Seite zu führen, was anfangs ein „frommer" Wunsch ist und zunächst auch bleibt. Bei Wiederholungsübungen innerhalb der folgenden Wochen nähern Sie sich dem **Lernziel**, daß Bully Sie linksgehend begleitet und nicht umgekehrt. Lobender Zuspruch und Streicheleinheiten lenken Bullys Aufmerksamkeit von dem Angebundensein ab und halten ihn bei Laune. Das „An-der-Leine-gehen" wird Ihrem Hund zu einer ihm angenehmen Selbstver-ständlichkeit werden und er wird fröhlich, interessiert und unbeschwert mit Ihnen „Gleichschritt" halten.

Meiden Sie zu Beginn der **Leinenübungen** belebte Straßen und Plätze mit Ab-lenkungsgeräuschen und bevorzugen Sie Bereiche, die Bully aus der Umge-bung seines Löseplatzes und Auslaufs kennt. Je nachdem, wie sich Bully an die Vorstufe der **Leinenführigkeit** gewöhnt, können Sie allmählich Ihre Übungswege ausdehnen, bis Ihr Hund Sie auf allen Spaziergängen und zu Be-sorgungen begleitet. Lassen Sie Bully dabei Zeit zum Schnüffeln und zu „sei-ner Umwelterforschung" und bleiben Sie ein Weilchen mit ihm stehen. Wenn Sie meinen, daß Bully genug „begutachtet" hat, geht es mit dem Lockruf „Bul-ly, fortgehen!" weiter.

Gehen Sie angepaßt, Bully d a r f sich nicht überanstrengen. Für ihn soll das Gehen an der Leine und das Zusammensein mit Ihnen immer ein Riesen-vergnügen sein. Locken Sie Bully, wenn er nachtrödeln oder vorauseilen will, und achten Sie darauf, daß die Leine nie gespannt ist, sondern locker durch-hängt. Ein mitgeführter Gegenstand (z.B. ein Quietschtier) beim Nachlassen von Bullys Aufmerksamkeit benutzt, bewirkt „Wunder" und erweckt Interes-se, vor allem dann, wenn Bully noch sehr jung oder ein etwas bedächtiger Ras-severtreter ist, der gern trödelt.

Wer führt wen?

Lernerfahrungen und „Umwelterforschung" (ab 9. Lebenswoche)

Bully muß viel lernen, um sich in seiner Umwelt zurechtzufinden, und um nicht in vermeidbare Gefahren zu geraten. Je früher er an das erwünschte Verhalten gewöhnt wird, umso stärker werden die **Lernerfahrungen** gefestigt, denn Bully ist in seiner Jugend aufnahmefähiger als später.

Beginnen Sie bei wiederkehrenden Verrichtungen des Alltags konsequent und der jeweiligen Situation zeitgleich, Übungen einzuschalten, die durch regelmäßige **Wiederholung** und **Angewöhnung** allmählich zum geplanten **Lernziel** führen. Lassen Sie z.B. Bully zum „Gassi-gehen" nicht übermütig und unbekümmert aus der Wohnung laufen, sondern gewöhnen Sie ihn daran, daß er an der Tür zu warten hat, bis Sie ihn in gefahrloses Gelände tragen oder führen. In der Vorfreude auf bevorstehende Erlebnisse könnte Ihr Hund ohne Gewöhnung an diszipliniertes Verhalten, mögliche Gefahren übersehen und z.B. in ein Auto laufen. Wenn Halsband und Leine Bully vertraut sind, brauchen Sie diese Gegenstände nur noch in die Hand zu nehmen, um bei ihm Freude und Erlebnisbereitschaft auszulösen. Aber erst dort, wo Bully ungefährdet herumtoben darf, geben Sie ihm mit „Lauf frei!" Freiraum. Beobachten Sie Bully, aber rufen Sie ihn nicht ständig. Er braucht mehrmals täglich seine persönliche Freiheit zum Schnüffeln und zum Erkunden. Allzu häufige Zurufe oder „Komm-Aufforderungen" stören Bully in seinen eigenen Erlebnissen und stumpfen seine Aufmerksamkeit Ihnen gegenüber ab. Beschränken Sie sich in diesen „Freiraum-Zeiten" auf Ermunterungen z.B. zum Ballspiel u n d auf Verbote, wenn Ihr übermütiger Bully im Begriff ist, Schaden anzurichten oder sich selbst in Gefahr zu bringen, z.B. wenn er Blumenzwiebeln ausbuddeln oder einer Katze nacheilen will.

Geben Sie Bully bei Spaziergängen und Besorgungen Gelegenheit zur Erlebnis- und Erfahrungsbereicherung! Gehen Sie mit Ihrem Hund durch Wald und Flur, entlang an Wasserläufen, Teichen, Feldern, Fußballplätzen, Schulhöfen und besuchen Sie mit ihm Bauernhöfe, Postämter, Gaststätten und dergleichen. Je gezielter Sie Kontakte zwischen Bully und andersartigen Tieren und fremden Menschen suchen, Ihren Hund mit ungewohnten Geräuschen und Gerüchen und mit den Verschiedenheiten der Umwelt konfrontieren, umso mehr haben Sie die Gewähr, daß er ein „braver" Begleithund wird. Es gibt unendlich viele Möglichkeiten, Bullys Erlebnisdrang zu befriedigen und ihn in seiner körperlichen Entwicklung durch spielerisch gestellte Aufgaben zu fördern: Ein Baumstamm am Waldesrand verlockt zum Balancieren, ein Felsblock oder Bauaushub zum Klettern, eine Betonröhre zum Kriechen, ein kleiner Ast zum Apportieren, ein verstecktes Tuch zum Suchen, ein Zweig, ins Wasser geworfen, zum Plantschen und dergleichen. Seien Sie erfinderisch, - Bullys Dank ist seine unverdrossene Fröhlichkeit!

(Foto Fickert und Jorns)

Wenn Sie Erwachsene mit Kindern treffen, ermutigen Sie sie dazu, ihre Kleinen mit Bully spielen zu lassen. Bully liebt Kinder, vielleicht deshalb, weil sie nicht solche „Riesen" wie wir Erwachsenen sind. Gleichzeitig tun Sie mit Ihrer Aufforderung ein gutes Werk, unbegründete Kinderängste vor Hunden abbauen zu helfen. Je früher Kinder Freundschaft mit Tieren schließen, umso mehr wächst in ihnen das Verständnis zu allen Kreaturen, auch zu unseren Bullies.

Lassen Sie Bully auch mit Joggern, Radfahrern und Reitern Bekanntschaft machen. Falls Bully die Neigung zum Nachlaufen und „Verfolgen" zeigt, bitten Sie einen Bekannten, der Sport treibt, bei nächster Gelegenheit eine mit Sand gefüllte Blechdose oder mehrere leere Konservendosen mitzunehmen. Sobald

Bully nachrennt, sollen die Dosen in Hunderichtung - ohne Treffabsicht - geworfen werden. Bullys Augen könnten Verletzungen erleiden. Das Dosen-Scheppern und der verstreute Sand prägen sich Ihrem Hund als unangenehmes Erlebnis ein und er wird dadurch für alle Zeiten vom Nachlaufen kuriert. Bleiben Sie und die werfende Person im Hintergrund und lassen Sie Bully das Geschehnis selbst „verdauen". Er soll das unangenehme Gefühl mit seinem Fehlverhalten, dem Nachlaufen, in Verbindung bringen, nicht aber mit den Menschen!

„Wasserspiele"

Früh übt sich, wer die Welt erforschen und einen Bully besitzen will.

(Foto Girard und Jorns)

Beschränken Sie die Dauer von **Spaziergängen** im ersten Lebensjahr Bullys entsprechend auf die von seinem Alter abhängige Belastbarkeit. Auch dann, wenn Ihr Hund keine Ermüdungserscheinungen zeigt, *müssen* Sie ihn während seiner körperlichen Entwicklung besonders vor Überanstrengungen bewahren! Für einen einjährigen Bully ist ein einstündiger, *gemütlicher* Spaziergang angemessen, für einen halbjährigen etwa die Hälfte der Zeit weniger.

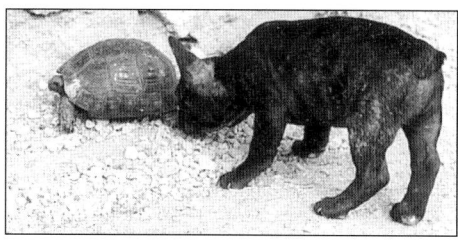

... man kann so oder so Bekanntschaft machen (Foto Jorns)

Begegnungen mit Artgenossen (ab 9. Lebenswoche)

Bully trifft oft in seinem Leben mit Artgenossen zusammen, die er instinktbedingt und neugierig kennenlernen möchte. Da er aber eine besondere **Körpersprache** hat, werden seine forschen Annäherungsversuche und sein wichtigtuerisches Gehabe manchmal von anderen Hunden mißverstanden. Sie reagieren dann zuweilen mit **Aggressionsverhalten** (Knurren, Fellsträuben und Abwehrschnappen). Bully neigt nicht dazu, wohl aber mit zunehmendem Alter zu Größenwahn und Verteidigungsbereitschaft. Mutig und draufgängerisch könnte er sich falsch einschätzen, sich größer und stärker als der andere Hund fühlen, und ohne aufzugeben, sein Leben, sein Herrchen und sein Revier verteidigen wollen, obgleich er in den meisten Fällen unterliegen würde. Denn ein Bully ist unbekümmert furchtlos und lernt artgerechtes Verhalten nur bei Begegnungen mit Artgenossen und durch entsprechende Erziehung.

(Zeichnung aus Burkert, B.: „Der Bully")

Diese Begegnungen müssen Sie gezielt herbeiführen, um ein mögliches Fehlverhalten Ihres Bullys schon vom Welpenalter an in „richtige Bahnen" zu lenken! Suchen Sie in Ihrer Nachbarschaft, in Hundeauslaufgebieten und auf all' Ihren Wegen Kontakte zu Hundebesitzern und verständigen Sie sich mit ihnen, ob sich ihre Vierbeiner - ob Rüde oder Hündin, ob groß oder klein, - „verhaltensgerecht" zeigen. Wenn ja, genießt Ihr Welpe bis zu einem halben Jahr „Narrenfreiheit" bei Artgenossen jedes Alters und Geschlechts und wird nicht gebissen. Nutzen Sie diese Zeit und bemühen Sie sich darum, Hundebesitzer zu gemeinsamen Spaziergängen und zu Hundespiel und Spaß in gefahrlosem Gelände zu veranlassen. Bully lernt daraus für sein ganzes Leben: Bei stärkeren Hunden wird er sich gemäßigt verhalten, bei kleineren Gleichmut und Toleranz beweisen.

(Illustration aus „Buffo" v. Dr. W. Gödrich, 7853 Steinen 1990)

(Foto Buchwald)

Solange Bully ein Welpe ist, handelt er nach „kindlichem" Verhaltensmuster. Neugierig und unbekümmert läuft er zu jedem fremden Hund, möchte mit Beschnüffeln und Belecken Bekanntschaft machen und spielen. Doch nicht jeder Hund ist gleichfalls an einer Bekanntschaft und einem Spiel mit einem frech-tolpatschigen Welpen und heranwachsenden Junghund interessiert. Er zeigt sich in „Laß-mich-in Ruhe-Haltung" und geht achtungsheischend, zuweilen knurrend, um Bully herum. Bully begreift: „Vorsicht, starker Hund!" und bleibt abwartend stehen. Wenn der überlegene Hund Bully näherkommt, wirft sich der Welpe mit ängstlichen Lauten auf den Rücken, Bauch und Kehle zeigend. Der Begegnungshund nimmt die **Unterwerfungs- und Demutsgesten** zur Kenntnis, überzeugt sich gründlich schnüffelnd von Bullys Harmlosigkeit und bestätigt die Klärung seiner eigenen Rangstellung durch Harnabsatz oder durch Auflegen einer Vorderpfote. Der Bullywelpe lernt durch diesen Handlungsablauf: „Der andere Hund hat das Sagen, ich m u ß mich unterordnen!"

Hindern Sie Bully vor allem nicht in seiner Jugend daran, andere Hunde kennen- und einschätzen zu lernen und „Begrüßungs-" und „Verabschiedungsrituale" zu üben! Durch Ihre Geduld und Toleranz erziehen Sie sich einen braven Begleithund, der andere Hunde respektiert, seine Grenzen kennt, sich artgerecht verhält und bei „Freundestreffen" spielvergnügt herumtobt.

„Wozu hat man Freunde?" (Foto Ladwig und Jorns)

Hunde, die nie oder zu wenig Gelegenheit dazu hatten, andere Artgenossen durch Beschnüffeln von Schnauzen- und Geschlechtsbereich kenenzulernen und keine Erfahrungen sammeln konnten, wachsen *instinktgestört* auf. Sie stauen Aggressionen an und entwickeln sich zu angriffslustigen Beißern oder zu hysterischen Angstkläffern mit dem **Fehltrieb,** die „Flucht nach vorn" zu ergreifen.

Wenn Sie bei voraussehbaren Begegnungen den sich Ihnen nähernden Hundeführer nicht kennen und sich mit ihm nicht rechtzeitig verständigen können, leinen Sie Bully an und gehen mit ihm weiter. Vielleicht ergeben sich für Sie und für den anderen Hundeführer Anknüpfungspunkte und für die Vierbeiner Erlebnisse und Spielvergnügen. Wenn beide Begleithunde der Rasse der Französischen Bulldogge angehören, haben Mensch und Tier besondere Freude an Begegnungen, die Zweibeiner bei der Beobachtung der Hunde, die sich je nach Stimmung und Einschätzung des anderen verhalten; die Vierbeiner genießen es, ohne Verständigungsprobleme gleich „zur Sache" (Beschnüffeln und Spiel) kommen zu können.

Wenn bei unerwarteten Begegnungen Ihr unangeleinter Bully mit einem gleichfalls freilaufenden Hund zusammentrifft, bewahren Sie Ruhe und Gelassenheit und zeigen Sie keine Angst, die sich auf Bully übertragen und ihn verunsichern würde. Wenden Sie sich ab und gehen Sie in die entgegengesetzte Richtung! Falls Sie das nicht fertigbringen, bleiben Sie, *ohne* Bully zu rufen oder irgendetwas anderes zu tun, ruhig und gelassen, die Hunde beobachtend, wartend stehen. Die meisten Hunde verhalten sich artgerecht, solange der Mensch nicht eingreift. Durch Ihr Nichtstun merkt Bully, daß er von Ihnen keine Hilfe zu erwarten hat und erinnert sich an sein im Welpenalter erlerntes, artgerechtes Verhalten.

„Black and White"

Sollten Sie doch einmal das Pech haben, daß Ihr Bully ernsthafte Meinungsverschiedenheiten mit einem Artgenossen hat und tollkühn kämpft, verständigen Sie sich schnellstens mit dem anderen Hundeführer! Wenn mehrere Personen zur Verfügung stehen, reißen Sie gemeinsam den stärkeren Hund von Bully fort und bringen danach Bully in Sicherheit. Wenn nur Sie und der andere Hundeführer da sind, muß jeder seinen eigenen Vierbeiner zurückhalten. Günstig ist in Wassernähe, ein Kaltwasserguß auf beide Hunde. Die Raufer werden sekundenlang erschreckt und das blitzschnelle menschliche Eingreifen (Griff zum Halsband, Zurückreißen, Anleinen) wird erleichtert. Auch ein Kleidungsstück oder eine Decke, beiden Hunden gleichzeitig übergeworfen, erschreckt sie für einen Augenblick und ermöglicht die Trennung der Raufer.

Falls Verletzungen vorliegen, Maßnahmen ergreifen: Wundversorgung durch Erste Hilfe, Adressenaustausch der Hundeführer (Hundehalterhaftung!) und, wenn erforderlich, Tierarztkonsultation.

Grundsätzlich soll bei einer **Hundeauseinandersetzung** nicht mit Schlägen auf die Raufer eingegriffen werden! Das ist falsch und gefährlich, weil der von den Schlägen getroffene Hund, den erlittenen Schmerz auf den gegnerischen Hund überträgt und seine Aggressionen steigert. Der von seinem Begleiter verteidigte und in Schutz genommene Hund fühlt sich durch dessen Handlungen in seiner eigenen Position gestärkt und behauptet seinen Standpunkt umso nachdrücklicher und rauflustiger.

Selbstbeschäftigung (ab 13. Lebenswoche)

Bully wird Sie nicht immer begleiten dürfen (z.B. zum Arztbesuch) und muß daran gewöhnt werden, allein und ruhig in der Wohnung oder anderenorts zu bleiben. Nutzen Sie nach Möglichkeit Bullys Schlafenszeit nach seiner Fütterung und einem Spaziergang und lassen Sie sich *nicht* anmerken, daß Sie fortgehen. Erledigen Sie alle Handgriffe wie Mantel anziehen, Schlüssel einstecken u.a. *unauffällig* und nicht vor Bullys Augen. Ihr Hund würde Ihre Handlungen als Signale für bevorstehende, gemeinsame Unternehmungen und Erlebnisse werten und entsprechend erwartungsvoll-freudig reagieren. Gehen Sie dann allein, enttäuschen Sie Bully zutiefst. Auch Sie würden Bully in trauriger Stimmung und im Bewußtsein, irrige Gefühle geweckt zu haben, verlassen. Es macht die Sache noch schlimmer, wenn Sie Ihrem Hund wortreich erklären, daß Sie allein fortgehen müssen, weil ... Bully versteht von der ganzen Ansprache nur ein Wort, nämlich „Fortgehen". Seine Hundewelt, in der Sie den Ton angeben und Zeichen setzen, ist ins Wanken geraten.

„Bullyfernsehen"

(Foto Theunissen)

Vermeiden Sie darum, vor Bully Worte und Handlungen, die er, entsprechend seinem Begriffsvermögen deuten könnte, und verhalten Sie sich wie gewohnt. Geben Sie Ihrem Hund ein interessantes Spielzeug in sein Körbchen, sagen: „Spiel mit dem schönen Bällchen" (oder anderem Gegenstand) und verlassen ihn. Bully ist vollauf beschäftigt und wird in den seltensten Fällen überhaupt Ihr Fortgehen bemerken. Sollte er es doch aus den Begleitgeräuschen entnommen haben und zu weinen und winseln anfangen, „spielen" Sie Bully bei nächster Gelegenheit „Alleinfortgehen" mit Schritten zur Haustür, Schlüsselklappern und dergleichen vor, kehren aber alsbald zu Bully zurück und tun so, als sei nichts geschehen. Diese Übung wiederholen Sie und steigern allmählich die Dauer Ihrer Abwesenheit. Als „Ablenkungsmanöver" können Sie auch das Radio anstellen und leise weiterspielen lassen. Bully wird sich an die „Fortgehgeräusche" und an Selbstbeschäftigung als Teil seines Lebens gewöhnen. Er wird ruhig bleiben, sich unbeirrt seinem Spielzeug widmen und, wenn ihm Spiel und Warterei zu langweilig werden, im gefühlsmäßigen Gleichgewicht schlafen. Bully wurde zwar von Ihnen „überlistet" und „getäuscht", jedoch *nicht* enttäuscht! Vergessen Sie na ch Ihrer Rückkehr aber nicht, Bully freudigst zu begrüßen! Unterlassen Sie die Begrüßung, erziehen Sie sich einen gefühlsmäßig gedämpften Hund, der an Lebhaftigkeit und Fröhlichkeit verliert.

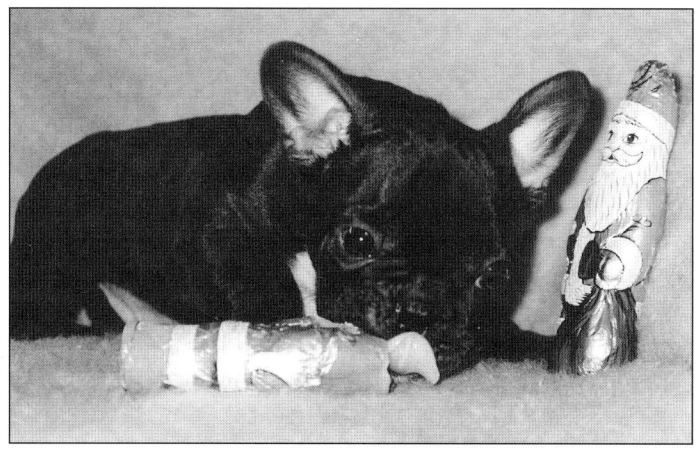

„Ob wir gelobt werden?"

Das Kommen auf Ruf (ab 13. Lebenswoche)

Die sofortige Befolgung des Hörzeichens „Hierher!" kann für Bully in Gefahrensituationen (z.B. im Straßenverkehr) lebensrettend sein. Darum muß Ihr Hund lernen, diesem „Kommando" *unverzüglich* Folge zu leisten, ganz gleich, ob er gerade einen Ball, ein Mauseloch oder die „Duftmarke" eines Artgenossen viel interessanter als Sie findet.

Der Weg zu dieser Erziehung ist nicht nur lang, sondern auch dadurch erschwert, weil eine Französische Bulldogge charaktermäßig ein verspielter Hund ist und bleibt. Gerade deshalb ist es so wichtig, daß Sie der Kommen-auf-Ruf-Erziehung besonders viel Aufmerksamkeit und Zeit widmen, die Bullys Schutz und natürlich auch dem der eventuell Beteiligten dient. Ein weiterer Grund für die konsequent geforderte „Befehlsbefolgung" besteht darin zu verhindern, daß Sie Ihrem unfolgsamen Hund nachlaufen und sich selbst Gefahren oder dem Spott Ihrer Mitmenschen aussetzen.

Am einfachsten ist es, die Bullyfütterung mit der Kommen-auf-Ruf-Erziehung zu verbinden. Ein hungriger Bully kommt gern zu seinem Herrchen. Natürlich sollen Sie nicht jede und die ganze Hundemahlzeit durch Übungen unterbrechen. Bully muß Ruhe und Zeit zum Fressen haben. Einige Leckerbissen aus der Futterschüssel, einzeln gereicht, genügen für eine gut gemachte Leistung als Belohnung, die mit der Zeit durch Lob und Streicheln ersetzt werden kann.

Übungen

Sie entfernen sich 2-3 m von Bully, bleiben stehen (oder hocken sich nieder, was noch günstiger ist) und rufen mit Namensnennung: „... , hierher!", wobei Sie das „Hierher" betonen. Wenn Bully Ihnen so nahe ist, daß er Ihnen aus der Hand fressen kann, geben Sie ihm mit lobend-sanfter Stimme („So ist's brav!") das erste Häppchen. Danach verändern Sie Ihren Standort, bleiben stehen (oder hocken sich nieder), rufen wieder kurz und betont: „(Name), hierher!" und überreichen Bully nach „Befehlsbefolgung" lobend den zweiten Happen und so fort. Beachten Sie hierbei, daß Sie Bullys Kommen *unbedingt* abwarten müssen und weder Ihrem Hund entgegengehen noch Ihren Standort vorzeitig wechseln dürfen! Bully soll grundsätzlich zu Ihnen kommen, nicht umgekehrt!

Diese Übungen (stehen bleiben, rufen, Bully abwarten, loben) wiederholen Sie an sicheren Plätzen im Freien und steigern allmählich die Bedingungen durch größere Entfernungen zwischen Ihnen und Bully sowie in anderer Umgebung. Je größer die Distanz (5 - 10 m) und je fremder die Umwelt, desto schneller wird Bully Ihrem Ruf Folge leisten. Das tut er nicht allein wegen der erwarteten Belohnung, sondern weil er sich alleingelassen und verunsichert fühlt. Die ausgestandene Angst (Unlustgefühl) und das köstliche „Herrchen-Finden" (Lustgefühl) prägt sich den meisten Bullies in wenigen Übungstagen unvergeßlich ein.

Wenn Sie das Übungsziel mit Gefühlsverknüpfungen erfolgreich erreicht haben, können Sie mit Recht stolz auf sich und Bully sein, doch sollten Sie sich nicht auf „Ihren Lorbeeren" ausruhen, sondern fleißig weitertrainieren! Gehen Sie unbemerkt von Bully fort und verstecken Sie sich. Lassen Sie sich dann nach Ihrem „Hierher-Ruf" von Bully suchen und von ihm finden. Loben Sie Ihren Hund und freuen Sie sich mit ihm über das Wiedersehen!

„Herrchen, wo bist Du?" (Foto Brandes)

Falls Sie einen sehr aufmerksamen Bully besitzen, der Sie kaum aus den Augen läßt, können Sie mit dem „Hierher-Ruf" zusätzlich **Handzeichen** einführen, zum Beispiel mit einer Hand (oder mit beiden Händen) gegen Ihr Bein oder, wenn Sie bodennah sitzen, auf den Boden klopfen. Bei größeren Entfernungen (5 - 10 m) ist eine Handbewegung über Ihren Kopf - als wollten Sie etwas wegschlagen -, Bully besser erkennbar. Verständigung durch Handzeichen ist dann nützlich und macht einen guten Eindruck, wenn Bully Sie zwar sehen, aber nicht hören kann, z.B. beim Warten vor einer Glastür oder bei starkem Verkehrslärm.

Doch was tun, wenn Bully nicht kommt?

1. Nicht die Geduld verlieren!
2. Bullys Sinne reizen und seine Neugierde anstacheln!
3. Mit einer Laufleine „Herrchens langen Arm" beweisen.

Übungen

Gleichzeitig mit dem „Hierher-Ruf" verursachen Sie ein für Bullys Ohren interessantes Geräusch, z.B. Papiergeraschel, Schlüsselgeklapper, Händeklatschen, Zischlaut, Pfiff und dergleichen. Bei der Geräuscherzeugung sollten Sie erfinderisch und abwechslungsreich sein, damit es Bully wichtig genug erscheint, aufzumerken. Das Geräusch, auf das Bully am besten reagiert, merken Sie sich und setzen es wiederholt, bis zur Gewöhnung ein. Bully merkt sich: „Wenn Herrchen (z.B.) in die Hände klatscht, muß ich schnell zu ihm laufen, weil ich dann gelobt werde."

„Ich möchte spielen!"

Lenken Sie mit dem „Hierher-Ruf" Bullys Augen auf sich und schwenken Sie einen Gegenstand (z.B. Tuch, Leine, Holzstück) in Bullys Blickrichtung. Sie können sich auch bodennah hinhocken und mit den Armen „rudern". Hierbei würde ich empfehlen, Zuschauer zu meiden, die Sie unter Umständen für geistesgestört halten könnten.

„Warum werde ich immer dann gerufen, wenn ich gerade stark beschäftigt bin ...?"

Erschrecken Sie Bully durch einen, gleichzeitig mit dem „Hierher-Ruf" geworfenen Gegenstand (z.B. „Spielknarre", Ball, Wurfholz), o h n e ihn zu treffen (Verletzungsgefahr)! Bully soll nur den in seine unmittelbare Nähe fallenden Gegenstand hören, aufmerken und dadurch seine eigene Beschäftigung beenden. Sobald Bullys Aufmerksamkeit Ihnen gilt, sind Sie wieder Mittel- und Anziehungspunkt geworden. Bully wird Ihrem erneuten „Hierher!" willig und freudig folgen, weil er sich an Sie und an die sichere Belohnung erinnert.

Eine **Laufleine** (5 - 10 m lange Perlonschnur mit Karabiner) ist eine wirksame Erziehungshilfe, sofern sie als „Herrchens langer Arm" und zur Gewährung von Freiraum für Bully, jedoch nicht als ein „Zugseil" eingesetzt wird. Darum sollten Sie selbst den Umgang damit etwas üben. Die Leine soll jeweils nur so weit freigegeben werden, daß Bully nicht der Gefahr ausgesetzt wird, sich darin bei den Übungen zu verheddern und sich dadurch zu ängstigen.

Zur „Komm-Übung" befestigen Sie Bully an der Laufleine und geben ihm mit durchhängender, aber nicht bewegter Leine Freiraum und Gelegenheit, Sie „zu vergessen". Wenn Bully abgelenkt ist (nicht bei der Notdurftverrichtung stören!), rufen Sie ihn und ziehen gleichzeitig ruckartig an der Leine, natürlich nicht so stark, daß es Bully umreißt und nicht so lange, daß Sie Ihren Hund zu sich hinziehen. Wenn Bully nicht sofort auf den ersten **Leinenruck** kommt, machen Sie mit gelockerter Leine eine Atempause. Danach wiederholen Sie den „Hierher-Ruf" mit Leinenruck in gleicher Reihenfolge so lange (nicht auf einen Übungstag bezogen!), bis Bully gemerkt hat, daß Herrchens Arm bis zu seinem Halsband reicht. Vergessen Sie nicht, Bullys Kommen zu belohnen, besonders dann nicht, wenn sich Ihr „Lehrling" erst beim fünften Mal dazu bequemte und Sie fast zur Verzweiflung brachte.

Es gibt jedoch noch eine weitere Kommen-auf Ruf-Erziehungsmethode, die dem vorher Geschriebenen teilweise scheinbar zu widersprechen scheint, aber in Wirklichkeit nur eine andere Verknüpfung von „Tat und Folge" ist. Sie bauen hierbei auf das Rudelzugehörigkeitsgefühl und die Kontaktfreudigkeit Bullys. Je weniger Sie Ihren Hund rufen, umso häufiger wird er nach Ihnen se-

„Ich komme ja schon!"

hen und von allein zu Ihnen laufen. Erst dann, während Bully zu Ihnen kommt, rufen Sie ihn und loben ihn nach erfolgter Annäherung. Bully bringt sein eigenes, freiwilliges „zum-Herrchen-Laufen" mit dem Lob in Verbindung und nimmt dieses Erlebnis in seinem Gedächtnis auf.

Wiederholen Sie alle Übungen in wechselnder Reihenfolge, damit sie für Bully interessant bleiben. Aber überfordern Sie Ihren Hund nicht und beenden Sie das Training, sobald seine Aufmerksamkeit nachläßt! Für Ihren Vierbeiner soll es stets ein Spaß und eine Freude bleiben, mit Ihnen zusammenzusein. Bully lernt das „Kommen auf Ruf" ganz bestimmt, selbst dann, wenn er ein besonders unfolgsamer Hund zu sein scheint. Die sogenannten „unfolgsamen" Bullies sind häufig die intelligenteren und selbstbewußteren Rassevertreter, die ihre eigene Machtstellung erproben und sich dem Zugriff des „Rudelführers" entziehen wollen.

Abschließend noch einen Ratschlag für Sie zur Anwendung bei dem Bully-junghund, der das Hörzeichen „Sitz" bereits kennt und befolgt, um Sie vor dem unbekümmerten Anspringen und „Pfotenabwischen" Ihres Bullys zu schützen: Rufen Sie Ihren Hund in gewohnter Weise und, während er kommt, sagen Sie: „Hierher uuund - Sitz!" Erst *nach* dem Niedersetzen wird Bully gelobt. Diese „Befehlsverkoppelung", also zwei Erziehungsübungen in einem Zusammenhang zu erlernen und zu befolgen, kann Bully zugetraut werden, um Ihre Kleidung vor Verschmutzung und Ihren Hund vor einem Tadel nach seinem Kommen zu bewahren. Bully hatte zuvor bereits gelernt und begriffen, daß Annäherung zu seinem Herrchen immer wunderschön und angenehm ist, aber Ihr Schreckensruf „Pfui, was hast Du mich schmutzig gemacht!" ginge über das Hundeverständnis.

Sitzübung (ab 3. - 5. Lebensmonat)

Versuchen Sie, die Sitzübung bei Bullys Warten vor der Wohnungstür behutsam „einzu-
bauen" und die Verweildauer langsam zu steigern. Je früher Bully zwanglos lernt, seine Ungeduld zu bezähmen und Ihnen aufs Wort zu
gehorchen, umso leichter fallen ihm später,
nach seinem 7. Lebensmonat, die „erweiterten" Sitzübungen.

Während Bully zum Ausgang drängt, reden
Sie mit ihm, z.B. „Braver Bully, gleich bin ich
fertig, mach hier sitz!" (Das Wort „Sitz" wird
betont!) Bewußt umständlich legen Sie Bully
das Halsband an und drücken dabei gleichzeitig sanft auf seine Kruppe, bis Bully Sitzpo-
sition einnimmt. Wenn Ihr Hund dann sitzt, loben Sie ihn, und erst nach etwa drei Atemzügen fordern Sie Bully mit „Gassi gehen" oder
mit „Fortgehen!" zum gemeinsamen Spaziergang auf. Üben Sie Bullys Befolgung des Hörzeichens „Sitz" mit steter Betonung des „Be-
fehlswortes" beharrlich, und sparen Sie nicht
mit Lob und Streicheleinheiten, nachdem er sich gesetzt hat. Je nach Bullys
Temperament und Lernfortschritten, können Sie die Sitzverweildauer allmählich bis zu etwa zwei Minuten steigern und die Übungen mit der Zeit auch
an anderen Orten durchführen, z.B. dann, wenn Sie mit Ihrem Hund vor dem
Garagen- oder Gartentor stehenbleiben. Vergessen Sie jedoch das Lob nach
dem Niedersetzen *und* die Aufforderung Bullys zu Ihrer Begleitung (= „Befehlsaufhebung") nicht! Bully m u ß immer eine, seinem Denkschema angepaßte, klare Vorstellung davon haben, welche Tat - welche Folge auslöst, da
er nur zwei, unmittelbar zusammenhängende oder folgende Ereignisse „verarbeiten" kann. In diesem Fall: Sitzbefehl und Ausführung, danach Lob und
Lustgefühl. Damit ist ein „Denkabschnitt" mit Gefühlsverknüpfung abgeschlossen und nach einer kleinen Pause kann ein neuer beginnen. Gehen Sie
deshalb nie gedankenlos weiter, nachdem Sie Bully zum Sitzen veranlaßten,
sondern fordern Sie ihn zum Mitgehen auf!

ab 8. Lebensmonat

Das Lernergebnis der „erweiterten" Sitzübung soll sein, daß Bully auf das Wort
„Sitz" die als „Grundstellung" bezeichnete Sitzhaltung auf Ihrer *linken* Seite,
knapp neben Ihnen, schnell einnimmt. Eine Erziehungshilfe ist die Verknüpfung Ihres Stehenbleibens mit dem gleichzeitigen Hörzeichen „Sitz!". Diesen
„Befehl" geben Sie jeweils nur einmal und drücken auf Bullys Kruppe, wenn

er sich nicht sofort niedersetzt. Nehmen Sie unmittelbar vor Ihrem beabsichtigten Stehenbleiben die Leine (des links geführten) Bullys kürzer, damit Ihr Hund nicht ausweichen kann und sich direkt neben Sie setzt. Danach wird Bully gelobt und mit Zureden „Sooo ist's brav" o.a. veranlaßt, einige Minuten sitzen zu bleiben. Nach dieser „Zwangspause" folgt Ihre „Sitzbefehls-Aufhebung" durch ein neues Kommando, das je nach Bullys Lernfortschritten und je nach der Situation „Platz!", „Fuß!" oder dergleichen sein kann.

Üben Sie anfänglich in ruhigen, verkehrsarmen Bereichen und steigern Sie allmählich die Lernbedingungen. Bleiben Sie grundsätzlich bei j e d e m Weg- und Straßenübergang stehen, auch wenn keine motorisierten Verkehrsteilnehmer zu erwarten oder Verkehrszeichen vorhanden sind! Bully soll nämlich zusätzlich lernen, daß er *niemals* einen Weg oder eine Straße allein betreten darf. Sie müssen somit nicht nur Bully erziehen, sondern auch selbst auf Ihre Gehgewohnheiten achten!

Als weitere Übungsgelegenheiten bieten sich u.a. an: Schaufensterbummel, Besorgungen sowie Begegnungen mit Menschen, Tieren und Fahrzeugen. Die Benutzung von Beförderungsmitteln wird zwar in „Mit Bully unterwegs" ausführlich behandelt, doch ist vorwegzunehmen, daß Bully lernen muß, v o r dem Öffnen der Autotür sitzen zu bleiben und ohne Kommando weder in ein Fahrzeug ein- noch aussteigen darf. In welche Gefahren sich Bully bringen könnte, wenn er nicht aufs Wort gehorcht, kann Ihr Hund nicht übersehen. Deshalb müssen Sie Bully *durch Erziehung beschützen,* vorzeitiges Hineinspringen ins Auto oder Verlassen des Fahrzeugs mit energischem „Nein!" verhindern und auf Bullys Sitzen beharren, während Sie z.B. die Wagentür abschließen.

„Wir haben schon viel gelernt!"

Leinenführigkeit (ab 10. - 12. Lebensmonat)

Das Ziel der Leinenführigkeit ist, daß Bully, wie durch ein festes, inneres Band mit seinem Hundeführer verbunden, eng und unbeirrbar an dessen linker Seite geht und aufmerksam Richtungsänderungen folgt.

Das klingt komplizierter, als es tatsächlich ist. Bully ist ein sehr aufgeweckter Bursche, lerneifrig und voll auf Sie fixiert. Er erlernt die **Leinenführigkeit** bestimmt, denn er reagiert nicht nur auf die ausdrücklichen Hör- und Sichtzeichen, sondern insbesondere auch auf die Körperbewegungen bei Ihren Bewegungsabläufen, die auf ihn wie Signale wirken.

Bevor Sie mit den Übungen beginnen, lassen Sie Bully ausgiebig spielen und herumtoben, damit er weniger erlebnishungrig und ablenkbar ist. Danach leinen Sie Bully an, nehmen die Leine in die rechte (!) Hand, (die linke bleibt für Zuwendungen und Korrekturen frei) und setzen sich mit Bully in Bewegung. Hierbei sagen Sie „Fuuuß, Bully!" und gehen geradeaus.
Günstig ist es, wenn Sie anfangs das Entlanggehen an Mauern und Zäunen bevorzugen, dann ist Bullys seitlicher Bewegungsraum begrenzt. Sie müssen Ihren Hund in jedem Fall daran hindern, daß er seine Aufmerksamkeit zu Ihnen verliert, zu schnüffeln anfängt oder aus Übermut in die Leine beißt. Loben und ermuntern Sie Bully mit: „So ist's brav, Fuuuß!" und schlagen Sie sich, als Sicht- und Hörzeichen, mit Ihrer *linken*, freien Hand ab und zu auf Ihr Bein. Sie können auch singen oder pfeifen, um Bullys Interesse wach zu halten. Bewährte Tricks sind, einige Leckereien (kleine Hundekuchen), Knisterpapier (Cellophan) und ein Quietschspielzeug zu den Übungen mitzunehmen und sich von Zeit zu Zeit äußerst umständlich und „geheimnisvoll" damit zu beschäftigen, - Bully wird seinen Blick nicht von Ihnen wenden, wenn er das Rascheln, Knistern oder Quietschen hört. Gelegentlich, aber nicht zu oft, bekommt Bully ein „Leckerle", die meiste Zeit darf er nur hinsehen und hinhören und ist 10 - 15 Minuten lang der aufmerksamste Hund der Welt. Eine längere Übungszeit ist in *keinem* Fall ratsam. Futterreizwirkung, Neugierde und Aufmerksamkeit sind zeitlich befristet.

Ebenfalls ist davon abzuraten, bei jedem Lob immer gleichzeitig eine freßbare Belohnung zu geben. Bully könnte meinen, etwas falsch gemacht zu haben, wenn das gewohnte Leckerle nicht gereicht wird.

Führen Sie Bully an Ihrer linken Seite so, daß seine Vorderbrust mit Ihren Knien in einer Linie bleibt. Will Ihr Hund vorauseilen oder seitlich ausbrechen, erfolgt wie „aus heiterem Himmel" ein Leinenruck (von Ihrer linken „Korrekturhand" ausgeführt), den Bully nicht mit Ihnen in Verbindung bringt, denn Sie gehen gelassen und „als wäre nichts gewesen" unbeirrt weiter. Rucken Sie bei notwendigen Korrekturen keinesfalls öfter als jeweils nur einmal an der Leine (häufige Leinenrucke verlieren an Wirkung und lenken Bullys Aufmerksamkeit auf den Verursacher) und lassen Sie in der übrigen Zeit die Leine immer locker durchhängen.

Nach einer Weile des Geradeausgehens, wenden Sie sich nicht zu schnell, mit dem gleichzeitig gesagten Kommando „Kehrt, Fuuuß!" um 180 Grad rechts herum und gehen wie zuvor weiter. Diese Wendung erfolgt sozusagen auf der Stelle, so daß Sie danach wieder derselben Linie wie vorher folgen. Da Sie die Leine fest in der rechten Hand halten, wird Bully bei dem Richtungswechsel mitgezogen oder, wenn Sie seine Aufmerksamkeit fröhlich ermuntern, zu einer beschleunigten Gangart veranlaßt. Dieser Lernprozeß ist für Bully nicht schwierig, wenn er voll bei der Sache ist und Sie anfangs Ihr Gehtempo herabsetzen. Bullys Schrittlänge ist nun einmal kürzer als Ihre und jeder Weg und Lernvorgang braucht seine Zeit. Allmählich begreift Bully aber, wann er sein Tempo beschleunigen muß, um an Ihrer Seite und in Ihrer (Streichel-) Nähe zu bleiben. Denn: Leinenrucke sind unangenehm, Lob beim braven „Fuß-Gehen" und nach gut gemachten Richtungsänderungen sehr angenehm.

Wenn Bully die Rechtskehrtwendungen ordentlich ausführt, gehen Sie zu den Linkskehrtwendungen über. Sie drehen sich um 180 Grad nach links, sagen: „Kehrt, Fuuuß" und locken Ihren Hund mit sanftem Leinenzug an Ihre linke Seite. Nach erfolgter Wendung und „Fuß-Befehlsausführung" wird Bully gelobt. Damit Ihr „Schüler" Sie selbst so wenig wie möglich mit der Leine in Verbindung bringt und Sie sich nicht darin verwickeln, vollziehen Sie die Handgriffe hinter Ihrem Rücken.

Sie müssen Bullys Leinenführigkeit natürlich viel üben und mit Ihrem Hund auch turbulente Orte mit zahlreichen Menschen und Tieren, verschiedenartigen Geräuschen, Eindrücken und Düften aufsuchen, damit Bully lernt, von Ihrem Zuspruch begleitet, neue Eindrücke gelassen und ohne Fehlverhalten und Aufregung hinzunehmen. Zu diesem Zweck und auch dazu, daß Sie selbst mit Bully Erfahrungen sammeln, rate ich, als Besucher zu einer **Hundeausstellung** zu gehen. (Zum Einlaß müssen Sie Bullys Impfpaß mitnehmen!)

(Zeichnung aus Burkert, B.: „Der Bully")

Bully hat ein sehr gutes Raumgefühl und wird mit der Zeit wie an einer unsichtbaren Leine gehen und innerhalb des Bereiches seiner Leine und Ihrer Zuwendungen bleiben, wo er sich besonders wohl und geborgen fühlt.

Ablegen und Platzverbleib (ab 10. bis 12. Lebensmonat)

Mit den Lernerfolgen des Ablegens und des Platzverbleibs schließt Bullys Grunderziehung ab. Hierbei möchte ich darauf hinweisen, daß Sie alles, was Bully bisher erlernt hat oder woran er gewöhnt wurde, konsequent, in wechselnder Reihenfolge und in unterschiedlicher Umgebung wiederholen sollten, damit Ihr Hund von Lektion zu Lektion nichts vergißt und sich überall schließlich so verhält, wie Sie es wünschen. Vergessen Sie jedoch nie, Bully nach Befolgung eines „Befehls" zu loben, eine kleine „Denkpause" einzulegen und erst d a n a c h das nächste Kommando zu erteilen! Bully braucht seine Erfolgserlebnisse, um bei guter Laune zu bleiben. Würden unterschiedliche Gebote oder Verbote zu schnell nacheinander erfolgen, könnte Ihr Hund weder das eine noch das andere Gefühl auskosten und das seelische Durcheinander würde seine Aufmerksamkeit schwächen.

Das „Platz-machen", das aufrechte, nicht seitliche Liegen auf den Vorder- und Hinterläufen mit angewinkelten Ellbogen fällt Ihrem Hund nicht schwer, weil diese sogenannte „Sphinx-Stellung" seinem eigenen, entspannten Liegen entspricht. Die Schwierigkeit der Ablegeübung besteht darin, Bully von Entspannung zur Aufmerksamkeit in der erwünschten Stellung zu erziehen.

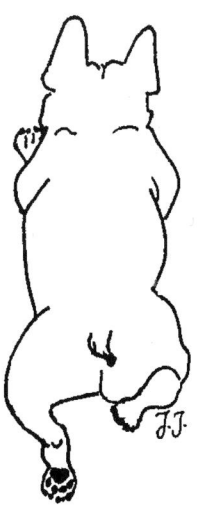

Als kleine Vorbereitung auf den eigentlichen Übungsbeginn können Sie immer dann, wenn Bully g e r a d e im Begriff ist, sich selbst niederzulegen, betont und deutlich „Plaaatz!" sagen, jedoch *ohne* erzieherisch einzugreifen. Möglicherweise prägt sich dieses Hörzeichen beiläufig im Zusammenhang mit dem Ablegen bei Bully so ein, daß er diese Übung schnell begreift und auf Kommando ausführt.

Wenn Sie Glück haben, erreichen Sie das erste Übungsziel „Ablegen aufs Wort" nebenbei und können die nächsten Absätze überspringen. Wenn nicht, müssen Sie systematisch vorgehen: Sie stellen sich hin und fordern Bully zum Kommen und zur Einnahme seiner Sitzstellung auf. Danach wird Ihr Hund gelobt und ihm eine kleine Pause gewährt. Anschließend sprechen Sie Bully mit seinem Namen an, damit er wieder aufmerksam wird und sagen „Platz!" (ob kurz oder lang gesprochen, ist gleichgültig), wobei Sie mit Ihrer linken Hand die Vorderläufe des links sitzenden Bullys vorziehen *und* gleichzeitig mit Ihrer rechten Hand leicht auf Bullys Kruppe drücken, damit er Nachdruck verspürt und weder aufstehen noch seitlich umfallen kann. Je nach Bullys Temperament müssen Sie Ihren Hund in dieser Liegendstellung mit beiden Händen halten und dürfen dabei das Loben und die Aufforderung „Brav, Platz, b l e i b Platz!" nicht vergessen! Wenn

Bully unbedingt aufstehen will, sagen Sie kurz und scharf: „Nein, Bully!" und nach einer kleinen Pause betont: „Platz und b l e i b!" Bully soll begreifen, daß ihm sein Ablegen Lob, sein vorzeitiges Aufstehen Tadel einbringt. Die Wahl zwischen angenehmen und unangenehmen Empfindungen fällt selbst dem temperamentvollsten Bully leicht, wobei es, wie schon des öfteren erwähnt, auf die Aufnahmefähigkeit Ihres Hundes, auf Ihr Einfühlungsvermögen, auf die Dosierung Ihrer Zuwendungen und auf die Regelmäßigkeit der Wiederholungsübungen ankommt.

Bully mit Gewalt niederzudrücken oder ihm das verdiente Lob nach seinem Ablegen vorzuenthalten, würde ihm das Liegen auf Anordnung unangenehm gestalten. Sein „Tat-Folge-Denken" *(wenn* ich das tue, was Herrchen will, *dann* werde ich belohnt) bliebe auf der Strecke.

„Sooo ist's brav!" (Foto Dr. Pramer u. Jorns)

In den vorangegangenen Ausführungen ist beschrieben, daß nach „Befehlsbefolgung", Lob und Denkpause das nächste Kommando folgt. Die gleiche Reihenfolge gilt auch für das zweite Übungsziel: dem Platzverbleib n a c h Bullys Ablegen. Im täglichen Umgang wird sein Platzverbleib zwar meist nur dann gefordert, wenn eine längere Verweildauer geplant ist, z.B. in einer Gaststätte. Ich möchte aber ausdrücklich darauf hinweisen, daß Bullys Ablegen und Platzverbleib auf Kommando zu den wichtigsten **Lernzielen** gehören. Wenn Ihr Hund beispielsweise losstürmt und auf Ruf nicht zurückkommt, sollten die entsprechenden „Befehle" sein unverzügliches Ablegen und Abwarten bewirken, um ihn vor einer möglichen Gefährdung zu schützen.

Während Bully liegt, wird er durch Lob, Händedruck sowie den Worten „Platz u n d bleib!" am Aufstehen gehindert, wobei die Verweildauer allmählich gesteigert wird. Diese Übung ist an den folgenden Tagen zu wiederholen, bis Bully gelernt hat, auch ohne „Nachdruck" liegenzubleiben. Anfangs ist es günstig, Bully neben Wänden oder Zäunen ablegen zu lassen (dann kann er sich nicht seitlich umfallen lassen) und ihm beim Platzverbleib einen Gegenstand Ihres Besitzes (Tuch, Tasche o. dergl.) mit Ihrem Körpergeruch zu geben.

Dieser Gegenstand erweckt Bullys Aufmerksamkeit, er sieht ihn als den Grund an, warum Herrchen will, daß er ausgerechnet hier ablegen und bleiben soll. Bully übernimmt eine **Bewachungsaufgabe** und wird selbst dann auf „seinem Platz" bleiben, wenn sich eine fremde Person nähert. Daß Sie mit Ihrem Hund viel und an den unterschiedlichsten Orten üben müssen ist selbstverständ-

lich, wenn Sie Ihr Ziel erreichen wollen, daß Bully bereitwillig jeden ihm zugewiesenen Platz annimmt, sei es zu Ihren Füßen beim Friseur, in der Straßenbahn, unterm Restauranttisch oder anderswo.

Bully lernt ohne erwähnenswerten Übungsaufwand auch, unangeleint abzulegen und auf „seinem Platz" zu bleiben. Es hängt nicht allein von Ihren erzieherischen Talenten oder von Bullys Temperament ab, ob Sie Ihren Hund beim „Platzverbleib" anleinen oder nicht, sondern auch von den örtlichen Gegebenheiten. Ein angeleinter Bully kann sich ohne Aufsicht in seine Leine verwickeln und sich selbst strangulieren. Diese Gefahr besteht am ehesten bei Zughalsbändern, die *niemals* verwendet werden sollten.

Grundsätzlich müssen Sie sich einprägen und immer beherzigen, Bully niemals und unter keinen Umständen allein und unbeaufsichtigt zu lassen und ihn nicht zur Warterei in Autos (Lebensgefahr durch **Stauhitze**!), in Lokalen oder dergleichen zu verbannen! Ihr Bully ist ein unersetzbarer, einmaliger und auch von „Langfingern" sehr begehrter Hund und somit der Gefahr ausgesetzt, gestohlen zu werden!

Bullys Ernährung

Die **Ernährungsregeln** für Bully lauten in Kurzform: altersgerecht und bedarfsabgestimmt. Daraus geht hervor, daß Bully in den verschiedenen Phasen und Situationen seines Lebens unterschiedliche Ernährungsbedürfnisse hat.

Um Bully mit all' seinen Bedürfnissen richtig verstehen und füttern zu können, muß man wissen, daß Französische Bulldoggen wie alle Haushunde, die meisten der Bedürfnisse und auch die Instinkt- bzw. Triebhandlungen von ihren Vorfahren übernommen haben.

Hunde gehören, zoologisch gesehen, wie Schakale, Füchse und Wölfe zur Familie der „Hundeartigen" (Caniden) und werden wie alle Caniden den „Beutetierfressern" zugeordnet. Ahnen aller Hunde sind bekanntlich Wölfe, die ihre Beute in freier Wildbahn gierig, auf den eigenen Vorteil bedacht und nach Möglichkeit in Übermengen verzehren, da sie nicht jeden Tag ausreichend Gelegenheit zur Sättigung haben. Sie sind darauf spezialisiert, in ihren sehr dehnungsfähigen Mägen große Futtermengen aufzunehmen. An sicheren, dem Zugriff von Futterrivalen entzogenen Plätzen, wird dann der „Vorrat" erbrochen und vergraben oder der hungrige Nachwuchs mit vorverdauter Nahrung versorgt. Aufmerksame Beobachter kennen das Erbrechen und Futtervergraben heranwachsender und erwachsener Hunde sowie das Lefzenlecken der Welpen bei ihren Eltern, wenn sie um Futter betteln.

Die „hundeartigen" Tiere nehmen beim Fressen nicht nur Muskulatur, Organe, Haut und Knochen ihrer Jagdbeute auf, sondern auch und bevorzugt den vorverdauten Magen- und Darminhalt, der reich an natürlichen **Ballaststoffen** pflanzlicher Herkunft ist. Daraus sind die Ernährungsbedürfnisse des Haushundes (Canis lupus forma familiaris) abzuleiten. Ihn als „reinen Fleischfresser" zu bezeichnen, ist also falsch. Zutreffender wäre der, jedoch zu Mißverständnissen führende, Begriff „Allesfresser", da Hunde alles, was ihnen freßbar erscheint, verzehren, auch wenn sie ihre Tagesration bereits erhalten haben. Ihr Urinstinkt veranlaßt sie, eine Art „Vorratswirtschaft" zu betreiben. Das führt in unserer „Wohlstandsgesellschaft" mit ihrem täglichen Nahrungsangebot dazu, daß es viele übergewichtige Hunde gibt, meistens eine Folge menschlicher Unvernunft und nicht artgerechter Fütterung. Denn Hunden kann die Einsicht, daß es jeden Tag Futter gibt, nicht anerzogen werden. Daher sollten sich Hundehalter ein gewisses Grundwissen über die Ernährungsbedürfnisse ihrer Tiere aneignen und die Menge und Qualität des Hundefutters überwachen, damit ihre Vierbeiner nicht an den Folgen menschlicher Ignoranz und falsch angebrachten Mitleids leiden. Denn Futter, das den Erhaltungsbedarf des Hundes übersteigt, wird nicht als überschüssige Energie in Form von Wärme abgegeben, sondern in Fett verwandelt und gespeichert. Daraus resultiert dann das Übergewicht, das jeden Körper belastet und die Funktionstüchtigkeit des Organismus schädigt.

Der **Erhaltungsbedarf** ist abhängig vom Alter, Temperament, Gesundheitszustand und von der körperlichen Belastung des Hundes. In der Trage- und

Säugezeit z.B. erhöht sich der Nährstoffbedarf. Hingegen braucht ein erwachsener Hund ohne besondere körperliche Beanspruchung nur artgerechtes und ausgewogenes Futter in angemessener Menge, um optimal ernährt zu werden.

Aber was ist „artgerechtes und ausgewogenes Futter in angemessener Menge"? Wie allgemein bekannt, sind in der Nahrung **Nährstoffe** enthalten, die zum Aufbau und zur Erhaltung der Körpersubstanz dienen und die **Energie** für alle Lebensvorgänge liefern. Sie werden in **organische Nährstoffe** (tierisches und pflanzliches Eiweiß, Fette, Kohlenhydrate, Vitamine) und in **anorganische Nährstoffe** (Mineralstoffe) gegliedert. Alle zusammen in einem harmonischen, ausgewogenen Verhältnis ermöglichen störungsfreie Körperfunktionen, d.h. ein gesundes Hundeleben.

Fleisch ist die Grundlage der Hundeernährung, aber keine bedarfsdeckende Alleinnahrung. Reine Fleischkost führt z.B. zu Kalziummangel, Knochenschäden und stumpfen Haarkleid. Zur Verfütterung eignet sich jedes gesunde, unverdorbene Fleisch aller Schlachttiere (Geflügel, Rind, Schaf usw.) und Fische. Es enthält tierische Eiweißstoffe (Proteine), tierische Fette, Vitamine, Salze und Geschmacksstoffe. Sehr empfehlenswert ist „grüner", roher, ungereinigter **Rinderpansen**, ernährungsmäßig weniger wertvoll ist der gebrühte „weiße" Pansen. Preiswert und gehaltvoll sind Kopffleisch, Schlund und die Leber vom Rind. **Geflügelfleisch** als evtl. **Salmonellenträger** und **Schweinefleisch** als Verursacher der lebensgefährdenden **Aujeszky'schen Krankheit** sollten nie roh verfüttert werden! Im Zweifelsfall ist es ratsam, jedes Fleisch vor dem Verzehr zu garen und die **Vitaminversorgung** des Hundes durch Verfütterung anderer Nahrungsmittel zu regeln. Unbedenklich, aber zeitlich befristet, da es kaum Bindegewebe enthält, kann rohes, reines **Rinderhack** (Tatar) an Welpen und kranke Hunde verfüttert werden. Abgebratenes Hackfleisch, auch von Fischen stammend, fressen Hunde sehr gern. Man kann in ihm, nachträglich und von Bully unbemerkt, Arzneien und Aufbaustoffe verstecken, falls der Tierarzt sie verordnet hat. (Auch in Leberwurst „eingeschmuggelte" Arzneien werden von Bully, ebenfalls unbemerkt, willig verzehrt.)

Das Fleisch sollte vor Verfütterung in „schnauzengerechte" Stücke zerschnitten werden. Ab und zu ein größeres Fleischstück zum Zerreißen gegeben, dient zur Reinigung der Zähne und zur Beschäftigung. **Knochen** und **Gräten** *müssen* vor der Verfütterung entfernt werden, da sie beim gierigen Fressen verschluckt, zu Verstopfung, Brechreiz, Verletzungen des Darms und, falls sie im Schlund steckenbleiben und ihn blockieren, zum Ersticken des Hundes führen können. Weiche

Kalbsknochen, roh oder gekocht, sind ein beliebtes Spielzeug für Bully. Sie sollten jedoch nur unter Aufsicht gereicht werden. Gekochte, weiche **Knorpel,** auch von jungem Geflügel, können verfüttert werden, da sie wertvolle Nährstoffe enthalten.

Produkte tierischer Herkunft sind im allgemeinen hundemagenverträglich, besitzen jedoch einen unterschiedlichen Stellenwert in der Ernährung, wobei sich **Quark, Hüttenkäse** und **Joghurt** um den ersten Platz streiten. Sie können unbedenklich und reichlich statt Fleisch, z.B. als Diätfutter bei Durchfall, verfüttert werden, da sie gut verträglich und leicht verdaulich sind. Zusätzlich helfen sie, die Bakterienflora im Darm, z.B. nach Durchfall, wieder aufzubauen. Ein bis zwei **Eigelb,** roh, gekocht oder gebraten in der Woche sind für Bully gesund und bekömmlich. **Eiklar** sollte nicht verfüttert werden, da es einen Stoff enthält, der das Vitamin H (Biotin) zerstört. Ungesäuerte **Milch** sowie Trockenmilch sollte erwachsenen Bullies vorenthalten bleiben, weil sie im Gegensatz zu Welpen kaum mehr über das Verdauungsenzym Laktase verfügen, das den in der Milch enthaltenen Milchzucker (Laktose) aufspaltet. Der Verzehr von Milch kann zu Durchfall führen.

Eine überaus wichtige Aufgabe für Bullys gesunde Ernährung haben **pflanzliche Futterbeimischungen,** z.B. geschrotetes Getreide, Kleie, Futterflocken, Reis, Hirse und in kleinen Mengen Gemüse, Salat, Kräuter und Obst. Sie sind für den Ernährungsbedarf notwendig und regulieren bzw. ermöglichen die Körperfunktionen. Eine einseitige pflanzliche Futterbeimischung sollte jedoch vermieden werden, da hierbei einige benötigte Nährstoffe völlig fehlen würden. Anstelle von stets denselben Futterbeimischungen ist die Abwechslung oder die Verwendung von gemischten **Hundeflocken** zu bevorzugen, da sie den Ernährungsbedarf besser befriedigen.

Pflanzen enthalten pflanzliches Eiweiß und Fett, ferner Vitamine, Mineralstoffe und im besonderen Maß **Kohlenhydrate,** die wiederum aus **Stärke, Zucker** und **Zellulose** bestehen. Sie müssen, je nach Art „aufgeschlossen", d.h. verwertbar gemacht werden (z.B. Getreideprodukte durch Erhitzen), da das Verdauungssystem des Hundes rohe, nicht vorbehandelte Bestandteile der Kohlenhydrate (Stärke und Zucker) schlecht ausnutzen und verwerten kann. Die gleichfalls enthaltene Zellulose ist ein unverdaulicher, aber nicht wertloser Ballaststoff. Er regt die Darmbewegungen an und fördert die Verdauungsvorgänge. (Verfütterung von zuviel Ballaststoffen führt zu erhöhten Kotmengen.) Die tägliche Zugabe von einem Teelöffel **Pflanzenöl** ins Futter oder die gelegentliche Verfütterung von ein bis zwei Scheiben **Vollkornbrot** - mit Butter, Margarine oder Leberwurst bestrichen - ist ebenfalls wie eine mit Ölsardinen dünn belegte Brotscheibe eine vorzügliche Futterergänzung. (Solche Brote können eine komplette, schnell zubereitete Mahlzeit ersetzen und Ernährungsprobleme z.B. auf Reisen und bei Appetitlosigkeit Ihres Bullys lösen bzw. überbrücken.)

Da alles Leben aus dem Meer stammt und Wasser mit seinen darin gelösten Salzen, den **Mineralstoffen,** die Bedingungen zu Leben und zur Vermehrung schuf, sind die Inhaltsstoffe des Wassers in jedem Lebewesen –

gleich ob Pflanze, Tier und Mensch – vorhanden und zum Wachstum und zur Substanzerhaltung von Organismen notwendig. Sie werden mit der Nahrung aufgenommen, im Stoffwechsel durch chemische Vorgänge dem Körper zugeführt und das, was nicht verwertbar ist, wird bei der Verdauung ausgeschieden. Dadurch entsteht neuer Bedarf, der nach Art des Lebewesens unterschiedlich ist und z.B. von Umweltbedingungen und Belastungen abhängt.

Die Mineralstoffe haben im Körper eines Hundes Regler- und Strukturfunktion. Sie steuern Vorgänge in der lebenden Zelle sowie chemische Reaktionen, regulieren den Wasserhaushalt und sorgen für die Bildung von Knochen und Zähnen. Sie werden in Mengen- und Spurenelemente unterteilt, da sie vom Körper in relativ großen Mengen oder in geringem Maß gebraucht werden. Zu den **Mengenelementen** gehören: Kalzium, Kalium, Magnesium, Natrium, Phosphor und Schwefel. Zu den **Spurenelementen** zählen: Eisen, Fluor, Jod, Kupfer, Mangan, Selen und Zink.

Vitamine sind lebensnotwendige Wirkstoffe, die in der richtigen Dosierung ein gesundes Hundeleben überhaupt erst ermöglichen. Der Organismus eines Hundes ist darauf angewiesen, daß ihm Vitamine bedarfgerecht zugeführt werden, da er sie in der Regel nicht oder nur in Spuren selbst bilden kann. Man unterscheidet fettlösliche und wasserlösliche Vitamine. Die fettlöslichen Vitamine A, D, E und K werden nur in Verbindung mit Fett aufgenommen und im Organismus gespeichert. Eine kurzfristige Unterversorgung mit diesen Vitaminen kann dadurch ausgeglichen werden. Eine längerfristige Überversorgung kann zu Gesundheitsschäden führen. Die wasserlöslichen Vitamine, z.B. die Vitamine des B-Komplexes und mit Einschränkung Vitamin C, müssen ständig zugeführt werden, da sie der Köper bei einem Überschuß ausscheidet.

Frisches, nicht eiskaltes **Wasser** von Trinkqualität *muß* einem Hund immer und ausreichend zur Verfügung stehen, da es lebensnotwendig ist! Der tägliche Wasserbedarf liegt zwischen 40 - 70 ml/kg Körpergewicht. Ohne Wasser bleibt ein Hund nur wenige Tage am Leben; ohne Nahrung verhungert er erst nach Verlust von einem Viertel bis zur Hälfte seines Körpergewichts.

Die Tiernahrungsindustrie hat den Bedarf an artgemäßem Hundefutter erkannt und bietet dem Verbraucher zeitsparende **Fertignahrungsprodukte** unterschiedlicher Qualität, Haltbarkeit, Herstellungsmethode und Inhaltsstoffe an. In der Regel sind Vitamine und Mineralstoffe diesem Futter bereits zugefügt worden, so daß Sie der Sorge ausreichender Versorgung Ihres Hundes enthoben sind. Man kann darauf vertrauen, daß die Rohstoffe bei der Verarbeitung zu Fertignahrungsprodukten schonend und sachgemäß behandelt und Krankheitserreger abgetötet worden sind, was bei den haushaltsüblichen Verarbeitungsweisen nicht immer gewährleistet ist. (Futtermittelhersteller haben Auflagen zu erfüllen und müssen mit Überwachung, Stichprobenentnahme und bei Verstößen mit Anzeigen und Strafen rechnen.)

Die Fertignahrung hat auch den Vorteil, daß sie einfach beschafft werden kann, sich für Vorratshaltung eignet, ortsunabhängig einsatzbereit ist und zudem bei der durchschnittlichen Futtermittel-Kostenberechnung (Beschaffungskosten + Arbeitsaufwand + Strom- oder Gasverbrauch) nicht schlecht abschneidet. Man unterscheidet drei Grundtypen der Fertignahrung: Feuchtfutter, Halbfeuchtfutter und Trockenfutter, bei denen es sich sowohl um vollwertiges Alleinfutter als auch um Produkte handeln kann, die

Ergänzungen benötigen oder Ergänzungsfuttermittel sind. Bei der Kaufentscheidung und vor der Verfütterung sollte festgestellt werden, um welches Futter es sich handelt. Die Angabe „bedarfsdeckend" entspricht dem Ernährungsbedarf eines x-beliebigen Hundes, aber nicht unbedingt dem individuellen und den körperlichen Bedürfnissen angepaßten Bedarf Ihres Bullys. Allgemein kann man sagen, daß die Fütterungsanweisungen der Hersteller meistens zu hoch angesetzt und nur dann gerechtfertigt sind, wenn Ihr Hund wirklich den angegebenen Bedarf hat, also z.B. viel läuft.

Es liegt ganz in Ihrer Hand, wie Sie Bullys „Speiseplan" zusammenstellen. Sie können zwischen den industriellen Fertignahrungsprodukten und Fleisch vom Metzger bzw. aus der Tiefkühltruhe mit Beimischung von pflanzlichen Ergänzungen wählen oder teils Fertigfutter, teils Selbstgekochtes als „Eigenmischung" Ihrem Hund geben. Vermeiden Sie jedoch unbedingt einen plötzlichen Futterwechsel, der zu **Verdauungsstörungen**, Fehlgärungen und Durchfall führen kann. Wenn Sie z.B. eine Reise mit Bully vorhaben, ist es ratsam, Ihren Vierbeiner beizeiten und allmählich an Fertigfutter zu gewöhnen und einen ausreichenden Vorrat dieser Nahrung mitzunehmen. Ebenfalls empfehlenswert ist auf Reisen die Mitnahme von Mineralwasser ohne Kohlensäure. Es kommt vor, daß das Wasser in anderen Orten Bestandteile enthält, die ein „Besuchshund" im Gegensatz zu einheimischen Hunden nicht verträgt.

Futter-Eigenmischungen haben den Vorteil, daß sie den Ernährungsbedürfnissen des eigenen Hundes genau angepaßt werden können. Viele Hundebesitzer, insbesondere Züchter, bevorzugen Eigenmischungen, um ihre Vierbeiner gewissenhaft zu versorgen. Die Zubereitung dieses Futters erfordert allerdings mehr Zeit (Fleisch abkochen, schneiden usw.) als die Verwendung von Fertigprodukten und setzt die Kenntnis des individuellen Ernährungsbedarfs voraus. Die Anreicherung des Futters mit Vitaminen und Mineralstoffen sollte jedoch grundsätzlich nur nach tierärztlicher Anweisung erfolgen.

Das allgemeine **Ernährungsziel** ist ein muskulöser Bully, bei dem entsprechend seiner Geschlechtszugehörigkeit, Größe und Gewicht im optimalen Verhältnis zueinander stehen. Sie können dieses Verhältnis selbst überprüfen, wenn Sie über Bullys Rücken streichen und die Dornfortsätze der Wirbel gerade noch spürbar sind und Sie bei den Bewegungen Ihres Hundes die drei letzten Rippen des Rippenbogens sehen. Ein solcher (mäßiger) Ernährungszustand ist Voraussetzung für Bullys Gesundheit und Fruchtbarkeit. (Fette Rüden haben z.B. **Deckprobleme**, fette Hündinnen **Geburtsstörungen** und wenig Welpen.)

Ein alternder Bully ab etwa sieben Jahren braucht prozentual weniger Eiweiß, dafür aber mehr Kohlenhydrate. Setzen Sie deshalb den Fleischanteil seiner Futterration herab, erhöhen Sie den Anteil kohlenhydratreicher Ergänzungsfuttermittel und achten Sie sorgsam auf sein Körpergewicht! Bully darf nicht dick und fett werden, damit die Funktionstüchtigkeit seiner Organe so lange wie möglich erhalten und sein Herz nicht durch Übergewicht belastet wird. Vermeiden Sie auch, Ihrem Hund Futter (z.B. Knochenmehl) zu geben, das zu Verstopfungen führt. Diese sind im Alter besonders problematisch.

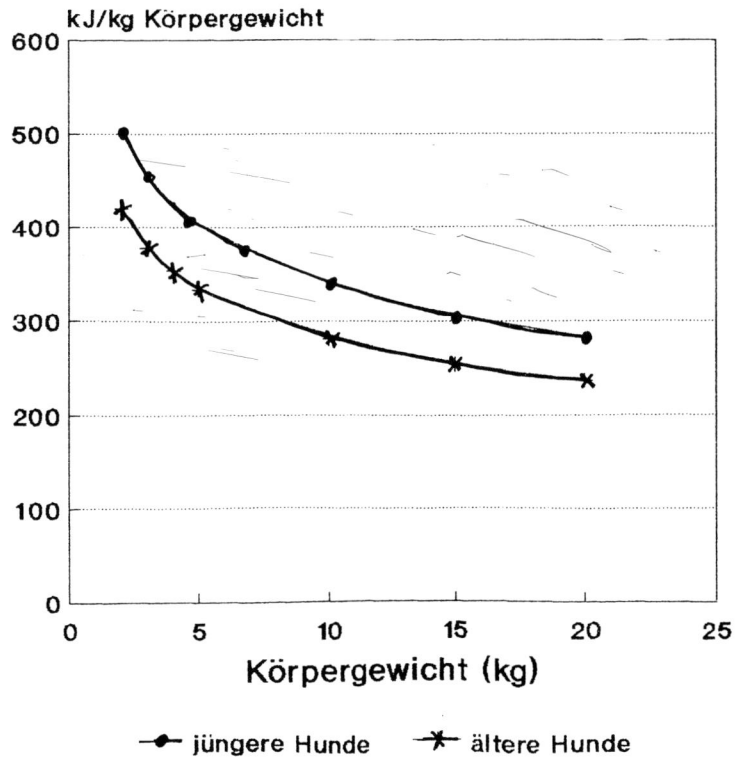

Als bewährte Faustregel empfehle ich, den heranwachsenden und erwachsenen Bully mit zwei Teilen Fleisch und einem Teil pflanzlicher Futtermischung zu ernähren; den alternden Hund im umgekehrten Verhältnis, also mit einem Teil Fleisch und zwei Teilen pflanzlicher Herkunft. Die unterschiedliche Konzentration der Nährstoffe sollte auch berücksichtigt werden. Doch da eine entsprechende Berechnung ziemlich umständlich ist, wiederhole ich mei-

nen Rat: Füttern Sie abwechslungsreich! Dadurch werden mögliche
Fehl- oder Übermengen am einfachsten ausgeglichen. Zudem sollten Sie
sich von Zeit zu Zeit mit einem Tierarzt über den Ernährungsbedarf Ihres Bullys verständigen, insbesondere dann, wenn Sie noch keinen Welpen großgezogen haben oder Ihr
Hund besonderen körperlichen Belastungen (Reisen, Klimawechsel,
Trächtigkeit usw.) ausgesetzt wird.

Bis aufs allerletzte Gramm brauchen
Sie die tägliche Futtermenge nicht ab-
zuwiegen und sich auch darüber keine Sorgen zu machen, wenn Bully (bei ungestörtem Allgemeinbefinden!) tageweise unterschiedlich viel frißt. Das Wetter spielt hierbei manchmal eine Rolle. Bei großer Hitze frißt Ihr Hund so gut wie
überhaupt nichts. Eine Umstellung auf Fütterung am Abend ist dann ratsam. Die
Einhaltung täglich gleichbleibender Fütterungs-, Ruhe- und Ausgehzeiten ist angeraten und bekommt dem körperlichen und seelischen Gleichgewicht Ihres
Hundes am besten.

Ob Sie die tägliche Futterration Ihres erwachsenen Bullys auf eine oder zwei
Mahlzeiten verteilen, ist Ihrer Entscheidung überlassen. Sie ist auch von den
„Freß-Vorlieben" Ihres Hundes abhängig. Mehrere Mahlzeiten sind aus gesundheitlichen Gründen nicht notwendig, da Französische Bulldoggen nicht
wie andere, vor allem größere Artgenossen zur Magendrehung (Drehung des
Magens um Längsachse des Körpers) neigen, nachdem sie sich den Bauch
vollgeschlagen und sich intensiv bewegt haben. Sie sollten aber auch Bully
nach dem Fressen ein bis zwei Stunden Ruhe gönnen, er genießt sie und ver-
daut besser. Keinesfalls sollten Sie allerdings Bullys Futterration grundlos erhöhen, vor allem dann nicht, wenn Ihr Hund bettelt! Die angemessene Fütterungsmenge ist auch durch das zügige Fressen der Tagesration feststellbar:
Was Ihr Bully nach etwa zehn Minuten nicht aufgefressen hat, ist zuviel und
wird weggenommen. Eine Erhöhung der Futtermenge ist nur bei besonde-
rem körperlichen Bedarf, z.B. bei Trächtigkeit angebracht (siehe „Ernährung
der Zuchthündin").

Wenn Sie mehr als nur einen Hund haben, füttern Sie sie mit getrennten Näpfen und in einem gewissen Abstand voneinander. Sie haben dann die Gewißheit, daß jeder Hund seine Ration frißt und nicht, vom Futterneid ange-
stachelt, zu hastig schlingt und sich dabei verschluckt.

Für Bully ist ein hochgestellter Futternapf günstig, weil er dann beim Fressen
seine Vorderläufe nicht spreizen und seine Schulterblätter nicht dehnen muß.
Stellen Sie darum den Freßnapf auf einen „mitwachsenden" Untersatz von etwa
fünf bis fünfzehn Zentimetern, der seiner Körpergröße vom Welpen bis zum

erwachsenen Hund entspricht und ihm die Futteraufnahme in ungezwunge-ner Stellung ermöglicht. Tiefe und sehr kleine Näpfe sind für Bullys Fütterung nicht zu empfehlen, da sie die Atmung Ihres Hundes behindern können, so daß er sich möglicherweise verschluckt und sich anschließend erbrechen muß. Gut sind Näpfe in einem Durchmesser von 16 bis 18 cm und einer Tiefe von 6 bis 8 cm Innenmaß. Dann fällt beim Fressen auch weniger daneben. (Ich stelle ei-nen anderen Napf unter die Futterschüssel und erreiche damit die passende Höhe.)

Übersicht über industriell hergestellte Fertignahrungsprodukte

Feuchtfutter, verpackt in Dosen, Schalen oder Alufolien, wird in einer Mischung aus Fleisch (Muskelfleisch, Innereien Geflügelschlachtabfällen), Blut, Getreide, Feldfrüchten und den lebensnotwendigen Vitaminen und Mineralstoffen hergestellt. Manche Produkte sind rein tierischer Herkunft und deshalb sehr proteinreich. Sie müssen mit kohlenhydratreichen Futtermitteln evtl. auch mit Vitaminen und Mineralstoffen ergänzt werden. Die Haltbarkeit dieses Futters ist in der ungeöffneten Originalverpackung relativ lang, nach Anbruch und Futterentnahme einige Tage.

Halbfeuchtfutter enthält die gleichen Bestandteile wie Trockenfutter, zu-sätzlich zur Konservierung und Wasserbindung Glykole, Zucker und organi-sche Säuren. Da dieses Futter bei der Herstellung mit Hitze behandelt und ihm ein Teil des Wassergehalts entzogen wird, verstärkt es bei Verfütterung das Trinkbedürfnis. Die Haltbarkeit ist unterschiedlich.

Trockenfutter wird als Trockenfleisch, Trockenfisch, Hundekuchen, Getrei-deflocken und als fertige Futtermischung angeboten. Diese Produkte eignen sich, je nach ihrer Beschaffenheit als Allein- oder als Ergänzungsfutter. Sie sind in ihrer Handhabung bequem und, wenn sie trocken gelagert werden, lange haltbar. Bei trockener Verfütterung lösen sie großen Durst aus. Fertig-futtermischungen werden in der Regel mit warmen Wasser oder mit warmer Brühe dickbreiig angerührt. Hundekuchen enthalten die Nährwerte konzen-triert und sind „Dickmacher", wenn sie zusätzlich verfüttert werden. Zur Her-stellung von Trockenfutter werden getrocknetes Frisch- oder Gefrierfleisch, Blut, Geflügelschlachtabfälle, aber auch vorgetrocknete Futtermittel tierischer Herkunft wie Tiermehl verwendet.

Ergänzungsfuttermittel werden in drei Hauptgruppen eingeteilt: *Eiweiß-reiche* Ergänzungsfuttermittel werden zur Ergänzung von kohlenhydratrei-cher, also pflanzlicher Nahrung eingesetzt. Bis zu 80 % dieses Futtermittels besteht aus Protein. *Kohlenhydratreiche* Ergänzungsfuttermittel finden zur Streckung und Ergänzung von proteinreicher Nahrung, z.B. bei Verfütterung von Schlachtabfällen, Organen und Muskelfleisch, Verwendung. ***Mineral-stoffmischungen*** dienen der Aufwertung von mineralienarmen Futtermitteln und sollten nur nach tierärztlichem Rat verabfolgt werden.

Übersicht über die Mineralstoffe

Kalzium ist für den Körper eines Hundes von zentraler Bedeutung. Es sorgt für die Bildung von Knochen und Zähnen und ist maßgeblich an der Blutgerinnung sowie an der Übertragung von Nervenimpulsen beteiligt. Bei einem Mangel treten Wachstumsstörungen, Rachitis, Knochenzellenabbau und Krämpfe auf, bei Hündinnen in der Trage- und Säugezeit kann sich das gefürchtete Milchfieber „Eklampsie" einstellen. Kalzium ist u.a. in Käse, Eigelb, Ölsardinen, Knochenmehl, Sojabohnen, Gartenkresse und Petersilie vorhanden.

Phosphor ist auch an der Bildung von Knochen und Zähnen und am Säure-Basen-Gleichgewicht beteiligt. Es steht in einer engen und komplizierten Wechselwirkung mit Kalzium und führt bei einem Überschuß, z.B. bei reiner Fleischfütterung, zu einem relativen Kalziummangel, Demineralisierung der Knochen und Beeinträchtigung ihrer Stabilität. Lahmheit, Knochenverbiegungen und Knochenauftreibungen sind die Folgen. Auch innere Erkrankungen, z.B. chronische Nierenentzündungen, können auftreten. Für den wachsenden Hund ist ein Kalzium/Phosphor-Verhältnis von 1,2 - 1,3 zu 1 wichtig. Phosphor ist in Getreide, Hülsenfrüchten, Käse, Quark, Fisch und Fleisch, insbesondere in Innereien enthalten.

Kalium sorgt für das Säure-Basen-Gleichgewicht, regelt den Flüssigkeitshaushalt und ist an den Nervenfunktionen beteiligt. Bei einer Unterversorgung treten Muskelschwäche und Lähmungen auf. Kalium ist in Fleisch, Quark, Obst, Gemüse, Hülsenfrüchten und in Getreideflocken vorhanden.

Magnesium aktiviert die Verdauungsenzyme und den Eiweißstoffwechsel. Mangelerscheinungen sind: Wachstums- und Verhaltensstörungen, Schwäche und Krämpfe. Magnesium kommt in Vollkornflocken, grünem Blattgemüse, Fleisch, Milch und in Hülsenfrüchten vor.

Natrium ist ebenfalls am Säure-Basen-Gleichgewicht beteiligt und hat Einfluß auf den Flüssigkeitshaushalt sowie auf die Nerven. Ein Mangel führt zu Muskelkrämpfen und Appetitlosigkeit. Natrium ist in den meisten Nahrungsmitteln außer in Obst enthalten.

Schwefel ist Bestandteil von Knorpel und von stoffwechselaktivem Gewebe. Er ist in proteinhaltigen Nahrungsmitteln enthalten. Sein Mangel verursacht Stoffwechselstörungen.

Eisen ist Bestandteil von Hämoglobin und Enzymen des Energiestoffwechsels. In Leber, magerem Fleisch, vollem Korn, dunkelgrünem Blattgemüse, Hülsenfrüchten und Eiern ist dieses Spurenelement reichlich vorhanden. Eisenmangel führt zu erhöhter Infektionsanfälligkeit, Wachstumsstillstand und Anämie.

Jod ist Bestandteil der Schilddrüsenhormone und für den Stoffwechsel äußerst wichtig. Eine Unterversorgung führt zu verlangsamten Stoffwechsel (Schilddrüsenunterfunktion), körperlichem Leistungsabfall sowie zu Wachstumsstörungen, insbesondere bei ungeborenen Welpen. Jod ist in jodiertem Speisesalz, Milchprodukten, Gemüse, Meeresalgen sowie in Fisch- und Blutmehl enthalten. Eine Überdosierung von Jod sollte vermieden werden, da die Schilddrüse dann ihre Arbeit vermindert und wieder Jodmangel auftritt.

Zink ist Bestandteil von Verdauungsenzymen und für den Aufbau des körpereigenen Eiweißes unentbehrlich. Zudem fördert es die biologische Leistungsfähigkeit. Zinkmangel ist die Ursache für Wachstumsstörungen, Ausbleiben der Geschlechtsreife, schlechtem Fell und vorzeitigem Ergrauen. Völliger Zinkmangel hat den Tod zur Folge; eine Überdosierung ist giftig. Zink ist in Fleisch, Quark, Getreide und Getreideprodukten sowie in fast jedem Gemüse und Obst enthalten.

Übersicht über die Vitamine

Vitamin A (Retinal) und dessen Vorstufen (Karotine) sind z.B. reichlich enthalten in Lebertran, Thunfisch in Öl, Ölsardinen, Suppenhühnern, Rinderleber, Butter, Sahnequark, Margarine, Sojaöl, Roggenkeimlingen, Karotten und Blattgemüse. Da Vitamin A in einer abwechslungsreichen Nahrung ausreichend vorhanden ist, sollte es nur nach tierärztlichem Rat als Heilmittel bei Infektionsanfälligkeit, Wachstumsstörungen, Augen- und Darmkrankheiten sowie Hauterkrankungen verabreicht werden. Bei einer Überdosierung können u.a. Stoffwechsel-, Bewegungs- und Wachstumsstörungen, Schmerzempfindlichkeit und stumpfes Fell auftreten.

Der **Vitamin B-Komplex** (B_1 = Thiamin, B_2 = Riboflavin, B_5 = Pantothensäure, B_6 = Pyridoxin, B_{11} = Folsäure, B_{12} = Cobalamin) ist enthalten z.B. in Getreide, Getreidekeimen, Vollkornflocken, Vollkornbrot, Hefe, Eigelb, Blattgemüse, Hülsenfrüchten, Quark und in Innereien. Die B-Vitamine sind u.a. wichtig für die Freisetzung von Energie aus Kohlenhydraten, Proteinen und Fetten sowie für die Nervenfunktionen und den Zellstoffwechsel. Bei einem Mangel an B-Vitaminen kommt es z.B. zu Haut-, Schleimhaut- und Haarveränderungen, zu Nervosität, Blutarmut und größerer Krankheitsanfälligkeit.

Vitamin C (Ascorbinsäure) stärkt die Abwehrkräfte des Körpers und schützt ihn vor Infektionen. Außerdem ist dieses Vitamin maßgeblich an der Gesunderhaltung von Knochen, Zähnen und Blutgefäßen sowie an der Bildung des Bindegewebes beteiligt. Nur während des Wachstums, der Trage- und Säugezeit und fieberhaften Erkrankungen sowie nach Operationen und Ausfallserscheinungen am Skelett ist eine Zufütterung mit Vitamin C erforderlich, da der Hund es selbst in der Leber aufbaut. Sehr vitaminreich sind: Zitrusfrüchte, Tomaten, Erdbeeren, Melonen, Petersilie, Blumen- und Rosenkohl sowie Blattgemüse.

Vitamin D (Calcipherol) wird vom Hund teilweise selbst gebildet. Es ist für den Kalziumstoffwechsel, Knochenaufbau und zur Vorbeugung gegen Rachitis, Knochenerweichung und verzögerte Zahnbildung notwendig. Die Verabreichung von Vitamin D sollte grundsätzlich nur in Absprache mit dem Tierarzt erfolgen,

da eine Überdosierung ernsthafte Entwicklungsstörungen, Nieren- und Ge-
fäßschädigungen, Verkalkung von Niere, Lunge und Herz sowie Erbrechen, Appetitlosigkeit und Durst zur Folge haben kann. Sehr reich an Vitamin D sind:
Lebertran, Thunfisch, Lachs, Leber, Eidotter, Butter und Sahnequark.

Vitamin E (Tocopherol) kann bei einem Mangel zu Hautkrankheiten, Mus-
kelschwund, Muskel- und Bindegewebsschwäche, Fruchtbarkeitsstörungen
und schlechter Entwicklung der Junghunde führen. Enthalten ist dieses Vitamin z.B. in: Pflanzenölen, Margarine, Butter, Leber, Vollkornflocken, Vollkornbrot, Weizenkeimen, Bohnen und grünem Blattgemüse.

Vitamin H (Biotin) führt bei einem Mangel zu verminderter Fruchtbarkeit,
schwachen Welpen, Hautentzündungen, glanzlosem Fell, Haarausfall und
Juckreiz. Ein Mangel kann durch Störungen der Darmflora und durch Verfütterung von rohem Eiklar verursacht werden. In Eidotter, Milch, Hefe, Leber, Reiskleie und Melasse ist Vitamin H reichlich enthalten.

Vitamin K ist für die normale Blutgerinnung bei Verletzungen notwendig. Es
ist reichlich in Sonnenblumenöl, Weizenkeimen, Blumen- und Rosenkohl,
Sauerkraut, Geflügelleber und Geflügelherzen enthalten.

Nicotinsäure (Niacin) schützt z.B. vor Verdauungsstörungen und Entzündungen der Schleimhäute. Bei einem Mangel an diesem Vitamin kommt es zu
dunkler Verfärbung der Zunge, Geschwüren der Maulschleimhaut und einer
allgemeinen Nährstoffunterversorgung, weil die Eingeweide des Hundes die
enthaltenen Nährstoffe nicht ausreichend aufnehmen können. In Getreideflocken, Brot, Teigwaren, Hefe, Hülsenfrüchten, Eidotter, Milch, Thunfisch,
Geflügel, Leber und Muskelfleisch ist Niacin reichlich vorhanden.

Alle nicht einzeln erwähnten Vitamine und Mineralstoffe haben ebenfalls
wichtige Funktionen im Körper. Sie dürfen nicht fehlen, aber auch nicht in
Übermengen verabreicht werden. Das richtige Maß für alle Vitamine und Mineralstoffe zu finden, ist Sache des Tierarztes. Er kann die individuell unterschiedliche, bedarfsgerechte Dosierung ermitteln. Abhängig ist sie vom Alter,
Gesundheitszustand und von der körperlichen Belastung Ihres Bullys. Ganz
allgemein kann man sagen, daß ein Hund, der ein abwechslungsreiches und
überwiegend industriell gefertigtes Futter bekommt, ausreichend mit allen
notwendigen Ergänzungs- und Wirkstoffen versorgt wird.

Übersicht über die Mineralstoffe

Mengenelemente

Bedarf je Tag und kg Körpergewicht	Menge	Kalzium	Phosphor	Magnesium	Natrium	Kalium	Chlor
Erwachsene Hunde							
Erhaltung	mg	100 - 120	85 - 100	10 - 11	80	80 - 130	120
Trächtigkeit, 2. Hälfte	mg	160	140	15	105	95	150
Säugezeit	mg	270	220	25	125	140	200
Welpen und wachsende Hunde							
1. - 2. Lebensmonat	mg	390 - 415	225 - 260	20	120 - 160	125 - 170	180 - 240
3. - 12. Lebensmonat	mg	250 - 300	200 - 230	15 - 25	110 - 150	130 - 200	130 - 200

Spurenelemente

Bedarf je Tag und kg Körpergewicht	Eisen mg	Kupfer mg	Zink mg	Mangan mg	Kobalt µg	Jod µg	Selen µg
Erhaltung	1,2 - 1,3	0,10 - 0,16	1,0 - 1,1	0,10 - 0,11	5,5 - 10	12 - 20	5 - 15
Trächtigkeit, 2. Hälfte	2,5	0,16	1,4	0,2	10	25	10
Säugezeit	2,1	0,60	2,8	0,2	10	25	10
Wachstum	2,0	0,25	2,0	0,2	10	25	10

Übersicht über den täglichen Vitaminbedarf je kg Körpergewicht

		Erhaltung	Trage- u. Säugezeit	Wachstum
Vit. A (Retinal)	IE	100 - 150	200 - 500	200 - 300
Vit. B$_1$ (Thiamin)	µg	20	40	40
Vit. B$_2$ (Riboflavin)	µg	40 - 45	90 - 250	90 - 250
Vit. B$_5$ (Pantothensäure)	µg	200 - 220	400 - 440	400 - 440
Vit. B$_6$ (Pyridoxin)	µg	20 - 25	44 - 50	44 - 50
Vit. B$_{11}$ (Folsäure)	µg	4	8	8
Vit. B$_{12}$ (Cobalamin)	µg	0,5	1	1
Cholin	mg	33	66	66
Nikotinsäure (Niacin)	µg	200 - 250	400 - 500	400 - 500
Vit. D (Calcipherol)	IE	10 - 11	20 - 22	20 - 22
Vit. E (Tocopherol)	mg	1,1 - 1,5	2,0 - 2,2	2,0 - 2,2
Vit. H (Biotin)	µg	2	4	4

Diese Angaben sind der Fachliteratur entnommen. Die Mengen weichen in den einzelnen Quellen teilweise stark voneinander ab. Um Fehldosierungen zu vermeiden, weise ich darauf hin, daß die Mengenangaben nicht als Empfehlung, sondern nur Ihrer allgemeinen Information dienen sollen.

(Literatur: Niemand/Suter, Praktikum der Hundeklinik, 6. Aufl., 1989, Verlag Paul Parey Berlin u. Hamburg; Meyer/Bronsch/Leibetseder, Supplemente zu Vorlesungen und Übungen in der Tierernährung, Hannover 1985; Sieber/Aldington, Hundezucht naturgemäß mit Liebe und Verstand, Weiden, 3. Aufl. 1984 u.a.)

Bullys Körperpflege

Bully gehört zu den Hunderassen, die man mit Überzeugung als „pflegeleicht" bezeichnen kann, was allerdings nicht heißt, daß er überhaupt keine Pflege benötigt. Nach einem Spaziergang auf schmutzigen Wegen und bei schlechtem Wetter ist es notwendig, die beschmutzten und/oder nassen Körperstellen bzw. nach Bedarf den ganzen Körper Bullys mit einem Tuch zu säubern und abzutrocknen, damit der Schmutz sich nicht festsetzt und sich Ihr regen- oder schneenasser Hund nicht erkältet.

Eine ausgewogene Ernährung und viel Bewegung in frischer Luft sind ideale Voraussetzungen für das gute Aussehen Ihres Hundes. Ist Bully gesund, nicht im Haarwechsel und wird nicht durch Trächtigkeit oder Welpenversorgung strapaziert, glänzt sein **Fell** von allein wie lackiert. Wenn Sie Bully dann trotzdem mit einer weichen Bürste oder mit einem „Pflegehandschuh" und mit einem Ledertuch *in Strichrichtung* „polieren", tragen Sie noch mehr zu seinem Wohlbefinden bei. Ihr Vierbeiner wird sich von Ihnen von allen Seiten genießerisch „bearbeiten" lassen und vor lauter Wonne gar nicht genug bekommen. (Ein **„Pflege-"** oder **„Hundehandschuh"** ist ein grober Fäustling, meist ohne Daumen, aber mit einem Daumenschlitz und Noppen oder kurzen Borsten.)

Wenn Bully im **Haarwechsel** ist, der sich meistens im Frühling und Herbst einstellt, muß er häufiger gebürstet werden, weil er sonst überall seine Haare verliert und sich kratzt. Wird Bullys Fell glanzlos und verliert für Sie unerklärbar seine Dichte, greifen Sie bitte nicht zu Eigenmaßnahmen, sondern bringen Sie Ihren Hund zum Tierarzt und holen Sie sich dessen Rat. Bully könnte an einer möglichen inneren Erkrankung und/oder an den Folgen einer **Mangelernährung** leiden.

Bullys **Augen** verdienen Ihre tägliche Aufmerksamkeit, da sie wenig geschützt und deshalb besonders verletzungs- und reizgefährdet sind. Darum achten Sie immer, wenn Sie Bully ansehen, auf seine Augen und besuchen Sie bei der geringsten Veränderung (Rötung, Verletzung usw.) sofort mit Bully einen Tierarzt. Verwenden Sie keine eigenen „Hausmittel": „Tränende" Augen gehören, auch wenn Sie Ihnen harmlos vorkommen, in tierärztliche Behandlung! Die Absonderung in Bullys Augenwinkeln, volkstümlich „Schlaf" genannt, ist harmlosen Charakters und braucht nach dem Auftreten nur mit einem sauberen, feuchten Tuch oder mit einem Ölläppchen abgewischt zu werden. Verwenden Sie bitte keine Watte und keinen Zellstoff, weil Fussel Bullys Augen reizen könnten. Mull und saubere Tücher sind zur Gesichtspflege besser geeignet.

Bullys **Gesichtsfalten** müssen Sie nach Notwendigkeit ebenfalls säubern. Bei einem Schecken ist die Säuberung und danach das Eincremen täglich erforderlich, um die Braunfärbung der Haare zu verhindern. Zur Pflege eignen sich alle duftfreien Baby-Reinigungsöle und Cremes, da Bullys Gesichtshaut besonders zart und empfindlich ist: (Starke Reibbewegungen vermeiden!)

Falls Bullys **Nase** rauh ist und nicht glänzt oder zu **Nasenschwamm** neigt, muß sie eingefettet werden. Sehr empfehlenswert ist weiße Vaseline, als Hautschutz- und Pflegemittel bewährt, erhältlich in Drogerien.

Die regelmäßige, etwa zweiwöchentliche Kontrolle von Bullys **Ohren** und die Sorge um ihre Säuberung gehören auch zu Ihren Pflichten. Achten Sie vor allem darauf, daß *nie* Wasser in die Ohren dringt, da es im Innenohr zu schweren Entzündungen führt. Ist Wasser z.B. nach einem Regenguß in Bullys Ohren gelangt, tupfen Sie es vorsichtig mit einem sauberen Tuchzipfel oder mit einem, um einen Ihrer Finger gewickelten Tuch ab. Zur Ohrensäuberung ist es ratsam, ein spezielles Ohrreinigungsmittel (erhältlich beim Tierarzt oder Fachhandel) zu kaufen und dieses nach der Gebrauchsanweisung zu verwenden. Bei den meisten Lösungen wird angeraten, ein paar Tropfen in das Ohr zu geben, sie einzumassieren und den Hund einige Minuten daran zu hindern, daß er den Kopf schüttelt. Erst nach der Einwirkungszeit darf der Hund seinen Kopf wieder frei bewegen, was er dann auch eifrig tut. Bei diesen Bewegungen schüttelt er das aufgeweichte Ohrenschmalz und eventuell andere Verschmutzungen auf natürlichem Wege heraus. Falls Sie danach noch oberflächliche Verschmutzungen oder Ohrenschmalz feststellen, können Sie als Reinigungshilfe Watteträger verwenden. Tauchen Sie diese in die Reinigungslösung oder in Babyöl und arbeiten Sie damit mit äußerster Behutsamkeit, aber *nur* soweit im Ohr, wie Sie bei gutem Licht Einblick haben. Was außerhalb dieses Sichtbereichs ist, überlassen Sie bitte dem Tierarzt! Die Gefahr, Bullys Ohren durch unfachmännisches Hantieren bei der Säuberung zu verletzen und die dadurch entstehenden Folgen (z.B. Hörschädigung, Behandlungskosten) sollten nicht unterschätzt werden. Sie stehen in keinem Verhältnis zu den tierärztlichen Kosten für eine Ohrensäuberung.

Von Zeit zu Zeit, etwa alle ein bis zwei Wochen, sollten Sie Bullys **Gebiß** kontrollieren und etwaigen Belag entfernen (lassen). Regelmäßige **Zahnpflege** beugt Zahnsteinbildung, schlechten Zähnen, Maulgeruch (meistens Ursache schlechter Zähne) und einem zahnlosen Hundeleben vor. Auch die regelmäßige Verfütterung von Hundekuchen ist eine vorbeugende Maßnahme, nährwertmäßig jedoch eine Futteranreicherung, die Sie bei Bullys Tagesration berücksichtigen müssen. Sollte sich dennoch ein Belag auf Bullys Zähnen gebildet haben, können Sie ihn mit einem Fingernagel oder einem Mundspachtel (erhältlich in Apotheken) abkratzen. Verwenden Sie wegen der Verletzungsgefahr *keine* harten oder scharfen Gegenstände zu diesem Zweck! Hartnäckiger Zahnstein sollte nur von fachkundiger Hand eines Tierarztes entfernt werden.

Betrachten Sie auch regelmäßig Bullys **Pfoten**, besonders dann, wenn er sie beharrlich leckt. Ein eingetretener **Fremdkörper**, z.B. ein Dorn könnte die Ursache sein. Starke Rötungen zwischen Ballen und Zehen weisen auf ein **Schweißdrüsen-Ekzem** hin. Wird dieses chronisch, können die Schweißdrüsen veröden und Ihr Hund würde lebenslang unter rissigen Ballen und Gehbeschwerden leiden. Perubalsam-Einreibungen helfen. Bullys Laufen auf aufgeweichten Teerstraßen verursacht häufig Haarverklebungen und Klümpchenbildung zwischen Ballen und Zehen. Um Entzündungen zu vermeiden, sollten Sie den Teer mit reiner Butter lösen und ausreiben. Bei rissigen oder rauhen Pfoten – auch als vorbeugender Kälteschutz – ist das Einreiben mit Rizinusöl, Vaseline oder Hirschtalg zu empfehlen. Die beste Einreibezeit ist die Schlafenszeit Ihres müden Bullys. **Pfotenverbände** mag Ihr Hund nicht besonders, manchmal sind sie aber nötig.

Bullys **Krallen** wachsen und müssen – wenn notwendig – von Zeit zu Zeit gekürzt werden, damit sie keine Gehbeschwerden verursachen und der Standardforderung „kurze Nägel" entsprechen. Wie oft die Krallen geschnitten werden müssen, hängt davon ab, ob Bully viel oder wenig Auslauf hat und auf welchem Boden er sich bewegt. Läuft er viel auf hartem Untergrund (z.B. auf Pflaster und Kies), kürzen sich die Krallen mit Ausnahme der Daumenkrallen, die keine Bodenberührung haben, auf natürliche Weise. Hat Ihr Hund wenig Auslauf oder bewegt sich überwiegend auf Wiesen und Teppichböden, ist das Krallenkürzen öfters, etwa alle zwei bis vier Wochen fällig, wobei ich ausdrücklich darum bitte, nie die Daumenkrallen zu vergessen! Werden sie übersehen oder die „Fußpflege" wird total vernachlässigt, können die überlangen Krallen einwachsen oder bei Bewegungsabläufen des Hundes irgendwo hängenbleiben und dabei ausgerissen werden.

Sehr zu empfehlen ist der Kauf einer **Krallenzange,** die, mit der nötigen Vorsicht benutzt, Verletzungen ausschließt.

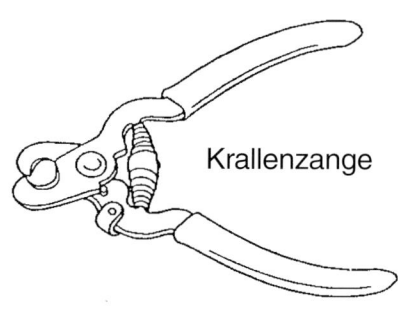

Krallenzange

Wenn Ihnen eine zweite Person als Hilfe zur Verfügung steht, bitten Sie diese, Bully festzuhalten, denn er wird das Krallenschneiden sicherlich nicht mögen und sich ihm nach Kräften widersetzen. Sind Sie mit Bully allein, dann nehmen Sie ihn so auf Ihren Schoß, daß Sie ihn mit Ihrem linken Arm „festklemmen", die linke Hand zum Pfotehalten benutzen und mit Ihrer rechten Hand alle Krallen nacheinander kürzen (**vorn:** 2 x 4 und die höher liegenden Daumenkrallen, **hinten:** 2 x 4). Achten Sie hierbei darauf, daß Sie *nicht* in den durchbluteten Teil, in den Nerv der Kralle schneiden! Verletzungen des Krallennervs bluten stark und bereiten jedem Hund Schmerzen. Bei Verwendung Ihrer eigenen Nagelzange, setzen Sie diese bitte niemals seitlich an die überlange Kralle, weil sie dann quetschend wirkt und Bully ebenfalls Schmerzen verursacht.

Das Hundebad ist ein häufig diskutiertes Thema, zu dem unterschiedliche Meinungen geäußert werden. Manche Menschen sind aus hygienischen Gründen für ein regelmäßiges Baden, andere wegen der Haut und Haar entfettenden Seifensubstanzen dagegen. Beide Ansichten verdienen eine Betrachtung, zu der ich vorwegnehmen möchte, daß es alkalifreie und rückfettende

Haarwaschmittel gibt, die Fell- und Hautschädigungen durch Seife weitgehendst ausschließen.

Zur Hygiene ist zunächst zu sagen, daß man die kurzhaarigen Französischen Bulldoggen nicht mit den Hunden gleichsetzen kann, deren Fell wegen der Haarlänge aus Hygiene- und Schönheitsgründen häufig gewaschen werden muß. Ausgeschlossen ist es jedoch nicht, daß Bully einmal sehr schmutzig und „duftend" ist und eine gründliche Säuberung, d.h. ein Bad nötig hat.

Ich bin dafür, Bully so selten wie möglich, aber so oft wie unbedingt nötig zu baden, aber ein Hundebad vor seinem 7. Lebensmonat grundsätzlich zu unterlassen. Wenn sich ein Junghund im Dreck wälzte, kann man danach die betroffenen Körperpartien, je nach Verschmutzungsgrad, mit einem Wasser- und Seifenlappen abputzen, ohne den ganzen Hund naß machen zu müssen.

Verwenden Sie zu einem unumgänglichen Hundebad keines Ihrer eigenen Haarwaschmittel, die in den meisten Fällen mit Duftstoffen angereichert sind. Bully würde diesen Geruch so widerlich finden, wie Sie ein aus toten Mäusen hergestelltes Parfum. Ihr Hund würde die erstbeste Gelegenheit dazu benutzen, sich erneut im Dreck zu wälzen, um den „Gestank" loszuwerden. Kaufen Sie deshalb ein spezielles Hundeshampoo (erhältlich im Fachhandel) oder verwenden Sie ein unparfumiertes, alkalifreies, rückfettendes, pH-neutrales (Baby-) Haarwaschmittel, das den natürlichen Säureschutzmantel Bullys nicht angreift. Würde dieser angegriffen, können Schmutz und Staub besser haften und der Schutz vor Kälte und manchen Hautkrankheiten würde verringert.

Wenn möglich, baden Sie Bully in Ihrer Dusche, er mag die hohen Badewannenwände nicht besonders. Waschbecken und Schüsseln sind meistens zu klein und Sie selbst werden noch nasser, als sowieso unvermeidbar. Legen Sie sich alle Dinge, die Sie zum Bullybad benötigen zurecht: Hundeshampoo, Föhn und Frottiertücher und sorgen Sie für eine zugluftfreie Umgebung. Mit handwarmem Wasser wird Bully zuerst naßgemacht, dann mit dem Haarwaschmittel gewaschen und anschließend *sehr* gründlich abgespült, damit keine Seifenreste auf der Haut oder im Fell verbleiben. Achten Sie bei all' Ihren Hantierungen darauf, daß weder Wasser noch Seife in Bullys Augen, Ohren und Nase kommen! Wenn Bully abgeduscht ist, geben Sie ihm Gelegenheit, sich zu schütteln, und rubbeln Sie ihn dann mit den Frottiertüchern ab und föhnen ihn so lange, bis er trocken ist. Danach setzen Sie Bully nicht gleich kalter Luft aus, sondern halten ihn mindestens zwei Stunden in normal temperierter, zugluftfreier Umgebung. Baden Sie Bully z.B. nicht unmittelbar vor der Fahrt zu einer Ausstellung, damit er besonders „schön" ist! Er könnte sich sowohl unterwegs als auch während der Hundeschau erkälten.

Bei Sonnenschein können Sie Bullys Fell auch (zugluftfrei!) „lufttrocknen" lassen. Er wird die Wärme sehr genießen und sich von Zeit zu Zeit vergnügt wälzen. Geben Sie deshalb Ihrem Hund eine oder mehrere geeignete „Wälzunterlagen" (trockene Frottiertücher o.ä.) und achten Sie darauf, daß sich Bully, wenn er will, auch in den Schatten legen kann.

Ist Bully nach einem Regenschauer, Schneetreiben oder nach einem unfreiwilligen Bad naß geworden, müssen Sie ihn ebenfalls und baldmöglichst trockenreiben oder föhnen, ihn warmhalten und dürfen ihn nicht der Zugluft oder dem Liegen auf naß-kalten Fußböden aussetzen. Also bitte *nicht* z.B. in einem Restaurant so lange warten, bis das Wetter besser ist, sondern besonders an Bully denken! Denn eine Erkrankung Ihres Hundes mit nassem Fell wird nicht allein durch Zugluft, sondern insbesondere durch eingeschränkte Bewegungsfreiheit in naß-kalter Umgebung gefördert.

Wenn Bully aus eigenem Antrieb im Süßwasser und bei Sonnenschein baden ging, brauchen Sie ihn danach nur spielen und toben zu lassen. Er ist in kürzester Zeit wieder trocken. Nach einem **Meerwasserbad** müssen Sie ihn allerdings gründlich mit handwarmen Süßwasser abduschen, weil zurückbleibendes Salz **Hautreizungen** und **Ekzeme** verursachen kann.

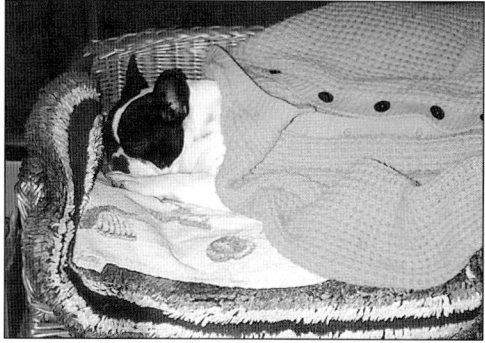

Bully ruht sich nach dem Baden aus (Foto Keller)

Lassen Sie Bully nie als vermeintlichen Schutz vor Wetterunbillen ein **Hundemäntelchen** tragen, vor allem keines aus luft- und wasserundurchlässigem Material! Und wenn Sie ihm doch eines - aus welchen Gründen auch immer – angezogen haben, ziehen Sie es ihm in normal temperierten Räumen alsbald wieder aus! Denn anstatt Ihrem Hund etwas Gutes zu tun, schwächen Sie seinen natürlichen „Wärmehaushalt", d.h. Sie verweichlichen ihn und machen ihn für Erkältungserkrankungen empfänglicher. Beim Tragen eines undurchlässigen Mäntelchens bildet sich auf Bullys Haut ein Rückstau, der natürliche Wärmeaustausch ist unterbrochen und der schützende Säuremantel wird zerstört. Das führt zur Entfettung der Haare, zu Haarausfall und Hautekzemen.

Hinweise, Bullys Lager und seine bevorzugte Umgebung sauber und ungezieferfrei zu halten, sein Spielzeug, die Hundebürste u. dergl. von Zeit zu Zeit zu reinigen und die Dusch- oder Badewanne nach einem Hundebad gründlich zu putzen sowie Desinfektionsmittel unter strikter Beachtung der Gebrauchsanweisung von Fall zu Fall einzusetzen (ohne Direktkontakt mit Bully!) sollen nicht unterbleiben. Denn Reinlichkeit und Hygienemaßnahmen dienen Bullys und letztendlich auch Ihrer Gesundheit!

Mit Bully unterwegs

Vor *allen* Unternehmungen mit Bully, sei es mit kurzer oder längerer Abwesenheit von zuhause, müssen Sie folgende Überlegungen anstellen: Was braucht Bully oder was könnte für ihn nötig sein? Ihr Hund hat andere Bedürfnisse als Sie, für die Sie rechtzeitig Vorsorge treffen müssen! Bevorzugen Sie als **Reisezeit** die kühleren Morgen- oder Spätnachmittagsstunden und vermeiden Sie Streß und Hektik!

Die Mitnahme von Leine und Halsband ist eine Selbstverständlichkeit auch dann, wenn Bully ganz brav ist und Ihnen aufs Wort folgt. *Grundsätzlich* sollten Sie zu allen Unternehmungen (Ausnahme Kurzspaziergänge) für Bully Wasser und einen Napf mitnehmen! Die mitzunehmende Wassermenge richtet sich natürlich nach der Art der Unternehmung, – ob Sie eine längere Wanderung, Autofahrt o. dergl. planen und ob die Möglichkeit besteht, die Wasserflasche nachzufüllen. Ferner ist das Mitnehmen von einem größeren Tuch (z.B. Frottierhandtuch) für feuchte Umschläge und von Papiertüchern für „Mißgeschicke" wichtig.

Bei **Spaziergängen** und **Wanderungen,** die zeitlich Bullys Alter und Kondition angepaßt sein müssen (z.B. eine Stunde gemütliche Bewegung mit dem einjährigen Bully), legen Sie sofort dann eine Pause ein, wenn Ihr Hund weniger fröhlich und lebhaft ist, sich hinlegen will, stärker als gewöhnlich (pfeifend) hechelt und **Ermüdungserscheinungen** zeigt. Bullies hecheln zwar lauter als andere Hunde, doch als Bullybesitzer sollten Sie „Tonwechsel" unbedingt beachten, damit Bully nicht in **Atemnot** gerät! *Kennzeichen der Atemnot:* Leises bis starkes röchelnd-pfeifendes Hecheln, platt auf dem Bauch-liegen-wollen, Lefzen bis zu den Ohren hochgezogen, *bei blauer Zunge akute Lebensgefahr!* (siehe Erste Hilfe!)

Da Hunde keine auf der ganzen Körperoberfläche verteilte Schweißdrüsen wie wir Menschen haben, können sie ihre erhöhte Körpertemperatur nur durch Hecheln und Abkühlung in schattiger und kühler Umgebung langsam regulieren. Deshalb müssen Sie Bully immer beobachten und ihm „zuhören", selbst dann, wenn es Ihnen persönlich nicht besonders warm ist. Lassen Sie es nie zu Atemnot bei Bully kommen! Gönnen Sie ihm beizeiten, seinem Alter und Befinden angepaßte Pausen in schattiger Umgebung und bieten Sie ihm öfters Wasser an. Wenn ein geeignetes Gewässer in der Nähe ist, geben Sie Bully Gelegenheit, sich darin frei zu bewegen, aber zwingen Sie ihn nicht dazu. (Bully nicht ins Wasser werfen!) Ihr Hund weiß, was ihm behagt: Herumplantschen, sich platt ausstrecken oder wälzen und spielen. (Stöckchen aus dem Wasser zu holen, ist ein lustiges und gern wiederholtes Vergnügen.)

Das „Stöckchenspiel"

Auch ein älterer Bully ist überall gern dabei. (Foto Flach und Jorns)

Im Straßenverkehr sollten Sie darauf achten, daß Bully – wie üblich linksgeführt –, *nicht* straßenseitig und in unmittelbarer Nähe der Auto-Auspuffrohre geht. Zu Bullys Schutz müssen Sie u n b e d i n g t und manchmal mehrmals, die Straßenseite wechseln, da die Körpergröße Ihres Hundes dem Bodenabstand und dem schlimmsten Abgasbereich der meisten Auspufftypen entspricht! Wie gesundheitsschädlich Abgase – ob von Diesel oder Benzin stammend – sind, ist allgemein bekannt. Für Ihren Bully sollte es Ihnen auch die kleine Mühe wert sein, Umwege in besserer oder in guter Luft, anstelle Abkürzungen „im Mief" zu gehen! Im Sinne Ihres und Bullys Wohlbefinden möchte ich erwähnen, daß das „Zu-Fuß-Gehen", insbesondere das „Strong Going" (schnelles Gehen) Ihrer und Bullys Gesundheit größten Nutzen bringt und die Lebenserwartung erhöht.

Wenn Bully aus irgendeinem Grund von Ihnen forteilen will und die Gefahr besteht, daß Sie – vielleicht wegen Ihrer körperlichen Schwäche – mitgezogen würden, ist es ratsam, daß Sie mit Ihrem ganzen Körpergewicht schnell *auf* die Leine treten, ohne sie loszulassen! So können Sie den stärksten Hund o h n e Kraftaufwand „bändigen". Wiederholt Bully diese schlechte Angewohnheit und ist sie voraussehbar, müssen Sie Bully mit **Leinenruck** und **„Platz-Befehl"** an sein erlerntes „gutes Benehmen" erinnern und können zusätzlich auf die Leine, direkt neben dem Befestigungskarabiner treten.

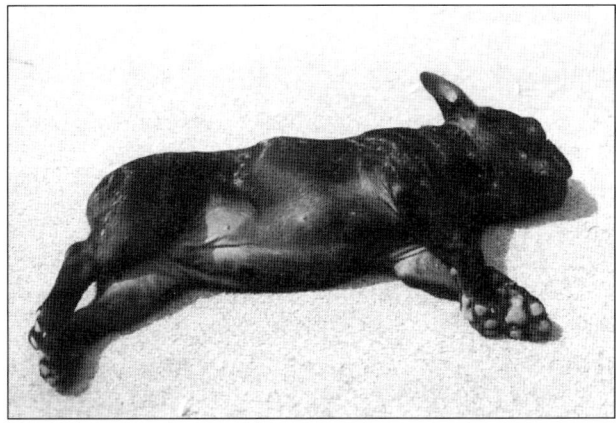

Vor dem Spaziergang ein unternehmungslustiger Bully und danach ein müder ...
(Foto Brandes und Lienert-Gentner)

Bei Fahrten mit **Straßen-, Untergrund- und sonstigen Bahnen** lassen Sie Bully immer z u e r s t einsteigen (oder heben ihn hinein) und ziehen ihn keinesfalls nach! Bully erscheinen die Stufen höher und Sie unerreichbarer, wenn Sie in die Bahn vorangegangen sind. (Beim Aussteigen in umgekehrter Reihenfolge: erst Sie, dann Bully. Denn nur Sie sind in der Lage, die jeweilige Situation zu übersehen.) Vermeiden Sie Fahrten in den Stoßzeiten, im Gedränge wird ein Hund leicht übersehen und getreten. Nehmen Sie Bully zu seinem Schutz auf den Arm oder auf Ihren Schoß, wenn Sie einen Sitzplatz haben oder lassen ihn dicht in Ihrer Nähe (beim Sitzen unter Ihren Beinen) Platz machen. Auf einen Sitzplatz hat Bully, laut Rechtssprechung selbst dann keinen Anspruch, wenn Sie für Ihren Hund den entsprechenden Fahrpreis zahlen und die Nebensitze frei bleiben. Die Fahrkarte beinhaltet nur die Beförderung mit Ihnen im gleichen Abteil.

Wenn Sie eine **Bahnreise** mit Bully planen und Ihren Hund nicht mit ins Abteil nehmen wollen, müssen Sie beizeiten eine **Transportkiste** kaufen oder ausleihen und Bully *vor* der Abreise an einen angstfreien Verbleib darin gewöhnen. Vergessen Sie nicht, eine Decke mit „Hausgeruch" und ein Spielzeug hineinzugeben und vor dem Einladen in den Zug, Bully „Gassi" zu führen und seinen Wassernapf zu füllen. Überwachen Sie selbst das Einladen und Umladen und holen Sie Bully am Reiseziel sofort ab! Verlassen Sie sich auf gar keinen Fall auf die Versprechen der Zugbegleiter: „Wir kümmern uns um Ihren Hund!" Diese Zugbegleiter versäumen (häufig) darauf hinzuweisen, daß sie andere Dinge zu tun haben, als sich ausgerechnet um Ihren Vierbeiner im Frachtraum zu kümmern oder auf längeren Strecken (meistens) abgelöst werden und die Nachfolger nicht Bescheid wissen. Tierfreundliche und gewissenhafte Zugbegleiter mögen mir meine Voreingenommenheit verzeihen, die auf ein eigenes, entsetzliches Erlebnis vor Jahren zurückgeht. Mein damaliger Hund, ein Sealyham-Terrier, war während eines Bahntransports, wahrscheinlich von Gepäckstücken verdeckt, beim Umladen vergessen oder übersehen worden und erst nachdem ich alle Hebel in Bewegung gesetzt hatte, wurde er gefunden. Nach vierundzwanzig Stunden Verspätung konnte ich endlich meinen total erschöpften und halb verdursteten Sealy in Empfang nehmen! Der Hund überlebte, litt aber bis zu seinem Lebensende an „Kofferangst" und Furcht, von mir getrennt zu werden.

Bei **Flugreisen** können Sie Bully, wenn er noch nicht schwerer als 5,0 kg ist, in einer wasserundurchlässigen Tasche in den Passagierraum mithineinnehmen. Er gehört dann zum Handgepäck und wird nicht gesondert berechnet. Sie müssen jedoch Bully bereits bei der Flugbuchung anmelden, weil nur eine beschränkte Anzahl von Hunden an Bord darf. Ist Bully schwerer als 5,0 kg, muß er in einer genormten Tiertransportkiste reisen, die es im Handel zu kaufen oder in den meisten Flughäfen auch zu leihen gibt. Gewöhnen Sie Bully rechtzeitig daran, daß er sich furchtlos in diesem Reisebehälter aufhält, und fragen Sie vor dem Flugreisetermin den Tierarzt, ob Ihr Hund ein leichtes Beruhigungsmittel bekommen soll. Grundsätzlich rate ich dazu, vor dem Abflug Kontakte mit dem Flugbegleitpersonal aufzunehmen (bei dem Schalter Ihrer Fluglinie zu erfragen) und dann nicht mit Trinkgeldern zu sparen, wenn es um Bullys bestmögliche Unterbringung in lärmarmer Umgebung geht. Bitten Sie das „Frachtpersonal" darum, daß Bullys Reisebehälter nicht durch andere Gepäckstücke zugestellt wird, und Ihr Hund ausreichend Luft und nach Bedarf, neues Wasser erhält. Selbstverständlich müssen Sie Bully, bevor er in seine Flugkiste kommt, zum Lösen spazierengeführt und nach tierärztlichem Rat versorgt haben.

Vor jeder **Auslandsreise** müssen Sie sich rechtzeitig erkundigen, ob und zu welchen Bedingungen Sie Bully mitnehmen dürfen. Die Einreise mit Hunden ist unterschiedlich geregelt, zum Teil völlig verboten oder erst nach Quarantäne möglich. Auskünfte erteilen Tierärzte, Amtstierärzte und die Konsulate des jeweiligen Landes. Manchmal haben auch Reisebüros entsprechendes Informationsmaterial. Einige Länder verlangen nicht nur den Impfschutz mitgeführter Hunde, sondern auch deren **Maulkorbtragen** in öffentlichen Verkehrsmitteln sowie auf Straßen und Plätzen. Da man lange suchen muß, um einen Maulkorb zu finden, der einem Bully „kopfgerecht" paßt, bleiben vielerorts nur **Taxifahrten** mit Hund (Bully auf dem Schoß oder auf einer mitgenommenen Decke sitzend) übrig. Leider sind Taxifahrer selten hundefreundlich und berufen sich bei ihrer Mitnahmeverweigerung darauf, nur zur Personenbeförderung verpflichtet zu sein.

Da das **Autofahren**, sei es im Taxi oder mit dem eigenen Wagen (fast überall) zum Alltagsleben gehört, ist es unbedingt angebracht, Bully an „autorichtiges Mitfahrverhalten" zu seinem und Ihrem Schutz zu gewöhnen. Bullies sind begeisterte Autoreisegefährten und betrachten Ihren „fahrbaren Untersatz", wenn sie oft mitgenommen werden, als ihr rechtmäßiges zweites Zuhause, was zu Konfliktsituationen führen kann. Sie beharren auf ihrem „Platzrecht" und bleiben selbst von guten Worten und gereichten Leckerbissen unbeeindruckt.

Bullies neigen, wenn sie an Verkehrsmittel gewöhnt werden, selten zur **Reisekrankheit** mit Erbrechen. Sollte Ihr Bully dennoch hierfür anfällig sein, lassen Sie sich von einem Tierarzt beraten und geben Sie Ihrem Hund das verordnete Medikament nach Anweisung. Vermeiden Sie „Kavalierstarts", „Kurvenschlingern", „Kilometerfressen" sowie eine ungleichmäßige Fahrweise. Dies alles ist keinem Magen zuträglich und stört das körperliche wie auch das seelische Gleichgewicht Ihres Hundes.

Bullys Autositzplatz sollte nach Möglichkeit im Fußraum des Beifahrerplatzes auf einer Decke und angeleint in Ihrer „Streichelnähe" sein. (Zum Leinenhalt geeignete Ringschraube im rechten, unteren Wageninneren befestigen.) Dort fühlt sich Ihr Bully am wohlsten, verspürt am wenigsten die Rüttelei des fahrenden Autos, ist zugluft-ungestört und Sie können ihn gut beobachten. Selbstverständlich müssen Sie darauf achten, daß das Gebläse der Klimaregelung nicht auf den Bully-Sitzraum eingestellt ist.

Kalt- und auch Warmluftzufuhr können zu Erkältungen, Augen- und Ohrenentzündungen Ihres Hundes führen. Vermeiden Sie u n b e d i n g t, daß sich Bully auf einem der Autositzplätze bei geöffnetem Wagenfenster dem **Fahrtwind** aussetzt! Es ist leider noch immer die verbreitete Meinung vieler Autofahrer: „Mein Hund sitzt am liebsten neben mir, weil er sooo gern aus dem Fenster sieht!" (Hunde profitieren von der schönsten Aussicht nicht, da ihre Sinneseindrücke nicht mit denen der Menschen zu vergleichen sind!) Mir tun all' diese Vierbeiner leid, die mit schweren, und zum Teil bereits chronischen Erkrankungen zum Tierarzt gebracht werden, deren Ursachen vermeidbar gewesen wären, wenn die Besitzer hundebedürfnis-richtig, und nicht aus Gedankenlosigkeit oder sogar aus Mitleid am falschen Ort und zur falschen Zeit unvernünftig gehandelt hätten.

Für Bully ist der **Fahrtwind** äußerst schädlich, noch schlimmer und lebensgefährdend ist die Stauhitze eines Autos, die auch beim Parken im Schatten entstehen kann (siehe Hitzschlag, Erste Hilfe). Gewöhnen Sie sich daran, für Bully nicht nur sein **Reisegepäck,** eine Wasserflasche und einen Wassernapf, sondern a u c h ein nor-

(Foto: Keller)

males, einfaches **Zimmerthermometer** mitzunehmen und dieses während der Fahrt zu kontrollieren. Steigt die Temperatur auf 25°C, sollten Sie für Abkühlung sorgen, eine Pause einlegen, den Wagen im Schatten abstellen und mit Bully (im Schatten) spazieren gehen oder ausruhen. Vergessen Sie nicht, Bully Wasser anzubieten, sobald er zu hecheln anfängt und, bei längeren Fahrten die Fütterungs- und Lösezeiten einzuhalten. Daß Sie auch Ihren gut erzogenen Hund beim Verlassen des Autos anleinen müssen, ist selbstverständlich, da Autofahren auch Bully anstrengt und ihn Achtsamkeit und Erziehung *so* vergessen lassen kann, daß er einem sich bewegenden Objekt (z.B. einer Katze) nachflitzen will und überfahren wird. Beispiele von schlimmen Unfällen, von oder mit Hunden verursacht, gibt es übergenug. Ist Bully an einem Unfall schuld, trifft Sie die Verantwortung als Hundebesitzer **(Hundehalterhaftung!),** abgesehen davon, was Ihr Bully eventuell zu erleiden hat!

Ratschläge zu Bullys „auto-richtigem" Verhalten:

1. Erziehen Sie Bully dazu, daß er o h n e Ihre ausdrückliche Erlaubnis weder in ein Auto hinein- noch hinausspringen darf. Zügeln Sie seine Ungeduld durch Kommandos wie: „Hier, Sitz!", „Mach Platz!" oder „Bleib Platz!" bis Bully (nach vielen Übungstagen!) gelernt hat, *a u c h* bei einer geöffneten Wagentür gehorsam so lange zu warten, bis von Ihnen „Befehlsaufhebung" und nach Lob und Besinnungspause das ersehnte „Bully, hopp!" oder „Komm Auto!" folgt. Vergessen Sie vor allem nicht, Bully anzuleinen, wenn er das Auto verlassen darf.

2. Lassen Sie Bully *immer* den g l e i c h e n Platz einnehmen, den Sie ihm bei der ersten Ausfahrt zugewiesen haben. Bully ist ein „Gewohnheitstier" und mag es gar nicht, einmal da, einmal dort untergebracht zu werden. Wenn es nicht möglich ist, daß Bully im Fußraum des Beifahrerplatzes sitzen darf, können Sie ihm „seinen Autoplatz" auf einer Decke auf den Rücksitzen oder im Gepäckraum Ihres Wagens (wenn dieser groß und luftig genug und z u g f r e i ist) zuweisen. Bei dieser Beförderungsart müssen Sie Bully vor der akuten *Schleudergefahr* bei unvorhersehbaren Bremsvorgängen entweder mit einem **„Hundegeschirr" (= Hundesicherheitsgurte)** oder durch ein **Schutzgitter** (erhältlich im Fachhandel) schützen.

3. Gewöhnen Sie Bully daran, daß er auf „seinem Platz" brav liegenbleibt und Sie während des Fahrens nicht beschnüffelt, beleckt oder anderweitig stört. Wenn Sie, alleinfahrend, sich Bully zuwenden, um ihn zu beruhigen und zu versorgen und somit Ihre Aufmerksam-

(Zeichnung aus Burkert, B.: „Der Bully")

keit vom Verkehrsgeschehen abgelenkt ist, müssen Sie zuvor anhalten, damit Sie sich keinem Unfallrisiko aussetzen. (Im Schadensfall zahlt die Kaskoversicherung nicht, weil Ihnen nach der Rechtssprechung „grobe Fahrlässigkeit" vorgeworfen wird.)

Nachfolgend einige **Reisetips,** die sich unterwegs mit meinen Bullies bewährt haben:

Ich vermeide nach Möglichkeit die Zeit vom 15.06. bis zum 15.09. als **Reisezeit** zu Orten, wo es erfahrungsgemäß sehr warm ist.

Sind Reisen in dieser Zeit für mich wichtig, bleibt Bully entweder daheim oder ich fahre, je nach Reisezeit und Fahrdauer, in der Dämmerung oder im Morgengrauen ab, nachdem ich Bullys **Reisegepäck** überprüft habe. Sind Autofahrten oder sonstige Unternehmungen mit Bully bei warmen Wetter unvermeidbar, kommt er schon *vor* der Abfahrt vorsorglich unter das Wasser der bereitstehenden, vollen Gießkanne (k e i n Kaltwasserguß!). Zusätzlich zum gefüllten Wasserbehälter nehme ich zwei *nasse* Frottiertücher in einem wasserdichten Beutel mit, die ich zur Brust- und Kopfkühlung benutze, wenn Bully zu hecheln anfängt. Natürlich achte ich darauf, daß Bully weder der Zugluft noch dem Fahrtwind ausgesetzt ist.

Für **Aufenthalte und Übernachtungen** in Hotels o. dergl. ist eine rutschfeste Wachstuchtischdecke (80 x 120 cm) als bodenschützende Unterlage für den „Bully-Bereich" im Hundereisegepäck. (Plastiktücher verrutschen auf glatten oder teppichbelegten Fußböden.)

Bullys **Reisegepäck** enthält außerdem: 1 Schaumstoffkörbchen, 1 Decke mit „Hausgeruch", 1 Laufleine, 1 Zusatzleine (zum Festbinden in fremder Umgebung), Waschlappen, Hand- und Papiertücher, 2 Näpfe, Reserve-Wasserflasche, ausreichend Futter, einige „Leckerle" (Hundekuchen), 1 Thermometer, 1 Pinzette, 1 Schere, Sicherheitsnadeln, Ungezieferpuder, Fettcreme, Verbandspäckchen, sterilen Gittertüll (Sofra-Tüll, Herst. A. Roussel, Wiesbaden) imprägnierte Mulltupfer zur Blutstillung (Clauden-Tupfer, Herst. Lohmann, Neuwied), Medikamente gegen Augen- und Ohrenentzündungen und Herzbeschwerden sowie Bullys Impfpaß. (Dieser gilt als internationales Reisedokument, sofern Besitzeradresse, Hundename, Rasse und notwendige Impfungen vollständig eingetragen sind.)

Bei Autofahrten lege ich dann eine Pause ein, wenn Bully unruhig wird. Die erste Unterbrechung ist beim erwachsenen Bully in der Regel nach ein- bis anderthalbstündiger Fahrzeit (ich nenne sie „Einschaukelungszeit") fällig, beim Junghund oder Welpen entsprechend früher (siehe Abholung und Reisetag). Die weiteren Pausen liegen, je nach Bullys Bedürfnissen zwischen zwei und vier Stunden Fahrzeit und halten uns fit.

Am Zielort wird Bully anfänglich mit kleinen, über den Tag verteilten Portionen gefüttert, die innerhalb von drei bis vier Tagen auf die normale Futterration, zur häuslich gewohnten Fütterungszeit gesteigert werden. Reisen, Klima- und Futterwechsel können zu **Verdauungsstörungen** führen. Deshalb nehme ich einen *ausreichenden* **Reiseproviant** von dem Futter mit, an das Bully daheim gewöhnt ist.

Auch auf Reisen und in den Zielorten lasse ich Bully viel frei laufen, aber n i e - m a l s *außer Sicht- und Rufnähe.* In einem unübersichtlichen Gelände und vor Begegnungen mit fremden Personen leine ich meinen Hund an, da es unterschiedliche **Jagdgesetze** gibt und ich überall Angst vor unberechenbaren Hundefängern und „Sonntagsjägern" habe.

Wenn Bully mit **Meerwasser** in Berührung gekommen ist, wird er *nach* seiner Plantscherei abgeduscht. Vorher nehme ich sein „gutes" Halsband ab oder wechsele es gegen ein altes, abgenutztes aus. (**Salzwasser** führt bei den Halsbändern zum Unansehnlich-Werden und auf Bullys Haut, wie bei seiner Körperpflege bereits erwähnt, zu Entzündungen und Ekzemen.)

Bully im Meer (Foto Brandes)

Hundeausstellung

Um es gleich vorwegzunehmen: Die Teilnahme Ihres Bullys an einer Hundeausstellung kostet Zeit, insbesondere zum **Ringtraining**, sowie Geld für die Meldegebühr und Reise, und zudem ist der Ausstellungstag für Mensch und Tier anstrengend. Doch Ihr Einsatz und Ihre Mühen lohnen sich in jedem Fall und selbst dann, wenn Ihr Hund mit keinem Siegertitel ausgezeichnet wird.

Es ist nämlich ein Erlebnis ganz besonderer Art, wenn sich Menschen aus allen Himmelsrichtungen treffen, die Freude an Hunden haben. Besonders interessant und aufschlußreich sind Begegnungen mit Bullybesitzern und ihren Hunden. Erfahrungen, Informationen und Adressen werden getauscht, Vergleiche angestellt und manchmal sogar Freundschaften für das ganze Leben begründet. Überall steht die Frage im Raum: Wie wird der (die) Richter (-in) entscheiden, welcher Hund gewinnt? Dieser Atmosphäre kann sich niemand entziehen; sie wirkt ansteckend, anregend und belebend, auch wenn es ringsherum in allen Hundetönen bellt, winselt und kläfft und man im Gedränge zuweilen glaubt, die Orientierung zu verlieren. Aber das alles gehört dazu. Sie sollten sich diese Eindrücke wirklich nicht entgehen lassen und wenigstens einmal mit Ihrem Bully, aus eigenem Interesse und zur Bereicherung von anderen Hundefreunden, auf eine Ausstellung gehen!

Für Züchter sind Ausstellungsbesuche und Bewertungen für den zur Zucht vorgesehenen Hund in der **Zuchtordnung** vorgeschrieben, um die Deckerlaubnis und für den Nachwuchs **Ahnentafeln** zu erhalten. Ohne die Vorschriften der Zuchtordnung wäre der Willkür Tür und Tor geöffnet und das Ziel verantwortungsbewußter Hundezucht nicht erreichbar, nämlich Hundequalität anstelle von Hundequantität zu züchten. Der englische Züchter Tom Horner schreibt in seinem Buch „All about the Bullterrier": „Die Ausstellung ist für den Züchter von doppelter Bedeutung: Er hat die Möglichkeit, die Leistungen seiner Zucht mit der anderer Züchter zu vergleichen und er kann außerdem von den züchterischen Erfolgen anderer Zwinger Gebrauch machen, indem er Hündinnen aus anderen Zwingern hinzunimmt. Auch bei der Wahl der Zuchtrüden spielen die Eindrücke auf Ausstellungen eine große Rolle." (Abdruck aus Küpper, Klaus, „Vom Ausstellen der Hunde")

Der Besuch einer Ausstellung erfordert schon Wochen zuvor Vorbereitungen: Die Ausstellungstermine erfahren Sie aus Hundefachzeitschriften oder auf Anfrage von Ihrem Bullyklub sowie von dem Züchter, bei dem Sie Ihren Hund gekauft haben. Fordern Sie die Anmeldeformulare an und senden Sie diese, nach korrektem Ausfüllen, rechtzeitig ab. Bezahlen Sie die Meldegebühr termingemäß und vergleichen Sie die Bedingungen der Ausstellungsleitung mit den Eintragungen in Bullys **Impfpaß**. Wenn erforderlich, muß Bullys **Impfschutz** erneuert und vom Amtstierarzt bescheinigt werden.

Überlegen Sie, ob Sie die An- und Abreise, ohne in Streßsituationen zu geraten, an einem Tag bewältigen können. Wenn nicht, bemühen Sie sich beizeiten um eine Unterkunft mit Bully. Die Ausstellungsveranstalter helfen in den meisten Fällen bei der Vermittlung von Hoteladressen. Es ist ratsam, in Ruhe *alle* Vorbereitungen zu treffen, um in eigener guter Kondition den ungestreßten Bully in Bestform zu präsentieren. Nach einer Nachtfahrt oder früher Tageshetze könnten sich Ihre Unruhe und Hektik auf Bully übertragen und die Vorführung beeinträchtigen. Der Richter sieht Bully nur relativ kurze Zeit und beurteilt rein sachlich Körperbau, Gangwerk und Verhalten ohne Rücksicht darauf, ob Bully ausgeruht ist oder nicht.

Legen Sie sich alle Sachen, die Sie zur Ausstellung benötigen, rechtzeitig und vollständig bereit: Ihre persönlichen Utensilien, Wagenpapiere, (Reisepaß bei Auslandstermin), Bullys Impfpaß und Ahnentafel, Halsband und (Vorführ-) Leine, Wasser- und Futternäpfe, (bevorzugtes !) Hundefutter, eine Decke oder ein Kissen mit „Hausgeruch", Papiertücher für evtl. „Mißgeschicke", Frottiertücher zum Abtrocknen nach Regengüssen bzw. für feuchte Umschläge bei Hitze, Sicherheitsnadeln zur Befestigung von Bullys Katalognummer und einen Klappstuhl für Sie, wenn Sie beim Warten lieber sitzen als stehen möchten.

Wenn Bully von Ihnen in die „Jüngstenklasse" (6 - 9 Monate) oder in die „Jugendklasse" (9 - 18 Monate) gemeldet wurde, kann er (meistens) mit etwas Nachsicht bei seinen „Albernheiten" während des Richtens rechnen. Natürlich ist es auch für Bullys jugendliche Bewertung besser, wenn Sie mit ihm für die Ausstellung trainieren. Bei seiner Teilnahme in der „Offenen Klasse" (ab 15 Monate) sollte er zu seinem eigenen Bewertungsvorteil leinenführig und nach den folgenden Ratschlägen gut vorbereitet sein. Bullys Prädikats-Chancen und Ihre Hoffnungen auf eine begehrte Trophäe sind entsprechend Ihren umsichtigen Vorbereitungen größer.

Um Bully „ausstellungsfit" zu machen, üben Sie zuerst sein angeleintes Gehen *vor* und *hinter* fremden Menschen mit Hunden, damit er sich an ungewohnte Reizwirkungen gewöhnt. Bitten und veranlassen Sie Ihnen bekannte Hundebesitzer zu gemeinsamen Spaziergängen mit gezielten Übungen. Lassen Sie sich von ihnen mit Bully und den angeleinten Hunden in die Mitte nehmen und gehen Sie mehrmals, auch mit Positionswechsel große Kreise (ca. 5 m im Durchmesser) und Dreiecke (ca. 5 - 8 m groß) wie im „Gänsemarsch", also hintereinander, nicht nebeneinander. Bully wird nach Gewöhnung an nicht alltägliche Düfte und Bewegungsabläufe weniger ablenkbar und beeindruckt, und somit gelassener und leinenführiger sein. Für Bully ist es ein Bewertungsvorteil, wenn er bei seiner Vorführung im Ring „frei", d.h. ohne zu ziehen oder zurückzubleiben, geht.

Nach diesen **Kontaktübungen** muß Bully lernen, während des „An-der-Leine-Gehens" auf Befehl stehen zu bleiben. Sie leinen Bully an, führen ihn wie gewohnt an Ihrer linken Seite und gehen mit ihm einige Meter, anfangs nur geradeaus, nach einigen Übungstagen auch die zuvor beschriebenen großen Kreise und Dreiecke. Dann bleiben Sie abrupt stehen, wobei Sie zu Bully „Steh-schön, paß auf" sagen und kurz an der Leine rucken, falls Ihr „Schüler" nicht unverzüglich stehenbleibt. Bei diesem Kommando führen Sie auch ein neues Hör- und Sichtzeichen, z.B. Fingerschnalzen mit Ihrer erhobenen rechten Hand ein, damit Sie Bullys Aufmerksamkeit auch akustisch anstacheln können. (Quietschtiergeräusche sind im Vorführring unerwünscht!). Steht Bully brav, wird er gelobt und von Ihnen daran gehindert, sich zu setzen. Sie schieben hierzu Ihren *linken* Fuß vor Bullys Hinterläufe und ziehen gleichzeitig an der Leine nach oben und etwas nach hinten, worauf Bully meist in „korrekter" Vorführhaltung steht. Sie müssen nun darauf achten, daß Ihr Hund aufmerksam bleibt, nicht hechelt und die nachfolgend beschriebene Haltung einnimmt und so lange einhält, bis Sie ein Aufhebungszeichen geben.

Die *korrekte* **Vorführhaltung** des stehenden Bullys ist:

> Vorderläufe breit aufgesetzt,
> Hinterläufe standfest,
> Brust gewölbt,
> Kruppe hoch,
> Maul geschlossen,
> Ohren aufgestellt,
> Augen aufmerksam,
> Kopf selbstbewußt gehoben.

Diese Beschreibung klingt wie eine Wunschvorstellung, doch ist die „Vorführhaltung" für Bully dann typisch, wenn er besonders aufmerksam ist. Er braucht darum, das „In-Pose-stehen" nicht zu erlernen, sondern nur das Stehenbleiben auf Kommando. *Ihre* Aufgabe ist es, Bullys Aufmerksamkeit zur rechten Zeit (im Vorführring dann, wenn Ihr Hund beurteilt wird) zu erwecken und wach zu halten und, wenn erforderlich, Bullys Körperhaltung zu korrigieren. Die Anschaffung und Verwendung einer **Vorführleine** (Leine mit verstellbarer Halsweite) lohnt sich, da sie beim Leinenzug Bullys Kopf anhebt, ohne seine Nackenlinie einzuengen.

Natürlich müssen Sie mit Bully das Gehen an der Leine und sein Stehenbleiben auf Kommando *so lange* üben (und vor jeder Ausstellung ca. drei Wochen lang wiederholen), bis Ihr Hund Ihre Anweisungen begriffen hat und gut ausführt. Sparen Sie nicht mit Lob und Aufmunterung, während Bully ca. zwei bis drei Minuten lang wie ein „Standbild" verharrt! (Diese Verweildauer reicht im allgemeinen, der Richter kann nicht gleichzeitig alle Hunde betrachten, mit der Ausnahme, er sondert eine kleine Gruppe ab.) Danach gewähren Sie

Bully eine kleine Ruhe- und Besinnungspause, damit seine Aufmerksamkeit beim nächsten Kommando wieder voll da ist. *Nur* Lob und Zuwendung halten Ihren Hund in positiver Grundstimmung und vermitteln ihm **Erfolgserlebnisse!** Bullys evtl. nachlassende Aufmerksamkeit können Sie von Fall zu Fall erneut durch „Paß-auf!"-Rufe, Fingerschnalzen und mit (im Vorführring nur gezeigten) Leckerbissen erwecken. Bully soll durch das Training n i c h t überfordert werden und in guter Laune bleiben, aber das Übungsziel erreichen. Darum: Mit einer Gesamtübungszeit von fünf Mi-

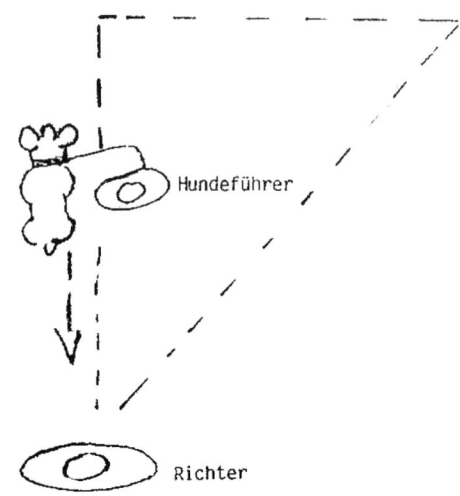

nuten und der „Stehpose" von drei Atemzügen beginnen und ganz allmählich, aber beharrlich auf eine Gesamtübungszeit von etwa fünfzehn Minuten steigern!

Als nächstes kommt das Üben für die Einzelbewertung an die Reihe, zu der Bully auf einen Tisch gehoben wird und sich willig gefallen lassen muß, daß ihn eine fremde Person abgreift, seine Lefzen zurückschiebt und (mit oder ohne Ihrer Hilfe) seine Schnauze öffnet. Der Richter bewertet nicht nur Bullys Gangwerk, Verhalten im Ring und „wie er sich zeigt", sondern insbesondere auch seinen Körperbau, wozu die Beurteilung seiner Zähne und Zahnstellung gehört. Bitten Sie darum eine (n) Bekannte (n) „Richter (in) zu spielen", damit sich Bully auch auf einem „Richtertisch" aufmerksam und angstfrei benimmt.

Die letzten Ausstellungsvorbereitungen gelten Bullys Aussehen. Wenn Sie die Körperpflege Ihres Hundes immer regelmäßig durchgeführt haben, wird nicht viel zu tun sein. Kontrollieren Sie aber trotzdem seinen ganzen Körper gründlich. Glänzt Bullys Fell? Wenn nicht schön genug, mengen Sie Bullys Futter eine Woche lang zusätzlich einen Eßlöffel Speiseöl bei. Sind Bullys Gesichtsfalten, Ohren und Zähne sauber, seine Krallen kurz, die Fußballen nicht rissig, die Nase glänzend? Ob Sie Ihren Hund noch vor der Ausstellung baden, hängt davon ab, ob er einen sauberen und gepflegten Eindruck macht. Bäder vollbringen keine Wunder bei schlechter Körperkondition und sind in der Regel nur dann angebracht, wenn sich Ihr Vierbeiner im Schmutz wälzte. (Wird Bully zu kurzfristig vor einer Ausstellung gebadet, besteht für ihn Erkältungsgefahr durch Zugluft, siehe Bullys Körperpflege.)

So umsichtig und gut vorbereitet gehen Sie mit Ihrem Hund gelassen zur Ausstellung. Nach einer langen Autofahrt ist ein Spaziergang von etwa 10 bis 15 Minuten ratsam, damit sich Bully entspannt und seine „Geschäftchen" v o r

Betreten des Ausstellungsgeländes erledigt. Danach besorgen Sie sich am Eingang für Hundeaussteller den Ausstellungskatalog, um den Liegeplatz zu finden, der Bully zugewiesen wurde. Dort angekommen, deponieren Sie Bullys Decke und Näpfe (Wassernapf füllen!) und binden Ihren Hund „ausbruchssicher" fest. Jetzt können Sie sich in Ruhe und *bei* Bully bleibend (!), darüber informieren, wann die Französischen Bulldoggen an der Reihe sind und wo der „Ring" ist. Bullys Katalognummer sollten Sie während der Wartezeit g u t sichtbar an Ihrer Kleidung befestigen und dort bis zum Ende der Ausstellung tragen.

Wenn Bully, seiner Klassen-Zugehörigkeit entsprechend, in den Ring gerufen wird, belasten Sie sich n i c h t mit Ihrer Tasche, Ihrem Katalog u. dergl.! Bitten Sie Bekannte oder „Bullyleute", die keinen Hund vorführen darum, während der Bewertungsdauer Ihre Sachen zu verwahren, damit Sie Ihre *beiden* Hände für Bully frei haben. Dann konzentrieren Sie sich v o l l auf die Anweisungen des Zuchtrichters und der Ringhelfer und unterhalten Sie sich nicht (unnötig) mit Bekannten und anderen Hundeführern, weil es Ihre Aufmerksamkeit beeinträchtigt. Sie müssen nicht nur auf Bully aufpassen und ihm Anweisungen geben, sondern auch den Richter beobachten. Je nachdem, wohin der Richter sieht oder was er tut, veranlassen Sie Bully vorteilhaft zu stehen oder sich in der Bewegung gut zu zeigen, bzw. gönnen ihm eine Pause, wenn der Richter anderweitig beschäftigt ist. Eine Ringbewertung kann nach Anzahl der gemeldeten Hunde einer Klasse länger als eine Stunde dauern; es kann von keinem Hund erwartet werden, so lange „in Pose" zu stehen. Ob Sie Bully beim Gehen oder Stehen und dem „Sich-Zeigen" in der ungewohnten Umgebung ermuntern oder beruhigen müssen, hängt von seinem Temperament ab. Wenn Sie Bully streicheln, während er „in Positur" steht, können Sie von Fall zu Fall Bullys Stellung korrigieren, z.B. seine Vorderläufe breiter aufsetzen.

Während der Ringdurchläufe ermittelt der Richter die **Formwertnoten** der gezeigten Hunde nach dem Punktesystem der Rassekennzeichen. Bei allen Veranstaltungen können folgende Wertnoten vergeben werden: „Vorzüglich", „Sehr gut", „Gut", „Genügend", „Nicht genügend". Hunde der Jüngstenklasse können mit „Vielversprechend", „versprechend" und mit „guter Nachwuchs" bewertet werden. Die vier besten Hunde einer Klasse erhalten Reihenfolgepreise, sofern sie mit „Vorzüglich" (V) oder mit „Sehr gut" (SG) bewertet worden sind.

Wenn Sie mit Bullys Bewertung nicht zufrieden sind, bewahren Sie bitte trotzdem Haltung und Sportgeist und erregen Sie sich nicht! Wie bei jedem Wettbewerb gibt es in jeder Bewertungsklasse nur einen 1. Platz. Der Richter vertritt bei der Auslegung der „rassespezifischen Merkmale" (siehe **Standard**) auch seine persönliche Meinung und seine „Vielleicht-Vorliebe" für z.B. Schecken, während Sie dunkelgestromte Bullies bevorzugen und vorstellen. Sammeln Sie durch Ausstellungen Erfahrungen und werden Sie n i c h t zu einem entmutigten „Ausstellungsmuffel"! Bleiben Sie kontaktfreudig und besuchen Sie mit Bully eine andere Hundeausstellung, bei der Ihr Hund möglicherweise ein besseres Prädikat von einem anderen Richter erhält!

Doch, ganz gleich, wie Bully abschneidet, er soll während seines Lebens immer Ihr „allerschönster" und „allerliebster" Hund sein und bleiben! Denn Bully kann selbst nichts dafür, wenn die Natur ihn vielleicht nicht mit vollkommenen Rassemerkmalen begünstigte. „Nobody is perfect!" gilt auch bei Hundebewertungen. Ein Hund kann kaum alle Forderungen an Körperbau, Gangart, Verhalten, Wesen, Schönheit und Intelligenz gleichzeitig in vollendeter Perfektion u n d nach jedermanns Geschmack erfüllen, es sei denn, ein kleines Wunder wäre geschehen. Doch Wunder sind selten... Wenn Bully einen Siegertitel errang, lassen Sie diesen in seiner Ahnentafel eintragen und genießen Sie nach Abschluß aller Bewertungen den Publikumsbeifall im Ehrenring! Sie und Bully haben sich diese Anerkennung redlich verdient.

Schutz vor Bullys Verlust

Um Bully vor einem Besitzerwechsel gegen Ihren Willen zu schützen, zum Beispiel vor einem Diebstahl zwecks Weiterverwendung zu Tierversuchen, sollten Sie ihn vorsorglich von einem Tierarzt durch eine **Tätowierung** unverwechselbar kennzeichnen lassen. Die Tätowierung erfolgt nach Betäubung des Hundes und wird entweder in den Ohren oder in der Leiste angebracht. Die eintätowierten Zeichen können die Zuchtbuchnummer und/oder die Kennbuchstaben des Tierarztes mit einer fortlaufenden Nummer sein. Es ist ratsam, diese Kennzeichen aufzuschreiben, sie den Bully-Papieren beizufügen und sie gleichzeitig einem **Zentralregister** zu melden. Nach der Registrierung erhalten Sie einen Tierausweis und eine Halsband-SOS-Plakette mit der einmalig vergebenen Kenn-Nummer. Die Zentralregister sind aufgrund der gesammelten, auch internationalen Meldungen hilfreiche Ansprechpartner beim Verlust oder Auffinden eines gekennzeichneten Hundes.

Neben der Tätowierung gibt es die in Amerika entwickelte Methode, Tiere durch Mikrochips zu kennzeichnen, um sie identifizieren zu können. Dieses Verfahren wurde 1988 auf der internationalen Zoomesse in Nürnberg, der INTERZOO, vorgestellt. Der Kennzeichnungschip ist ein nur reiskorngroßer Stift, der Hunden vorzugsweise links am Hals, etwa oberhalb des Schulterblattes mit einem Gerät, das einer Injektionsspritze ähnelt, äußerlich unsichtbar, schmerzlos unter die Haut eingepflanzt wird. Beim Ablesen mit dem Lesegerät braucht das Tier nicht berührt zu werden, was für Fremdpersonen oft von Vorteil ist. Ebenfalls von Vorteil gegenüber der Tätowierung ist, daß der Chip „lesbar" bleibt, wohingegen das Erkennen der tätowierten Kennzeichen, vor allem bei dunkelhäutigen Hunden, häufig ein Problem darstellt. Ich rate deshalb allen Bullybesitzern unbedingt beide Kennzeichnungsmethoden zur Sicherung Ihres Hundes durchführen zu lassen, bevor es zu einem Verlust - sei es durch Diebstahl, Weglaufen oder Verirren - kommt! „Langfinger" werden durch die Tätowierung des Tieres darauf aufmerksam gemacht, daß der Besitzer um die Sicherheit seines Hundes besorgt ist und ihn wahrscheinlich zusätzlich mit einem Mikrochip kennzeichnen ließ. Die Existenz solcher Chips hat sich mittlerweile herumgesprochen und erschwert verbrecherischen Hundehandel.

Die Kosten, die Ihnen durch vorsorgliche Schutzmaßnahmen entstehen, sind im Verhältnis zu dem Schaden, der Ihnen durch Bullys Verlust zustößt, gering. Informieren Sie sich bitte beim Tierarzt und lassen Sie Ihren Bully in jedem Fall kennzeichnen!

Ich empfehle auch, eine präzise Beschreibung und ein aktuelles Foto Ihres Bullys den Hundepapieren (z.B. dem Impfpaß) beizuheften, die bei Suchaktionen griffbereit zur Verfügung stehen und eine Identifizierung unterstützen.

Die vorgenommene **Kennzeichnung** schützt Bully selbstverständlich nur bedingt, sie enthebt Sie nicht Ihrer Sorgfaltspflicht, Ihren Hund *niemals* unbeaufsichtigt vor einer Ladentür, in einem parkenden Auto, im eigenen

Grundstück oder anderswo allein zu lassen! Ein „Langfinger", der Bully entwendet hat, ohne seine Kennzeichnung zu bemerken, wird sein Diebesgut nicht zurückbringen, sondern den „unbrauchbaren" Vierbeiner entweder aussetzen oder sich bemühen, ihn im Ausland zu verkaufen. Deutsche Institute dürfen laut **Tierschutzgesetz** keine gekennzeichneten Tiere zu Versuchen erwerben mit Ausnahme von „Besitzerwaisen" aus Tierheimen oder von Tieren, die extra zu Versuchszwecken gezüchtet wurden.

Um Bully zu schützen und um skrupellosen Hundefängern und Hehlern das Handwerk zu legen, achten Sie bitte grundsätzlich auf verdächtige Wahrnehmungen, notieren Sie sich den Typ und das amtliche Kennzeichen der Fahrzeuge verdächtiger Personen und melden Sie Ihre Beobachtungen unverzüglich der nächsten Polizeidienststelle, die Ihnen auch behilflich sein wird, falls Sie Bully einmal vermissen.

Sollte Bully Ihnen abhanden gekommen sein, handeln Sie rasch und verständigen Sie unverzüglich die zuständigen Stellen: Polizei, Tierschutzverein und das Gemeindeamt. Auch Tierärzte, Tierheime, Veterinärämter und für die Jagd zuständigen Behörden bzw. Personen nehmen Verlustmeldungen entgegen und helfen Ihnen weiter. Fragen Sie in der Umgebung Passanten und in Häusern nach Bully! Schlagen Sie Zettel in Lokalen, Geschäften, Parks usw. an und inserieren Sie in Lokal- und Tageszeitungen! Halten Sie den Text der Anschläge bzw. der Inserate kurz und prägnant und setzen Sie eine angemessene Belohnung aus. Vergessen Sie nicht, Ihre Adresse mit Ihrer Telefonnummer anzugeben! Kehren Sie wieder an den Platz zurück, wo Sie oder andere Menschen Bully zuletzt gesehen haben und bleiben Sie dort so lange wie möglich. Lassen Sie ein Kleidungsstück oder die Hundeleine und etwas Freßbares an dieser Stelle und kommen Sie in den darauf folgenden Tagen wieder dorthin zurück!

Wenn Sie eine Französische Bulldogge oder ein anderes Tier gefunden haben, verständigen Sie bitte auch umgehend die o. g. zuständigen Stellen. Sie ersparen Mensch und Tier viel Leid!

Der Hund im Deutschen Recht

Die rechtliche Situation des Hundes in Deutschland wird durch das Tierschutz- und das Viehseuchengesetz, durch Bestimmungen des Bürgerlichen Gesetzbuches (BGB) sowie durch Verordnungen der Stadt- und Gemeindeverwaltungen geregelt.

Die Rechtsstellung des Tieres im bürgerlichen Recht wurde durch Gesetzgebung im Sommer 1990 verbessert. Denn bislang galten Tiere nach der juristischen Einordnung als „Sachen", die wie ein Stück Hausrat bei oftmals praxisfernen Gerichtsentscheidungen als „bloße Objekte" behandelt wurden, bei denen Begriffe wie „Zeitwert", „Reparatur", „Schadenersatz" und dergleichen formal üblich waren. Möchten alle Betroffenen das Umdenken recht bald vollziehen, denn nunmehr werden Tiere juristisch als „Lebewesen" bezeichnet, die unter dem besonderen Schutz der Gesetze stehen! Sie dürfen nicht mehr gepfändet werden, wenn sie im häuslichen Bereich und nicht zu Erwerbszwecken gehalten werden, ihre Heilbehandlungskosten unterliegen nicht mehr der Beschränkung auf den Wert des Tieres usw. (siehe BGB § 90a, § 20a, § 103a, § 251 Abs. 2, § 903, § 765a Abs. 1, § 811c) Die juristischen Definitionen sind im privaten Alltag jedoch weniger von Bedeutung als Tierverständnis, Vernunft, Einsicht und ein Grundwissen von Vorschriften und Sicherheitsvorkehrungen.

Die Worte der Bayerischen Staatsministerin der Justiz, Frau Dr. M. Berghofer-Weichner, sind so treffend formuliert, daß mir ihre wörtliche Wiedergabe wichtig erscheint: „Bei der Haustierhaltung sind und bleiben vor allem Tierliebe, Verantwortungsbewußtsein und gesunder Menschenverstand gefragt. Über ein paar Dinge sollte man allerdings doch Bescheid wissen. Daß sich der Besitzer eines Tieres über dessen Eigenheiten und Bedürfnisse Gedanken machen muß, ist klar. Aber auch eine kleine Ahnung von den rechtlichen Rahmenbedingungen kann nicht schaden. Hier (ist) Bewußtsein zu wecken, Informationen (sind) zu geben ... (um) Schwierigkeiten aus dem Weg zu gehen, damit die Freude am Tier nicht durch Paragraphen getrübt wird."

(aus „Das Haustier und sein Recht",
Bayerisches Staatsministerium der Justiz, München 1989)

Der Kauf *

Grundlage für den Erwerb des Haustieres wird meistens ein Kaufvertrag sein. Er ist für beide Vertragspartner rechtlich bindend. Ohne besondere Vereinbarungen oder ohne besonderen Grund können Sie das Tier nicht mehr zurückgeben. (Wenn Sie sichergehen möchten, daß der Hund, den Sie zur Zucht erwerben wollen, aus gesundheitlicher Sicht geeignet ist, sollten Sie bereits vor dem Kauf eine **Zuchttauglichkeitsuntersuchung** vom Tierarzt durchführen und sich den Befund schriftlich geben lassen. Mündliche Befunde sind zur Beweisführung in einem Streitfall nicht ausreichend.)

Gewährleistung *

Als Käufer haben Sie Anspruch darauf, daß das erworbene Tier die vom Verkäufer zugesicherten Eigenschaften hat, also z.B. reinrassig ist. Sie können auch erwarten, daß es bei der Übergabe gesund ist und auch keinen anderen Fehler hat. Ist das nicht der Fall, haben Sie folgende Rechte:

● Sie können das Tier behalten und Herabsetzung des Kaufpreises verlangen (Minderung). Das kommt vor allem dann in Frage, wenn Sie sich an das Tier gewöhnt haben und Ihnen z.B. dieser Hund nun wichtiger ist als seine Reinrassigkeit;

● Sie können das Tier aber auch dem Verkäufer zurückgeben und erhalten dann den Kaufpreis zurück (Wandelung). Hieran wäre wohl bei einer ernsthaften Krankheit zu denken;

● anstelle von Wandelung oder Minderung können Sie Schadenersatz verlangen, wenn Ihnen der Verkäufer eine bestimmte Eigenschaft des Tieres zugesagt hat, diese Zusicherung aber nicht einhält. Eine Zusicherung nehmen die Juristen dann an, wenn der Verkäufer ausdrücklich oder durch sein Verhalten zu erkennen gegeben hat, daß er für das Vorhandensein dieser Eigenschaften einstehen möchte.

Schadenersatz können Sie auch verlangen, wenn der Verkäufer einen Fehler arglistig verschwiegen hat. Dies ist z.B. anzunehmen, wenn der Verkäufer Ihre Frage nach einer Krankheit oder der Reinrassigkeit des Haustieres bewußt wahrheitswidrig beantwortet.

Verjährung *

Die Gewährleistungsansprüche verjähren im Regelfall sechs Monate nach der Ablieferung - unabhängig davon, ob Sie den Fehler in dieser Zeit schon erkannt hatten! Wenn Sie im Zweifel sind, ob Ihr Tier schon beim Kauf einen Mangel hatte, sollten Sie sich deshalb innerhalb von sechs Monaten Gewißheit verschaffen, z.B. durch eine tierärztliche Untersuchung. Nach Ablauf dieser Frist kann der Verkäufer die Erfüllung Ihrer Ansprüche verweigern, wenn die Verjährung nicht zuvor, z.B. durch Erhebung einer Klage, unterbrochen wurde. Bevor es so weit kommt, sollten Sie sich aber von einem Rechtsanwalt beraten lassen.

Die Haftung des Tierhalters *

Selbst der bravste Hund kann einmal seine „gute Erziehung" vergessen. Er beißt den Briefträger oder hetzt einen Radfahrer. Tiere sind nie ganz berechenbar, sondern folgen letztlich doch ihren Instinkten. Dies kann zur Schädigung Dritter führen. Deshalb sieht das Gesetz für solche Fälle eine besondere Haftung vor. Sie besteht unabhängig vom Verschulden und trifft den Halter des Tieres.

Auch daran sollten Sie denken: Ein plötzlich auf die Straße laufendes Tier kann einen Radfahrer zu Fall bringen oder andere schwere Unfälle auslösen. Dafür können Sie ebenfalls zur Verantwortung gezogen werden, wenn Sie notwendige Vorkehrungen versäumt haben.

Ein Hundebiß oder andere von Tieren verursachten Verletzungen können auch die Staatsanwaltschaft und anschließend den Strafrichter auf den Plan rufen. Bei großen und kräftigen Tieren reicht auch eine Beaufsichtigung durch Ihren kleinen Sohn oder Ihre kleine Tochter in der Regel nicht aus. Es muß sichergestellt sein, daß das Tier das Grundstück nicht verlassen kann. Beim Ausgang müssen solche Tiere fest angeleint sein und u. U. einen Maulkorb tragen. Haben Sie aus Unachtsamkeit solche Schutzmaßnahmen unterlassen, müssen Sie bei einem Unfall mit einer Bestrafung wegen fahrlässiger Körperverletzung rechnen.

„Vorsicht! Bissiger Hund!" Diese Warnung findet man an vielen Garten- oder Haustüren. Ein solches Hinweisschild kann ebenfalls zu einer Aufteilung des Schadens zwischen dem Tierhalter und dem Geschädigten führen. Wenn sich der Verletzte bewußt der ihm bekannten Gefahr ausgesetzt hat, ist es in der Regel nicht angemessen, ihm den Ersatz des gesamten Schadens zuzubilligen. In eindeutigen Fällen kann eine Ersatzpflicht dann sogar ganz entfallen.

Das Verhältnis von Hunden und Katzen ist bekanntlich nicht unproblematisch. Auch Hunde tragen ihre Rangeleien manchmal recht bissig aus. Was geschieht, wenn es zu einem Kampf kommt und beide Tiere gezeichnet mit Verletzungen nach Hause zurückkehren? Auch hier ist der jeweilige Halter dem anderen grundsätzlich zum Schadenersatz verpflichtet. Wenn ein Haustier von einem anderen verletzt wird, wird der Schaden aber in der Regel nicht in voller Höhe zu ersetzen sein. Hier spielt eine Rolle, daß beide Tiere letztlich unberechenbar sind. Dies führt meist dazu, daß jeder einen Teil seines Schadens selbst tragen muß, und auch dem „gegnerischen" Tierhalter keinen vollen Ersatz zu leisten hat.

Schadenersatz *

Der Geschädigte kann vom Halter des Tieres Ersatz des ihm entstandenen Schadens verlangen. Er muß beispielsweise die Rechnung des Arztes für die Behandlung der Bißwunde begleichen. Auch die zerrissene oder verschmutzte Hose kann der Geschädigte in Rechnung stellen. Der Besitzer des Tieres wird bezahlen müssen, sofern nicht eine vorsorglich abgeschlossene **Haftpflichtversicherung** für ihn den Schaden abdeckt.

Nicht in jedem Fall ist der Schaden voll zu ersetzen. Möglicherweise muß der Geschädigte einen Teil selbst tragen, wenn ihn ein Mitverschulden trifft. Er hat Ihren Kater beispielsweise mit einem Stecken so lange geärgert, bis der von seinen Krallen Gebrauch gemacht hat. Ein solches Mitverschulden des Geschädigten wird den Umfang der Ersatzverpflichtung verringern.

Schmerzensgeld *

Beim Hundebiß oder anderen von Tieren verursachten Körper- und Gesundheitsschäden kann der Geschädigte auch ein angemessenes Schmerzensgeld verlangen. Die Höhe des Schmerzensgeldes hängt von der Schwere der Verletzung ab. Die tiefe Fleischwunde, bei der sichtbare Narben zurückbleiben, rechtfertigt einen höheren Betrag als eine Bißwunde, die normal verheilt. Ist eine Verletzung nur ganz geringfügig, scheidet ein Schmerzensgeldanspruch aus.

Ersatzansprüche des Tierhalters *

Vor Verletzungen im Straßenverkehr, durch anderweitige Unfälle oder sogar durch vorsätzliche Handlungen bleiben auch Tiere nicht verschont. Die Tierarztrechnung kann dann weit höher sein, als Ihr Tier gekostet hat. Der Schädiger muß die Heilungskosten - wenn er an dem Unfall schuld ist - in der Regel trotzdem bezahlen. Die meisten Gerichte halten nämlich auch hohe Behandlungskosten für ersatzfähig, sofern sie nicht völlig aus dem Rahmen fallen. Künftig soll das sogar ausdrücklich gesetzlich bestimmt werden.

Wird Ihr Tier getötet, können Sie seinen Wert ersetzt verlangen. Zusätzliches Schmerzensgeld dafür, daß Sie einen lieben Hausgenossen verloren haben, gibt es leider nicht.

Hundesteuer *

Die Gemeinden können aufgrund einer Satzung Hundesteuer erheben. In der Satzung ist die Steuerpflicht, etwaige Steuerbefreiungen und der Steuersatz geregelt. Erkundigen Sie sich danach, „schwarze" Tierhaltung kann teuer werden.

Lärm *

Die Gemeinden können zum Schutz vor unnötigen Störungen durch Lärm Verordnungen erlassen. Bei Verstößen kann ein Bußgeld fällig werden, etwa wenn der Haushund nächtelang jault. Allgemein handeln Sie ordnungswidrig, wenn Sie ohne berechtigten Anlaß oder in einem unzulässigen oder nach den Umständen vermeidbaren Ausmaß Lärm erregen. Voraussetzung ist, daß der Lärm geeignet ist, die Allgemeinheit oder die Nachbarschaft erheblich zu belästigen. Das gelegentliche Bellen Ihres vierbeinigen Freundes reicht also sicher nicht aus, Sie als Halter mit einer Buße zu belegen.

Grünanlagen *

Viele Städte haben in Grünanlagen Satzungen, die das Freilaufenlassen von Hunden und anderen Tieren untersagen. Im Interesse der Allgemeinheit besteht hier also Leinenzwang.

Kinderspielplätze *

In Kinderspielplätze dürfen Tiere regelmäßig nicht hinein. Daß verkoteter Sand für Kleinkinder nicht bekömmlich ist und auch die Spielwiese frei von Exkrementen sein muß, sollte eigentlich jedem einleuchten. Uneinsichtige können mit Bußgeld belegt werden.

Straßen und Wege *

Vielleicht haben Sie sich schon einmal über Hundekot auf dem Gehsteig geärgert. Eines ist klar: Auch ein Hund muß mal. Es sollte aber nicht gerade dort sein, wo der Mitmensch alsbald hineintritt. Außerdem: das Häufchen von „Lumpi" kann man auch in Papier wickeln, mitnehmen und z.B. zu Hause wegwerfen!

Rücksichtslose Tierhalter müssen mit rechtlichen Konsequenzen rechnen: Nach dem Straßen- und Wegerecht muß der Verursacher - und das ist bei Tieren der Halter - Verunreinigungen der Straße und des Gehweges, die über das übliche Maß hinausgehen, unverzüglich beseitigen. Die zuständige Verwaltungsbehörde kann im Falle einer Zuwiderhandlung eine Geldbuße verhängen. Auch in Gemeindesatzungen finden sich vielfach Regelungen über die Beseitigung von Tierkot auf den Straßen.

(Alle mit * gekennzeichneten Ausführungen sind Textwiedergaben oder Textauszüge aus der Broschüre: „Das Haustier und sein Recht", eine Information aus dem Bayer. Staatsministerium der Justiz, Pressereferat, RB Nr. 04/89/08)

Das Tierschutzgesetz

(Textwiedergaben aus dem „Bundesgesetzblatt", Jahrg. 1986, Teil I, Seite 1320 und 1321)

Grundsatz

§ 1   Zweck dieses Gesetzes ist es, aus der Verantwortung des Menschen für das Tier als Mitgeschöpf dessen Leben und Wohlbefinden zu schützen. Niemand darf einem Tier ohne vernünftigen Grund Schmerzen, Leiden oder Schäden zufügen.

Tierhaltung

§ 2   Wer ein Tier hält, betreut oder zu betreuen hat,

1. muß das Tier seiner Art und seinen Bedürfnissen entsprechend angemessen ernähren, pflegen und verhaltensgerecht unterbringen,
2. darf die Möglichkeit des Tieres zu artgemäßer Bewegung nicht so einschränken, daß ihm Schmerzen oder vermeidbare Leiden oder Schäden zugefügt werden.

§ 2a (2)   Der Bundesminister wird ermächtigt, im Einvernehmen mit dem Bundesminister für Verkehr und, soweit die Beförderung mit der Deutschen Bundespost berührt wird, mit dem Bundesminister für das Post- und Fernmeldewesen durch Rechtsverordnung mit Zustimmung des Bundesrates, soweit es zum Schutz der Tiere erforderlich ist, ihre Beförderung zu regeln. Er kann hierbei insbesondere

1. bestimmte Transportmittel und Versendearten für die Beförderung bestimmter Tiere, insbesondere die Versendung als Nachnahme, verbieten oder beschränken,
4. Vorschriften über das Verladen, Entladen, Unterbringen, Ernähren und Pflegen der Tiere erlassen.

§ 3   Es ist verboten,

3. ein im Haus, Betrieb oder sonst in Obhut des Menschen gehaltenes Tier auszusetzen oder es zurückzulassen, um sich seiner zu entledigen,
5. ein Tier auszubilden, sofern damit erhebliche Schmerzen, Leiden oder Schäden für das Tier verbunden sind,
7. ein Tier an einem anderen lebenden Tier auf Schärfe abzurichten oder zu prüfen.

Der Hund im Österreichischen Recht

In der Republik Österreich als Bundesstaat sind die Kompetenzen zu Gesetzgebung und Vollziehung zwischen Bund und Ländern aufgeteilt. In die Kompetenz des Bundes fallen beispielsweise das Veterinärwesen (Art. 10 Abs. 1 Z. 12 B-VG) sowie Aufgaben auf dem Gebiete des Zivilrechts- und Strafrechtswesens (Art. 10. Abs. 1 Z. 6 B-VG). Die Länder sind befugt, Rechtsvorschriften in Kraft treten zu lassen, in denen z.B. die Höhe der Hundeabgabe (Hundesteuer) festgesetzt und der Leinenzwang für Hunde im Bereich land- oder forstwirtschaftlich genutzter Grundstücke vorgeschrieben wird.

Die Rechtsstellung des Tieres ist im Allgemeinen Bürgerlichen Gesetzbuch für Österreich (ABGB) verankert. Mit Einfügung des Paragraphen 285a (BGBl. Nr. 179/1988) wurde sie folgendermaßen verbessert: „Tiere sind keine Sachen; sie werden durch besondere Gesetze geschützt. Die für Sachen geltenden Vorschriften sind auf Tiere nur insoweit anzuwenden als keine abweichenden Regelungen bestehen." Das bedeutet zum Beispiel, wenn ein Hund von einem Verkehrsrowdy verletzt wird, erhält der Hundehalter die tatsächlich aufgewendeten Kosten der Heilung oder der versuchten Heilung vom Unfallverursacher auch dann, wenn sie den Wert des Tieres übersteigen. Vormals galt ein Tier als „bewegliche Einzelsache" und wurde nach dem sogenannten „Zeitwert" beurteilt.

Der Paragraph 1320 ABGB behandelt **Schadensfälle durch ein Tier:** „Wird jemand durch ein Tier beschädigt, so ist derjenige dafür verantwortlich, der es dazu angetrieben, gereizt oder zu verwahren vernachlässigt hat. Derjenige, der das Tier hält, ist verantwortlich, wenn er nicht beweist, daß er für die erforderliche Verwahrung oder Beaufsichtigung gesorgt hat." Das bedeutet nach der Gerichtsentscheidung E 8, „daß nicht der Geschädigte das Verschulden des Hundehalters beweisen muß, sondern der Hundehalter seine Unschuld." Nach E 17 „verantwortet der Tierhalter den Schaden nicht, der derjenige erleidet, der sich ohne Notwendigkeit in solcher Weise dem Tier nähert, daß er verletzt werden kann." Hierzu ergänzend E 1: „Für den Tierschaden haftet in erster Linie, wer schuldhaft durch aktives Tun das schädigende Verhalten des Tieres veranlaßt hat."

Zur **Person des Tierhalters** folgen hier einige Entscheidungen: „Tierhalter ist, wer die tatsächliche Herrschaft über das Verhalten des Tieres ausübt." (E 18) und „Wer im eigenen Namen darüber zu entscheiden hat, wie das Tier zu verwahren und zu beaufsichtigen ist, wird als Tierhalter angesehen." (E 18a) „Der Umstand, daß der Hund bei einer Person räumlich untergebracht ist, bedeutet noch nicht, daß diese Person auch der Tierhalter sein muß. Auch die Eigentumsverhältnisse sind für die Haltereigenschaft nicht entscheidend." (E 20) „Es genügt nicht, die Bestellung einer Aufsichtsperson: Der Tierhalter muß auch deren Tüchtigkeit beweisen …" (E 29)

Über die **Vernachlässigung der Verwahrung** gibt es ebenfalls eine Reihe von Entscheidungen, z.B. E 18: „Hunde werden von der Rechtssprechung solange für gutmütig gehalten, als sie vorher noch niemanden gebissen haben. Dies zu beweisen obliegt aber als Voraussetzung für den Beweis der Einhaltung der geforderten Sorgfalt dem Halter." E 34: „Der Tierhalter wird von seiner Haftung frei, wenn er beweist, daß er eine geeignete Person für die Verwahrung ausgewählt und, soweit erforderlich, diese über die Eigenheiten des Tieres aufgeklärt und die nötigen Anleitungen und Überwachungen vorgenommen hat." E 47: „Selbst wenn es auf dem Land üblich ist, Hunde auf der Straße frei herumlaufen zu lassen, befreit dies die Tierhalter nicht von ihrer Verwahrungspflicht." E 52: „Ein Hund, der in Ermangelung eines Zaunes in der Lage ist, auf die öffentliche Straße zu gelangen, ist überhaupt nicht verwahrt." E 43: „Dagegen darf die Möglichkeit der Haltung nicht bösartiger Haustiere nicht durch überspannte Forderungen hinsichtlich der Verwahrung und Beaufsichtigungspflicht geradezu ausgeschlossen sein."

Das Wiener Jagdgesetz (Rechtsvorschrift L 920-000) erklärt zum Themenbereich **„Jagende Hunde und streunende Katzen"** § 92 (1): „Jeder Hundehalter hat seinen Hund so zu halten, daß er dem Wildstande keinen Schaden zufügen kann. Erforderlichenfalls muß der Hund im oder beim Hause entsprechend verwahrt, außerhalb des Hauses an der Leine geführt werden." (2): „Andere als die im § 91 genannten Hunde, die abseits von Häusern, Wirtschaftsgebäuden, Herden und öffentlichen Wegen allein jagend angetroffen werden, und streunende Katzen können vom Jagdausübungsberechtigten und dem Jagdaufseher getötet werden. Als allein jagend kann ein Hund nur dann angesehen werden, wenn er sich außer Gesichtskreis und Rufweite seines Herrn befindet."

Schwerpunkte des ab 1. Juli 1990 in Kraft gesetzten Kärtner Tierschutzgesetzes:

Grundsätzlich hat jeder das Leben der Tiere zu achten und zu schützen. Wer Tiere in seiner Obhut hat, hat für ihr Wohlbefinden zu sorgen und niemand darf ein Tier mutwillig töten oder quälen.

Ebenso ist es als Tierquälerei einzustufen, ein Tier an einem anderen lebenden Tier auf Schärfe abzurichten oder zu prüfen, wie es mitunter mit Hunden und Katzen in der Jagd praktiziert wurde.

Ein neues Verbot ist auch, Tierkämpfe zu veranstalten oder mutwillig ein Tier durch ein anderes Tier hetzen zu lassen.

Das Zurücklassen eines Tieres bei hohen Temperaturen in einem geschlossenen Transportmittel, wie etwa in einem geschlossenen Fahrzeug, ist bei Strafe verboten.

Die Verwendung von Stachelhalsbändern ist verboten.

Auch die Beförderung von Tieren unterliegt besonderen Bestimmungen ebenso wie die Tötung und Schlachtung.

Der Strafrahmen bei Übertretungen bewegt sich zwischen 15.000 und 100.000 Schilling.

(aus der Informationsschrift „Tierfreund", Juli/August 1990, Wiener Tierschutzverein)

Der Hund im Schweizerischen Recht

Der Hund gilt, obwohl er ein lebendiges Wesen ist, als „Sache" und ist in der Schweiz damit dem Sachenrecht des Zivilgesetzbuches (ZGB) unterstellt.

Dem **Kauf** liegt ein Kaufvertrag zugrunde, da er ein Rechtsgeschäft und somit eine Sache des Obligationsrechtes ist. Der Käufer kann Sachmangelgewähr-leistung verlangen, die ihm Wandelungs- und Minderungsrechte einräumen, wenn der Hund nicht die vereinbarten Eigenschaften aufweist. Die Anspruchsfrist muß innerhalb eines Jahres nach Auslieferung des Hundes geltend gemacht werden. Wird Sachmangelgewährung im Kaufvertrag ausgeschlossen und dies vom Käufer akzeptiert, so ist das rechtsgültig.

Wer einen Hund in der **Mietwohnung** halten will, muß sich an die rechtlichen Bestimmungen des Mietvertrags halten. Ist eine Hundehaltung durch den Mietvertrag nicht ausgeschlossen und bedarf sie nicht der ausdrücklichen Genehmigung des Vermieters, gehört sie zum vertragsgemäßen Gebrauch der Mietsache.

Es ist strafbar, einen Hund nicht zurückzuhalten oder ihn gar anzureizen, wenn er jemanden auf öffentlichen Straßen angreift, verfolgt oder erschreckt. Eine Person, die von einem Hund angegriffen wird und sich des Angreifers entledigt, ist nicht schadensersatzpflichtig. Der Besitzer oder Halter eines Hundes muß für die Schäden, die das Tier eventuell angerichtet hat, haften. Er darf den Hund auch Bürgersteige und Hauswände nicht verschmutzen lassen und muß ferner darauf achten, daß die öffentliche Ruhe weder durch Bellen noch durch Heulen gestört wird. Wenn ein Hund wildert, kann das sehr hohe Geldbußen zur Folge haben. Jagdberechtigte sind jedoch nicht befugt, einen Hund abzuschießen.

Jeder Hund muß ein Halsband tragen, auf dem der Name und die Adresse seines Eigentümers vermerkt sind. An dem Halsband muß eine Hundemarke befestigt sein, die in einer der drei Amtssprachen - deutsch, französisch oder italienisch - abgefaßt ist. Die Hundemarke wird nach Anmeldung des Hundes als offizielles **Identifikationszeichen** ausgegeben und jährlich verlängert, wenn die Versicherung und Impfung des Hundes nachgewiesen sind und die Hundesteuer bezahlt wurde. Jeder frei herumlaufende Hund ohne Identifikationszeichen wird in Gewahrsam genommen, wenn sein Besitzer nicht festgestellt werden kann oder er sich, z.B. wegen eines Krankenhausaufenthaltes, nicht um das Tier kümmert. Jede Person, die einen Hund findet, muß sofort die Polizei verständigen. Um den Hund aus der Verwahrung zurück zu erhalten, muß der Eigentümer die Steuerbescheinigung des laufenden Jahres vorweisen und die angefallenen Futter- und Tierarztkosten bezahlen. Die Zeit der Aufbewahrung beträgt sechs Tage. Nach deren Ablauf wird der Hund einem Tierschutzverein übergeben, der sich um eine weitere Unterbringung für ihn bemüht.

Versicherung: Jeder Halter oder Eigentümer eines Hundes hat die Verpflichtung, sich gegen mögliche zivilrechtliche Folgen des Tierbesitzes zu versichern. Die Tierhaftpflicht hat die Rechtsnatur einer Kausalhaftpflicht mit Befreiungsbeweis. Den Befreiungsnachweis kann nur der erbringen, der Gewalt über das Tier hat und nachweist, daß er alle den Umständen angemessene Sorgfalt angewendet hat, um einen Schaden abzuwenden oder, wenn er den Beweis erbringt, daß der Schaden auch bei Anwendung aller Sorgfalt unvermeidbar gewesen wäre. Kommt es zu einem Schaden, ist es in diesem Zusammenhang unbedeutend, wer Halter oder Eigentümer des Tieres ist. Entscheidend ist, wer im Moment des Schadens „Gewalt über das Tier" hatte. Wenn ein Hund z.B. entwichen ist, bleibt die Gewalt des Halters solange bestehen, bis ein neues Halterverhältnis begründet worden ist. Die vom Halter auszuübende Sorgfaltspflicht lastet ihm das Entweichen des Hundes und die dadurch entstandenen Schäden an. Wenn der Hund für kurze Zeit einer anderen Person überlassen wird, ist diese nur Hilfsperson des haftbaren Halters, dessen Halterschaft weiterbesteht. Die Rechtsfigur der Hilfsperson ist von derjenigen der mehrfachen Halterschaft zu unterscheiden, wo derjenige zur Rechenschaft gezogen wird, der den Sorgfaltsbeweis nicht erbringen kann. Können sich beide Halter nicht befreien, haften sie solidarisch.

Der Besitzer oder Führer eines Hundes muß das Tier am Beißen hindern. Im Fall eines Hundebisses ist er ausnahmslos dazu verpflichtet, auf kürzestem Wege einer offiziellen Kanton-Tierarztstation eine von einem Tierarzt ausgestellte Bescheinigung über den Gesundheitszustand des Hundes vorzulegen.

Das **Tierseuchengesetz** schreibt eine allgemeine Impfpflicht und ein der Seuche entsprechendes Verhalten vor. Verseuchte Tiere müssen getötet werden. Obligatorisch müssen Hunde, die fünf Monate alt sind, gegen Tollwut geimpft werden. Diese Impfung muß alle zwei Jahre wiederholt werden, bei Grenzübertritt jährlich.

Von amtlichen Behörden und Institutionen kann **Leinenzwang** für Hunde angeordnet werden. Es ist z.B. im Kanton Genf verboten, Hunde auf Gehwegen, in Gärten und öffentlichen Parks sowie in ähnlichen privaten Einrichtungen, die obwohl privat, auch der Öffentlichkeit zugänglich sind, unangeleint laufen zu lassen. Verbotene Aufenthaltsorte auch für angeleinte Hunde sind: Spielplätze, Schulen und Schulhöfe, Friedhöfe, Kirchen und Kirchplätze, Krankenhäuser, Festsäle, Lebensmittelgeschäfte und Märkte, bestellte Felder, Naturschutzreservate und Flughäfen mit Ausnahme der gesondert ausgewiesenen Zonen für Hunde.

Das **Tierschutzgesetz** (TschG) und die **Tierschutzverordnung** (TschV) sind gesetzliche Grundlagen für die Tierhaltung. Der Hund ist ein Haustier und muß wie ein solches gehalten werden. Die Obrigkeit schreitet sofort ein, wenn ihr bekannt wird, daß ein Hund schwer geschädigt oder völlig falsch gehalten wird. Sie kann ihn präventiv dem Besitzer wegnehmen und auf dessen Kosten an einen von ihr festgelegten Ort bringen. Alle Personen, die gegen die Gesetze und Regeln der Hundehaltung verstoßen, machen sich strafbar. Der Polizeidienst ist zuständig für Auskünfte über Gesetze und Regelungen zur Hundehaltung.

Nachfolgend die Wiedergabe einiger Gesetze:

Art. 2 TschG Grundsätze

1 Tiere sind so zu behandeln, daß ihren Bedürfnissen in bestmöglicher Weise Rechnung getragen wird.

3 Niemand darf ungerechtfertigt einem Tier Schmerzen, Leiden oder Schäden zufügen oder es in Angst versetzen.

Art. 3 TschG Tierhaltung Gemeinsame Bestimmungen (Zweiter Abschnitt)

2 Die für ein Tier notwendige Bewegungsfreiheit darf nicht dauernd oder unnötig eingeschränkt werden, wenn damit für das Tier Schmerzen, Leiden oder Schäden verbunden sind.

Art. 31 TschG Hundehaltung

1 Hunde, die in Räumen gehalten werden, müssen sich täglich entsprechend ihrem Bedürfnis bewegen können. Wenn möglich, sollen sie Auslauf im Freien haben.

2 Hunde, die angebunden gehalten werden, müssen sich in einem Bereich von wenigstens zwanzig Quadratmeter bewegen können. Sie dürfen nicht mit einem Würgehalsband angebunden werden.

3 Für Hunde, die im Freien gehalten werden, muß eine Unterkunft vorhanden sein.

Art. 1 TschV Tiergerechte Haltung (1. Kap.: Allgem. Tierhaltungsvorschriften)

1 Tiere sind so zu halten, daß ihre Körperfunktionen und ihr Verhalten nicht gestört werden und ihre Anpassungsfähigkeit nicht überfordert wird.

2 Fütterung, Pflege und Unterkunft sind angemessen, wenn sie nach dem Stand der Erfahrung und den Erkenntnissen der Physiologie, Verhaltenskunde und Hygiene den Bedürfnissen der Tiere entsprechen.

3 Tiere dürfen nicht dauernd angebunden gehalten werden.

Art. 2 TschV Fütterung

1 Tiere sind regelmäßig und ausreichend mit geeignetem Futter und, soweit nötig, mit Wasser zu versorgen. Werden Tiere in Gruppen gehalten, muß der Tierhalter dafür sorgen, daß jedes Tier genügend Futter und Wasser erhält.

2 Das Futter muß so beschaffen und zusammengesetzt sein, daß die Tiere ihr arteigenes, mit dem Fressen verbundenes Beschäftigungsbedürfnis befriedigen können.

Art. 3 TschV Pflege

1 Die Pflege muß haltungsbedingte Krankheiten und Verletzungen verhindern sowie das arteigene Pflegeverhalten der Tiere ersetzen, soweit dieses durch die Haltung eingeschränkt und für die Gesundheit erforderlich ist.

2 Der Tierhalter muß das Befinden der Tiere sowie der Einrichtungen genügend oft überprüfen. Er muß Mängel an den Einrichtungen, die das Befinden der Tiere beeinträchtigen, unverzüglich beheben oder aber andere geeignete Maßnahmen zum Schutz der Tiere treffen.

3 Kranke und verletzte Tiere muß der Tierhalter unverzüglich ihrem Zustand entsprechend unterbringen, pflegen und behandeln oder aber töten.

Art. 10 TschG Tiertransporte

1 Tiere sind so zu befördern, daß sie weder leiden noch Schaden nehmen.

Art. 54 TschV Transportmittel

1 Transportmittel müssen folgenden Anforderungen genügen:

    a. Alle Teile, mit denen Tiere in Kontakt kommen, müssen aus gesundheitsunschädlichem Material hergestellt und so beschaffen sein, daß die Verletzungsgefahr gering ist.

    e. Die Tiere müssen genügend Platz haben. Den je nach Art unterschiedlichen Bedürfnissen, den klimatischen Verhältnissen ... ist Rechnung zu tragen.

    f. Genügende Frischluftzufuhr sowie Schutz vor schädlicher Witterung und den Abgasen des Transportmittels müssen gesichert sein.

Art. 22 TschG Verbotene Handlungen an Tieren (Achter Abschnitt)

1 Das Mißhandeln, starkes Vernachlässigen oder unnötiges Überanstrengen von Tieren ist verboten.

2 Ferner ist verboten:

    a. das Töten von Tieren auf qualvolle Art;

    b. das Töten von Tieren aus Mutwillen, insbesondere das Abhalten von Schießen auf zahme oder gefangengehaltene Tiere;

    c. das Veranstalten von Kämpfen zwischen oder mit Tieren, bei denen Tiere gequält oder getötet werden;

    d. das Verwenden lebender Tiere, um Hunde abzurichten oder auf Schärfe zu prüfen, ausgenommen das Abrichten und Prüfen von Bodenhunden am Kunstbau unter den vom Bundesrat festzulegenden Bedingungen;

    e. das Verwenden von Tieren zur Schaustellung, Werbung, zu Filmaufnahmen oder zu ähnlichen Zwecken, wenn damit für das Tier offensichtlich Schmerzen, Leiden oder Schäden verbunden sind;

    f. das Aussetzen oder Zurücklassen eines im Hause oder im Betrieb gehaltenen Tieres in der Absicht, sich seiner zu entledigen;

    g. ... das Coupieren von Hundeohren sowie das Zerstören der Stimmorgane oder das Anwenden anderer Mittel zur Verhinderung von Laut- und Schmerzensäußerungen;

    h. das Zuführen von Reizmitteln zur Steigerung der Leistung (Dopen) von Tieren für sportliche Wettkämpfe.

Bully muß in Pflege

Gleichgültig wie alt oder wie gesund Sie sind oder in welchen Verhältnissen Sie leben, denken Sie vorausplanend an Bully und schieben Sie den Gedanken seiner Versorgung nicht „auf die lange Bank"! Eine plötzliche Erkrankung oder gar Schlimmeres kann jeden, auch einen jungen Hundebesitzer treffen. Verständigen Sie sich deshalb mit Ihrer Familie, Ihren Freunden und Bekannten vorsorglich darüber, wer von ihnen Bully dann in gute Pflege nimmt, wenn Sie ihn vorübergehend oder für immer aus Ihren Händen geben müssen. Denken Sie daran, daß der Züchter, der Ihnen Bully verkaufte, Ihr Ansprechpartner bleibt und der Klub für Französische Bulldoggen, bei dem Sie Mitglied sind, Rat und Hilfe gibt. Bei kurzfristiger Unterbringung Bullys ist eine Verständigung mit dem örtlichen Tierschutzverein nützlich. Seit kurzem werden von Tierschutzvereinen und Organisationen gleicher Zielsetzung, **Pflegeplätze auf Gegenseitigkeit** vermittelt, d.h. eine Familie nimmt Ihren Hund während Ihrer Verhinderung zu sich, und Sie versorgen den Vierbeiner dieser Gastfamilie nach entsprechender Vereinbarung zu anderer Zeit.

Wenn Sie z.B. wegen einer Reise verhindert sind, Bully zu versorgen, der Anlaß also voraussehbar ist, können Sie mit dem deutschen Bundesverband Tierschutz (siehe Adressenverzeichnis) Kontakt aufnehmen. Er vermittelt in seiner Aktion „Nachbarschaftshilfe" Pflegeplätze. Sie müssen sich aber bereits vier bis sechs Wochen vor Reiseantritt bei dieser Adresse melden.

Neben den genannten Versorgungsmöglichkeiten besteht durch Aufgabe eines Inserats die Chance, für Bully einen guten Pflegeplatz - entweder auf der Basis von Gegenseitigkeit oder gegen Entgelt und mit entsprechenden Vereinbarungen - zu finden. Die Menschen, die Bully gegen Bezahlung bei sich aufnehmen wollen, sollten Sie sich sehr kritisch ansehen und von denen Abstand nehmen, die dem Geld mehr Wert beimessen, als echter Tierliebe.

Kommen Sie bitte n i e m a l s auf den Gedanken, Bully auszusetzen und brinden Sie ihn nur im äußersten Notfall in ein Tierheim! Bei aller Achtung vor der meist aufopfernden Arbeit von Tierpflegern in Heimen rate ich von dieser Unterbringung ab, weil Massenbetrieb und Zwingerhaltung einem Bully nicht zuträglich sind. Er würde seelischen Schaden nehmen, ganz zu schweigen von dem, was ihm geschehen kann, wenn Sie ihn aussetzen. Die Gefahr seelischer und körperlicher Schäden Bullys können Sie als verantwortungsvoller Mensch Ihrem Gewissen gegenüber *nicht* vertreten!

Bullys Leben geht zu Ende

Es ist leider nur allzu wahr, daß ein Hundeleben im Verhältnis zu der Bereicherung, die wir durch die uneingeschränkte, vertrauensvolle Anhänglichkeit unseres Vierbeiners erleben dürfen, viel zu kurz ist und wir den Gedanken verdrängen, daß alles einmal zu Ende geht. Keinem Lebewesen wird das Altern und letztendlich der Tod erspart. Menschen haben das Privileg, Tiere nach ihrem Ermessen zu töten, doch daraus einen Freibrief zum Einschläfern eines alten, „für die Zucht untauglichen" und somit „unnötigen Fressers" abzuleiten, ist eine bodenlose Gefühlsrohheit!

Geliebte, alte Bullies
(Foto Flach, Rumpf und Bratke-Jorns)

124

So lange ein Hund noch Lebensfreude und nur Altersgebrechen hat wie z.B. Nachlassen körperlicher Fitneß und der Stubenreinheit durch Blasenschwäche, ist es die Pflicht eines jeden Hundebesitzers, der sich nicht nur „Tierfreund" nennt, den Lebensabend seines Vierbeiners mit der gleichen fürsorglichen Liebe und Verantwortung zu begleiten wie die Jugend- und Erwachsenenzeit, in der sein Hund gesund und munter war.

Doch wenn Ihr Hund, Ihr Bully, sehr krank ist und unter starken Schmerzen leidet, müssen Sie sich mit dem Gedanken vertraut machen, ihn bald nicht mehr zu haben, auch wenn Sie sich Ihr Dasein ohne Ihren vierbeinigen Gefährten, der Teil Ihres Lebens ist, nicht vorstellen können. Es ist die schwerste Aufgabe eines Hundebesitzers, mit dem Tierarzt das Gespräch zu führen, das Bully einen weiteren Leidensweg erspart. Aber als verantwortungsvoller Tierfreund müssen Sie sich zu diesem Entschluß durchringen und wie alle tierliebenden Menschen dafür dankbar sein, daß Injektionen dem Tierarzt zur Verfügung stehen, die Bully in Ihren Armen sanft einschlafen lassen, ohne ihn zu beunruhigen. Ja, auf diesem Weg sollten Sie Ihren treuen Freund begleiten und ihm in seiner letzten Stunde *Ihre* Treue und Liebe beweisen! Es ist ein Teil Ihrer Dankesschuld für die vielen schönen, gemeinsamen Stunden mit Ihrem Bully.

Lassen Sie den Tierarzt in Ihre Wohnung kommen, damit Bully in seiner vertrauten Umgebung einschlafen kann. Ein Hausbesuch kostet zwar etwas mehr, als wenn Sie in die tierärztliche Praxis fahren. Doch das sollte Bully Ihnen wert sein! Er hat sich diese Mehrkosten durch seine von eigenen Launen ungetrübte Verbundenheit mit Ihnen tausendfach verdient.

Wenn Sie einen eigenen Garten haben, dürfen Sie Ihren toten Hund dort begraben, falls entsprechend behördlicher Verordnung „eine Gefährdung der Umwelt, insbesondere des Trinkwassers nicht zu befürchten ist." Kommt ein Tiergrab (empfohlene Mindesttiefe 50 cm) im Garten nicht in Frage, können Sie den Tierarzt, Ihre Gemeinde oder die Landkreisverwaltung um Rat fragen.

Trauern Sie um Bully, der Ihnen Weggefährte war. Aber geben Sie, sobald es Ihnen möglich ist, einem neuen Hundekind, einem Bullywelpen die Chance, Ihr Leben wieder zu bereichern!

Vom Ursprung bis zur Gegenwart

Die Geschichte des Hundes läßt sich durch Skelettfunde aus prähistorischen Zeiten bis etwa zum 12. Jahrhundert vor unserer Zeitrechnung zurückverfolgen. Man fand z.B. in Oberkassel bei Bonn Unterkieferknochen eines Haushundes, der vor 14.000 Jahren lebte.

Der Wolf (Canis lupus) gilt als Stammvater aller Hunde. Sein Alter wird nach Funden in Südfrankreich auf etwa 300.000 Jahre geschätzt. Die Wolfsvorfahren gingen aus Gruppen von Säugetieren, den Carnivoren (Fleischfressern) hervor, die vor rund 55 Millionen Jahren auf der nördlichen Erdhalbkugel, diesseits und jenseits des Atlantiks lebten. Ihre zoologischen Namen lauten: Cynodictis und Pseudocynodictis. Ihnen folgten der Mesocyon, der Cynodesmus, der Tomarctus und schließlich der Canis familiavis inostranzewis.

Der Wolf war in ganz Eurasien und in Nordamerika verbreitet und den geographisch unterschiedlichen Lebensbedingungen durch voneinander abweichende Felltönungen und Größen von 15 bis 80 kg angepaßt. Wölfe sind sozial veranlagte Rudeltiere, d.h. sie ergänzen sich innerhalb der ranggeordneten Gemeinschaft durch unterschiedliche Begabungen zum Wohle des Ganzen. Im Sozialgefüge eines Wolfsrudels ist die Population durch die Rangordnung und die natürliche Auslese (z.B. durch die Jugendsterblichkeit) eingeschränkt, jedoch genetisch auf einheitlich angepaßte Individuen stabilisiert.

Die Domestikation des Wolfes zum Haushund (Canis lupus forma familiaris) begann um 12.000 bis 10.000 v. Chr. Sie bezeichnet nicht die Zähmung einzelner Wildtiere, sondern den Jahrtausende währenden Prozeß der Erbanlagenveränderung unzähliger Tiergenerationen. Ganze Wolfsgruppen wurden von ihren freilebenden Artgenossen isoliert und an die Menschennähe gewöhnt. Sie mußten sich den neuen Umweltbedingungen anpassen, die ihre Bewegungsfreiheit, die Nahrungsvielfalt und Art der Futterbeschaffung einschränkten und zudem ihre Rudel-Sozialbeziehungen in andere Bahnen lenkten. Aggressiv veranlagte, meist ranghohe Wölfe, eigneten sich wegen ihres Anpassungsmangels nicht zum Leben in der menschlichen Gemeinschaft. Die wurden durch verträglichere und unterordnungswilligere Tiere ersetzt.

Infolge der Haltung und gesteuerten Zuchtauslese kam es dazu, daß sich das auf ein Leben in freier Wildbahn ausgerichtete Gleichgewicht der Erbanlagen genetisch veränderte, zumal die von den Menschen abhängigen Tiere auch in ihrem Partnerangebot beschränkt waren. Sie zeugten Nachwuchs, der im Laufe der Jahrhunderte neue Formen mit veränderten Merkmalen hervorbrachte. Diese „Zuchtergebnisse" waren den menschlichen Lebensbedingungen gestaltlich (morphologisch) und verhaltensmäßig (psychologisch) angepaßt und wurden ihren Besitzern zu unentbehrlichen Helfern auf der Jagd nach Bären, Auerochsen, Wildschweinen und anderen Tieren der damaligen Zeit. Sie bewährten sich auch als Fährtensucher, Beschützer und Verteidiger und setzten tollkühn im Kampf ihr eigenes Leben für das ihrer Herren ein. Überlieferungen, schon aus vorchristlichen Zeiten, zeugen von solchen Taten und Eigenschaften der Hunde. Einigen dieser Weg- und Kampfgefährten der Menschen wurden nach zeitgenössischem Denken sogar übernatürliche Kräfte zugeschrieben.

„Vor dem Hunde wird gewarnt"
Mosaik aus Pompeji (79 v. Chr.)
(aus Trenkle, E.: „Die französische Bulldogge",
Gräfelfing bei München, 1937)

Über die Ahnen und Einflüsse, die zur Entstehung der Französischen Bulldogge führten, liegen nur spärliche Aufzeichnungen vor, die sich zumeist auf mündliche Überlieferungen stützen. Erst seit dem Beginn des 20. Jahrhunderts werden lückenlose Zuchtbücher geführt. Kynologen entwickelten zwei Abstammungstheorien, die als „spanische und englische Version" bekannt wurden. Auf die „englische Version" stößt man, wenn man der Geschichte der doggenartigen Hunde folgt. Die „spanische Version" sagt aus, daß die Entdecker Amerikas in dem bis dahin weitgehend unbekannten Neuland Bulldoggen vorfanden, die „Chincha-Bulldoggen" genannt wurden. Sie sollen Hunde dieser Art mit nach Hause genommen und weitergezüchtet haben. Die spanische These wird durch Ausgrabungen im alten Peru erhärtet. Dort wurden Tonplastiken, Tongefäße und Mumien gefunden, die einen Hund darstellen, der große Ähnlichkeit mit der Französischen Bulldogge aufweist. Skelettvergleiche machen diese These allerdings zweifelhaft.

Der griechische Schriftsteller Xenophon (430 - 355 v. Chr.), der zuletzt in Korinth lebte, unterteilte die Hunde als erster in „molossische", „thrakische" und „karische" Arten. Die altbabylonischen Molosser, Nachfahren des Tomarctus, sind nach der englischen Version für den Ursprung der Französischen Bulldogge bedeutungsvoll, da sie als Ahnen aller Doggen und der ihnen verwandten Rassen gelten. Sie waren große, kräftige, muskulöse Hunde und wagemutige Kämpfer mit kurzer, abgestumpfter Schnauze, stark entwickelten Stirnhöhlen und einem relativ kurzhaarigen, schwarz-grauen Fell. Spätassyrische Reliefs, Funde in China und in Pompeji zeigen Hunde des Molossertyps. Sogar ein aus der Bronzezeit stammender, vergoldeter Eimer mit der Darstellung von Hunden wurde gefunden.

Chincha-Bulldogrüde (Tonplastik aus Sammlung der Frankfurter Bolivien-Expedition
1927-29 - Fundort Trujillo)

Rechts: Diese Keramik einer Chincha-Bulldoghün-
din, als sog. Siflon oder Siflador zur Tonerzeugung
ausgebildet, hat am Nacken der Jungen die Pfeif-
löcher. Sie geben beim Anblasen oder Ausgießen
von Wasser verschieden hohe, piepsende Töne von
sich. Fundort: Valle de Chicama a.d. Küste v. Nord-
peru, jetzt Sammlung der Frankf. Bolivien-Expedition. (aus Burkert, B.: „Der Bully", München 1971)

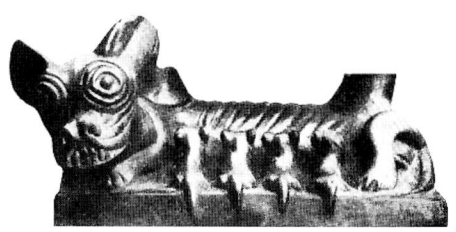

Hunde begleiteten die Menschen auch auf ihrer
Suche nach neuen Lebensräumen. Die Phöni-
zier, Flottenbauer und Handelskoloniengründer,
brachten im 6. Jahrhundert v. Chr. ihre asiati-
schen Molosser mit nach Britannien. Die eingeführten Hunde wurden mit den dort ansässigen
„Molossern von Cornwall" oder „Pugnaces Bri-
tannicae" gekreuzt, wobei die größten und stärksten Tiere zur Zucht bevorzugt wurden. Aus diesen Verbindungen entstand der **Alaunt,** der als
„Exportartikel" den Inselbewohnern Berühmt-
heit eintrug, und sie zu Alauntkreuzungen mit
einheimischen Hunden veranlaßte. Ihren ehr-
geizigen Bemühungen gelang die Züchtung des
damals besten Kriegshundes, der dem Gegner allein durch den Anblick seiner körperlichen Mas-
sigkeit schon Grauen einflößte. Er wurde als **Mastiff** bekannt und wog zwischen 50 - 60 kg. Auch

Doggen bewachten in China und im Vorderen Orient die Paläste. Diese Keramik,
eine Grabbeigabe, stammt aus der Hanzeit.

ein sehr tüchtiger Hund, der **Alano,** mit einem Gewicht von 30 - 35 kg, war
das Werk der Briten. Sie betrieben mit ihren Zuchterfolgen einen einträgli-
chen Handel, vor allem mit der Bevölkerung der iberischen Halbinsel und des
Römischen Reiches. Besonders die Römer waren von der Unerschrockenheit
und der ungewöhnlichen Kraft der neuen Hunde beeindruckt und nahmen
sie auf ihren Kriegszügen mit. Dadurch fanden die Hunderassen britannischer

Herkunft weiteste Verbreitung und beeinflußten die Entwicklung ansässiger Artgenossen. Die Spanier züchteten zum Beispiel die **Bordeaux-Dogge** (genannt nach dem Hauptabsatzmarkt); den Bewohnern der Niederlande und der heutigen belgischen Provinz Brabant kommt der Verdienst zu, die **Brabanter** geschaffen zu haben.

Chaldaeischer Hund des Königs Sounou (im 7. Jahrh. v. Chr.), Paris, Louvre

Kriegshunde (aus Rheenen van, J.: „Das Lexikon für Hundefreunde")

Ägyptischer Hund, etwa 600 v. Chr. (aus Trenkle, E.: „Die Französische Bulldogge")

Die Zucht von Gebrauchshunden wurde bis zum 19. Jahrhundert vor allem nach zweckdienlichen Kriterien betrieben. Hunde mußten den Anforderungen ihrer unterschiedlichen Verwendung zuverlässig gewachsen sein und z.B. durch furchterregende Größe und muskulöse Körper imponieren oder sich durch Behendigkeit und Mut auszeichnen. Außerdem mußten sie ausdauernd, einsatzfreudig sowie untereinander verträglich sein und ihren Herrn und Meister absolut anerkennen. Deshalb zählten Größengleichheit, Formenharmonie, Schönheit und Fellfarbe weniger als Körper- und Charaktereigenschaften und Fähigkeiten der Hunde. Wenn diese Tiere sich im Kriegsdienst, auf der Jagd oder in Schaukampfarenen bewährten, hatten sie für ihre Besitzer einen hohen Wert. In der Antike wurden, wie Überlieferungen aus der Zeit Alexanders des Großen (um 350 v. Chr.) berichten, sogar Panzer für Hunde geschmiedet, um feindliche Pfeile und Speere abzuhalten.

Während der Blütezeit des Römischen Reiches mit seiner Vorrangstellung in der Welt, wurden viele Arenen als Versammlungsorte für Veranstaltungen gebaut. Dort fanden zur Unterhaltung u.a. auch Kämpfe von Hunden gegen Löwen und Bären statt. An dieser Art von Vergnügung ergötzte sich nicht nur die römische Bevölkerung, sondern Schaukämpfe belustigten auch die Bewohner der Gebiete, die von der Siegermacht Rom erobert worden waren. Sie erbauten neue Arenen und züchteten ebenfalls Hunde, die nach entsprechender Anstachelung entweder gegeneinander oder gegen andere Tiere kämpften. Bei der Züchtung wurde durch Selektion insbesondere auf die Gutmütigkeit und eine hohe Reizschwelle der Hunde geachtet. Ohne diese Eigenschaften wären sie unkontrollierbare Beißer und eine Gefahr für die Menschen in ihrer Umgebung gewesen.

Die Beliebtheit der Schaukämpfe erhielt sich jahrhundertelang und veranlaßte Hundezüchter, sich noch mehr als zuvor auf die Spezialisierung der Tiere zu konzentrieren. Wiederum waren es Engländer, die sich für die Hundezucht besonders einsetzten. Hierfür gab es u.a. nachfolgend genannte Gründe: Ein Grund war die Leidenschaft der Inselbewohner, Wetten auf gute Hunde abzuschließen; ein anderer Grund war die mittlerweile eingebürgerte Meinung, daß Bullenfleisch zarter würde, wenn die Stiere vor der Schlachtung von Hunden gehetzt worden seien. Die „Bullenhatz" wurde sogar zur gesetzlichen Pflicht mit der Folge, daß immer mehr Arenen bzw. „Bullenringe" in den Städten und Dörfern entstanden und Hunde mit kurzen Schnauzen und gewaltiger Kieferkraft gezüchtet wurden, die fähig waren, sich am Stier ausdauernd festzubeißen und ihn zu ermüden. (Hunde mit langen Schnauzen haben längere „Hebelarme" und brauchen mehr Kraft beim Zubeißen als Artgenossen mit kurzen Schnauzen und etwas vorgeschobenem Unterkiefer, also mit kürzeren „Hebelarmen".)

Die Hochburg der Zucht geeigneter Hunde für „Bullbaitings" war um 1870 Birmingham. Die an Umfang und Angebot größten Schaukämpfe, vergleichbar mit volkstümlichen Festen oder Zirkusveranstaltungen, fanden in der Arena des Westminster Pit in London statt. Die Hunde hießen regional unterschied-

Stierkampf mit Bordeaux-Doggen
(aus Trenkle, E.: „Die Französische Bulldogge")

lich z.B.: „Banddog", „Bonddog", „Boldog" (englische Wortableitungen aus „Leine" und „Hund"), „Urcanus", „Mastiff", „Alan", „Bulldogge", „Bären- oder Bullenbeißer". Um 1630 taucht erstmals der Name „Bulldog" auf.

Trotz der Popularität der Schaukämpfe und der ausgezeichneten Verdienstmöglichkeiten der Züchter, Schausteller und des Publikums durch Hundeverkäufe, Wettgewinne u. dergl., begann sich zum Ende des 18. Jahrhunderts das englische Gewissen zu regen. Tierliebe und Sportgeist der Bewohner des Inselreichs standen im krassen Gegensatz zur Behandlung der „Belustigungsobjekte". 1802 ordnete das englische Parlament die Abschaffung der Bullenhetze und der Kämpfe gegen andere Tiere an. Dies hielt aber verantwortungslose Veranstalter nicht davon ab, weiterhin Hunde gegen Artgenossen in Arenen aufzuhetzen, weil das noch nicht verboten worden war. Die Gesetzgebung sah sich deshalb zu härteren Maßnahmen gezwungen. 1820 wurden öffentlich gezeigte Hundeschaukämpfe sowie die Zucht hierfür geeigneter Hunde untersagt und jegliche Tierkämpfe endgültig 1835 verboten. Clevere Geschäftemacher gaben Anlaß für diese Entscheidungen. Sie hatten nämlich auch entlegenen Privatgrund, der den Hütern der Gesetze kaum bekannt und zugänglich war, für ihre anrüchigen Zwecke genutzt.

Daß es trotz aller Verbote noch immer Anhänger von Tierkämpfen - und nicht nur in England gab und gibt, z.B. Hahnenkämpfe in lateinamerikanischen Ländern -, ist ein sehr trauriger Beweis menschlicher Inhumanität. Doch trägt die Verfolgung dieses Themas nichts zur Geschichte der Französischen Bulldogge bei.

Ein großer Teil der englischen Bevölkerung, insbesondere der Adel, hatte schon vor der Jahrhundertwende das Interesse an Tierkämpfen, nicht aber an Hunden verloren. Wer es sich leisten konnte und die Möglichkeiten hatte, hielt sich einen oder mehrere dieser Vierbeiner. Einige dieser Hundebesitzer begannen zu züchten oder setzten ihre bereits vorhandene Hundezucht in dem Bestreben fort, durch Zuchtauswahl und Stabilisierung guter Vererbungsmerkmale von „Hundetypen", Rassehunde zu züchten, deren Standard im Laufe der Jahre festgelegt und anerkannt wurde. Hierzu gehören u.a. Züchtungen aus den in England heimischen Bulldoggen, dem „Molossertyp" mit kurzem Fang, kräftigem Unterkiefer, zurückliegender Nase, kraftstrotzendem Körperbau und freudiger Einsatzbereitschaft. Ein „Rassenmischprodukt" aus Kreuzungen von Bulldogs und Terriers war der „Bull and Terrier", eine um die 10,0 kg schwere Bulldogge, die sich vortrefflich zur Bekämpfung von Ratten und anderen Schädlingen eignete. Ein anderes Zuchtergebnis wog bis zu 20,0 kg und entwickelte sich zum britischen Nationalhund, der Englischen Bulldogge. Die besondere Aufmerksamkeit gilt jedoch dem „Toy-Bulldog", einer in England etwa gleichzeitig gezüchteten, unter 10,0 kg schweren Rasse, weil diese „Zwergbulldogge" maßgeblich an der Rasseschöpfung der Französischen Bulldogge beteiligt war. „Toy-Bulldogs" wurden bereits 1836 auf der ersten Hundeausstellung in London der Öffentlichkeit vorgestellt und waren ab 1859 auf Ausstellungen heimisch und dort meist zahlreich vertreten, so z.B. 1863 mit zwanzig bis dreißig

Nottingham Frank, englischer Hund um 1849. Nach einem Gemälde von Mr. Browne (aus Trenkle: „Die Französische Bulldogge", 1937)

Champion Smasher, ein englischer Sieger aus den 70er Jahren des vorigen Jahrhunderts. (aus Fowler: „Bulldogs and all about them", 1925)

Meldungen in Islington. Sie wurden vor allem von den Webern und Spitzenklöpplern in Nottingham gezüchtet und erfreuten sich als Schoßhunde oder als kleine, unerschrockene Wächter und genügsame Begleithunde großer Beliebtheit. Die Nachfrage auch vom Ausland nach „Zwergbulldoggen" war zwischen 1860 und der Jahrhundertwende durch die Aktivitäten der Züchter und Händler sowie durch die Ausstellungserfolge der Hunde enorm.

„Wasp, Child und Billy"
Wiedergabe nach einem englischen Stich,
veröffentlicht 1809

„Jem Burn's vier Lieblinge"
Nach einem englischen Stich aus dem
Jahre 1843

Bulldoggen und Dachs
Englischer Stich nach einem Gemälde im Besitze von Wm. Surtees, Esqu.

(aus Trenkle, E.: „Die Französische Bulldogge")

Grundsätzlich wurden Bulldoggen seinerzeit in zwei Klassen eingeteilt und danach bewertet, die sich auf ihr Körpergewicht - ob unter oder über 10,0 kg - bezogen. Bulldoggen des leichten Schlags wurden somit nicht den schweren Artgenossen gleichgestellt, sondern entsprechend dem gültigen Rassestandard getrennt beurteilt. (Der erste Rassestandard Englischer Bulldoggen wurde 1862 vom Kennel Klub anerkannt, der Toy-Bulldoggen-Standard um 1894.)

Ben White mit seinen Bulldoggen „Tumbler und Lady"
Sandwich's Bess", 1830
(Aus der Sammlung von Alfred Benjamin, Esqu.)

„Billy, Rose und Tumbler" (Nach altem englischen Stich)

„Crib und Rosa"
Bekannter englischer Stich von Abraham Cooper und
J. Scott (Aus der Sammlung von A. Benjamin, Esqu.)
(aus Trenkle, E.: „Die Französische Bulldogge")

Wie bereits erwähnt, interessierte sich auch das Ausland für „Toy-Bulldogs". Eine große Nachfrage nach ihnen setzte besonders in Frankreich, hauptsächlich in Paris ein. Zwergbulldoggen wurden von Züchtern und Liebhabern erworben und in der Folge in England immer weniger. Das führte um 1880 zu Reimporten von Hunden aus Frankreich, um ihren Zuchtbestand von „Toy-Bulldogs" zu ergänzen und die Rasse zu verbessern, sowie zu einem Kleinkrieg zwischen Dover und Calais der Züchter und Zuchtgruppen, die sich entweder für den schweren Bulldoggenschlag, also für die Rasse der Englischen Bulldogge einsetzten oder ihr Interesse den weniger schweren Bulldoggen widmeten. Diese kleinen, leichten Artgenossen, die nur etwa 10,0 kg oder noch weniger wogen, gab es als die bereits genannten „Toy-Bulldogs" und als einen weiteren Typ, der als „Terrier-Boule" bekannt war. „Terriers-Boules" fand man bereits vor 1860 u.a. in Frankreich, Belgien und Holland. Sie stellten eine „Übergangsart" zwischen Englischen Bulldoggen und Toy-Bulldogs dar, erhielten jedoch nie die Anerkennung ihrer Rasse, weil sie zwar einem gewissen Typ entsprachen, aber im Aussehen wenig einheitlich und sogenannte „Bastarde" waren. Teilweise verdankten sie ihre Abstammung den mehr oder weniger gezielten Paarungen von Bulldoggen z.B. mit Möpsen, Griffons, Terriers und mit deren Mischlingen. Es waren kleine, kurze, muskulöse Hunde, teils mit aufgestellten „Muschelohren", teils mit nach vorn gekippten „Rosenohren" oder anderen, durch Kupierung erreichten Ohrformen sowie mit manchmal auch gekürzten Ruten. Sie waren wendig, einsatzfreudig, unerschrocken und meist im Besitz wenig begüterter Menschen. Nur wenige „Terriers-Boules" konnten sich des Wohlwollens besser gestellter Bürger oder gar des Adels erfreuen, weil sie weder Rasse- noch Modehunde waren. „Leichte" Mädchen bevorzugten sie als genügsame Begleiter und verteidigungsbereite Wächter, was ihnen die abwertende Bezeichnung „Halbwelthunde" einbrachte.

Decamps: Bulldoggen, Paris, Louvre (aus Uzé, M.: „Das Hundebuch")

Der Zuchtbestand der „Toy-Bulldogs" in dem britischen Inselreich verringerte sich auch durch die Auswanderung der Nottinghamer Weber und Spitzenklöppler. Während der Industrialisierung Englands und der dadurch ausgelösten Wirtschaftskrise zwischen 1848 und 1860 verloren viele von ihnen ihre Arbeit und Existenzmöglichkeit. Sie verließen ihr Heimatland und siedelten sich u.a. in Belgien, Deutschland und vor allem in Frankreich an. Für die Fachkräfte war dort, insbesondere in der Normandie, durch Gründung neuer Spitzenfabriken ein neuer Lebensraum entstanden. Die meisten Arbeiter nahmen ihre „Toy-Bulldogs" mit und setzten deren Zucht fort, teils aus Liebhaberei, teils zur Aufstockung ihres Einkommens. Sie waren jedoch anfangs, wie einige andere, in Frankreich lebenden Hundebesitzer und Züchter, noch wenig kritisch bei der Partnerwahl ihrer Zwergbulldoggen und kreuzten sie mit heimischen, etwa gleichgroßen Hunden, z.B. mit „Terriers-Boules", die zum Teil auch Möpse als Ahnen hatten. Die französischen Züchter kleiner Bulldoggen konnten sich im Gegensatz zu ihren englischen Kollegen weder auf einen Zuchtverband noch auf einen Rassestandard stützen und fühlten sich dadurch auch nicht an Zuchtvorschriften gebunden.

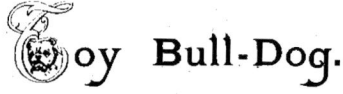

um 1895. (Dokum. Dr. Roncaratti, Belgien) (aus De Bylandt: „Les Races du Chien", 1887)

Aus der ersten Hälfte des vorigen Jahrhunderts, der Zeit, in der viele der heutigen Hunderassen gezüchtet und Rassestandards erstellt wurden, liegen keine Ahnentafeln oder entsprechende Aufzeichnungen zur „Schöpfungsgeschichte" der Französischen Bulldogge aus Frankreich vor. (Erst 1885 wurde mit der Registrierung der Zuchthunde begonnen.) Die zeitgenössischen Anerkennungsdiskussionen und der Mangel aussagefähiger Zeitdokumente führten zu verschiedenen Abstammungstheorien späterer Kynologen. Bis heute steht eine endgültige Klärung aus. Um das zu verstehen, muß man sich die kynologische Entwicklung der Bulldogge „à la parisienne" als Folge und Begleiterscheinung wirtschaftlicher und bevölkerungspolitischer Ereignisse vorstellen. Die „Bullywerdung" fand in der Epoche technischer Entdeckungen und Neuerungen auf allen Gebieten statt, in der Zeit der Mechanisierung, des Industriewachstums und der Geburt des Sozialismus. Alles gärte und eine neue Ära kündigte sich an, angespornt vom erwachten Widerspruchsgeist der in Armut und Primitivität lebenden Menschen in untergeordneten Berufen. Diese „kleinen Leute" wurden vom Adel und vom gehobenen Bürgertum ausgenutzt. Sie lehnten sich deshalb gegen die herrschenden gesellschaftlichen Konventionen und Standesunterschiede auf und wollten ihre eigenen Ideen zur Verbesserung ihrer Lebensbedingungen verwirklichen. Viele der Hunde, ob „Toy-Bulldogs" oder „Terriers-Boules" und andere Bulldogtypen bzw. Rassen waren im Besitz von Menschen, die weder schreiben noch lesen konnten. Diejenigen, die sich darauf verstanden, hielten es vielleicht wegen des Zeitgeschehens nicht für wichtig genug, Namen und Paarungen ihrer Hunde zu notieren. Die kleinen, lebhaften Vierbeiner, die sich in den Markthallen von Paris tummelten, stießen auf wenig Interesse bei kynologischen Chronisten, die sich nicht den „Metzgerhunden der Vilette" und „Rattenfängern" zuwandten, sondern ihre Arbeit auf Rassehunde mit bereits höherem öffentlichen Ansehen konzentrierten.

So konnte z.B. niemals aufgeklärt werden, infolge welcher Hundepaarungen das „Fledermausohr" mit seinen nach vorn gekehrten Gehörmuscheln entstand. Es unterschied sich von den Ohrformen deutlich, die z.B. unter den Namen „Rosen-, Tulpen- und Muschelohren" bei Bulldoggen bislang bekannt waren. Verschiedene Hunderassen haben zwar von Natur aus aufgerichtete Ohren, aber diese Ohren sind spitz zulaufend und nicht so „wohlgerundet" wie bei Französischen Bulldoggen und zudem nicht dort am Schädel angesetzt, wie üblicherweise bei Bullies. Das „Fledermausohr" stieß auf geteilten Anklang. Manche Züchter und Liebhaber dieser Bulldoggen fanden „Fledermausohren" geschmacklos, andere Züchter, insbesondere in Frankreich, beurteilten sie mit lobender Anerkennung. So wurde man sich bereits 1886 darüber einig, daß „aufgestellte, gut oberhalb des Schädels angesetzte Ohren" zum typischen Aussehen Französischer Bulldoggen gehören und nahm sie 1898 im Rassestandard auf. 1912 wurden „Fledermausohren" als charakteristisches Merkmal in der ergänzten Rassebeschreibung endgültig verankert und andere Ohrformen bei Bullies offiziell ausgeschlossen.

Das Chronisteninteresse wuchs jedoch allmählich durch die zunehmende Zusammenarbeit französischer Züchter, die ihre Hunde im In- und Ausland gut verkauften. Das Aufsehen, das diese Bulldoggen auf Ausstellungen erregten, sowie die Meinungsverschiedenheiten der Züchter und Zuchtgruppen, die ihren Niederschlag in der kynologischen Presse und somit in der Öffentlichkeit fanden, trug ebenfalls dazu bei.

Die Zucht Französischer Bulldoggen in Frankreich

Die Züchter und Liebhaber der kleinen, leichten Bulldoggen in Paris trafen sich in der ersten Zeit im Kaffeehaus des Monsieur Albouis in der Rue Saint Séverin zu Diskussionen über ihre Hundezucht. Der Besitz von Hunden gleicher Art schuf gemeinsame Bande. Mittlerweile waren es rund fünfzig Personen in der französischen Hauptstadt geworden, unter ihnen auch Baron de Carayon, die sich über das Zuchtbild der Bulldoggen des leichten Schlags Gedanken machten. Es wurde ihnen klar, daß eine Arbeitsgrundlage durch regelmäßige Zusammenkünfte und Koordinierung der Interessen aller Bulldoggenzüchter geschaffen werden müsse. Deshalb gründeten sie 1880 einen Verein und arbeiteten an der Festlegung der Rassemerkmale. Nach langwierigen Verhandlungen einigte man sich 1885 auf eine erste Rassebeschreibung, die bis 1898, dem Jahr der Veröffentlichung des Rassestandards, volle Gültigkeit behielt. Dieser Standard mit einigen, der größeren Klarheit dienenden Änderungen gilt bis heute, da er in den Jahren 1911/1912 als offizielle „Internationale Rassekennzeichen" durch Absprachen der Zentralverbände in anderen Ländern bestätigt wurde. (Für eine neue Hunderasse kann nur dann ein Standard erstellt und von den übergeordneten Zentralverbänden in ihren Zuständigkeitsbereichen anerkannt werden, wenn die typischen Rassemerkmale systematisch durch intensive Zuchtauswahl vererbbar gefestigt sind.) Gleichzeitig wurde 1898, dank der Bemühungen des Bullyklubs, die Rasse Französischer Bulldoggen durch die „Société Centrale Canine pour l'amélioration de la rasse canine en France" anerkannt.

Der französische Zentralverband für Rassehunde war 1882 nach dem Vorbild des englischen „Kennel Club" entstanden und hatte u.a. die Aufgaben übernommen, Klubs für reine Hunderassen zu bilden oder zusammenzufassen, über sie Schirmherrschaft auszuüben, die Rassenkontrolle und Hundeausstellungen zu organisieren sowie mit England Verbindung zu halten. Weitere Vereinigungen folgten diesem Vorbild, z.B. die „Federation Cynologique Internationale" (FCI) und der ihr angeschlossene „Verband für das Deutsche Hundewesen e.V." (VDH).

1885 gaben die französischen Bulldoggenzüchter und Vereinsmitglieder ihrem Zuchtverband eine Satzung (sie wurde 1898 ergänzt) und ließen ihn unter dem Namen **„Bouledogue Club français"** eintragen. Von nun an wurden ihre Bulldoggen im Stammbuch registriert und die Zucht nach den Richtlinien der Rassebeschreibung intensiviert. Bulldoggen, die nicht die erstrebten Charaktereigenschaften und körperlichen Merkmale aufwiesen, wurden von der Zucht ausgeschlossen. Der erste Klubvorstand setzte sich aus den Herren Roger (Präsident), Coupat (Vizepräsident), Renevret (Sekretär), Séblon (Beisitzer) und Candelier (Kassier) zusammen.

Nachfolgend einige Namen weiterer Züchter und Rasseförderer in Paris um 1870 bis etwa um die Jahrhundertwende:

Albouis, M., Besitzer eines Kaffeehauses und des Zwingers „de St-Séverin"
Barasino, Bernard, Kutscher
Bernard, Pferdehändler
Bourreau, Möbelschreiner
Chevalier, C., Hundehändler
Clément, Hundehändler
Dupin, Weinhändler
Jacquelin, Käsehändler, züchterische Zusammenarbeit mit Ruffier
Mangés, Michel, Lumpensammler
Perard, Rathausangestellter
Petit, Charles, Möbelschreiner, Zwingername „de Beaubourg"
Provandier, Zwingername „A l'heure de la soupe"
Riviere, Träger in den Markthallen
Ruffier, Gastwirt, Zwingername „de la Mare"
Salbricq, Hundehändler, bei Clément angestellt
Sedze, Marcel, Kutscher

Champion „Tac", Züchter: M. Albouis, Paris

„Rabot de Beaubourg" (LOF, 3004) Züchter: Mangés, Paris

(aus Comminges: „Le Bouledogue français")

Die Nachfrage nach ihren kleinen Bulldoggen bewies den französischen Züchtern, daß sie auf dem richtigen Weg waren. Aber sie hatten noch viele Probleme zu bewältigen, bis die Rasse „Französische Bulldogge" international anerkannt wurde. Nicht nur die Rassemerkmale mußten durch systematische Zuchtauswahl gefestigt werden, sondern auch Differenzen mit dem englischen „Kennel Klub" standen zur Klärung an.

Dieser Klub hatte den von englischen Züchtern erstellten Standard für „Toy-Bulldogs" anerkannt. Nach ihm wurden alle Bulldoggen des leichten Schlags, ohne Abgrenzung der „Hundetypen" beurteilt. Um 1870 hatten englische Züchter ihre Zwergbulldoggen immer kleiner und leichter - bis zu 6,0 kg - werden lassen, die nunmehr gegen die etwa 10,0 kg schweren Bulldoggen französischer Züchter auf Ausstellungen antraten. Die Züchter beiderseits des Kanals hatten zwar gleichgerichtete, aber keineswegs aufeinander abgestimmte Zuchtziele angestrebt. Die „Bouledogues Français", wie die Bulldoggen französischer Züchter seit der Klubgründung genannt wurden, spalteten englische Züchter und Liebhaber der kleinen Bulldoggen in zwei Gruppen mit unterschiedlichen Meinungen. Die eine Gruppe freute sich darüber, daß „ihre" Zwergbulldoggen heimgekehrt waren und französische Akzente wie z.B. das „Fledermausohr" und einen wohl-proportionierten, elegant wirkenden Körperbau mitbrachten. Die andere Gruppe entrüstete sich über die französischen Züchter, die es gewagt hatten, andere als in England bekannte Bulldoggen zu züchten, ihnen einen „nicht-englischen" Rassenamen zu geben und die Anerkennung zu beanspruchen, eine eigene Rasse gezüchtet zu haben. Die erregten Reaktionen der englischen Bulldoggenfreunde werden leichter verständlich, wenn man an den empfindsamen britischen Nationalstolz der Jahrhundertwende denkt. Bislang hatten englische Züchter geglaubt, Bulldoggen und Bulldoggenzucht seien englische Privilegien. Und nun die französische Rassebezeichnung und die Interessenvertreter außerhalb des britischen Imperiums! Hinzu kam sicher die Sorge, daß die Züchter in Frankreich zu einer ernsthaften Konkurrenz bei der Zwergbulldoggenzucht werden könnten. (Das trat tatsächlich um 1910 ein. Der „Franzosenhund" hatte die Menschen mit seinem Ausdruck und Wesen beeindruckt und sich mit den typischen Körpermerkmalen und vortrefflichen Charaktereigenschaften seiner Rasse durchgesetzt. Die Nachfrage nach „Toy-Bulldogs" verebbte allmählich.)

Die Klubs für Französische Bulldoggen außerhalb Frankreichs übernahmen für ihre Zucht den Standard von 1898. Frankreich ahnte Meinungsverschiedenheiten durch die Übersetzung der Rassebeschreibung in andere Sprachen voraus und schlug 1901 vor, eine internationale Organisation zu schaffen, die den Stand und die Entwicklung der Zucht in den einzelnen Länder untersuchen und sich für die Standardeinhaltung sowie für die Interessen der Züchter und Liebhaber Französischer Bulldoggen einsetzen sollte. Nach langer Vorarbeit und gründlichen Studien wurde schließlich 1909 ein Abkommen unterzeichnet, dem sich die Klubs in Belgien, Deutschland, Holland, Österreich und der Schweiz anschlossen. Dieses Abkommen beinhaltete sich gegenseitige Hilfe und freundschaftlichen Schutz zu gewähren und die von einem Klub ernannten Richter bei den Klubs aller unterzeichneten Länder anzuerkennen. Ferner war eine Schiedgerichtsstelle vorgesehen, um mögliche Streitigkeiten zwischen den angeschlossenen Klubs schlichten zu können.

Dieser Freundschaftsbund, der zwar nie für ungültig erklärt wurde, blieb bei der Zusammenarbeit, insbesondere mit den englischen Züchtern, wirkungslos. Auf einer englischen Ausstellung im Jahr 1911, bei der der aus Amerika stammende L. Goldenberg und der in Frankreich ansässige Ménans de Corre Richter waren, gingen die Meinungen zur Standardbeurteilung völlig auseinander. Sogar innerhalb des französischen Bullyklubs kam es zu Differenzen und einer Spaltung. Ein neuer Klub, der **„Bulldog-Club de France"** wurde von den abgesprungenen Mitgliedern gegründet, zu denen u.a. Ménans de Corre und die Baronin Narducci gehörten. Sie übernahmen die Satzungen und den Standard des Klubs, den sie verlassen hatten. Auch der amerikanische Züchter Goldenberg, der aus beruflichen Gründen nach England übergesiedelt war, wurde Mitglied des neuen Klubs.

1911 wurde auf Wunsch französischer Bullyzüchter und Rasseliebhaber eine internationale Konferenz zur Festlegung eines weltweiten Standards einberufen. Der Konferenzausschuß setzte sich aus den Beauftragten der Klubs für Französische Bulldoggen in mehreren Ländern zusammen. Es waren Frau Müller und Herr Hartenstein für Deutschland, Herr Bossi für die Schweiz und Herr Goldenberg für Frankreich, England und die USA. Gemeinsam wurde der internationale Standard als „Weltstandard" festgelegt. Er wurde auf Anregung des deutschen Bullyklubs 1913 ergänzt. Diese Ergänzungen übernahmen jedoch nur die daran interessierten Klubs in Deutschland, Österreich, England, in der Schweiz und der USA. 1932 fügte der „Club du Bouledogue de France" dem Standard noch einen kleinen Anhang hinzu, der aber keine Abänderung des Hundetyps, sondern Erläuterungen für Richter und Disqualifikationsgründe für Hunde enthielt.

Es ist erwähnenswert, daß in Paris alljährlich bis etwa 1950 ein Kurs für Liebhaber und angehende Richter Französischer Bulldoggen stattfand, der unter der Leitung erfahrener Richter eine bessere Kenntnis der Auslegungsschwierigkeiten des Standards vermittelte. Sicherlich hat er zu dem hohen Stand der Zucht in Frankreich beigetragen, die sich aufgrund der Tradition zur Erhaltung und Verbesserung eines vorzüglichen Bullytyps verpflichtet fühlt.

Einige französische Zwinger von gestern bis heute:

de l'Antan	Mme Bonneval, Paris
du Clos du Vieux Pommier	Mme Dobert, Houlgate
du Domaine de Tournesac	Mme Bogoris, Betete
des Hironvales	Mme Réant, Creil
de Landouar	Mr & Mme Girard, Saint-Jacut-de-la-Mer
de Maya	Mme Gayout, Dijon
du Moulin du Mas Rougier	Mme Greffrath, Guéret
du Pont des Aires	Dr Offreau, Pons
du Pré-aux-Clerces	Comtesse de Comminges, Paris
le Sénéchal de Ré	Mme Navarro, Clamart
de Travers-Jumet	Mr Lecomte, Paris
Yoo Hoos's Beauty	Mme Péreyrol, Plan-de-Grasse

Champion „Bourbon de la Mare", ZFB.
63, Züchter: Ruffier, Paris; Besitzer: Fr.
M. Müller, München-Gräfelfing

„Ripp v. Purkersdorf", ZFB. 64, Züchter:
Panseron, Paris, Bes.: Fr. M. Müller,
München-Gräfelfing

„Mikado" (de St. Séverin), ZFB. 5349, franz. Champ.,
Züchter: Albouis, Paris; Besitzer: C. Renz, Berlin
aus Trenkle, E.: „Die Französische Bulldogge"

„Uber Felix", „Vega", „Pamela" und „Sosthene de Landouar"

„Vega de Landouar", Franz. u. Int. Champ.

„Boris de Landouar", Franz u. Int. Champ.

„Venus de Landouar", Franz. u. Int. Champ.

Züchter: F. et J.P. Girard, Saint-Jacut-de-la-Mer   (Foto: Girard)

Die Zucht Französischer Bulldoggen in England

Durch Vermittlung der „Société Canine Zentrale" konnten die Differenzen zwischen den englischen und französischen Klubs und ihrer Mitglieder schließlich beigelegt werden, wobei der „Streitgegenstand" sicher nicht unbeteiligt war. „French Bulldogs" hatten nämlich neue Freunde inzwischen auch in England gefunden, nachdem um 1860 die bereits erwähnten Reimporte von Bulldoggen des leichten Schlags durch englische Züchter und Liebhaber eingesetzt hatten. Zu ihnen gehörten z.B. George Krehl, Komiteemitglied des Toy Bulldog Clubs und Ehrenmitglied des Englischen Bulldog Clubs, sowie die Countess de Grey, Mrs. Romilly. Sie erwarben einige Zwergbulldoggen in Paris, unter denen auch Hunde mit „Fledermausohren" waren. Diese importierten Vierbeiner wurden erstmals auf der Hundeschau in London 1885 öffentlich ausgestellt und befanden sich in Konkurrenz mit den in England gezüchteten „Toy-Bulldogs". Die in Frankreich gekauften, kleinen Bulldoggen fielen insbesondere durch die auffallende Ohrform auf. Sie mißfiel vielen englischen Bulldoggenfreunden. Trotzdem gewann „Coquette", importiert von Mrs. Romilly (später im Besitz der Züchterin Mrs. Waterlow) den ersten Preis, obwohl die Hündin nach dem für „Toy-Bulldogs" geltenden Standard bewertet wurde und sich von ihren Artgenossen durch ihren ganzen Typ und nicht durch die Ohrform allein unterschied.

1902 wurde der **„French Bulldog Club of England"** gegründet. Am 7.4.1903 fand die erste Sonderausstellung mit einundfünfzig gemeldeten „Frenchies" in Tattersalls statt. Der eingeladene französische Richter, Ménans de Corre, beurteil-

Leda (K.C.S.B. 39264). Toy-Bulldog, geboren im Dezember 1892, Züchter: Souchin, Paris, Besitzer: R.G. Krehl, London

Little Monarch (K.C.S.B. 39265). Toy-Bulldog, geboren am 25.06.1893, Züchter: Mannot, Paris, Besitzer: G.R. Krehl, London

(aus Farman, Ed.: „The Bulldog", London 1903)

te die Hunde, die zumeist Importe aus Frankreich und noch ohne Zuchtbild und Standard in England waren, überwiegend mit „Gut" und „Sehr gut". Der beste Hund der Ausstellung war „Roquet" im Besitz von Mrs. Townsend-Green.

1905 wurde der Französische Standard vom „Kennel Klub" anerkannt und die Rassebezeichnung „Bouledogue français" übernommen, die man am 28.6.1912 durch „French Bulldog" ersetzte. Bei den alljährlich vom „Kennel Klub" organisierten Zuchtschauen und Hundeausstellungen waren zunehmend mehr Französische Bulldoggen englischer Züchter zu sehen, die durch die Nachfrage ermutigt, sich der neuen Rasse gewidmet hatten. Sie und nachfolgende Züchter brachten die Zucht auf einen hohen Stand, der in „Bullykreisen" weltweit Anerkennung genießt und Züchter in anderen Ländern nach wie vor zur Zusammenarbeit veranlaßt, sofern sie nicht durch regional geltende Zuchtbestimmungen und Quarantänevorschriften des Inselreichs allzusehr erschwert oder gar unrealisierbar gemacht wird.

Einige englische Zwinger von gestern bis heute:

of Amersham	Mrs. Pelham Clinton, Amersham
Barkston	Mrs. Townsend-Green, Kensington
Benhooks	Mrs. Pat Cox, Braintree
Bomlitz	Mrs. Vivien Watkins, Farnham
Chevet	Lady Kathleen Pilkington, London
of Millhouse	Miss G. Loseby, Albourne
of the Moorings	Mrs. Anderson, Hampton-on-Thames
Nokomis	Mrs. Jill Keates, Gt. Bedwyn
Quatt	Miss Ann Cottrell, Sutton Maddock
of Silpho	Mrs. Sudgen, Eastbourne
Stanmore	Mrs. Charles Waterlow, Stanmore
Tommyville	Mrs. Maureen Bootle, Astcote

„Coquette", Besitzer: Mrs. Charles Waterlow, The Hill House, Stanmore

„Napoleon Bonaparte", Besitzer: Fredk. W. Cousens, Esq., Eaton Terrace, S.W.

(aus Stubbs, J.-W.: „The French Bulldog", New York, 1903)

Aus Paris stammende Französische Bulldoggen mit „Fledermaus- und Rosenohren" im Besitz von Mr. Thomas, England (aus Stockkeeper, 1892)

Abbildung der Klubmedaille vom French Bulldog Club of England

Mrs. Southby Hewitt und ihr Toy Bulldog „Papillon" unbekannter Herkunft

Lady Lewis, Präsidentin des French Bulldog Club of England mit „Harpton Betsy Trot."

(aus Farman, Ed.: „The Bulldog", London 1903)

Toy-Bulldogs, links: „Little Jemina", geb. 26.10.1896, Züchter: Mrs. S. Johnson; Besitzer: Lady Kathleen Pilkington; rechts: „Champion Père Boojum", geb. 13.4.1896, Züchter: Mrs. S. Johnson; Besitzer: Mabel Berens

Mrs. Baillie, Mitglied des Bulldog Clubs und Sekretärin des Toy Bulldog Clubs mit Toy-Bulldogs. Im Vordergrund: „Petit Crib" (K.C.S.B. 159 D), geb. im Dezember 1897, Züchter: Monsieur Wagner

Lady Kathleen Pilkington, Mitglied des Komitees „Ladies' Branch of the Kennel Club" sowie des Toy Bulldog Clubs und engagierte Bullyzüchterin

(aus Farmann, Ed.: „The Bulldog", London 1903)

147

„Harpton Crib", Besitzer: Lady Lewis, Harpton Court, Kington

„Bibi Pierre", Besitzer: Mrs. Walter Jefferies, „Roseneath" Grove Park, Denmark Hill. S.E.

(aus Stubbs, 1903: „The History of the French Bulldog")

„Barkston Billie"

Champion „Qui Qui of Amersham"

„Barkston Rouget"
(aus Cooper, London: „Bulldogs and all about them")

„Bonhams Close Tessa", „Tilda", „Thelma", „Tamarisk" und „Betley Berenger"

Photo   Robinson

Champ. „Lady Lolette". Diese Hündin im Besitz von Mrs. Colman, war eine Tochter von „Squareface" und wurde 1912 geboren. Weder sie noch ihre Mutter waren im Kennel Klub registriert, aber Gewinner einer großen Anzahl von Preisen. Züchter: H. Grand

Champ. „Barkston Atome" wurde 1928 geboren und stammte von „Barkston Beauvette" ab. Die Hündin gewann ihr letztes Championat 1932 auf der Richmond Show in Surrey. Züchter: Mrs. C. Townsend-Green

Champ. „Ambroise" stammte von „Sunstar" und Champ. „La Valliere" ab. Der Rüde wurde 1912 von Mrs. Romilly gezüchtet und von ihr zu großem Erfolg gebracht.

Bully-Nachwuchs im Zwinger von Miss Fry
(aus: „Hutchinson's Dog Encyclopaedia")

Links: Champion „L'Entente Prodigue" stammte von „L'Entente Lou Lou" und „L'Entente Margot" ab. Er gewann sein erstes „Championship Certificate" auf der Cruft's Show. Insgesamt neun dieser Auszeichnungen errang der Rüde 1926/1927, der von seinem Züchter und Besitzer, Mrs. H. Roberts, Bucks, vorgeführt wurde.

Rechts: Champion „Chevet Tinker", im Juni 1930 geboren, gewann den zweiten Preis in der „Mid-Limit Class" auf der Cruft's Show 1932. Nach weiteren Ausstellungen mit Erlangung des „Championship Certificate" erfolgte noch im gleichen Jahr die Kürung zum Champion. Er belegte 1933 auf sechs Ausstellungen erste und zweite Plätze. Züchter und Besitzer: Lady Kathleen Pilkington, London.

Links: Champion „Bonhams Close Thisbe" stammte von den Champions „L'Entente Monsieur le Duc" und „Fripon" ab und errang 1927 vier „Championship Certificates". Insgesamt vierzehnmal wurde er mit diesem Titel ausgezeichnet. Züchter: Mrs. H.L. Cochrane.

Rechts: Champion „Gabrielle Silpho", geboren im Juli 1930, gewann das erste „Championship Certificate" im Oktober 1932 im „Crystal Palace", das zweite im November in Bloomsbury und wurde im Dezember des gleichen Jahres in Birmingham zum Champion gekürt. Züchter: Mrs. D. Sudgen, Eastbourne.

(aus: „Hutchinson's Dog Encyclopaedia", Photos by Fall and Ralph Robinson)

Die Zucht Französischer Bulldoggen in Amerika

Währenddessen interessierten sich auch Züchter in anderen Ländern für Bulldoggen aus Frankreich, die dank der Bemühungen der französischen Züchter auf dem besten Weg waren, sich zu einer eigenständigen Bulldoggenrasse zu entwickeln. Zu den Pionieren der Zucht Französischer Bulldoggen gehören z.B. die Amerikaner Harrison, George Phelps und William Coates. Sie erwarben bereits 1887 die ersten Hunde des leichten Bulldoggenschlags in Paris, züchteten selbst oder verkauften sie an Liebhaber und Züchter von Hunden.

Französische Bulldoggen der ersten amerikanischen Importe

„Gloucester Mignonette", aus Frankreich stammend, gewann in ihrer Klasse den ersten Preis auf der Hundeschau 1898 in New York

„Le Petit Coporal", 1898 aus Frankreich nach New York importiert, wurde von Mr. McGough, Rhode Island, erworben.

(aus Vedder, O.F.: „The French Bulldog", 1925)

1896 wurden erstmals importierte Französische Bulldoggen auf der Westminster Show in New York gezeigt. Sie waren die Sehenswürdigkeit auf der Ausstellung und erweckten lebhaftes Interesse. Danach setzte eine verstärkte Einfuhr von Bulldoggen aus Frankreich ein. 1898 fand bereits die erste Sonderschau im Waldorf Astoria in New York statt, bei der sechsundvierzig „French Bulldogs" gezeigt wurden. 1904 waren schon vierundachtzig Exemplare dieser in Mode gekommenen Rasse auf der Hundeausstellung in Philadelphia zu sehen und rund einhundert Bullies, von denen einige bereits amerikanischer Zucht entstammten, 1906 in New York.

Bekannte Züchter dieser Zeit waren u.a. Hunt (Zwingername „Aquehung Farm Kennel"), Belmont, Vanderbilt, Lawson, Dr. Littig, Slade (ZN. „Kennel Berbay") und L. Goldenberg (ZN. „Nellcote Kennel"). Letztgenannter verließ 1908 Amerika und verkaufte seine schönen Bulldoggen. Dadurch kam z.B. der Siegerhund „Nellcote Gamin" in den Besitz von Pury Brothers in Boston.

Der „**French Bulldog Club of America**" wurde 1897 gegründet und 1898 der
französische Standard als offiziell gültiges Zuchtbild übernommen. 1925 trat
der revidierte, vom Kennel Klub anerkannte „Standard Of The Breed" für die
Zucht Französischer Bulldoggen in Amerika in Kraft. Der Standard des englischen und amerikanischen Kennel Klubs unterscheidet sich heute von den
Rassebeschreibungen der Bullyklubs, die der „Federation Cynologique Internationale" (FCI) beigetreten sind, in einigen Punkten. Der FCI-Standard beinhaltet z.B. nicht die Fellfarbe „fawn" (hellbeige bis bräunlich-grau) und bezeichnet Französische Bulldoggen dieses „Farbtyps", die zudem meist eine
schwarze „Maske" haben, als „fehlfarben". Solche Hunde sind damit von der
Zucht ausgeschlossen und dürfen auf FCI-Veranstaltungen und Zuchtschau-
en nicht ausgestellt werden. (Zu letzten Aussagen siehe ergänzten Standard.)

Der amerikanische König der Hunde!
(aus Trenkle, E.: „Die Französische Bulldogge")

Um 1920 gingen die Importe Französischer Bulldoggen aus Europa zurück.
Die amerikanischen Bullyzüchter hatten nun genügend gute Hunde aus eigener Zucht, um für sich allein bestehen zu können. Durch Geschmack, Ausdauer, systematische Zuchtauswahl und dem Einsatz großer Geldbeträge
brachten sie die Rasse auf einen hohen Stand, der in der Folge Züchter auch
außerhalb der USA durch hervorragende Französische Bulldoggen beeindruckt und zu intensiver Zusammenarbeit veranlaßt.

Zur Ausstellung von New York 1898

Champion USA „Nellcote Gamin" um 1910, aus
Pariser Zucht

„Nellcote Polo" um 1910, Züchter: Goldenberg, USA

„Dick de la Mare II", USA-Sieger 1903, Züchter:
Mangés, Paris

(aus Trenkle, E.: „Die Französische Bulldogge" und „The French Bulldog")

„Gamin's Riquet" (nach einem Ölgemälde
von M. Kirmse)

„Pourquoi. Pas."

„Gamin's Rival jr."

„Gamin de Luxe"

„The Dollar Princess"

(aus Trenkle, E.: „Die Französische Bulldogge")

Zwei berühmt gewordene Französische Bulldoggen amerikanischer Zucht, die nach England verkauft, dort auch als Sieger auf vielen Ausstellungen gefeiert wurden:

„Hunks Bequest"   und   „Hanky Panky"

Kopfstudie vom Champion „Parsque",
Züchter und Besitzer: Dr. Littig, Boston

„Quand Même Quandary",
Besitzer: Dr. Littig, Boston, Mass.

(aus Cooper, H. St. John: „Bulldogs and all about them" und
Trenkle, E.: „Die Französische Bulldogge")

The property of Mr. Pelham Clinton, Woodside, Amersham, Bucks

Champion „L'Enfant Prodigue"

Champ. „L'Entente Monsieur le Duc"

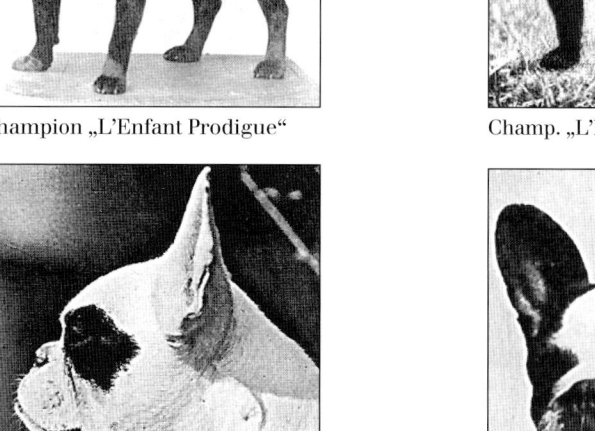

„The Beautiful Doll"

„Monsieur Blanc"

(aus Cooper, Henry, St. John: „Bulldogs and Bulldog Men", London 1908 und Trenkle, E.: „Französische Bulldogge")

Die Zucht Französischer Bulldoggen in anderen Ländern

In vielen Ländern innerhalb und außerhalb Europas wurden Klubs für Französische Bulldoggen gegründet. Sie schlossen sich Zuchtverbänden an und übernahmen den geltenden Rassestandard in ihrer Landessprache. Alle Klubs und Züchter in diesen Ländern zu erwähnen, würde den Rahmen dieses Buches sprengen. Es liefert somit nur ein unvollständiges Bild, wenn man bedenkt, daß heute Länder wie z.B. Dänemark, Norwegen, Polen, Schweden und die Tschechoslowakei erfolgreiche Zwinger und engagierte Klubs besitzen. Eine Beschränkung auf die für die Erhaltung und Verbesserung der Rasse ursprünglich wichtigen europäischen Länder vermag aber vielleicht einen ausreichenden Eindruck zu vermitteln.

Die Qualität der heutigen Französischen Bulldogge verdanken wir Generationen von Züchtern und unzähligen Liebhabern dieser Rasse. Einige Zwingernamen von gestern und heute haben auch außerhalb ihrer Länder bei Kennern besonderen Rang. Es ist mir bewußt, daß ich den Züchtern mit weniger bekannten Namen unrecht tue, wenn sie in diesem Buch ungenannt bleiben. Oft haben sie zusammen mit den „großen Namen" für die Zucht bedeutungsvolle Ergebnisse erst möglich gemacht. Ohne jede Wertung erwähne ich einige Züchter, um einen Eindruck zu geben und um hier und da Erinnerungen zu wecken. Leider fehlen wegen der notwendigen Kürzung der Züchterchronik auf den Umfang dieses Buches viele wichtige Namen, die nicht verdienen, vergessen zu werden.

Bully zählt die Köpfe ihrer Lieben: Es sind wirklich zehn, nicht sieben! (Züchter: Kraus, Foto: Buchwald)

Die Zucht Französischer Bulldoggen in Deutschland

Der Zuchtverband für Züchter Französischer Bulldoggen in Deutschland wurde unter dem Namen **„Internationaler Bouledogue Français Klub"** von vier Züchtern 1909 in München gegründet. Es war schon ungewöhnlich, daß die Gründer des Klubs zwar in Deutschland ansässig, aber unterschiedlicher Nationalität waren. John Blacker war ein Spanier, Heinrich Knotz ein Deutscher, Ernest Langford ein Engländer und Frau Marianne Müller eine Österreicherin von Geburt. Sie gaben ihrem Klub wohlüberlegt das Beiwort „international" und die zwanzig Liebhaber und Züchter der Französischen Bulldogge aus vielen Ländern, die den ersten Stock der Vereinigung bildeten, rechtfertigten ebenfalls dieses Wort. Konsul Kustermann war der erste Vorsitzende des deutschen Bullyklubs, Herr Prollius wurde Kassierer; Frau Müller übernahm den Posten des Schrift- und Zuchtbuchführers und Herr Max Nähter war der kynologisch geschulte Berater und Mitleiter des Klubs sowie der Schriftleiter der Mitteilungsblätter für Bullyfreunde.

Im Jahr 1913 wurde nach einem Entwurf des Architekten Prollius die Anfertigung des Klubzeichens beschlossen. Dieses Emblem, das einen Bullykopf in einem länglichen Achteck zeigt, ziert seitdem jedes Schriftstück des deutschen Bullyklubs, der 1915 den Namen **„Internationaler Klub für Französische Bulldoggen e.V."** (IKFB) erhielt. Zu den ersten Vorstandsmitgliedern dieses Verbandes gehörten der bereits erwähnte Richter für Bulldoggen, Ménans de Corre aus Paris; Max Hartenstein, Züchter in Berlin; Frau Anna Sacher, Besitzerin eines Hotels und Kaffeehauses in Wien und Frau Marianne Müller mit Wohnsitz in München-Gräfelfing. Letztgenannte, die ihre Lebensarbeit der Zucht Französischer Bulldoggen widmete, wurde vielen Bullyfreunden erst nach ihrem Tod besonders bekannt, weil ihre Tochter, Frau E. Trenkle, damalige Zuchtbuchführerin, die Aufzeichnungen ihrer Mutter unter dem Titel „Die Französische Bulldogge" 1937 posthum veröffentlichte.

Max Hartenstein besaß vor der Jahrhundertwende beispielhafte Zwingeranlagen bei Plauen und war ein weltbekannter Züchter vieler Rassen. Er brachte einige neue Rassen, so z.B. den West Highland White Terrier, nach Deutschland und führte sie in kurzer Zeit zu hoher Qualität. Nach seinem Umzug nach Berlin widmete sich Max Hartenstein vor allem der Französischen Bulldogge. Ihm sollen Zwergbulldoggen mit „Fledermausohren" schon 1870 im Deutsch-Französischen Krieg während der Belagerung von Paris aufgefallen sein. Nach Friedensschluß kehrte er dorthin zurück, kaufte einige besonders typische Hunde für seinen Zwinger „Plavia" und legte so die Grundlage für die Zucht in Deutschland.

Max Hartenstein gab mit seinen züchterischen Erfahrungen, seinem sicheren Blick und auch mit den finanziellen Möglichkeiten und internationalen Verbindungen der Rasse der Französischen Bulldogge einen entscheidenden Impuls. Beachtliche Siegertitel seiner Zuchtexemplare auf Ausstellungen im

Champ. „Loto Plavia", ZFB. 108, Züchter: Dagorne, Paris; Besitzer: M. Hartenstein, Berlin

„Domino" (Plavia), ZFB. 375, holl. und Z.K. Champ., Züchter: Galmiche, Paris; Besitzer: Hartenstein, Berlin

Champ. „Loubet Plavia", ZFB. 106, Züchter: Usse, Paris; Besitzer: M. Hartenstein, Berlin

Champ. „Zizi Plavia", ZFB. 170, Züchter: Laville, Paris; Besitzer: M. Hartenstein, Berlin

(aus Trenkle, E.: „Die Französische Bulldogge")

In- und Ausland belohnten seinen Einsatz. Seine Hündin „Patrice Plavia" z.B. wurde 1913 in Paris bei einer Konkurrenz von einhundertzwanzig Bullies zum „besten Hund der Ausstellung" gekürt und errang auf einer anderen Zuchtschau sogar die Bewertung „schönste Bulldogge des Kontinents". Der Tod Hartensteins während des Ersten Weltkriegs war ein großer Verlust für die Züchter und Liebhaber der Französischen Bulldogge.

1913 wurde das erste Zuchtbuch Französischer Bulldoggen (ZFB) veröffentlicht. Es enthielt dreihundert Registrierungen. Einige dieser Hunde waren nicht in Deutschland gezüchtet worden, bekamen jedoch deutsche Zwingernamen. Es herrschte damals die Gewohnheit, wie heute noch in einigen anderen Ländern, einem gekauften Hund den Zwingernamen seines neuen Besitzers zu geben. Nachfolgend einige Zahlen aus dem deutschen Zuchtbuch zur Information. Die im Vergleich zu anderen Rassehunden geringe Zahl der Eintragungen beweist, daß Französische Bulldoggen zu keiner Zeit in Deutschland als „Massenware", sondern stets als exquisite Liebhaberhunde gezüchtet wurden: Zuchtbuch-Band II - IV (1924) 2.629, ZFB-Bd. V (1927) 5.500, ZFB-Bd. X (1936) 9.500 und ZFB-Bd. XXXVII (1989/1990) 15.712 Eintragungen seit Beginn der Bully-Registrierung.

Erinnerungsblatt an die erste deutsche Hundeausstellung 1863 aus dem Archiv des Herrn P. Umlauf, Hamburg; Klischee: „Deutsche Hundezeitung" (aus Trenkle, E.: „Die Französische Bulldogge")

Einige deutsche Zwinger von gestern bis heute:

Bergheil	Frau Käthe Pfab, Rosenheim
v. d. Bourbonischen Lilien	Frau Anneliese Held, Tangstedt
v. d. Brücke	Frau Hildegard Räßler, Großhesselohe
v. Ebenhausen	Prof. Dr. Max Hobein, Ebenhausen
v. Eremitenhof	Frau Edelgard Kraus, Wolfratshausen
v. d. Grimmelsburg	Herr Dr. G. Grimm, Bad Reichenhall
Habsburg	Herr G. Renz, Berlin
v. d. Ira	Frau Irene Rave, Hamburg
v. Patzig	Frau Flora Kunstmann, München
v. Ratibor und Corvey	Irmela Prinzessin von Ratibor und Corvey, Markgröningen
v. Rehhof	Frau Aida Weichmann, Hamburg
v. Spalowil	Frau Lorle Spakowsky, Hamburg
v. Zentrum	Frau Ida Schüller, Berlin

Champ. „Patrice Plavia", ZFB. 148, Züchter u Besitzer: Hartenstein

„Judica v. Patzig", ZFB. 3238, Züchter: Frau Flora Kunstmann

„Koko v. Breitenbach", ZFB. 7720, Züchter u. Besitzer: von Warlich

Champ. „Domino v. Rottal", ZFB. 5253, Züchter: Schweiger; Besitzer: Kunstmann

(aus Trenkle, E.: „Die Französische Bulldogge")

„Illusion von Spalowil", gew. 15.04.58, ZFB. 12326, Züchter: Frau L. Spakowsky; Besitzer: Prinz von Ratibor und Corvey

„Watteau v. Ratibor u. Corvey", gew. 12.03.65, ZFB. 12784, Züchter und Besitzer: Prinz von Ratibor und Corvey

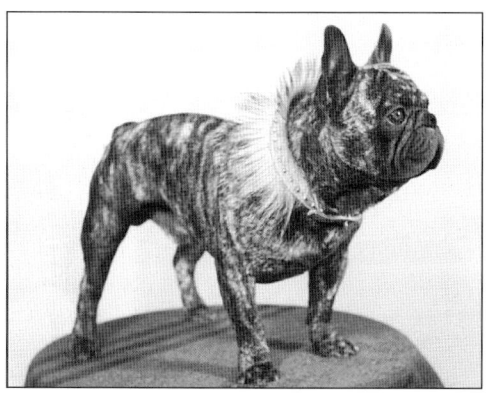

„Jingo vom Hochwald am Grünstein", gew. 07.02.63, ZFB. 12639; Int. Ch., Sieger d. Weltausstellg., Belg. Sieger, CSFR-Ch., Sieger Salzburg, Linz u.a.; Züchter: Bratke; Besitzer: Burkert (Foto: Burkert)

„Fernandel v. Ratibor u. Corvey", gew. 24.11.72, ZFB. 13577, Int. Ch., Dt. u. NL-Klsg., Bundessg., 2 x „Best in Show"; Züchter: v. Ratibor u. Corvey (Foto: Willy Gursky, Düsseldorf)

„Athénaise ma Joie" (li.), ZFB. 14972, Int., VDH, NL Ch., Jgd. Weltsgn., Weltsgn.-Res. 85, Jgd-Bdsgn. 85, Bdssgn. 87 und „Amédee ma Joie" (re.), ZFB. 14971. Diese Bullies gewannen als „Koppel" 1986 den 1. Platz auf holl. Ausstellg.; Züchter u. Besitzer: M. Franz

„Grandseigneur Gustav v. d. Bourbonischen Lilien", gew. 11.11.79, ZFB. 14399; Weltsg., Int., NL., CSFR, Lux., Österr., VDH Ch., Bdsg., Dt. Klubsg. u.a.; Züchter: Dr. U. u. A. Schäfer; Besitzer: H. u. H. Bölling

„Gitana v. d. Bourbonischen Lilien", gew. 11.11.79, ZFB. 14401; Dt. Schönheits-Ch., Int., Dän., CSFR-Ch.; Züchter: Dr. U. u. A. Schäfer; Besitzer: E. u. M. Bader (Foto: Willy Gursky)

„Raclette v. Ratibor u. Corvey" gew. 12.02.80, ZFB. 14448; Dt. Schönh.-Ch., Int. Ch, VDH Ch., Dt. Bundessieger u.a. Züchter: v. Ratibor u. Corvey; Besitzer: W.F. Schneider (Foto: Willy Gursky)

„Bounap'arte de la Fermette", gew. 29.06.84, ZFB. 14941; Int., Dän., VDH, Schweizer, Österr., Ung., Jug. Ch.; Österr. Klubsg. u.a.; Züchter: R. Struckmeier; Besitzer: A Schneider

„Croquette v. d. Bourbon. Lilien", gew. 09.03.78, ZFB. 14223; Int., Franz., Ung.-Ch.; Dt. Bdsg., VDH Sg. u.a. Züchter u. Bes.: Dr. U. u. A.Schäfer

„Hotesse v. Ratibor u. Corvey", gew. 31.07.84, ZFB. 14955, Int., Dt., VDH, Schweizer Ch., Bdsg., Clubsieger u.a.; Züchter: v. Ratibor u. Corvey; Besitzer: W.F. Schneider

„Ychi du Village du Laine", NHSB. 1409818; Dt. u. VDH - Ch., Züchter: J. Corten; Bes.: Irmela Prinzessin v. Ratibor u. Corvey (Foto: Gursky)

„Beryll v.d. Bourbonischen Lilien", gew. 13.09.77, ZFB. 14200; Dt. Schönh.-Ch., VDH-Sg., Int., Franz., Belg., NL. Ch.; Europa-Sg. u.a.; Züchter u. Besitzer. Dr. U. u. A. Schäfer (Foto: Roberts)

„Jean Beryll v.d. Bourbonischen Lilien", gew. 03.11.81, ZFB. 14643; Dt. Schönh.-Ch., Int., VDH, Ung. Ch.; Europasg., Dt. Bundessg., Dt. Klubsg.; Züchter u. Bes.: Dr. U. u. A. Schäfer (Foto: Willy Gursky)

„Clausy v. d. Bullywiese", gew. 09.08.82, ZFB. 14720; Dt. Schönheits-Ch., Dt. Bundessg., Europasg., VDH Ch.; Züchter: M. Zielbauer; Besitzer: D. Piroth

„Rubin vom Eremitenhof", gew. 26.05.88, ZFB. 15352; Europa-Jugendsg., VDH Ch., Dt. Schönheits-Champ. u.a.; Züchter: Kraus; Besitzer: Satzinger

„Duc Doux v. Ratibor u. Corvey", gew. 18.03.76, ZFB. 14030; Dt. Schönh.-Ch., Int., VDH-Ch., Weltsieger, 2 x Dt. Klubsg.; Züchter u. Besitzer: v. Ratibor u. Corvey (Foto: Buchwald)

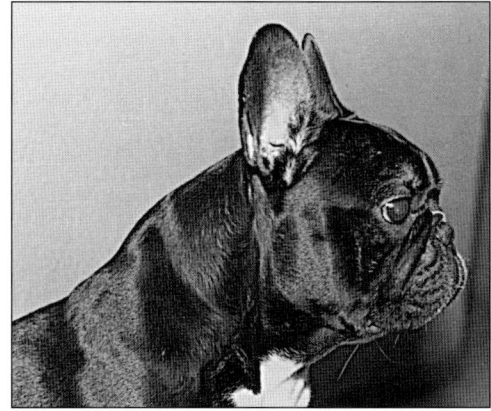

„Quin-Quin von der Brücke", gew. 09.12.81, ZFB. 14654; Züchter: H. Räßler; Besitzer: Kandziora

Typische Bullies aus deutscher Zucht

„Judith v. Klosterberg", gew. 28.07.86, Züchter: H. Voß; Besitzer: Berg

Drei aus Ka-Schu-Ja's Bully-Zwinger: Champ. „Ka-Schu-Ja's Micky", „Maxi" und „Holly" (v.l.n.r.)
Züchter und Besitzer: M. Schulze

Champ. „Gauner von Zolly's Hobby", gew. 1975, Züchter: Zollfrank; Bes.: M. Schulze

„Chigo v. Eremitenhof", gew. 06.09.68, ZFB. 13074; Züchter: Kraus

Drei Generationen: „Frenchie", gew. 19.04.91, „Zilly", gew. 20.01.80 u. „Aimée", gew. 11.02.85, „vom Hochwald am Grünstein" (v. l. n. r.)

„Belle Fillette de La Villette", gew. 16.04.89, ZFB. 15445; Züchter und Besitzer: I. u. F. Wolter

„Nikolai von der Brücke", Züchter: H. Räßler; Besitzer: Fr. Frei

„Amanda of Blue Hyazinth", gew. 26.07.87, ZFB. 15272, Züchter: G. Jerwers; Besitzer: K. und J. Axt

Die Zucht Französischer Bulldoggen in Belgien

Die ersten belgischen Bullyfreunde Ousthoorn und Pauwells erwarben schon vor 1900 eine beträchtliche Anzahl Französischer Bulldoggen in Paris. Sie hatten mit der Zucht dieser, durch sie in Belgien eingeführten neuen Hunderasse großen Erfolg. Ihrem Beispiel, Hunde zu importieren, folgten andere Züchter und Bulldoggenliebhaber später, z.B. Réne Braem. Er wurde 1912 in Paris Besitzer des berühmten Champion Kléber von Cartouche aus Tapette, der stets Sieger auf Ausstellungen sowie ein vorzüglicher Vererber war und eine zahlreiche Nachkommenschaft vortrefflicher Bullies hinterließ. Französische Bulldoggen wurden aber auch in anderen Ländern, z.B. in Deutschland vom Züchter Max Hartenstein nach sorgfältiger Wahl gekauft. Sie waren für die belgische Zucht eine gute Grundlage. Jedes Jahr wurden durchschnittlich zweihundert Bulldoggen ins Zuchtbuch eingetragen und man sah damals etwa zwanzig bis dreißig Bullies auf Ausstellungen.

1906 wurde der **„Bulldog-Club de Belgique"** gegründet und der französische Standard von 1898 für die Zucht Französischer Bulldoggen übernommen. Dieser Standard mit den Ergänzungen von 1911/1912 blieb in Kraft. Der belgische Klub unterzeichnete das „Freundschaftsabkommen" 1909 auch, übernahm aber wie der französische Klub nicht die 1913 erfolgten weiteren Ergänzungen. Die erste Sonderausstellung für Französische Bulldoggen fand 1909 in Brüssel statt. 1937 riefen die Züchter und Liebhaber von Bullies den **„Club belge du Bouledogue français"** ins Leben und trennten sich vom alten Klub, der gleichzeitig auch Englische Bulldoggen betreute.

Dank der gemeinsamen Sprache waren die Kontakte zwischen Paris und Brüssel zahlreich. Im Ersten Weltkrieg wurde die Arbeit der belgischen Züchter unterbrochen, jedoch nach dem Krieg mit neuen Kräften aufgenommen. Einige Hunde wurden importiert, z.B. 1923 die Hündinnen „Putzy v. Gloriette" (Züchter Jeuniker) und „Pickerl v. Brigitta" (russischer Abstammung) aus Österreich, die innerhalb eines Jahres „Belgische Champions" mit drei CAC's (Certificat au Championat) wurden.

Um 1930 gehörte die französische Gräfin de Comminges, eine bekannte Persönlichkeit in kynologischen Kreisen und Autorin des Buches „Le Bouledogue français" dem Vorstand des belgischen Bullyklubs an. Zu weiteren Förderern der Französischen Bulldogge in Belgien zählten auch die Herren Ch. Nizet de Leemans und Ch. Hamoir, die dieser Rasse einen beträchtlichen Teil ihres Lebens widmeten und maßgeblich an der Herausgabe einer reichlich illustrierten Zeitschrift beteiligt waren. Die Zeitschrift mit Artikeln über die Klubtätigkeit, Ausstellungserfolge, Hundepflege usw. erschien in beiden Landessprachen bis 1966, dem Todesjahr von Herrn Hamoir. Die Beziehungen zu Frankreich sind nach wie vor ungetrübt. Heute gibt es auch eine gute Zusammenarbeit zwischen belgischen und holländischen Züchtern.

Einige belgische Zwinger von gestern bis heute:

de l'Aigle d'Or	F. Salentiny, Namur
du Boguet	Frau de Biolly, Knocke-sur-Mer
du Chevreuil	F. Put, Bruxelles
de Corbion	Frau L. Verbaandert, Bruxelles
de la Falize	A. Compère, Olne
of Fee's Valley	A. Nunez Cano, Bruxelles
de Maro	R. Cayet, Milmort
of Optimist	J. Hoebeek, Bruxelles
des Poulbots	Frau Bodson, Wandre/Liège
du Repentir	M. C. Bologne, Souverain-Wandre
du Sourire	F. Gilbert, Bruxelles-Anderlecht

„Champion Kléber"

„Pickerl v. Brigitta", ÖHStB.-FB. 230;
Züchter: E. Gruber, Wien

(aus Comminges: „Le Bouledogue français" und Trenkle: „Die Französische Bulldogge")

Die Zucht Französischer Bulldoggen in Holland

Der „**Hollandse Bulldoggen Club**" wurde 1907 gegründet und vereinigte die Liebhaber Englischer und Französischer Bulldoggen. Holländische Bully-züchter bauten ihre Zucht aus Importen vor allem aus Frankreich, Deutschland und Belgien auf. Herr Manus kaufte „Belgar Jacques Bonhomme" in England; Herr Enthoven brachte einen Bully aus Frankreich nach Holland; der spätere Klubvorsitzende van den Weg erwarb zwei Hündinnen aus dem Zwinger „Plavia" von Max Hartenstein in Berlin. Frau Frowein-Gratana importierte den Champion „Armin v. d. Mainau", der erstmals 1926 auf der „Winner Ausstellung" in Amsterdam vorgeführt wurde. Besonders bemühte sich Bernhard van der Hulst um die Bullyzucht und um den Klub. Viele gute Französische Bulldoggen entstammen holländischer Zucht, von denen ich „Bembo" und „Bully v. d. Proveniers", zwei außergewöhnlich schöne Rüden von Frau Koning in Rotterdam erwähnen möchte. „Bembo" wurde an Frau Müller-Degen (Luzern, Schweiz) verkauft. „Bully" blieb in Holland und war der Vater der Weltsiegerin „Coquette" (ZFB. 12051) und der Großvater des internationalen Siegers „Illusion von Spalowil" (ZFB. 12326). Beide Siegerhunde wurden von Frau L. Spakowsky in Hamburg gezüchtet und sind Ahnen vieler Bullies in Deutschland.

In den letzten zwanzig Jahren wurde die Zucht der Französischen Bulldogge in den Niederlanden auf einen hohen Stand gebracht. Insbesondere durch das Zusammenführen von deutschen und englischen Linien mit Hunden holländischer Zucht wurden beispielhafte Erfolge erzielt. Da die Zuchtbestimmungen bezüglich der Farbe der Vorfahren von Deckhunden weniger eng sind und insgesamt großzügiger gehandhabt werden, ergab sich bald eine relativ breite Zuchtbasis, die bis heute gern zur Blutauffrischung der Linien in anderen Ländern genutzt wird.

Einige holländische Zwinger von gestern bis heute:

du Coël	C. e. E. Theunissen, St. Michielsgestel
v. Hulkestein	Frau E. Frowein-Gratana, Arnhem
v. Klein Venetie	Herr S. Ufkes, Stadskanaal
v. Königswinter	Frau E. de Wit-Krantz, Oudenryn - Utrecht
L'Heureux Pierrot	Herr C. M. van Vught, Scharendijke
v. Pani Michnova	Herr J. F. Michna, Rotterdam
de la Parure	R. e. V. van Raamsdonk, St. Michielsgestel
v. d. Proveniers	Frau Koning, Rotterdam
v. d. Weterijng	Frau G. de Haas-Anneveldt, Oude Wetering
v. d. Zuylenstede	Herr A. Hendriks, Bunnik

„Bobine" und „Bluette v. Hulkestein",
NHSB. 50576 und 50578; Züchter und Besitzer: Frau Frowein-Gratana, Arnhem

„Edle v. Königswinter", ZFB. 7160; Züchter u. Besitzer: E. de Wit-Krantz, Oudenryn

„Babische v. Hulkestein", NHSB. 31761; Züchter u.
Besitzer: Frau Frowein-Gratana, Arnhem, Holland

(aus Trenkle: „Die Französische Bulldogge"

„Jo Anne du Coël" und „Madame du Coël"; Züchter: C. e. E. Theunissen; Besitzer: Barth, Berlin

„Beau Garcon du Coël". gew. 08.02.83, NHSB.
1261382, Züchter und Besitzer: C. e. E. Theunissen

„Ychi du Village de Laine", NHSB.
1409818, Züchter: J. Corten, Ur-
mond; Besitzer: Prinz v. Ratibor u.
Corvey (Foto: Willy Gursky)

„Madame Mimie de la Parure",
NHSB/ZFB. 14818; Züchter: R. e. V.
van Raamsdonk; Besitzer: Fr. M.
Franz (Foto Röttger)

„Davie du Coël", NHSB. 1775280 und „Don Cesares du Coël", NHSB. 1775279, gew. 10.08.91,
im Alter von neun Monaten; Züchter: C. e. E. Theunissen

Die Zucht Französischer Bulldoggen in Österreich

Die österreichischen Hundefreunde entdeckten bereits zwischen 1870 und 1890 die kleinen Bulldoggen und erwarben sie. Herr Krummböck besaß z.B. einige Hunde mit Stehohren und züchtete mit ihnen, obwohl zu dieser Zeit noch kein einheitlicher Rassetyp existierte. Besonders bekannt auf Ausstellungen und in der Zucht wurden der Rüde „Fritzl" und die Hündin „Coquette" dieses Wiener Züchters schon in der Mitte der neunziger Jahre. 1888 kam „Snob" und kurz danach ein zweiter Rüde aus England in den Besitz des Prinzen von Coburg. Bis zum Ende des vorigen Jahrhunderts waren die meisten dieser Hunde Schecken. Herr Wahrmann brachte 1898 den ersten dunkelgestromten Rüden namens „Turko" von Frankreich nach Österreich. Weitere Importe, z.B. „Gamin de Paris" und „Rabot II" durch Herrn von Piesecker, Vorsitzender des „Vereinigten Österreichischen Bulldogklubs", folgten. Sie wurden mit gutem Erfolg zur Zucht eingesetzt. Für den Nachwuchs bestand große Nachfrage, da die Zahl der Bullyliebhaber ständig wuchs.

Bemerkenswert ist, daß auf der Wiener Hundeausstellung 1901, fünfzehn Französische Bulldoggen gezeigt wurden, von denen nur ein einziger Hund, „Gamin de Paris", (Besitzer von Piesecker) aus dem Mutterland Frankreich stammte. Alle anderen Bullies waren Zuchtexemplare österreichischer Züchter, die insbesondere mit deutschen Züchtern guten Kontakt und regen Erfahrungsaustausch pflegten. Gemeinsam mit ihren deutschen Kollegen beschlossen die Bullyzüchter in Österreich auf der Hundeausstellung in München 1912, den geltenden Rassestandard zu ergänzen. Bei diesen Verhandlungen waren die Herren Piesecker und Rückershäuser als Vertreter von Österreich zugegen; für Deutschland waren Herr Hartenstein und Frau Müller zuständig; Herr Bossi repräsentierte den Zuchtklub der Schweiz. Das Ergebnis der Gespräche war zufriedenstellend. Die ergänzten Rassekennzeichen wurden auf der Generalversammlung des „Internationalen Bouledogue Français Klubs" 1913 für Deutschland angenommen. Auch die Bullyklubs in Österreich, England, in der Schweiz und USA übernahmen die Ergänzungen; Belgien und Frankreich blieben jedoch dem Standard von 1898 mit seinen Ergänzungen von 1911/1912 treu.

Gleichzeitig faßten die österreichischen Bullyzüchter auf der Münchener Ausstellung den Entschluß, einzelne Punkte bei ihrer Zucht Französischer Bulldoggen nach deutschem Muster umzugestalten, sowie den **„Klub für Französische Bulldoggen"**, Sitz Wien, zu gründen. Sie hatten drei Jahre dem **„Österreichischen Bulldog-Klub"** angehört, der 1898 aus der Taufe gehoben, anfangs nur Englische Bulldoggen betreute und in den Aufbauzeiten auch mit anderen Namen wie z.B. „Erster Internationaler Bulldog-Klub in Österreich", „Vereinigter Österreichischer Bulldogklub" und „Klub der Bulldogfreunde" in Ausstellungskatalogen genannt wurde.

Der österreichische Bullyklub schloß sich dem deutschen „Internationalen Bouledogue Français Klub" zur Herausgabe des Zuchtbuches an. 1913 erschien dann der von beiden Klubs zusammen herausgegebene Band I mit den Eintragungen Nr. 1 - 306 Französischer Bulldoggen. Der Ausbruch des Ersten Weltkriegs beendete diese Zusammenarbeit. Die österreichischen Bullyzüchter trugen ihre Hunde wieder im Hundestammbuch ihres Landes ein und verbanden sich mit den Züchtern Englischer Bulldoggen im „Österreichischen Bulldog-Klub". Bei der am 8.2.1920 stattgefundenen Generalversammlung dieses Klubs wurden zwei Sektionen geschaffen. Sektion I: Englische Bulldoggen; Sektion II: Französische Bulldoggen. 1987 wurde auf Anregung von Herrn Dr. Hannes Pramer und einiger Bullyfreunde ein neuer Klub, der „Österreichische Club für Französische Bulldoggen" gegründet, da es beim „alten" Klub kaum noch aktive Züchter gab. 1991 übernahm er unter dem Vorsitz seines Initiators die Gesamtbetreuung aller „Franzosen" in Österreich und erfreut sich wachsender Beliebtheit und züchterischer Erfolge.

Von den Züchtern um die Jahrhundertwende sind Frau Anna Sacher, Inhaberin eines renommierten Hotels und Kaffeehauses in Wien, Herr Johann Kosak und Paul Ritter von Goldegg besonders hervorzuheben. Sie widmeten sich mit Hingabe, großem Eifer und persönlichem Einsatz der Förderung und Zucht Französischer Bulldoggen in Österreich. Von Frau Sacher stammt der zutreffende Satz: „Mit einem Bully kann man sprechen!"

Aus Leo Mazakarini, Das Hotel Sacher zu Wien, Orlac Verlag
(Foto von Herrn Dr. Pramer, Wien, zur Verfügung gestellt).

Einige österreichische Zwinger von gestern bis heute:

v. Bullyhort im Trattnachtal	Herr Dr. Franz Nagl, Grieskirchen
Dernier Cri	Frau Anna Sacher, Wien
v. Chanowitz	Paul Ritter von Goldegg, Wien
v. Florida	Baron Egon v. Ketschendorf, Wien
v. Gloriette	Frau Jeuniker, Wien
v. Kurzschwarza	Frau Susanne Kruckenhauser, Pürbach
v. Leesdorf	Frau S. v. Schmidt, Baden bei Wien
v. Marseille	Herr Johann Kosak, Wien
v. Montmartre	Frau Hirsch-Stronsdorff, Wien
v. d. Stiftgasse	Herr RA Dr. Hannes Pramer, Wien
v. d. Venedigerau	Herr Gerhard Bosch, Wien
v. Waldfried	Frau S. Schöndorfer, Wien

Nachwuchs aus dem Zwinger v. Leesdorf, Besitzer: Frau von Schmid, Baden bei Wien

„Lola, Lilli und Rolli Polli", Bullies in Wien um die Jahrhundertwende;
Züchter: Frau v. Goldegg, Wien
(aus Trenkle, E.: „Die Französische Bulldogge")

„Lieber Bua Marseille", ZFB. 65, Züchter: Joh. Kosak, Wien; Bes.: Müller, Gräfelfing-München

„Nigerl Dernier Cri", ZFB. 7, Züchter: Anna Sacher, Wien; Besitzer: Gräfin v. Podewils, München

„Mücki v. Gloriette", Züchter und Besitzer: Rückershäuser, Wien

„Kibitz v. Fünfhaus", ZFB. 4963, Züchter: K. Österreicher, Wien; Besitzer: Frau M. Müller, München-Gräfelfing; später Schöndorfer, Wien

„Negresse v. Waldfried", ÖHStB.-FB. 2389, Züchter: Schöndorfer, Wien; Besitzer: Baron E. v. Ketschendorf, Wien

Österr. Sieger „Igor Marseille", ÖHStB.-FB. 677, Züchter: Kosak, Wien

„Schock Marseille", ÖHStB.-FB. 2261, Züchter: J. Kosak, Wien; Besitzer: Frau Fritsch, Wien

(aus: Trenkle, E.: „Die Französ. Bulldogge" und The French Bulldog Club Of America and The French Bulldog-Club Of New England: „The French Bulldog")

174

Bullies um die Jahrhundertwende

Ein beliebtes Motiv:
„Dame mit Hund"

(Foto: Dr. Pramer)

Drei „Franzosen" in Österreich

„Olga de la Parure", gew. 20.05.85, Züchter: R. e. V. van Raamsdonk; Besitzer: Fr. E. Pramer

Nachwuchs im Zwinger „Von der Stiftgasse", Züchter: Dr. H. Pramer

(Foto: Dr. Pramer)

Die Zucht Französischer Bulldoggen in der Schweiz

In der Schweiz fanden Hundefreunde auch bereits vor 1900 Gefallen an den kleinen Bulldoggen französischer Züchter. Das Schweizer Hundestammbuch erwähnt 1904 die ersten Eintragungen: „Marquis", Rüde, geboren im Januar 1899, Züchter Pruvoz, Paris, sowie „Pasqualine", Hündin, Herkunft unbekannt.

Der „**Schweizer Bulldog-Klub**" wurde 1909 auf Anregung des Bullykenners Bossi in Zürich gegründet. Er umfaßte Englische und Französische Bulldoggen und erkannte die geltenden Standards der beiden Rassen an. Die züchterischen Erfolge waren in den ersten Jahren nach der Klubgründung relativ mäßig und die Kontakte zu anderen Züchtern stark von den Landessprachen abhängig. Deutsch sprechende Schweizer z.B. standen überwiegend mit Züchtern in Deutschland und Österreich in Verbindung; die Schweizer aus dem französischen Sprachraum beschränkten ihre Kontakte vor allem auf Züchterkollegen und Bullyliebhaber in Frankreich. Der Erste Weltkrieg unterband diese Beziehungen größtenteils und isolierte die neutrale Schweiz fast völlig. Die Züchter waren auf sich allein gestellt und hatten größte Mühe, ihre Zuchtlinien zu erhalten.

Die Bullyzucht bekam jedoch großen Aufschwung in den Nachkriegsjahren und erreichte danach internationalen Ruf. Diese Entwicklung nach 1918 war eine Folge der aufgehobenen Isolation und der nunmehr wieder ungehinderten Kontaktmöglichkeiten mit ausländischen Züchtern. Sie wurde auch durch den hohen Valutawert des Schweizer Franken begünstigt. Die Inflation zwang viele deutsche Züchter und Bullybesitzer zum Verkauf von Hunden. Durch diese Importe Französischer Bulldoggen kam bestes Zuchtmaterial ins Land, z.B. „Brutus Lion" (ZFB. 1613). Er wurde „Schweizer Champion" und erwarb 1923 in Nizza das „Französische Championat". Manche dieser importierten Französischen Bulldoggen wurden später ins Ausland verkauft und konnten so andere durch den Krieg reduzierte Zuchtbestände ergänzen.

1924 war das Gründungsjahr des „**Schweizerischen Klubs für Französische Bulldoggen**". Er schloß sich der „Schweizerischen Kynologischen Gesellschaft" (SKG) an. Dr. Plattner, ehemaliger Präsident der SKG, war die treibende Kraft des nunmehr selbständig gewordenen Bullyklubs. 1925 enthielt das Schweizer Zuchtbuch bereits die Rekordzahl von einhundertfünfzig Eintragungen. Um 1930 ging die Zucht Französischer Bulldoggen zahlenmäßig zurück, die Qualität der Hunde wurde aber zunehmend besser. Hervorragende Bullies wurden seitdem gezüchtet, für die sich Züchter und Liebhaber im Inland und Ausland stets interessierten.

Einige schweizer Zwinger von gestern bis heute:

de Champignac	M. Challandes, Carouge
v. Christallina	Mme Grest, Horw, Lucerne
Hirschbrunnenschanz	Mme Böselt, Bâle-Ville
Louis d'Or	Mme Rinderknecht, Jonschwil, St-Gall
v. Martinsberg	Mme Wenhard, Würenlos
v. Meisenturm	Mme Witschi, Münchenbuchsee, Berne
v. Merlischachen	Mme Müller-Degen, Lucerne
vom Pool	Mme Lazzarotto, Gossau, Zürich
du Poutzon	M. et Mme Gay, Aigle
de Saint Sulpice	Mme Fischer-Meuret, Lausanne
v. d. Ueligasse	Mme Sommerhalder, Känerkinden, Bâle campagne
v. Wolfgraben	M. et Mme Schneider, Langnau, Zürich

„Rival v. Aldoriss", ZFB. 6234, Züchter: O. Heilmann, Zürich

Schweizer Champion „Brutus Lion", ZFB. 1613, Züchter Werk, Berlin

„Katja" und „Krok v. Martinsberg", ZFB. 9570 und 9565, Züchter und Besitzer: Frl. M. Wenhard, Baden

(aus Trenkle, E.: Die Französische Bulldogge)

„Folly vom Martinsberg", ZFB. 7839, Züchter und Besitzer: Frl. Wenhard, Baden, Schweiz

Sieger „Samson v. Merlischachen", SHSB. 45736, Züchter: Fr. Müller, und seine Tochter „Maja", SHSB. 64366, Züchter: Fr. Kohler, Zürich; Besitzer: Fr. Müller, Kriens-Luzern

„Lais du Poutzon", SHSB. 137229 und „Javotte du Poutzon", SHSB. 133083; Züchter: A.-L. und E.-P. Gay, Aigle

Internat. Champion „Javotte du Poutzon", SHSB. 133083 und „Joli du Poutzon", SHSB. 133080; Züchter: A.-L. und E.-P. Gay, Aigle

(Fotos aus Trenkle, E.: „Die Französische Bulldogge" und Privatbesitz von Frau Gay)

Rassekennzeichen

Fédération Cynologique Internationale/FCI-Standard Nr. 101/06.04.1998/D
Französische Bulldogge (Bouledogue Français)

Die vollkommene Französische Bulldogge gemäß Standard

Übersetzung: Frau Michéle Schneider
Ursprung: Frankreich
Datum der Publikation des gültigen Originalstandardes: 28.04.1995
Verwendung: Gesellschafts-, Wach- und Begleithund
Klassifikation FCI: Gruppe 9 Gesellschafts- und Begleithunde.
Sektion 11 Kleine doggenartigen Hunde.
Ohne Arbeitsprüfung.

Kurzer geschichtlicher Abriss:

Wie alle Doggen stammt die französische Bulldogge wahrscheinlich von den Molossern Epiriens und des römischen Kaiserreiches ab; sie ist verwandt mit den Ahnen des Bulldogs Großbritanniens, mit den Alanerhunden des Mittelalters und mit den großen und kleinen Doggen Frankreichs; die französische Bulldogge, wie wir sie heute kennen, ist das Ergebnis verschiedener Kreuzungen, die passionierte Züchter in den 1880er Jahren in den Arbeitervierteln von Paris vornahmen. Seinerzeit vorerst Hund der Lastenträger an den Pariser Zentralmarkthallen, der Metzger und der Kutscher, wußte sie mit ihrem so außergewöhnlichen Körperbau und Wesen schnell die bessere Gesellschaft und die Welt der Künstler zu erobern. So breitete sie sich schnell aus. Der erste Rasseverein wurde 1880 in Paris gegründet. Das erste Zuchtbuch datiert von 1885 und ein erster Standard wurde 1898 erstellt, in dem Jahr, in welchem die Société Centrale Canine die Französische Bulldogge als Rasse anerkannte. Schon 1887 wurde der erste Hund ausgestellt. Der Standard wurde 1931/32 und 1948 geändert und 1986 von H.F. Reant und R. Triquet (FCI-Veröffentlichung 1987) neu überarbeitet; er wurde dann nochmals 1994 durch das Comité du Club du Bouledogue Français unter Mitarbeit von R. Triquet neu abgefaßt.

Allgemeines Erscheinungsbild:
Ein typischer, kleinformatiger Molosser. Trotz seiner geringen Größe ein kräftiger, in jeder Hinsicht kurzer und gedrungener Hund, mit kurzem Fell, mit kurzem, stumpfnasigem Gesicht, Stehoren und natürlicher Kurzrute. Er muß den Eindruck eines lebhaften, aufgeweckten, sehr muskulösen Tieres von kompakter Struktur und solidem Knochenbau vermitteln.

Verhalten/Charakter (Wesen):
Umgänglich, fröhlich, verspielt, sportlich, aufgeweckt. Besonders liebevoll im Umgang mit ihren Besitzern und mit Kindern.

Kopf:
Der Kopf muß sehr kräftig, breit und quadratisch sein; die ihn bedeckende Haut bildet nahezu symmetrische Falten und Runzeln. Der Kopf der Bulldogge ist gekennzeichnet durch den eingezogenen Oberkiefer- und Nasenbereich; der Schädel macht an Breite wett, was er an Länge verloren hat.

Oberkopf:
Schädel: Breit, nahezu flach, mit stark gewölbter Stirn. Die vorstehenden Augenbrauenbogen werden durch eine zwischen den Augen besonders entwickelte Furche getrennt. Die Furche darf sich auf der Stirn nicht fortsetzen. Sehr wenig entwickelter Hinterhauptkamm.

Stop: Sehr stark ausgeprägt.

Gesichtsschädel:
Nasenspiegel: Breit, sehr kurz, aufgeworfen; Nasenlöcher gut geöffnet und symmetrisch, schräg nach hinten gerichtet. Die Neigung der Nasenlöcher und die aufgeworfene Nase (man spricht von „aufgestülpt") müssen jedoch eine normale Nasenatmung erlauben.

Nasenrücken: Sehr kurz, breit; er zeigt konzentrisch symmetrische Falten, die auf den Oberlefzen abwärts laufen (Länge: 1/6 der gesamten Kopflänge).

Lefzen: Dick, ein wenig schlaff und schwarz; die Oberlefze trifft die untere in der Mitte und verdeckt völlig die Zähne, die niemals sichtbar sein dürfen. Die obere Lefze ist im Profil fallend und abgerundet. Die Zunge darf nie sichtbar sein.

Kiefer: Breit, quadratisch, kräftig. Der Unterkiefer verläuft in einem weiten Bogen und endet vor dem Oberkiefer. Bei geschlossenem Fang wird das Vorstehen des Unterkiefers (Vorbiß) durch den gebogenen Verlauf der Unterkieferäste gemildert. Dieser gebogene Verlauf ist nötig, um ein zu starkes Vorstehen des Unterkiefers zu vermeiden.

Zähne: Die Schneidezähne des Unterkiefers dürfen auf keinen Fall hinter den oberen Schneidezähnen stehen. Der untere Zahnbogen ist abgerundet. Die Kiefer dürfen nicht seitlich verschoben oder verdreht sein. Der Abstand der Schneidezahnbogen kann nicht strikt festgelegt werden; von grundlegender Bedeutung ist, daß Oberlefze und Unterlefze so aufeinandertreffen, daß sie die Zähne völlig verdecken.

Backen:
Die Wangenmuskulatur ist gut entwickelt, jedoch nicht hervortretend.

Augen:
Aufgeweckter Ausdruck: tiefeingesetztes Auge, ziemlich weit vom Nasenspiegel und vor allem von den Ohren entfernt; von dunkler Farbe, ziemlich groß, schön rund, leicht hervorstehend und ohne jede Spur von Weiß (weisse Augenhaut), wenn das Tier nach vorne schaut.Der Lidrand muß schwarz sein.

Ohren:
Mittelgroß, breit am Ansatz und an der Spitze abgerundet. Hoch auf dem Kopf angesetzt, jedoch nicht zu dicht beieinander; aufrecht getragen. Die Ohrmuschel ist nach vorne geöffnet. Die Haut muß dünn sein und sich weich anfühlen.

Hals:
Kurz, leicht gebogen, ohne Wamme.

Körper:
Obere Profillinie: Die obere Linie steigt stetig bis in die Lendengegend an, um dann rasch zur Rute hin abzufallen. Ursache für diese sehr angestrebte Form ist die kurze Lende.

Rücken: Breit und muskulös.

Lenden: Kurz und breit.

Kruppe: Schräg.

Brust: Walzenförmig und sehr tief, faßförmige, stark gerundete Rippen.

Vorbrust: Weit geöffnet.

Untere Profillinie und Bauch: Aufgezogen, jedoch nicht windhundartig.

Rute:
Kurz, tief auf der Kruppe angesetzt, an den Hinterbacken anliegend, am Ansatz dick; Knoten- oder Knickrute; zum Ende hin verjüngt. Selbst in der Bewegung muß sie unterhalb der Horizontalen bleiben. Eine relativ lange (aber nicht über das Sprunggelenk reichende) und sich verjüngende Knickrute ist zulässig, aber nicht erwünscht.

Gliedmassen:
Vorderhand: Läufe gerade und senkrecht, sowohl in der Seiten- als auch in der Vorderansicht.

Schultern: Kurz, dick, hervorstehende, feste Bemuskelung.

Oberarm: Kurz.

Ellenbogen: Unbedingt am Körper anliegend.

Unterarm: Kurz, gut abgesetzt, gerade und muskulös.

Vorderfußwurzel/Vordermittelfuß: Kräftig und kurz.

Hinterhand: Die hinteren Gliedmaßen sind kräftig und muskulös, sie sind etwas länger als die Vordergliedmaßen und überhöhen dadurch die Hinterhand. Sowohl in der Seiten- als auch in der Rückenansicht sind sie gerade und senkrecht.

Oberschenkel: Muskulös, fest, nicht zu sehr gerundet.

Sprunggelenk: Recht tiefgestellt, nicht zu stark gewinkelt, vor allem aber auch nicht zu steil.

Hintermittelfuß: Kräftig und kurz. Die Bulldogge darf von Geburt an keine Afterkrallen tragen.

Pfoten: Die Vorderpfoten sind rund, klein, sogenannte „Katzenpfoten"; guter Kontakt zum Boden, leicht ausgedreht. Die Zehen sind sehr kompakt, die Krallen kurz, dick und gut abgesetzt. Die Ballen sind hart, dick und schwarz. Bei gestromten Tieren müssen die Krallen schwarz sein. Bei den Farben „caille" (fauvegestromte Hunde mit mittlerer Weißscheckung) und „fauve" (falbfarbene Hunde mit mittlerer oder überhandnehmender Weißscheckung) werden dunkle Krallen bevorzugt, helle Krallen jedoch nicht bestraft.
Die Hinterpfoten sind sehr kompakt.

Gangwerk: Bewegungsablauf frei; die Gliedmaßen bewegen sich parallel zur Medianebene des Körpers.

Haarkleid:
Haar: Schönes, dichtes, glänzendes und weiches Kurzhaar.

Farbe: Gleichmässiges Fauve, gestromt oder ungestromt, oder mit begrenzter Scheckung. Gestromtes oder ungestromtes Fauve mit mittlerer oder überhandnehmender Scheckung.
Alle Abstufungen der Falbfarbe sind zulässig, von „Rot" bis hin zu „Milchkaffee". Völlig weiße Hunde teilt man der Farbe „Gestromtes Fauve mit überhandnehmender weißer Scheckung" zu.
Wenn ein Hund einen sehr dunklen Nasenschwamm und dunkle Augen mit dunklen Lidrändern aufweist, so kann bei besonders schönen Exemplaren ausnahmsweise eine gewisse Depigmentierung im Gesicht toleriert werden.

Größe und Gewicht:
Bei der Bulldogge in gutem Zustand darf das Gewicht nicht weniger als 8 kg und nicht mehr als 14 kg betragen, wobei die Größe im Verhältnis zum Gewicht steht.

Fehler:

Jede Abweichung von den genannten Punkten muss als Fehler angesehen werden, dessen Bewertung in genauem Verhältnis zum Grad der Abweichung stehen sollte.

– Enge oder zusammengekniffene Nase, chronische Schnarcher.
– Vorn fehlender Lefzenschluß.
– Depigmentierte Lefzen.
– Helle Augen.
– Wamme.
– Hoch getragene Rute, zu lange oder anormal kurze Rute.
– Lose Ellenbogen.
– Steiles oder nach vorn versetztes Sprunggelenk.
– Unkorrekte Gangarten.
– Zu langes Haar.
– Getüpfeltes Haarkleid.

Schwere Fehler:

– bei geschlossenem Fang sichtbare Schneidezähne.
– bei geschlossenem Fang sichtbare Zunge.
– „Trommelnder" Hund (steife Bewegung der Vordergliedmaßen).
– Depigmentierte Stellen im Gesicht, mit Ausnahme bei fauve-gestromten Hunden mit mittlerer Weißscheckung („caille") und falbfarbenen Hunden mit mittlerer oder überhandnehmender Weißscheckung („fauve").
– Übermäßiges oder ungenügendes Gewicht.

Ausschliessende Fehler:

– Nasenschwamm von anderer Farbe als schwarz.
– Hasenscharte.
– Hunde, bei denen die unteren Schneidezähne hinter den oberen schließen.
– Hunde, deren Fangzähne bei geschlossenem Fang ständig sichtbar sind.
– Verschiedenfarbige Augen.
– Nicht aufrecht getragene Ohren.
– Ohren, Rute oder Afterkrallen kupiert.
– Schwanzlosigkeit.
– Afterkrallen an den hinteren Gliedmaßen entfernt oder vorhanden.
– Die Haarfarbe „Schwarz mit Brand", „Mausgrau", „Braun".

N.B.: Rüden müssen zwei offensichtlich normal entwickelte Hoden aufweisen, die sich vollständig im Hodensack befinden.

Der Körperbau

Zu diesem Kapitel vorab einige Worte: Die Beschreibung des Körperbaus lehnt sich eng an den Standard an, der den Idealtyp Französischer Bulldoggen beschreibt. Irgendwelche kleine Abweichungen vom Idealtyp des Rückens, der Gliedmaßenstellung, der Zähne oder der Nase hat eigentlich jeder Bully. Wichtig ist, daß Ihr Bully einen funktionstüchtigen Körper sowie ein liebevolles Wesen hat und gesund ist. Es ist das Ziel und die Aufgabe jedes Züchters, gesunde Bullies zu züchten, die dem Idealtyp möglichst nahekommen und die für Form, Wesen und Kondition festgelegten Merkmale zu erhalten und zu festigen.

Das **Skelett** ist das innere, knochige und knorpelige Gerüst des Hundekörpers mit stützender und schützender Funktion. Es ist kein starres Gebilde, sondern besteht aus vielen einzelnen, unterschiedlich geformten Knochen, die durch Gelenke, Sehnen, Bänder und Muskeln miteinander verbunden sind. Ihre Formenausbildung ist sowohl von den anliegenden Organen als auch von den Muskeln abhängig. Knochen sind unterschiedlichen statischen und dynamischen Beanspruchungen ausgesetzt, die Bewegungsabläufe ermöglichen und den Belastungen standhalten. Sie sind lebendige, an der Blutbildung beteiligte Organe, die außerdem die Aufgabe haben, Mineralstoffe zu speichern und wieder abzugeben. In dem geräumigen Brustkorb finden die Organe der Atmung, des Blutkreislaufes und die Leber gut Platz. Die Nieren liegen der Wirbelsäule eng an.

Die **Wirbelsäule** durchzieht der Länge nach, vom Kopf bis zur Rute, den Körper des Hundes und ist s-förmig gebogen. Sie ist die Hauptachse mit stützender Funktion des Körpers und besteht aus einzelnen Wirbeln, die durch kleine Gelenke miteinander verbunden sind und durch Bandscheiben abgepuffert werden. Die Aufgliederung der Wirbelkörper ist wie folgt: 7 Halswirbel, 13 Brustwirbel, 7 Lendenwirbel, 3 - 5 Kreuzwirbel (zum Kreuzbein verwachsen), 5 - 20 Schwanzwirbel (unregelmäßig verwachsen).

Die Form der meisten Wirbelkörper kann mit einem spitz zulaufenden Oval verglichen werden. Es wird aus den zwei seitlichen Querfortsätzen des Wirbelkörpers gebildet, die bogenförmig zusammenlaufen und einen Ring bilden. Der Verbund aller Ringe stellt den Rückenmarkskanal dar, der wie ein Panzer das Rückenmark schützt. Auf der Mitte der Wirbelbögen erheben sich die Dornfortsätze, die mit den Querfortsätzen der Rücken- und Bauchmuskulatur sowie dem Aufhängeapparat der Vordergliedmaßen als Ansatzpunkte dienen. Das Kreuzbein ist die Basis zum Muskelansatz der Hintergliedmaßen. Im Bereich der Brustwirbel sind die Querfortsätze zu Rippen verlängert. Sie bilden im Verbund mit dem Brustbein den Brustkorb.

Sichtbarer Körperbau der Französischen Bulldogge

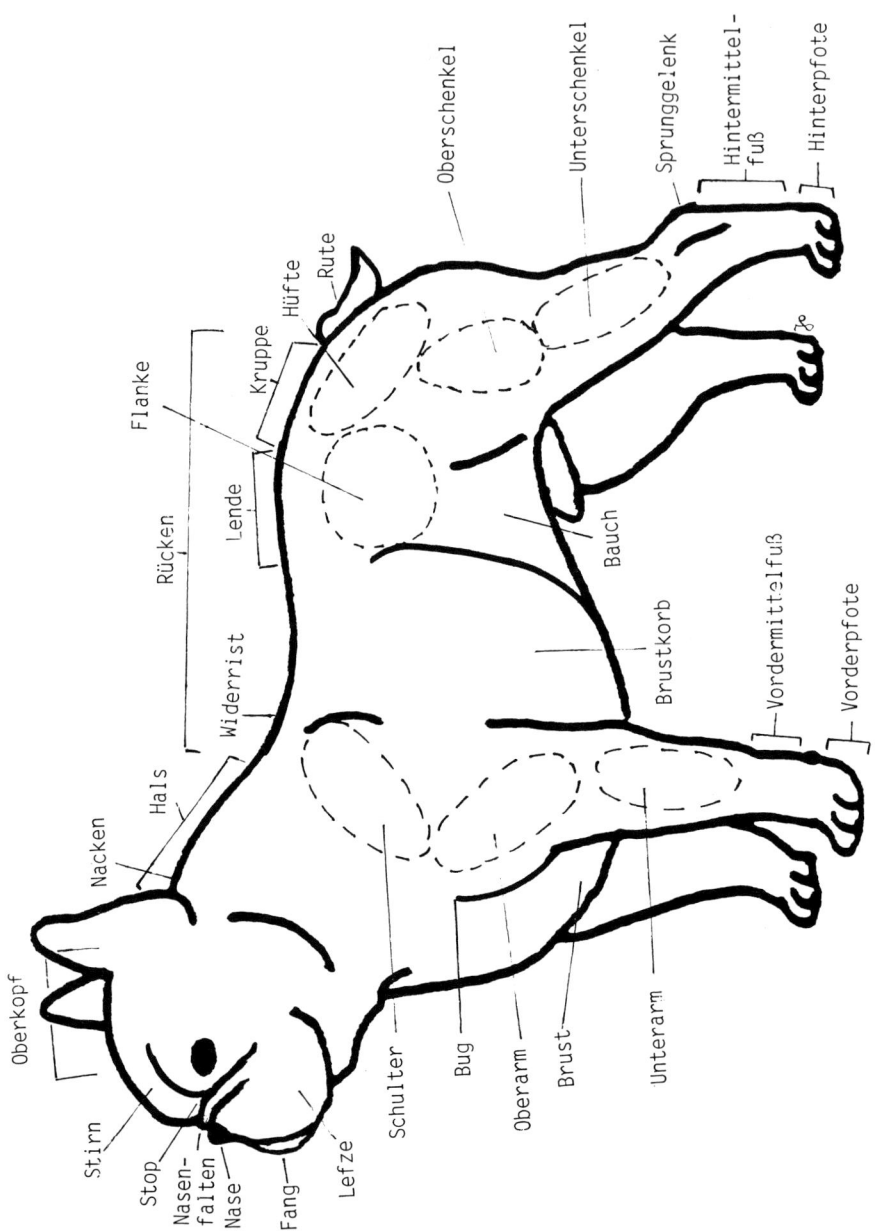

Der Körper eines Hundes kann in drei Abschnitte - Kopf, Rumpf und Gliedmaßen - unterteilt werden. Das sichtbare Erscheinungsbild und die Beurteilung eines Hundes ist vom gesamten Körperbau, von den Funktionen und dem Zusammenspiel aller Knochen, Gelenke, Muskeln, Sehnen und Organe abhängig.

Das Skelett der Französischen Bulldogge

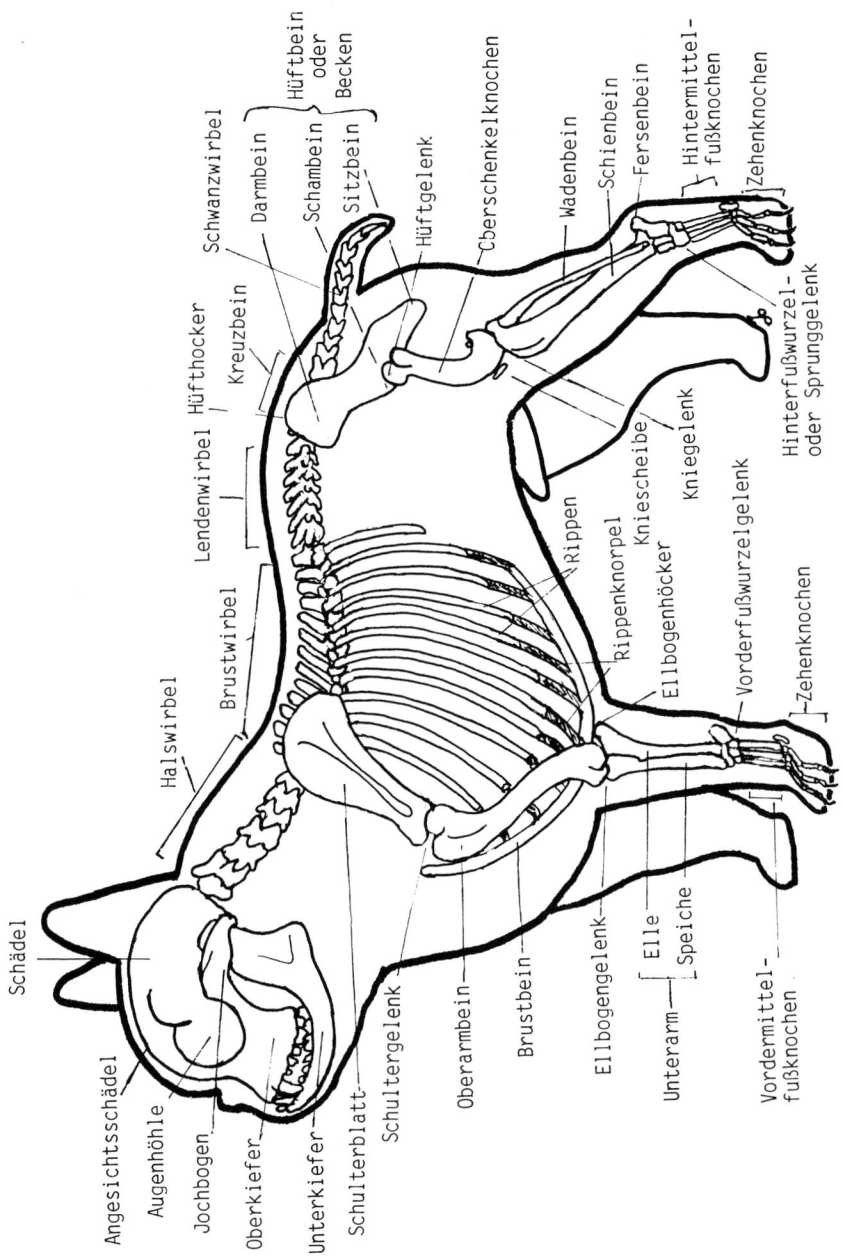

Das Skelett der Französischen Bulldogge unterscheidet sich von den Skeletten anderer Hunderassen im wesentlichen nur durch die Größenverhältnisse der Knochen zueinander, die in ihrem kompakt-eckigen Bau die bullytypischen **Formmerkmale** prägen. Besonders fallen der große, abgerundete Schädel und die relativ kurzen Beine bei dem kräftigen, kurzen Rumpf auf.

Die Organe der Französischen Bulldogge

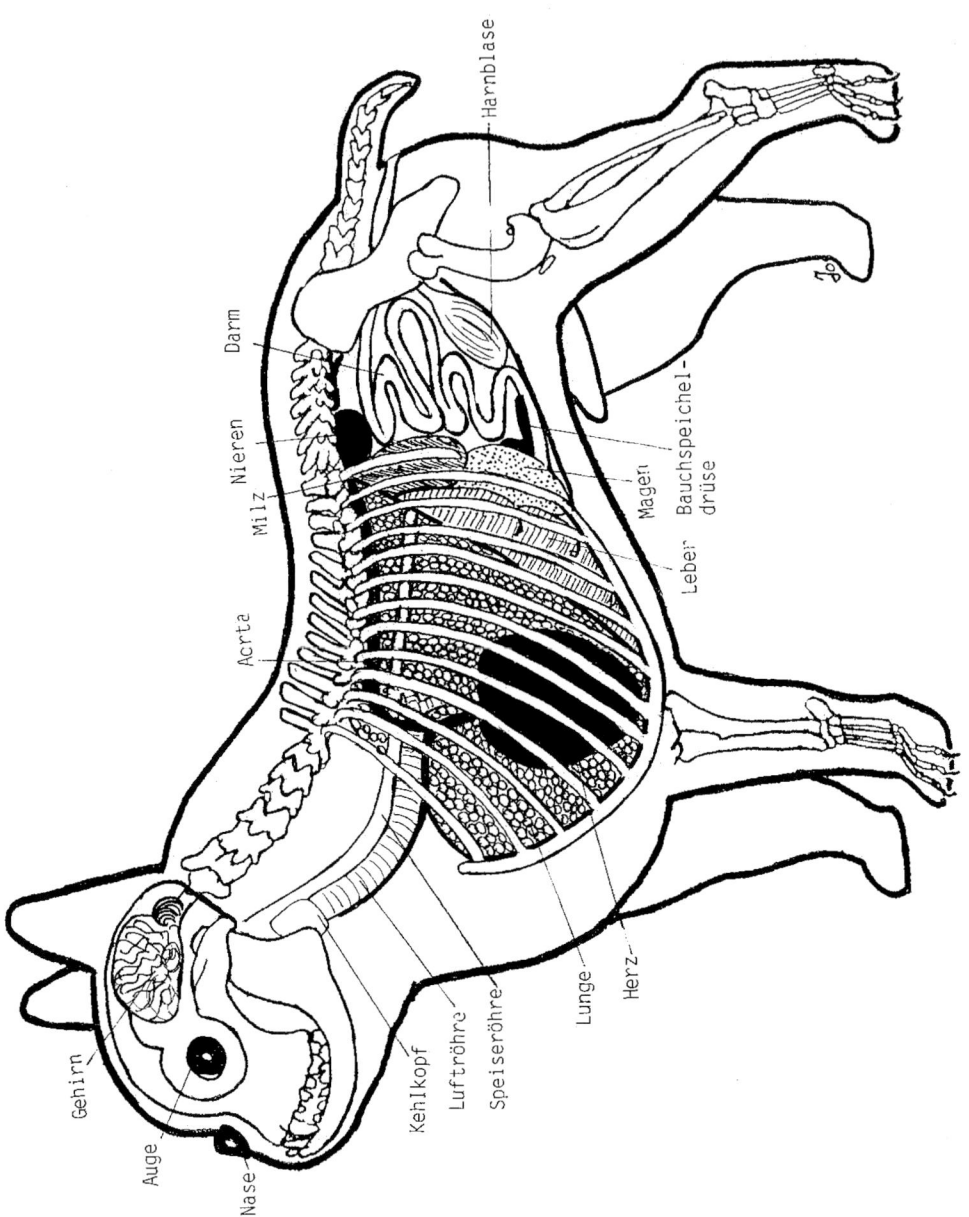

Harnblase

Darm

Nieren

Milz

Aorta

Magen

Bauchspeichel-
drüse

Leber

Gehirn

Auge

Nase

Kehlkopf

Luftröhre

Speiseröhre

Lunge

Herz

In den Skeletthöhlen, z.B. in der Brust-, Schädel- und Augenhöhle, sind empfindliche und wichtige Organe geschützt eingelagert. Die Organe der Atmung, des Blutkreislaufes, der Verdauung und der Fortpflanzung liegen an der Unterseite der Wirbelsäule, teilweise im Brustkorb, der aus dem Verbund von Rippen, Wirbelkörpern und vom Brustbein gebildet wird.

Der erste Halswirbel, der Atlas, besitzt keinen eigenen Wirbelkörper. Er bedingt das Sich-Einfügen des zweiten Halswirbels, da er vom Dorn dieses Wirbels gehalten wird, wodurch Drehbewegungen des Kopfes und des Nackens ermöglicht werden. Beide Halswirbel haben entscheidenden Einfluß auf die Haltung des Kopfes und die Form des Nackens. Der Atlas hat zwei ausladende Flügel, auf die sich die Muskulatur abstützt, die dem Hund zum Aufrechthalten seines Kopfes dient. Gleichzeitig riegelt diese Muskulatur unter Einwirkung der Halsmuskeln, Seitwärtsbewegungen der Wirbelsäule regelrecht ab.

Der Rückenmarkskanal erweitert sich am Vorderende zu einem großen Hohlraum, der Schädelhöhle, die das Gehirn umschließt. Der Kopf ist im Verhältnis zum Körper groß ist und von der Seite gesehen, bedingt durch eine stark gewölbte Stirn, eine kurze, zurückgestoßene Nase und einen gebogenen Unterkiefer, kurz. Der Hinterhaupthöcker ist kaum ausgeprägt. Der Jochbogen ist außerordentlich stark entwickelt und macht zusammen mit der gut ausgebildeten Backenmuskulatur die Breite des Kopfes aus. Die Augen sind groß, rund und dunkel und weder eingesunken noch hervorstehend. Sie werden wenig und nur seitlich durch die umgebende Muskulatur geschützt. Die Augenlider und Wimpern sind schwarz. Zwischen den Augenbögen ist eine tiefe Furche, die nicht über die Stirn hinausgeht.

Die **Stirn** ist stark gewölbt mit einem ausgeprägten Stirnabsatz, der „Stop" genannt wird. Zwischen den Ohren ist die Schädeldecke flach. Die Nase ist zurückgestoßen und soll gut geöffnete Nasenlöcher aufweisen. Die Haut am Kopf ist relativ lose und bildet fast symmetrische Falten. Über dem Nasenrücken liegen ein bis zwei tiefe Hautfalten, die besonderer Pflege bedürfen. Der Fang ist kurz, breit, tief und gut aufgeworfen. Die Lefzen sind dick und bedecken die Zähne. Ein auch nur geringes Zähnezeigen („blitzen") oder ein unsauberer Lefzenschluß, z.B. ein Herabhängen des oberen Lefzenbogens über den Unterkiefer, sind fehlerhaft. Schnauze, Nase und Lefzen sollen schwarz sein, pigmentlose Stellen werden als Fehler gewertet.

Die **Ober- und Unterkiefer** sind breit, kräftig und leicht gerundet. Der Unterkiefer soll aufwärts gebogen und so lang sein, daß die Schneidezähne des Unterkiefers vor denen des Oberkiefers stehen. Die stärkere Rundung und die Länge des Unterkiefers soll der geringeren Rundung und Länge des Oberkiefers optimal angepaßt sein. Als Disqualifikationsgrund gilt das Fehlen des Vorbisses.

Schädel der Französischen Bulldogge

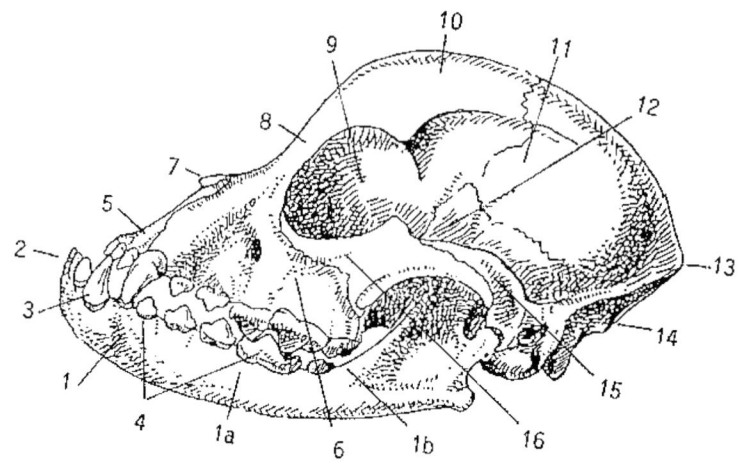

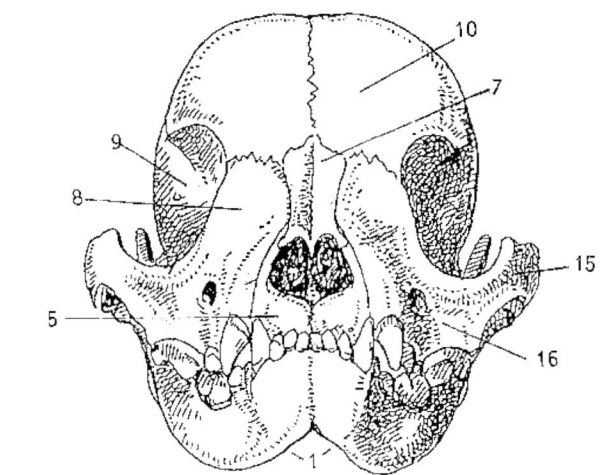

1. Unterkiefer	8. Tränenbein
1a. Unterkieferschenkel	9. Augenhöhle
1b. Unterkieferwinkel	10. Stirnbein
2. Schneidezähne	11. Scheitelbein
3. Eckzähne	12. Schläfenbein
4. vordere u. hintere Backenzähne	13. Hinterhaupthöcker
5. Zwischenkiefer	14. Hinterhauptbein
6. Oberkiefer	15. Jochbogen
7. Nasenbein	16. Jochbein

(Zeichnungen aus „The French Bulldog")

Kopf und Kiefer der Französischen Bulldogge

Idealer Kopf mit allen typischen Merkmalen. Unterkiefer durchwegs in genügender Breite und mit richtiger Krümmung

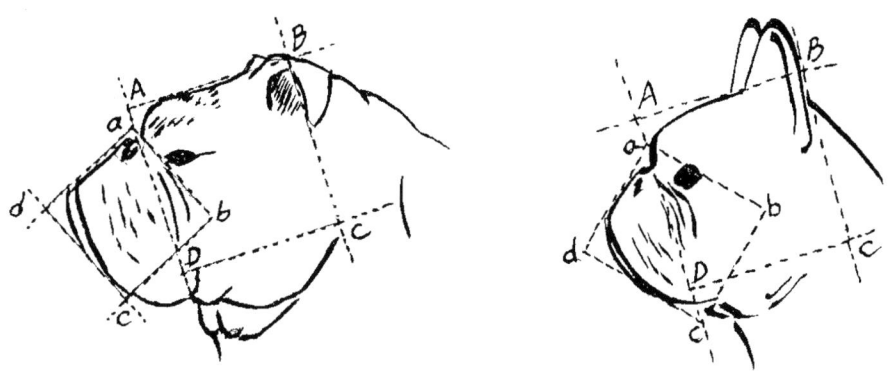

Der Kopf der Englischen Bulldogge (links) kann wie der Kopf der Französischen Bulldogge (rechts) in zwei Vierecke gefaßt werden.

Wichtig für die Beurteilung des Kopfes ist auch der sogenannte „Lay back", die Linie, die durch den aufgebogenen Unterkiefer bis zur Nase entsteht. Die Verlängerung dieser Linie soll den vordersten Punkt der Stirn treffen.

Bei einem zu langen Unterkiefer zeigt der Bully die Schneidezähne, in extremen Fällen auch die Eckzähne seines Unterkiefers, und scheint zu grinsen. Er wird deshalb „grinsender Hund" (chien grignard) genannt. Da der Abstand zwischen dem Unter- und Oberkiefer viel zu groß ist, läßt der Hund seine Zunge häufig zwischen den Zahnreihen heraushängen und erhöht dadurch den unvorteilhaften Eindruck. (Das Zeigen der Zunge kann aber ebenfalls durch fehlende Zähne oder durch verkantete Kiefer verursacht werden.) Manchmal fehlt auch der dritte, vordere Backenzahn im Oberkiefer. Dieser vererbbare Mangel führt dazu, daß die Kopfvorderseiten des betroffenen Hundes auffällig flach aussehen. (Zeichnungen aus „The French Bulldog" und Lundberg, I.: „Kommentarer till rasstandarden för Fransk Bulldogg")

Guter Schädel, gute Ohrenhaltung und Augenstellung, Augen bei der Profilzeichnung oval und zu klein; kurzer, aber im Verhältnis zum Schädel zu wenig breiter Fang; schlechter, zu langer Unterkiefer, der einige Zähne zeigt („grinsender Hund").

Bei einem zu kurzen Unterkiefer stehen die unteren Schneidezähne hinter den oberen Schneidezähnen. Der betroffene Bully wird „Hinterbeißer" (chien bégu) genannt. Da der Unterkiefer nicht vorsteht, kommt es zu einem Absinken der Lefzen. Zudem haben „Hinterbeißer" häufig eine zu wenig zurückgestoßene, scheinbar herabsinkende Nase. Als Zwischenform gilt der „Aufbeißer". Bei ihm sind Ober- und Unterkiefer gleich lang oder die Schneidezähne des Unterkiefers sind so unregelmäßig angeordnet, daß nicht alle Schneidezähne des Unterkiefers vor denen des Oberkiefers stehen. Französische Bulldoggen sollen „Vorbeißer", aber keine „Hinterbeißer" oder „Aufbeißer" sein.

Die Schädeldecke ist völlig gewölbt, anstatt zwischen den Ohren flach zu sein („Apfelkopf"). Die Ohren sind zu tief und zu weit voneinander angesetzt und werden schlecht getragen („Kalbsohren"). Der Unterkiefer ist nicht aufgeworfen, sondern stark verkürzt („Hinterbeißer").

(aus „The French Bulldog" und Lundberg: „Kommentarer till rasstandarden för Fransk Bulldogg")

  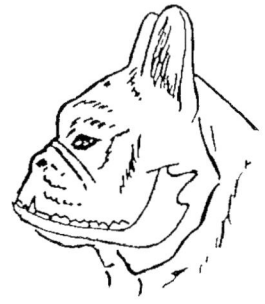

Gute Schädelform; gute Ohrenstellung, die Augen sind zu weit voneinander und schräg liegend (wie bei Englischer Bulldogge); die Nase fällt unter dem „Stop" ab, anstatt nach oben zurückgestoßen zu sein. Der Unterkieferschenkel ist zu flach und zu gerade, der Unterkieferwinkel ist zu rechteckig.

Profile Französischer Bulldoggen

Abb. 1: Dieses Profil zeigt die erwünschte korrekte Form.

Abb. 2: Der „Lay back" ist zu kurz und verläuft zu wenig aufsteigend, sodaß die Nase wie zu stark zurückgestoßen aussieht. Die Stirn ist in ihrer Mitte statt im unteren Drittel gewölbt. ("Apfelkopf")

Abb. 3: Der „Lay back" verläuft zu schräg, anstatt steiler anzusteigen. Die Nase ist dadurch zurückversetzt, sodaß der Abstand zwischen dem obersten Punkt der Nase bis zur Stirnwölbung zu lang wird. Die Stirn ist ebenfalls zu lang.

Abb. 4: Der „Lay back" ist gut, aber die Stirn ist ungenügend gerundet und wirkt „fliehend".

(aus „The French Bulldog" und Lundberg: „Kommentarer till rasstandarden för Fransk Bulldogg")

Abb. 5: Der „Lay back" ist zwar etwas kurz, aber insgesamt noch gut; die Stirn ist zu flach und wirkt „fliehend".

Abb. 6: Der Unterkiefer ist zu kurz; der „Lay back" verläuft zu steil; der Abstand zwischen dem obersten Punkt der Nase bis zum Stirnansatz ist zu lang. Die Stirn ist gut gerundet.

(aus Lundberg, I.: „Kommentarer till rasstandarden för Fransk Bulldogg")

Die kräftig ausgebildeten Ober- und Unterkiefer, die Stärke des Jochbogens und die Form der breiten, kurz und kräftig gebauten Halswirbel erklären die erstaunliche Kraft einer Französischen Bulldogge, z.B. einen Stock so fest mit den Zähnen packen zu können und ihn ohne Kommando selbst dann nicht wieder loszulassen, wenn man den Stock mitsamt dem hängenden Hund aufhebt und fortträgt. Diese Demonstration ist jedoch für das Gebiß äußerst schädlich und deshalb keinesfalls zu empfehlen!

Die ausgewachsene Französische Bulldogge hat normalerweise nur 40 und nicht 42 **Zähne** wie im Regelfall Hunde mit langen Schnauzen. Ober- und Unterkiefer haben je 6 Schneidezähne, 2 Eckzähne, 8 vordere Backenzähne (Prämolaren) und 4 hintere Backenzähne (Molaren).

Oberkiefer einer Franz. Bulldogge

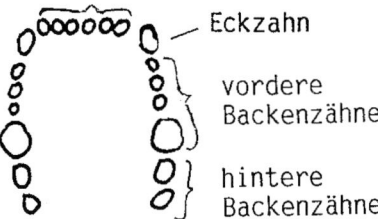

Zahnschema der Hunde

Oberkiefer

Unterkiefer

(Diese mit einem * markierten Zähne fehlen Französischen Bulldoggen.)

192

Bullywelpen bekommen die ersten Milchzähne ungefähr in der Mitte ihrer vierten Lebenswoche. Das **Milchgebiß**, dem die hinteren Backenzähne fehlen, ist mit etwa acht Wochen vollständig ausgebildet. Der Zahnwechsel vom Milchgebiß zum bleibenden Gebiß setzt zwischen dem vierten bis fünften Lebensmonat ein und kann so lange dauern, bis der Hund ausgewachsen ist.

Typisch für einen Bully sind die großen, unten breiten und nach oben abgerundeten **Ohren**, die sogenannten „Fledermausohren". Sie sind hoch am Kopf angesetzt und zeigen bei der Betrachtung des Hundes von vorn, die Innenseiten beider Gehörmuscheln.

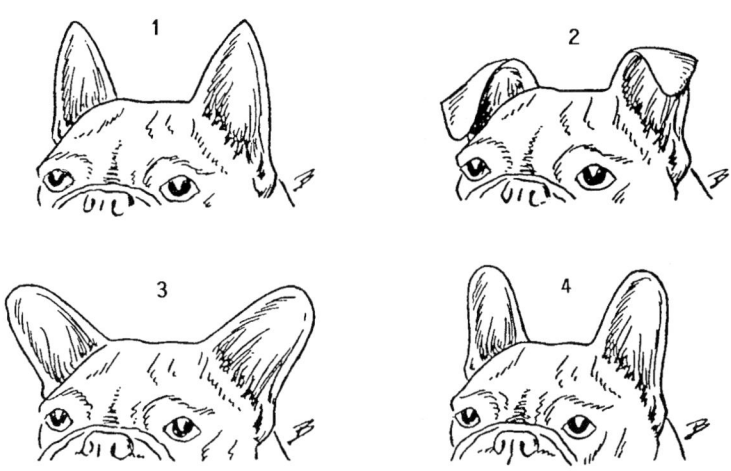

1: Gut angesetzte, aber zu spitze Ohren

2: Schlechte Ohrenstellung, bekannt unter dem Namen „Rosenohr" (links) und „Tulpenohr" (rechts).

3: Schlechte Ohrenstellung, die Ohren sind zu weit voneinander angesetzt („Kalbsohren"). Sie nehmen der Französischen Bulldogge ihren wachen Ausdruck.

4: Gut angesetzte und richtig gestellte Ohren mit guter Rundung („Fledermausohren")

Der **Nacken** der Französischen Bulldogge ist kurz, kräftig und leicht gewölbt. Wenn er keine oder eine zu geringe Wölbung hat, sind die Halswirbel, insbesondere der Atlas, nicht gut durchgebildet.

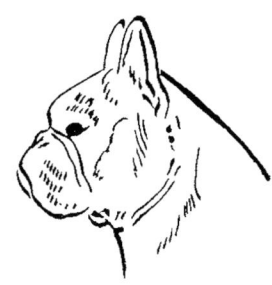

(Zeichnungen aus „The French Bulldog")

Die **Rückenlinie** folgt genau der allgemeinen Richtung der Wirbelsäule und steht mit den Verhältnissen des Skeletts im direkten Zusammenhang. Sie soll in der Seitenansicht eine bis zur Höhe der Lenden immer mehr ansteigende Kurve zeigen, dann schnell zur Rute hin abfallen und eine gerundete, schräge Kruppe bilden (siehe Abb. a).

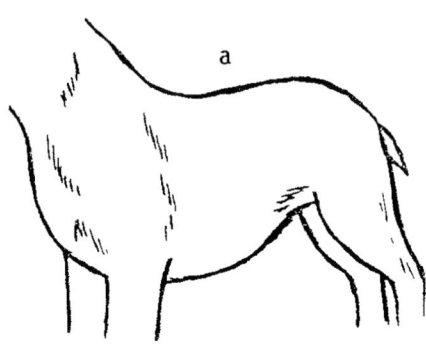

Diese Rückenlinie, „roach back" genannt, entspricht dem Standardtyp Französischer Bulldoggen mit kurzen Lenden, breiter Brust und einer vom Bauch zur Flankengegend ansteigenden Taille. Hündinnen dürfen einen längeren Rücken und längere Lenden als Rüden haben.

Die nachfolgend gezeigten **Rücken** beeinträchtigen das Gesamtbild eines Bullys und können die Zuchtverwendung des betroffenen Hundes - je nach der Fehlerursache und des Gesamteindrucks - in Frage stellen.

Der **Sattelrücken** (Abb. b) kommt von einer schlechten Form des Brustkorbs, die zu der unerwünschten Rückenbiegung führt. Die Rippen sind nach unten verschoben und die Bauchlinie ist in gleicher Weise wie der Rücken gebogen. Da sich die Wirbelsäule nicht stärker biegen kann, hebt sie die Kruppenlinie etwas nach oben und führt auch zu einer schlechten Rutenhaltung.

Der **gerade Rücken** (Abb. c) ist die Folge der zu wenig hoch gelegenen Rippen und einer falschen Beckenlage. Der Rumpf sieht wie ein Zylinder aus. Die Rute ist zu hoch angesetzt und in der Haltung meistens schlecht.

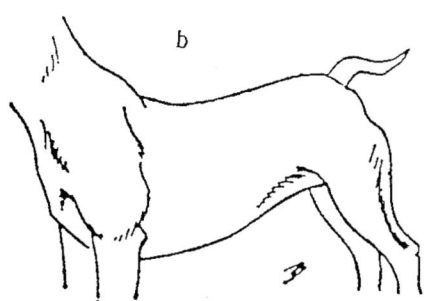

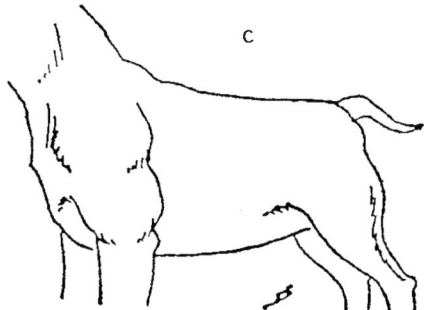

Der „**Kamelrücken**" (Abb. d) erweckt den Eindruck eines Buckels und ist die Folge schlecht durchgebildeter, nach oben gewölbter Lendenwirbel und häufig einer schlechten Beckenlage. Bedingt durch die Kürze oder zu tiefe Lage des Sitzbeinhöckers sind oft gleichzeitig eine zu flach abfallende Kruppe und eine gut angesetzte, tiefliegende Rute vorhanden.

Der **Senkrücken** (Abb. e) ist eine übertrieben starke Senkung der Rückenlinie von der Kruppe bis zum Widerrist. Die Höhe des Beckens wird durch allzu lange Hinterglieder verursacht. Die Rückenlinie verläuft dann fehlerhaft gerade; die Kruppenlinie fällt steil ab, anstatt gut gerundet zu sein; die Rute ist zu hoch angesetzt und in ihrer Haltung meistens schlecht.

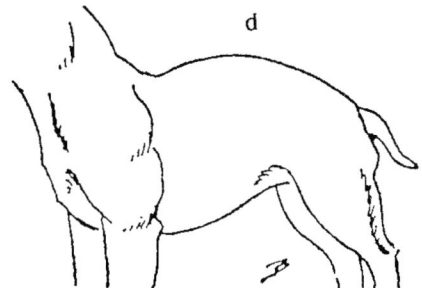 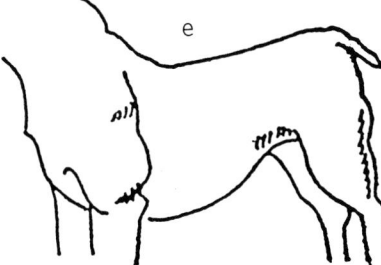

(Zeichnungen a - e aus „The French Bulldog")

Ruten Französischer Bulldoggen

Französische Bulldoggen werden mit kurzen Ruten geboren, die tief, am unteren Teil der Kruppe, angesetzt und in der Ruhe nach abwärts getragen werden sollen. Sie heißen nach der mehr oder weniger gekrümmten Formenbildung ihrer unregelmäßig verwachsenen Schwanzwirbel „Knoten- oder Korkenzieherruten". Auch gerade, relativ lange, sogenannte „Rattenruten" kommen vor. Sie sind an ihrem Ansatz dick und verjüngen sich bis zu ihrer Spitze, die längstens bis zum Sprunggelenk reichen darf. Schwere Fehler sind Rutenlosigkeit und kupierte Ruten. Jeder Bully muß eine Rute haben, bei der keine „Schönheitskorrektur" vorgenommen werden darf.

Wenn die Bildung und Linie des Rückens zufriedenstellend sind, folgt daraus der gute Ansatz und die richtige Haltung der Rute. Sie kann dann nicht über die Höhe der Kruppe gehoben werden, was in der Sprache der Zuchtrichter „fröhlich getragene Rute" genannt wird, aber eine ungünstige Beurteilung des betroffenen Bullys zur Folge hat.

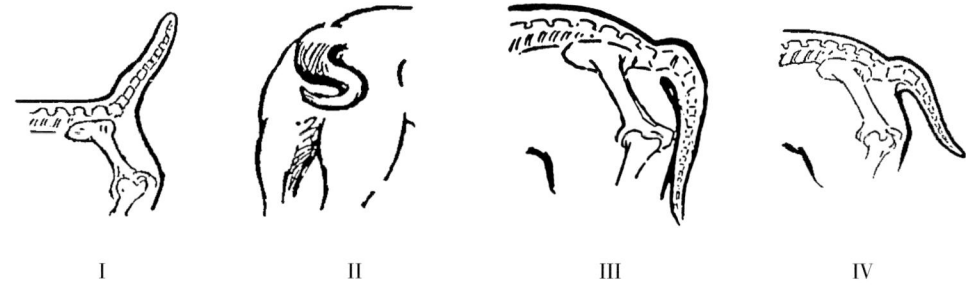

I   II   III   IV

Abb. I: Zu hoch getragene Rute, vom fehlerhaften Rücken herrührend.
Abb. II: Korrekte, gut angesetzte, kommaförmige „Korkenzieherrute".
Abb. III: Korrekte, gut angesetzte, lange, abwärtsgetragene „Rattenrute" mit guter Stellung der Wirbelsäule.
Abb. IV: Die Rutenhaltung zeigt die freudige Erregung des Hundes. Der Rutenansatz ist richtig, die Wirbelsäulenstellung ist gut. Die Rute kann bei diesen Voraussetzungen niemals über das Niveau des Rückens gehoben werden.

(Zeichnungen aus „The French Bulldog")

Das **Becken** verbindet die Hintergliedmaßen mit der Wirbelsäule. Es wird aus dem miteinander verwachsenen Darm-, Scham- und Sitzbein gebildet. Das Kreuzbein, das die sehr straffe, aber gelenkige Verbindung von der Wirbelsäule und dem Becken herstellt, ist vorn in die zwischen dem Darmbein befindliche Lücke eingefügt. Im Schambein ist die Gelenkpfanne für den Kopf des Oberschenkelbeins. Sie muß gut ausgebildet und genügend tief sein, um eine beschwerdefreie Bewegung des Oberschenkelkopfes zu ermöglichen. Ist das nicht der Fall, spricht man von „Hüftgelenksdysplasie", abgekürzt „HD" des Hundes.

Das Becken soll breit und kurz sein und bei der Hündin die nötige innere Weite für den Geburtsvorgang haben, damit die Welpen ungehindert geboren werden können. Von der Formenausbildung, Lage und Neigung des Beckens ist das Erscheinungsbild eines Bullys, d.h. seine Rückenform und die Winkelung der Hinterhand abhängig.

Das ganze Becken ist so stark von zahlreichen Muskeln überzogen, daß nur der Hüft- und der Sitzbeinhöcker unter der Haut zu fühlen sind. Keinesfalls sollen die Beckenknochen hervorspringen und sich abzeichnen oder im entgegengesetzten Fall, vom Körperfett umhüllt sein. Der Umriß einer von der Seite gesehenen Französischen Bulldogge soll von der Kruppe bis zum Sprunggelenk ohne Vorsprünge sein und die Rückenlinie in einer harmonischen Kurvenführung bis zum Ende des Wadenbeins fortsetzen.

Das Becken der Französischen Bulldogge

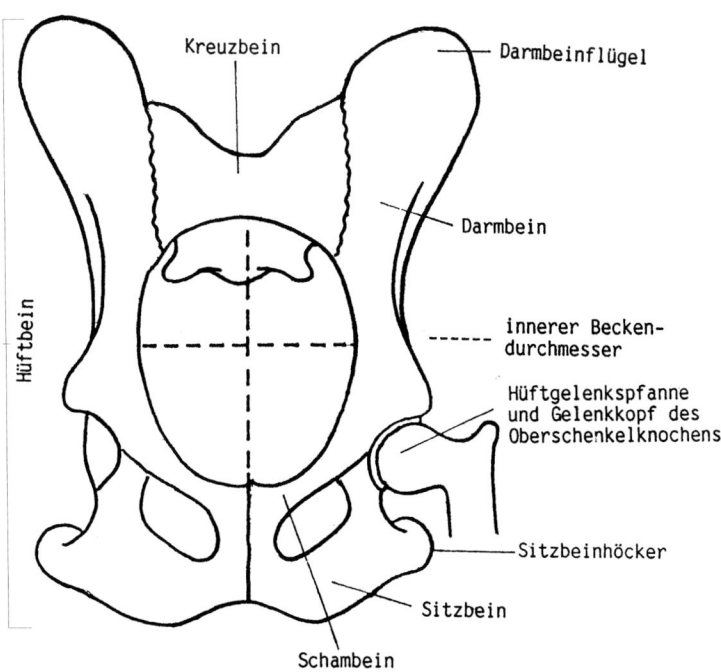

197

Die **Vorderhand** ist kurz und kräftig. Die Läufe schließen sich über breite, gut bemuskelte Schultern, die der natürlichen Breite des Brustkorbs harmonisch entsprechen, seitlich an die Rippen an. Die Läufe sollten in ihrer Stellung genügend weit voneinander entfernt sein, um die Fülle der Brust nicht einzuengen. Dadurch kommt die Brustlinie, die für Französische Bulldoggen typisch ist, gut zum Ausdruck. Die Unterarme und Vordermittelfüße sind kurz und fest. Wenn sie nicht gut durchgebildet sind, wird das bei betroffenen Hunden „zu niedriggestellt" oder „zu tiefgelenkig" genannt.

Der Hund hat kein Schlüsselbein und kein Schulterblattgelenk wie der Mensch. Die Vordergliedmaßen sind allein durch die Muskulatur mit dem Brustkorb verbunden. Das Schulterblatt ist ein flacher, breiter Knochen, der von den Vordergliedmaßen gestützt und der Länge nach, durch einen gut fühlbaren Knochengrat geteilt wird. Er dient den Muskeln zum Ansatz. Am unteren Ende des Schulterblatts ist eine runde Vertiefung für die Aufnahme des kugelähnlichen Oberarmknochens ausgebildet. Der Winkel zwischen dem Schulterblatt und dem Oberarmknochen ergibt den beweglichen Schulterwinkel. Die Beweglichkeit der Schulter sollte in Längsrichtung, d.h. parallel zur Symmetrieachse des Körpers, so groß wie möglich sein, um ein Heben und Senken der Vorderhand nach vorn und nach hinten bis in die Horizontalrichtung zu erlauben. Hierbei wird der Winkel nach hinten größer sein als nach vorn. Eine Schulterbewegung nach seitwärts ist nur sehr gering möglich, weil der natürliche Winkel ziemlich klein ist.

Die **Gelenke** der Glieder ermöglichen dem Hund nur Vor- oder Rückwärtsbewegungen in der mit der Symmetrieebene des Körpers parallel verlaufenden Richtung. Drehbewegungen mit der Vorder- und Hinterhand sind Hunden in senkrecht stehender Haltung, „Stand" genannt, unmöglich, in anderen Stellungen in Abhängigkeit vor der Elastizität der Sehnen und Muskeln, die die Vorder- und Hinterhandgelenke zusammenhalten. Der Hund kann z.B. mit der Vorderhand meist etwa eine Vierteldrehung ausführen, um die Unterseiten seiner Vorderpfoten belecken oder um etwas festhalten zu können.

Das **Oberarmbein** ist ein langer, kräftiger Knochen, der durch das Schultergelenk mit dem Schulterblatt und durch das Ellbogengelenk mit dem Unterarm verbunden ist.

Speiche und **Elle** stellen das starre Gerüst des **Unterarms** dar. Sie sind im Umfang fast gleich, nicht jedoch in der Länge. Die Elle überragt mit dem Ellenbogen an ihrem oberen Ende die Speiche. Sie weist zudem den Ellenbogenhöcker als Vorsprung auf, der sich etwas hinter dem Gelenk und etwas höher als die untere Brustlinie befindet. Die Ellenbogen bieten Muskeln Ansatzfläche. Die Vorderarme dürfen seitlich nicht ausgedreht sein, sondern müssen genau dem Rumpf anliegen, damit sie im Stand senkrecht stehen und sich die Gelenke bei der Fortbewegung des Hundes nicht nach außen öffnen.

Der **Vorderfuß** entspricht der menschlichen Hand. Er besteht aus Vorderfußwurzelknochen, Vordermittelfußknochen und Vorderzehenknochen. Der Hund hat sieben, zweireihig angeordnete **Vorderwurzelknochen**. Diese Knochenreihen sowie das aus drei Gelenkspalten zusammengesetzte Vorderfußwurzelgelenk ermöglichen die Bewegung und eine gleichmäßige Belastung der Pfote. Die Gesamtheit der kleinen Knochen muß kräftig, regelmäßig und gut befestigt sein und soll weder nach innen noch nach außen hervorragen, da ihr stabiler Zusammenhalt für einen guten Stand erforderlich ist.

Das **Vordermittelfußskelett** (mit dem Vorderfußwurzelskelett zusammen oft „Fessel" genannt) besteht aus fünf Knochen, deren wichtigste Aufgabe ist, den Stoß bei Bewegungsabläufen des Hundes federnd aufzufangen. Der Vordermittelfuß muß daher, von der Seite gesehen, gerade oder in einem leichten Winkel nach vorn stehen; von vorn gesehen, senkrecht unter dem Unterarm stehen, damit er nicht seitlich abknicken kann. Wenn der Vordermittelfuß zu tief über dem Boden steht, erscheint er zu lang. Er ist aber meist nur zu schwach mit zu wenig gewölbten Zehengliedern ausgebildet. Man spricht dann von „weicher Fesselung" und „Hasenpfoten", die ein Durchtreten des Hundes bei Ermüdung und Überbelastung bewirken. Steht der Vordermittelfuß dagegen senkrecht zum Unterarm und Boden, wird das „steile Fesselung" genannt, die ein entsprechend unelastisches Auffußen nach sich zieht. Wenn der Vordermittelfuß zu schräg zum Boden steht, müssen die Muskeln und Sehnen die Arbeit der Knochen mit übernehmen. Die betroffenen Hunde sind wenig leistungsfähig und ermüden frühzeitig.

An die fünf Knochen des Vordermittelfußes schließen sich vier, nebeneinander angeordnete **Zehenglieder** und ein verkümmertes, an der Innenseite des Vordermittelfußes liegendes Zehenglied an. Dieses Zehenglied ist mit einem Daumen vergleichbar und wird daher „Daumenkralle" genannt. Die Zehen bestehen aus drei Zehengliedern, das dritte Glied ist das Krallenbein mit der Kralle. Der Sohlenballen liegt unterhalb der ersten Zehenglieder, der Zehenballen befindet sich unter den zweiten Zehengliedern. Der Vorderfußwurzelballen an der Hinterseite der Vorderfußwurzel wird nicht mehr verwendet. Der Hund ist ein **„Zehengänger"** im Gegensatz zum Menschen, der ein „Sohlengänger" ist.

Die **Pfoten** der Französischen Bulldoggen sind kräftig und rund mit geschlossenen, gewölbten, gleichmäßig auftretenden Zehen und kurzen Nägeln sowie mit einer harten Sohle. Sie werden „Katzenpfoten" (siehe Abbildung 1) genannt. Die Pfotenform ist für die Gangart und Standfestigkeit des Hundes entscheidend.

„Katzenpfoten"

Fehlerhafte Pfoten

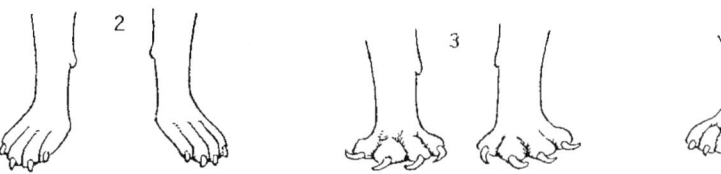

„Hasenpfoten"   „Entenpfoten"   Ungenügend geschlosse-
ne Pfoten mit schlechter
(Zeichnungen 1 - 4 aus „The French Bulldog")   Fußstellung

Die längliche, sogenannte „Hasenpfote" (Abb. 2) ist durch zu wenig gewölbte
Zehengelenke gekennzeichnet. Bei ihr besteht die Tendenz, das auf ihr lasten-
de Körpergewicht auf die Hinterhand zu verlagern, so daß die Gangart des betroffenen Hundes weniger leicht als bei einer runden Pfotenform ist. Bei dieser
falschen Abstützung auf die Hinterhand, die durch die mangelhafte Gelenkstel-
lung bedingt ist, tritt eine Störung der Standsenkrechten des Gliedes ein. Zudem
ist die „Hasenpfote" leicht nach außen gestellt und die Drehbewegung des Vor-
dermittelfußgelenks ist eingeschränkt. Die „Entenpfote" oder der „Plattfuß" (Abb.
3) wird zumeist dadurch verursacht, daß Welpen und Junghunde zu wild und zu
oft auf zu weichem Boden (z.B. auf Gras und Teppichen) herumspringen und die
noch schwache und noch ungenügend entwickelte Muskulatur schädigen.

Die **Hinterhand** ist im Prinzip ähnlich wie die etwas kürzere Vorderhand gegliedert, wobei man die Anordnung der Knochen und Gelenke sowie ihre Stellung zueinander fast „spiegelverkehrt" nennen kann. Die Standlinie muß auch
senkrecht verlaufen und soll bei den Zehengliedern beginnen und etwas vor
der Stelle durchgehen, wo das Oberschenkelbein mit dem Beckenknochen
zusammentrifft. Ober- und Unterschenkel bilden ohne Vorsprünge von der
Kruppe bis zum Sprunggelenk eine Einheit in einer anmutigen Kurvenlinie,
die ungefähr auf der Mitte des Hinterbeins ein wenig zurückgenommen wird.
Die beiden Hüften dürfen mit dem Rückgrat zusammen kein Dreieck bilden.

Das **Oberschenkelbein** ist der stärkste Knochen des ganzen Skeletts, der nicht
nur Stützfunktion wie das Oberarmbein hat, sondern auch für den Vorwärts-
schub bei der Fortbewegung des Hundes maßgeblich beteiligt ist. Sein halb-
kugeliger Gelenkkopf paßt in die Gelenkpfanne des Beckens. Das Oberschenkelbein endet im **Kniegelenk,** das kräftig entwickelt und ohne Verdre-
hung gut und tief gewinkelt sein muß. Das Kniegelenk ist für den Hund sehr
wichtig, da es vom **Sprunggelenk** unterstützt, die Bewegung einleitet und wei-
tergibt. Gehalten wird es von Bändern und der Kniescheibe, die für die Einhaltung der Richtung bei Bewegungsabläufen sorgen und gleichzeitig eine allzu starke Streckung des Gliedes verhindern. Die Kniescheibe, die sich in
einer Furche bewegt, darf weder nach links noch nach rechts verschiebbar
sein. Das Sprunggelenk ist in seiner Funktion vom Kniewinkel und von der

richtigen Länge des Schien- und Wadenbeins abhängig. Wenn diese Knochen zu lang sind, kommt es zu einer übertriebenen Winkelung und zur sogenannten „Säbelbeinigkeit"; sind die Knochen zu kurz, ist die Winkelung ungenügend und die Stellung des Sprunggelenks zu steil. Wenn die Sprunggelenke nach außen gedreht sind, bewirken sie den sogenannten „faßbeinigen" Stand des betroffenen Hundes; stehen die Sprunggelenke zu nahe beisammen, verursachen sie den sogenannten „kuhhessigen" Stand.

Das Sprunggelenk verbindet das Hinterbein mit den **Hinterfußwurzelknochen**. Das Hinterfußwurzelskelett besteht aus sieben kleinen Knochen. Es weist hinten den Fersenbeinhöcker (Ferse) als starken, knochigen Vorsprung auf.

Das **Hintermittelfußskelett** hat nur vier Knochen im Gegensatz zu fünf Knochen beim Vordermittelfußskelett. Der Ansatz eines fünften Knochens ist jedoch vorhanden und tritt manchmal vollentwickelt als **Afterklaue** auf, die zur Disqualifikation der betroffenen Französischen Bulldogge führt. Das Hintermittelfußskelett soll kurz, gleichmäßig gerade und senkrecht stehend wie das des Vordermittelfußes sein und zwar sowohl von hinten als auch von der Seite gesehen. Die **Hinterhandpfote** ist kräftig und geringfügig weniger rund als die Vorderpfote. Ihre Stellung hängt vor allem von der Stellung des Hintermittelfußes ab.

Die Französische Bulldogge muß einen korrekten Bau der **Vorder- und Hinterhand** haben, damit die Zieh- und Stützkraft der Vorderhand mit der Stoß- und Schubkraft der Hinterhand harmoniert und das natürliche Gleichgewicht des Hundes bei leicht wirkenden Bewegungen hält. In der Bewegung stützen sich die Glieder, die die Funktion eines Hebels haben, auf dem Boden ab und tragen den Körper in Richtung der Bewegung. Liegen Fehler oder Störungen der Vorder- und/oder Hinterhand vor, wird der Hund durch verstärkte Muskelarbeit zwar versuchen, körperliche Mängel auszugleichen, aber sein Gang wird trotzdem unausgewogen und fehlerhaft wirken.

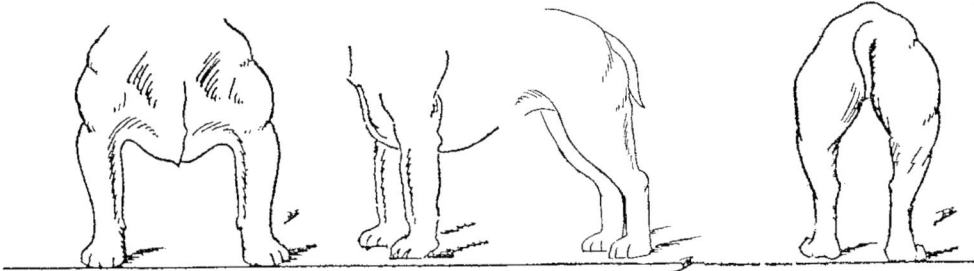

Korrekter Bau und Stand der Vorderhand (links) **und der Hinterhand** (rechts). Gut bemuskelte, kurze Schultern; breite und faßförmig gewölbte Brust; richtig und parallel zueinander stehende Läufe mit kräftiger Verbindung und gutem Übergang zum Rumpf.

(Zeichnungen aus „The French Bulldog")

Die Vorderhand ist stärker als die Hinterhand ausgeprägt und dient dem breit gebauten Körper als Hauptstütze. Die Vorderhand muß nicht nur stark, sondern auch senkrecht und gerade sein sowie einen guten Stand auf den Pfoten aufweisen. Die Standlinie muß von der Pfote ausgehend den oberen Teil des Schulterblatts durchlaufen.

Die Formenschönheit der Französischen Bulldogge hängt vom Einklang der Größenverhältnisse des Kopfes, des Rumpfes und der Gliedmaßen sowie vom Bau des Skeletts ab. Ein leichtes Skelett mit starker Muskulatur weist zu feine Gelenkverbindungen auf; ein leichter Hund mit normaler Muskulatur hat einen verhältnismäßig feinen Gliederbau; ein übergewichtiger Bully ist nicht unbedingt muskulös. Das Verhältnis von Knochendicke zur Muskulaturentwicklung läßt sich durch Abtasten von Knochen und Gelenken feststellen.

Ein Hund wird nach seinem Stand in Normalstellung (Läufe unter dem Körper), von vorn und von der Seite gesehen, sowie bei seinen Bewegungsabläufen begutachtet. Wenn ein Bully sich bewegt, müssen die Bewegungen der einzelnen Glieder bei allen Gangarten harmonisch erfolgen. Die Regelmäßigkeit und Eleganz der Fortbewegung, der Gang und das Gleichgewicht des Hundes sind von der Art des Standes direkt abhängig. Ein guter Stand erweckt in jeder Gangart den Eindruck von Bewegungsleichtigkeit und den Anschein, als ob der Hund den Boden kaum berühre und ihn nur mit den Pfoten streife. Eine derartig gelöste Gangart entspricht der korrekten Gangart von Zehengängern und dem Standard Französischer Bulldoggen.

Vergleichende Darstellung der Vorder- und Hinterhand im Stand

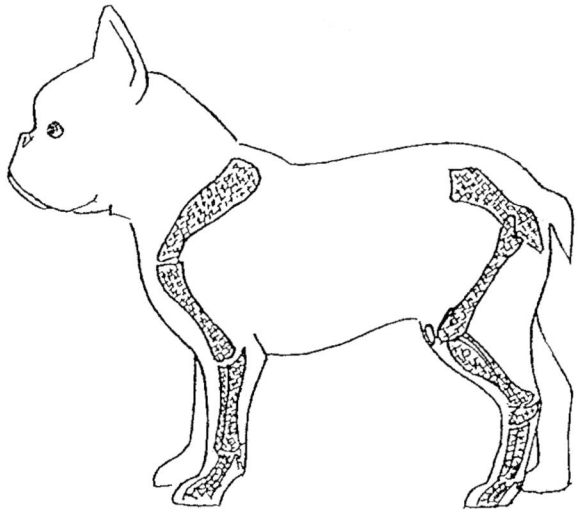

(aus Lundberg, I.: „Kommentarer till rasstandarden för Fransk Bulldogg")

Um die harmonischen Größenverhältnisse richtig beurteilen zu können, kann man unter Fortlassung aller Rundungen, die äußerlich sichtbaren Formen eines von der Seite gesehenen Bullys mittels feststellbarer Fixpunkte in ein vereinfachtes, quadratisches Schema einfügen, das nach vorn vom Schultergelenk, nach oben vom Schulterblatt und Hüfthöcker, nach hinten vom Sitzbeinhöcker begrenzt wird. Wenn die Körperhaltung im Stand nicht ausgewogen ist, wirkt sich das in überflüssigen Körperbewegungen aus, die ihrerseits dadurch bedingt werden, daß das Gleichgewicht durch zusätzliche Bewegungen des Hundes hergestellt werden muß.

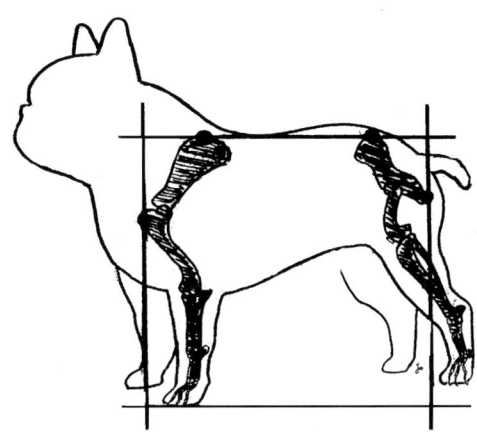

Zur Gesamtbeurteilung der Größenverhältnisse muß außerdem das Verhältnis von der Vorderansicht zur Seitenansicht, die den Eindruck der harmonischen Massivität der Französischen Bulldogge bestimmen, vergleichend betrachtet werden.

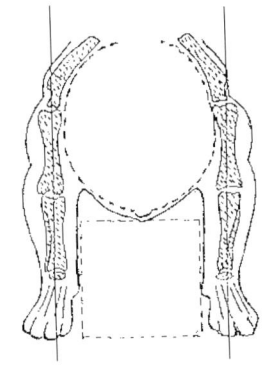

(aus Lundberg, I.: „Kommentarer till rasstandarden för Fransk Bulldogg")

Auch bei der Vorderansicht soll ein Quadrat zwischen den Läufen eingezeichnet werden können, das senkrecht von den geraden Innenseiten der beiden Glieder und waagerecht von den beiden Achselhöhlen und dem Boden begrenzt wird. Je mehr das Quadrat zu einem Rechteck wird, dessen kürzere Seite auf dem Boden ruht, desto größer ist die Abweichung vom Bullytyp.

Die Beurteilung des Standes der Vorderläufe ist relativ einfach, dagegen diejenige des Standes der Hinterläufe schwerer, weil sie nur einen Teil des Hundegesamtgewichts tragen und ihre Antriebsfunktion der der Vorderläufe entgegengesetzt ist. Bei den normalen Vorwärtsbewegungen liegt die Hauptlast, etwa zwei Drittel des Körpergesamtgewichts, auf den Vorderläufen, die wesentlich kräftiger als die Hinterläufe gebaut und stabiler als diese mit dem Rumpf verbunden sind.

Bei einer Beurteilung des Standes der Hinterhand ist es wichtig, den Hund in gehender Bewegung zu beobachten und dabei festzustellen, welche Bewegungen er vom Gehen zum Stand macht. Überflüssige Bewegungen der Wirbelsäule und Schwingungen des gesamten Körpers in seitlich schräger Richtung im Vergleich mit der Gangvorrichtung zeigen, daß der Stand der Hinterläufe schlecht ist und ihm Festigkeit in der Ruhestellung fehlt. Ursachen hierfür können u.a. zu lange Oberschenkel- und Hinterbeine, ein zu großer Gelenkwinkel, ein schlecht geformter Rücken und/oder Haltungsanomalien sein.

Bei den Körperbewegungen der Französischen Bulldogge im freien Gang ist zu erkennen, daß die natürliche Bewegung mittels Verschiebung der Stützpunkte entgegengesetzte Schwankungen der Schulterblätter und des Beckens sowie eine leichte Drehung der Wirbelsäule um ihre eigene Achse hervorruft. Diese Verschiebung der Gliederaufhängung verleiht dem Bully den tpyischen „rollenden" Gang. Im Augenblick des Gehens heben sich die Hundepfoten in der Kreuzbewegung der Glieder (z.B. rechte Vorderhand, linke Hinterhand) nicht gleichzeitig, sondern nacheinander mit einem Zeitunterschied von etwa $1/_{100}$ Sekunde vom Boden ab und gestatten dem Hund, Schwingungen durch Muskelreflexbewegungen auszugleichen und das Gleichgewicht zu halten.

In der Bewegung wechseln zentrifugale Schubkräfte, die im vorderen Teil durch Kopf- und Halsbewegungen, im hinteren Teil durch das Kreuzbein und die möglichen Drehbewegungen der Glieder ausbalanciert werden. Bei gut gebauten Bullies sind diese ausgleichenden Schwingbewegungen elegant. Ist die Körperhaltung des Hundes aber bereits im Stand mangelhaft, kann sie durch Bewegungen nicht ausgeglichen werden.

Damit das Gleichgewicht des Hundes nicht verlorengeht, während der Körper beim Gehen auf zwei Läufen ruht, muß das Rückgrat die Bewegung bereits vorwegnehmen, wodurch der Schwerpunkt des Körpers höher als die Linie zu liegen kommt, die die beiden Stützungspunkte miteinander verbindet. Der Schwerpunkt liegt im vorderen Drittel der Brustpartie, etwa im Schnittpunkt der Waagerechten durch die Brustbeinspitze und der Senkrechten durch den neunten Rippenzwischenraum.

Die Kopf- und Halsbewegungen eines Hundes verlagern den Körperschwerpunkt beim Heben und Senken des Kopfes in die Richtung der Bewegung. Wenn z.B. der Kopf gehoben und der Hals gestreckt wird, erfolgt ein Nachziehen des Schwerpunktes in die obere Richtung. Dadurch wird auch die Aufrichtearbeit der Vorderhand unterstützt sowie gleichzeitig der Stoß der Hinterhand verstärkt.

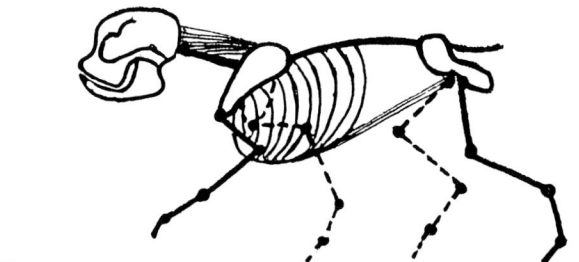

Der „spiegelbildliche" Bau des Schulterblatts und des Oberarmbeins sowie des Hüft- und Oberschenkelbeins der Vorder- und Hinterglieder gewährleistet das Gleichgewicht und das geschmeidige Gehen mittels einer richtigen Verteilung der Muskelbewegungen beidseits der senkrechten Standlinien der Glieder. Die Vorderpfoten haben mehr „Ziehkraft" als die stoßenden, schiebenden, „schubkräftigen" Hinterpfoten.

Die fehlerhaften Standhaltungen der Französischen Bulldogge werden durch das Zusammentreffen verschiedener Körpermängel verursacht.

Fehlerhafter Körperbau und Stand der Vorderhand

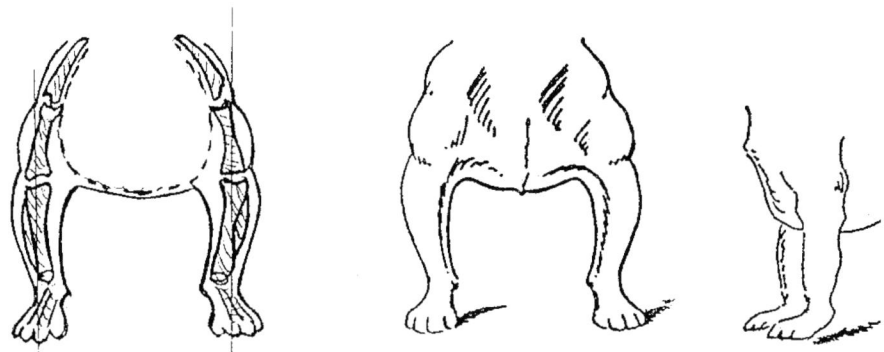

Der Brustkorb hat zwar die ausreichende Breite, aber ihm fehlen die korrekte Tiefe und faßförmige Rundung. Die Schultern müssen besser durchgebildet sein, die Unterarme und Vorderfüße sollen senkrecht stehen, die Pfoten dürfen nicht so stark nach außen gedreht werden.

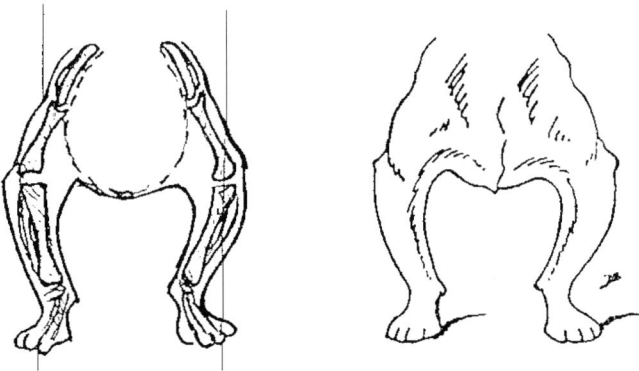

Die Schultern sind zu stark ausfallend und mangelhaft durchgebildet, die Brust hat zu wenig Tiefe, der Stand ist nicht zufriedenstellend. Die Unterarme sollen nicht nach außen gewölbt, die Vorderfußwurzelgelenke nicht nach innen abgedreht sein und die Pfoten nicht so stark nach außen gestellt werden. Eine der möglichen Fehlerursachen ist, daß die Ellenbogen nur lose mit dem Rumpf verbunden sind, entweder durch eine schlechte Schulterblattstellung bedingt oder durch eine allzu große Dehnbarkeit der Muskeln und Sehnen.

(Zeichnungen aus Lundberg, I.: „Kommentarer till rasstandarden för Fransk Bulldogg" und „French Bulldog")

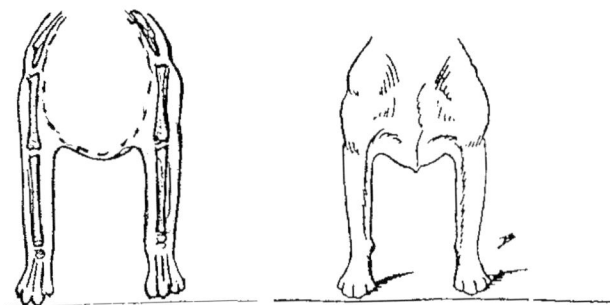

Der Brustkorb ist ungenügend breit und tief, die Schultern sind mangelhaft entwickelt und zu schmal, die Vorderläufe stehen zu nahe beieinander. Dem Körper fehlt die bullytypische Substanz und Massivität, sein Aussehen ähnelt dem Erscheinungsbild z.B. eines Boston Terriers.

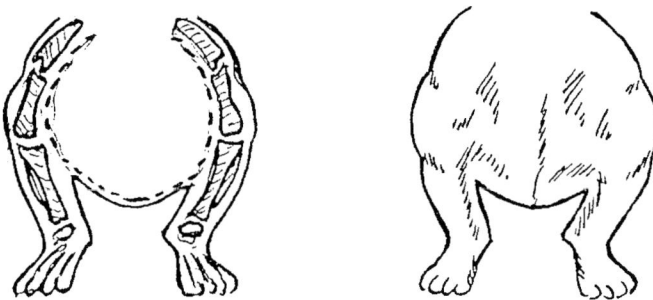

Der Brustkorb ist zwar breit und gut gewölbt, aber der Stand ist sehr mangelhaft („X-Beine"). Die Vorderläufe sollen senkrecht und parallel zueinander stehen, die Pfoten dürfen nicht so stark nach außen gedreht werden.

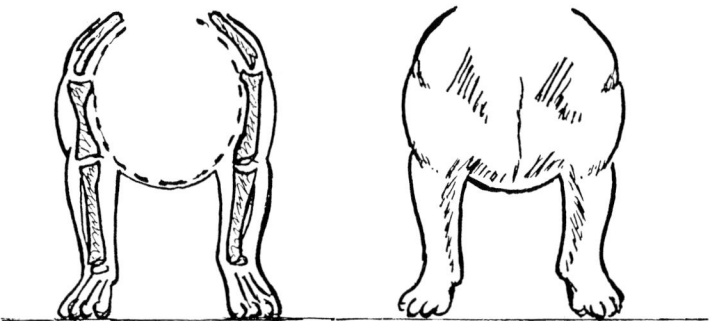

Der Brustkorb ist hier zwar ebenfalls breit mit guter Wölbung, aber die Schultern zeigen mehr Fett- als Muskulaturansatz. Der Stand ist nicht zufriedenstellend, da die Läufe zu nahe beieinander stehen und die Pfoten zu stark nach außen gedreht sind.
(Zeichnungen aus „The French Bulldog" und Lundberg, I.:
„Kommentarer till rasstandarden för Fransk Bulldogg")

Fehlerhafter Körperbau und Stand der Hinterhand

Der Abstand der Hinterläufe zueinander (Abb. links) ist etwas zu gering, die Sprunggelenke (Abb. rechts) sind zu gerade und steil. Der ungenügende Knochenbau bewirkt ein übertriebenes „In-die-Länge-Ziehen" des gesamten Unterschenkels. Der Winkel des Sprunggelenks ist dabei offen und wirkt sich in einer unbefriedigenden Schenkelstellung und einer steifen, ruckartigen Gangart aus. Die Ursachen hierfür sind selten erbbiologische Faktoren, häufiger sind auftretende Probleme während der Wachstumsperiode, die durch rechtzeitige Mineralstoffgaben bei der Versorgung von Welpen und Junghunden meistens vermieden werden können.

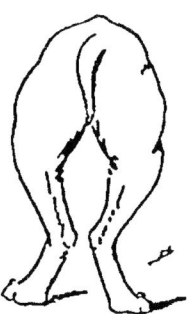

Sehr fehlerhaft sind nach innen gedrehte, einander fast berührende Sprunggelenke und zu stark nach außen gesetzte Pfoten („kuhhessiger" Stand). Die falsche Ausrichtung der Läufe und Pfoten ist selten angeboren, sondern ist meist Folge mangelhafter Ernährung in der Wachstumsperiode des Hundes.

Ebenfalls fehlerhaft sind nach außen gedrehte Sprunggelenke und nach innen gesetzte Pfoten, meist ernährungsbedingter Ursache während des Wachstums. Der Hund zeigt den „faßbeinigen" Stand, wobei die Hinterläufe, von der Seite gesehen, häufig steil sind.

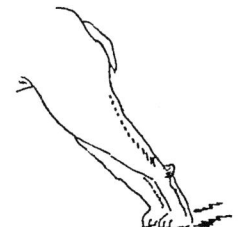

Diese Standhaltung ähnelt der Vorführhaltung einiger anderer Hunderassen. Bei der Präsentation Bullys im Ring ist sie jedoch unbedingt zu vermeiden, da sie eine Beurteilung der Hinterhand verhindert und eine gerechte Bewertung in Frage stellt.

(Zeichnungen aus "The French Bulldog")

Die zu stark abfallende Kruppe sowie die bis zum Sprunggelenk nach hinten, von dort nach vorn ausgerichteten Hinterläufe erwecken den Eindruck, als ob sich der Hund im Augenblick gerade hinsetzen will. Eine der Ursachen der „säbelbeinigen" Standhaltung kann sein, daß die Ober- und Unterschenkelknochen zu lang sind und der Winkel des Kniegelenks zu klein ist. Eine weitere Ursache kann in der allzu großen Dehnbarkeit der Muskeln und Sehnen liegen. Der fehlerhafte Stand bewirkt zudem, daß der Hund „Plattfüße" hat und auf den Ballen statt auf den Zehen geht.

Behaarung und Farbe

Die Französische Bulldogge hat ein Fell ohne Unterwolle. Ihre Behaarung ist fein, dicht, kurz und glatt. Langes Haar ist fehlerhaft.

Nach dem FCI-Standard sind ausschließlich die Haarfarben gestromt, gescheckt und reinweiß anerkannt. „Gestromt" ist eine Mischung von schwarzen, blonden, mittel- bis dunkelbraunen und nicht allzu dunkelrötlichen Haaren. Kleine, weiße Abzeichen sind bei gestromten Bullies zulässig. Französische Bulldoggen mit gescheckten Fell werden „Schecken" genannt. Es sind Hunde mit weißem Mantel und gestromten Platten. Das Weiß soll als Grundfarbe überwiegen und möglichst rein sein. Dunkle Sprenkel („Forellentupfen") sind fehlerhaft. Doch sollte dies nur bei der Beurteilung von zwei gleichwertigen Bullies den Ausschlag geben. Die reinweißen Französischen Bulldoggen werden mit den „Schecken" zusammengefaßt und gemeinsam beurteilt. Bei ihnen sind einige kleine Pigmentflecken erlaubt. Einen Grenzfall zwischen gestromten und gescheckten Bullies findet man, wenn „Schecken" eine große, zusammenhängende Rückenplatte haben. Diese „Mantelschecken" sind heute selten zu sehen. Auf FCI-Ausstellungen werden Bullies mit rein schwarzem, kaffeebraunem, mausgrauem, silbergrauem, cremefarbenem oder kastanienbraunem Fell disqualifiziert. Dies gilt auch für schwarze Hunde mit fuchsroten Platten und weiße Hunde mit rehbraunen Platten.

In einigen Ländern, deren Dachverbände nicht zur FCI gehören, z.B. in Großbritannien und in den USA, wird die Haarfarbe „fawn" zusätzlich anerkannt. In den USA werden darüber hinaus viele Farbvarianten, z.B. „creme" toleriert. „Fawn" ist eine Mischung von hellbeigen bis bräunlich-grauen Haaren. „Fawns" mit dunklen Masken sind besonders beliebt.

Haarfarben, die vom jeweils gültigen Standard abweichen, sind „Fehlfarben" und führen zu einem Ausstellungsverbot. In den meisten Ländern (durchaus nicht in allen) folgt daraus ein Zuchtverbot für die betroffenen Bullies. Dennoch sind diese Hunde echte Französische Bulldoggen und finden bei Liebhabern ausgefallener Haarfarben einen guten Platz.
(Beachten Sie bitte die ergänzte Standardbeschreibung von 1995, sie enthält wichtige Änderungen erlaubter Farben u.a.!) (Zeichnung aus „The French Bulldog")

Anatomie und Physiologie der Fortpflanzung eines Rüden

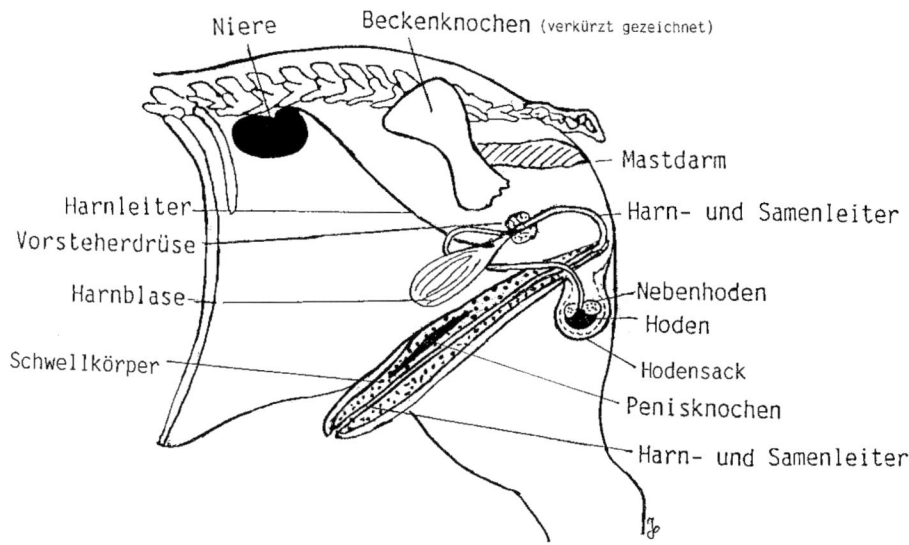

Niere • Beckenknochen (verkürzt gezeichnet)

Mastdarm

Harnleiter • Harn- und Samenleiter
Vorsteherdrüse
Harnblase • Nebenhoden
Hoden
Schwellkörper • Hodensack
Penisknochen
Harn- und Samenleiter

Die Geschlechtsorgane eines Rüden und ihre Bezeichnungen:

accessorische Geschlechtsdrüsen	Geschlechtsanhangdrüsen, z.B. Prostata
Bulbus glandis	Eichelknollen
Corpora cavernosa	Schwellkörper
Ductus deferens	Samenleiter
Epididymis	Nebenhoden
Glans penis	Eichel
Os penis oder Os priapi	Penisknochen
Pars longa glandis	vorderster Abschnitt der Eichel
Penis	Begattungsorgan, Glied
Praeputium	Vorhaut, Vorhautschlauch
Prostata	Vorsteherdrüse
Scrotum	Hodensack
Testis	Hoden
Ureter	Harnleiter
Urethra	Harnröhre
Vesica urinalis	Harnblase

Die Zeichnung der Genitalien eines Rüden verdeutlicht die anatomischen Gegebenheiten, zu denen die Hoden als wesentliches Merkmal zählen. Diese Keimdrüsen liegen vorgeburtlich neben den Anlagen der Nieren in der Bauchhöhle, mit der sie durch das sogenannte „Hodenleitband" verbunden sind. An dieser Verbundstelle bildet sich im weiteren Verlauf der Entwicklung der Leistenkanal. Während des Fötenwachstums erfolgt die Verlagerung der Hoden in die Nähe des Leistenkanals. Nach der Geburt, bis etwa zum Beginn der zehnten Lebenswoche, verlassen die Hoden, hormonell gesteuert, die Bauchhöhle durch den Leistenkanal und steigen in den, zwischen den Schenkeln liegenden Hodensack ab. Der Vorgang sollte zu diesem Zeitpunkt, der mit der Wurfabnahme zusammenfällt, abgeschlossen sein. Wenn ein oder gar beide Hoden in der Bauchhöhle oder im Leistenbereich verbleiben, bezeichnet man dies mit dem Begriff **„Kryptorchismus"**. Der betroffene Rüde wird disqualifiziert, d.h. von einer Zuchtverwendung ausgeschlossen.

Nach dem normal verlaufenen Hodenabstieg liegen die beiden Hoden, umgeben von je einem Nebenhoden, im Hodensack und bilden nach Erreichen der **Geschlechtsreife** aus den männlichen Geschlechtszellen den Samen (Spermien). Er wird in den Nebenhoden gespeichert und beim Samenerguß (Ejakulation) über den Samenleiter zur Vorsteherdrüse geleitet. Diese Drüse erzeugt ein Sekret, das bei der ersten Ejakulation ohne Spermien, beim zweiten Erguß zusammen mit diesen, ausgestoßen wird. Doch auch dem Harn werden Samen und Sekret in geringfügigen Mengen beigemischt und als „Duftmarken" vom Rüden beim Urinieren verteilt. Von der Prostata an werden Spermien und Urin durch eine gemeinsame Röhre, dem Harn- und Samenleiter, geführt und durch die Harnröhre ausgeschieden. Beim Deckakt verhindern die die Harnröhre umgebenden Schwellkörper (Erektionskörper) eine gleichzeitige Urinabgabe.

Infolge erhöhter Blutzufuhr und Verengung der Blutgefäße entsteht die Peniserektion. Dabei erweitern sich die Penisarterien und stoppen den Blutrückfluß. Wenn der versteifte Penis eines Rüden in die Scheide einer Hündin eindringt, treten die zwei Schwellkörper, die der Peniswurzel wie ein dicker Schwamm aus verschlungenem Zellgewebe anliegen, in Aktion und schwellen an der Innenseite des Scheidenmuskels stark an. Dies führt bei der Hündin zu einem Zusammenziehen der die Peniswurzel umklammernden Scheidenmuskulatur, wodurch der Blutrückfluß aus dem Penis verhindert wird. Bevor keine Muskelerschlaffung bei der Hündin eingetreten ist, kann der Rüde von seiner Paarungspartnerin nicht fortkommen. Dieser Koppelungszustand der Hunde wird „Hängen" genannt. Er kann bis zu ca. vierzig Minuten dauern und verbindet den Rückfluß und Verlust der Samenflüssigkeit mit größter Zuverlässigkeit. (Nach Dr. D. Fleig, aus „Die Technik der Hundezucht", Mürlenbach 1987)

Die **Geschlechtsreife** eines Rüden ist äußerlich daran zu erkennen, daß er sich nicht mehr wie ein Welpe oder wie eine Hündin zum Wasserlassen hinhockt, sondern ein Bein hebt und seinen Harn in kleinen Portionen aus einer scheinbar nie versiegenden Quelle gegen Bäume, Mauern u. dergl. spritzt. Mit diesen „Duftmarken" bekundet er seine Anwesenheit und grenzt sein Revier ab. Die Geschlechtsreife ist jedoch nicht mit der **Zuchtreife** gleichzusetzen, die ein Rüde erst dann erreicht, wenn er die **Zuchtzulassungsbedingungen** des Bullyklubs (siehe dort), bei dem Sie Mitglied sind, erfüllt.

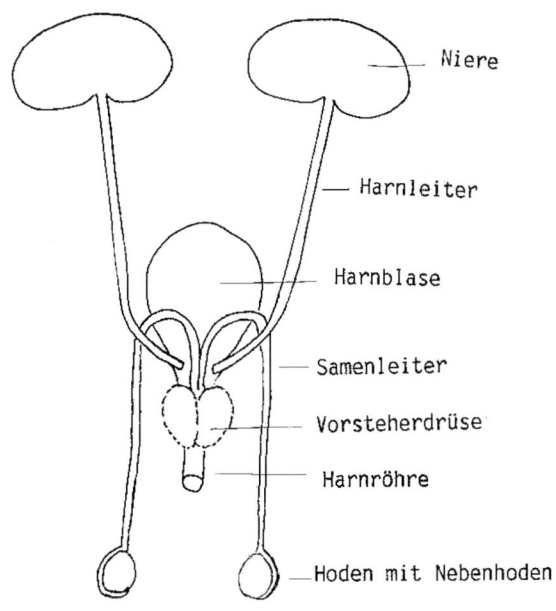

Niere

Harnleiter

Harnblase

Samenleiter

Vorsteherdrüse

Harnröhre

Hoden mit Nebenhoden

Anatomie und Physiologie der Fortpflanzung einer Hündin und der Welpenentwicklung

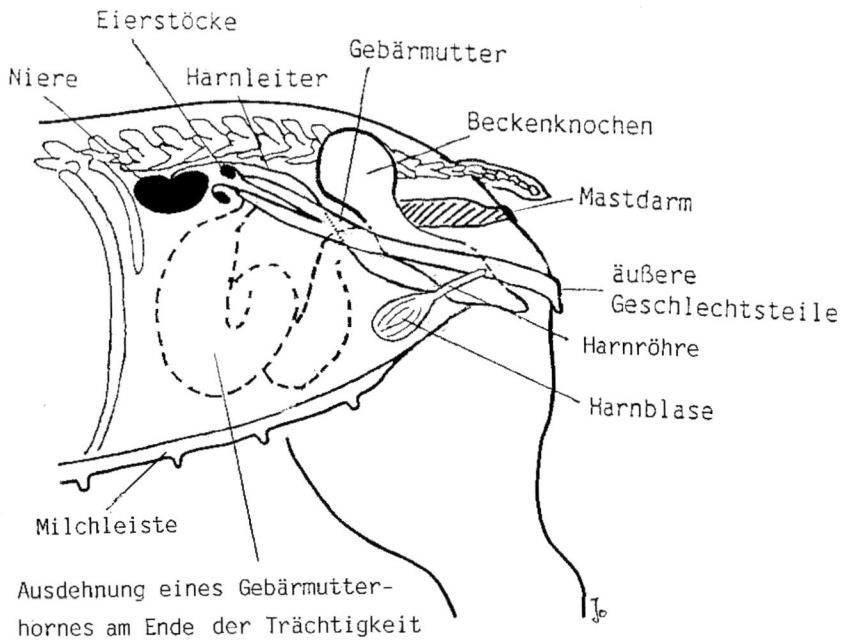

Die Geschlechtsorgane einer Hündin und ihre Bezeichnungen:

Canalis cervicis	Gebärmutterhalskanal, Zervikalkanal
Cervix uteri	Gebärmutterhals
Clitoris	Kitzler, Klitoris
Hymen	„Jungfernhäutchen", ringförmige Einengung am Übergang vom Vorhof in die Scheide
Introitus vaginae	Schamspalte, Eingang zur Scheide
Labien (Labia)	Schamlippen, Nuß
Mamma	Brust- bzw. Milchdrüse des Gesäuges
Ovarium	Eierstock
Salpinx } Tubae uterinae	Eileiter, Tuben
Uterus	Gebärmutter
Vagina	Scheide
Vestibulum	Vorhof
Vulva	Scham

Schematische Darstellung der Genitalien der Hündin

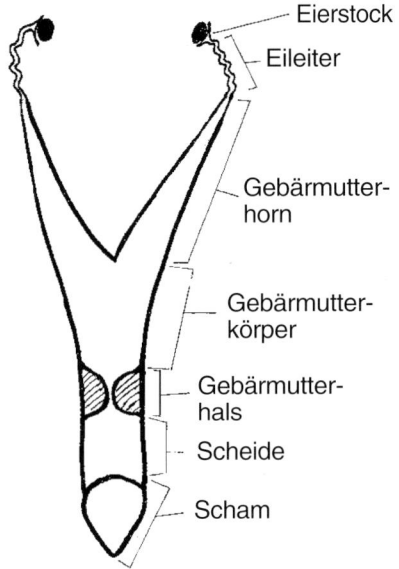

- Eierstock
- Eileiter
- Gebärmutter-horn
- Gebärmutter-körper
- Gebärmutter-hals
- Scheide
- Scham

Bei der Betrachtung der Genitalien einer Hündin fällt die große Distanz zwischen der Scheide und dem Eileiter auf. Diese Entfernung müssen die Spermien, nach dem Ejakulatausstoß des Rüden in der Scheide der Hündin überwinden, um zu den befruchtungsfähigen Eiern im Eileiter zu gelangen. Die „Hänge-Paarungstechnik" der Hunde ist darauf eingerichtet, daß der Samen unbeschadet sein Ziel erreicht.

Die **Eierstöcke** sind kleine, eiförmige, wulstige Gebilde in der Größe eines Weizenkorns und von grau-gelber Farbe. Sie liegen sehr weit vorn in der unteren Lendenpartie nahe bei den Nieren, symmetrisch zu beiden Seiten der Wirbelsäule angeordnet. Sie sind in einem kleinen, eiförmigen Fettbeutel eingeschlossen und durch die Mutterbänder mit der seitlichen Bauchwand verbunden, deren Bewegung sie folgen.

Die zwei **Eileiter** sind kurze, schmale, leicht gewundene Kanäle. Sie beginnen bei einem faltigen, gefransten Gebilde des sie umschließenden Eierstockes, gehen um sein vorderes Ende herum, durchlaufen einen engen Schlitz des Eibeutels, um in Richtung der Gebärmutterhörner abzubiegen, in die sie durch eine schmale Öffnung münden.

Die **Gebärmutter** besteht aus einem zylinderförmigen Körper und zwei gleichgroßen, paarweise angeordneten **Gebärmutterhörnern**. Sie hat die Form eines „Y", liegt vollkommen geschützt in der Bauchhöhle und reicht von den Nieren bis zur Scheide. Der Hohlraum der Gebärmutter ist bei nicht trächtigen Hündinnen klein: Ihr Durchmesser ist etwa fingerstark, der Durchmesser der Hörner etwa bleistiftstark. Die Gebärmutterschleimhaut ist mit Ausnahme einiger Furchen in der Längsrichtung glatt. Die Gebärmutter wird durch breite, vom Bauchfell abhängige Bänder gehalten. Bei der Welpengeburt erleichtern die Zugbewegungen der Bauchmuskeln auf diese Bänder das Ausstoßen der Frucht. Der **Gebärmutterhals** ist kurz und dick. Er geht in Form eines schaumig-weichen Kegels - des **Muttermundes** - in die Scheide über.

Die **Scheide** ist auffallend lang und zum Ausgang hin, im Umfang zunehmend. Ihre vornehmlich glatte Innenfläche weist lediglich einige Längsfalten auf. Die **Vulva** ist gewissermaßen der Vorhof zur Scheide und bedeutend kürzer als diese. Am Scheidenausgang befindet sich der Hymenansatz, der bei erstmals trächtigen Hündinnen bisweilen etwas hinderlich sein kann. Er verwandelt sich nach mehreren Würfen in eine unregelmäßige Wulst. Unmittelbar hinter derselben liegt die Harnröhre, die in einem engen, länglichen Spalt einmündet. Die Schleimhaut der Vulva ist von roter Färbung und dunkler als die Scheidenschleimhaut. Am unteren Ende der äußeren Vulvaöffnung befindet sich, in einer engen Schleimhautfalte verborgen, die Clitoris. Sie ist der Sammelpunkt der erogenen Nervenempfindlichkeit. Ihre Reizübertragung erstreckt sich vor allem auf die Scham und weniger auf die Scheide.

Alle Hunde haben **Milchleisten** und **Zitzen,** die aber nur bei Hündinnen zur „Milchproduktion" ausgebildet sind. Bei Rüden und noch nicht trächtig gewesenen Hündinnen sind die Zitzen nur als kleine, angedeutete Brustwarzen sichtbar. Hat eine Hündin jedoch bereits gesäugt, sind ihre Zitzen erheblich größer und länger. Der Milchaustritt wird aus fünf bis zehn winzigen Löchern in der Zitzenspitze ermöglicht. Die Zitzen liegen in zwei parallelen Reihen, in der Regel paarförmig angeordnet, an der Unterseite des Hundekörpers. Ihre Anzahl kann unterschiedlich sein. Es gibt Hunde mit drei, vier oder fünf Zitzenpaaren, andere haben ungleich verteilte Zitzen und in der Gesamtzahl entweder mehr oder weniger.

Der **Geschlechtszyklus** der Hündin löst in der Regel zweimal im Jahr, unabhängig von der Jahreszeit ihre Befruchtungsfähigkeit **(Läufigkeit, „Hitze")** aus. Er wird in vier, nahtlos ineinander übergehende Stadien eingeteilt, die von hormonalen und nervalen Impulsen dirigiert werden. Hierbei können Umweltreize wie Gemeinschaftshaltung mit Rüden und Hündinnen, Fütterung, Klimaverhältnisse und Streßsituationen auch Einfluß nehmen, die wiederum eine individuelle Schwankung zwischen zwei Zyklen auslösen können. Der Durchschnitt liegt zwischen fünf und neun Monaten. Die Befruchtungsperiode wird äußerlich durch Blutungen angezeigt. (Die Anschaffung von „Läufigkeitshöschen", in die man Papiertücher einlegt und nach Bedarf wechselt, ist zum Schutz Ihrer Wohnung ratsam!)

Die (ungefähre) Dauer der sich wiederholenden **Zyklusphasen** ist wie folgt:

Anöstrus, Ruhepause, brunstloses Stadium:	ca. 90 Tage
Proöstrus, Vorbrunst, Vorbereitungsstadium:	ca. 7 - 18 Tage
Östrus, Brunst, Eisprungstadium:	ca. 6 - 14 Tage
Metöstrus, Nachbrunst, Rückbildung:	ca. 60 - 140 Tage

Die **Erstläufigkeit** stellt sich in der Regel zwischen dem sechsten und zwölften Lebensmonat ein und setzt Reifungsprozesse im Zwischenhirn und an den Genitalien voraus, die als die **Geschlechtsreife** der Hündin bezeichnet werden. Die Geschlechtsreife ist jedoch nicht mit der **Zuchtreife** gleichzusetzen, die erst gemäß den **Zuchtzulassungsbedingungen** des Bullyklubs (siehe dort) dem Sie als Mitglied angehören, erreicht wird.

Die erste Läufigkeit ist in ihrem Verlauf oft noch unregelmäßig, pendelt sich aber in der Folge auf die Norm ein. Sie äußert sich in typischen Veränderungen am inneren und äußeren Genitale sowie am gesamten Erscheinungsbild und im Verhaltensmuster der Junghündin. Sie verliert ihren „Babyspeck", wird im Aussehen allmählich kompakter und erwachsener als zuvor und läßt ihren Urin nicht mehr wie ein „Bächlein" fließen, sondern verteilt ihn in kleinen Spritzern als erste „Duftmarken" für Rüden. Ihrem Läufigkeitsfluor sind zunehmend Duftstoffe (Phermone) beigemengt, die Artgenossen anlocken und veranlassen, sich gegenseitig zu suchen. Die läufige Hündin wird unfolgsam und möchte streunen, um einen Paarungspartner zu finden. (Rüden sind bei der Partnersuche jedoch aktiver als Hündinnen.)

Der **hormonale Ablauf** der bis zum Ende der Befruchtungsfähigkeit auftretenden Läufigkeit läßt sich folgendermaßen beschreiben: Die Läufigkeitsauslösung erfolgt vom Zwischenhirn. Dieses gibt Freisetzungshormone ab, die dann die Hirnanhangdrüse (Hypophyse) zur Bereitstellung des Eireifungshormons (Follikel-Stimulierungshormons) veranlassen. Die Eireifung bringt die Bildung und Freigabe der Östrogene (Follikelhormone) mit sich, die schließlich den Läufigkeitsprozeß in Gang setzen. Die Östrogene bewirken an der Gebärmutter, Scham und Scheide einer Hündin Veränderungen und Vorbereitungen für die Paarung und Trächtigkeit, z.B. Rötung und Schwellung der Schamlippen sowie Läufigkeitsausfluß. Nach Erreichung des Östrogenhöchststandes gegen Ende der Vorbrunst veranlassen die Follikelhormone die vermehrte Freigabe des Gelbkörperbildungshormons. Dieses Hormon leitet dann am Brunstbeginn die Eifreisetzung (Follikelsprung) und die Umwandlung der Follikel im Gelbkörper ein, bremst die Östrogenausschüttung und stimulisiert die Gelbkörper zur Ausbildung des Schwangerschaftshormons (Progesteron). Unter seiner Wirkung wird der Muttermund verschlossen und die nach dem Deckakt befruchteten Eier können sich in der Gebärmutter einnisten. Erst gegen Ende der Trächtigkeit verringert sich die Progesteronbildung, um die Gebärmutter auf die Geburt vorzubereiten.

Unterbleibt eine Paarung oder bleibt die Hündin trotz des Deckaktes unbefruchtet, machen Hündinnen zuweilen eine **Scheinträchtigkeit** (nervöse bzw. Pseudogravidität) durch, die auf hormonelle Fehlsteuerungen zurückzuführen ist und das gleiche Erscheinungsbild wie eine wirkliche Trächtigkeit zeigt.

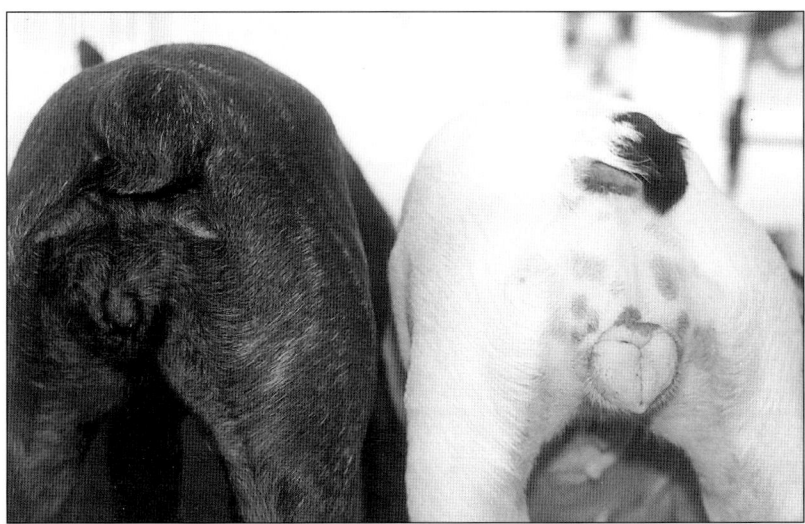

Vergleich der äußeren Genitalien von zwei Bullyhündinnen: Die dunkelgestromte Hündin ist nicht läufig, die Scheckenhündin ist läufig. (Foto: Jorns)

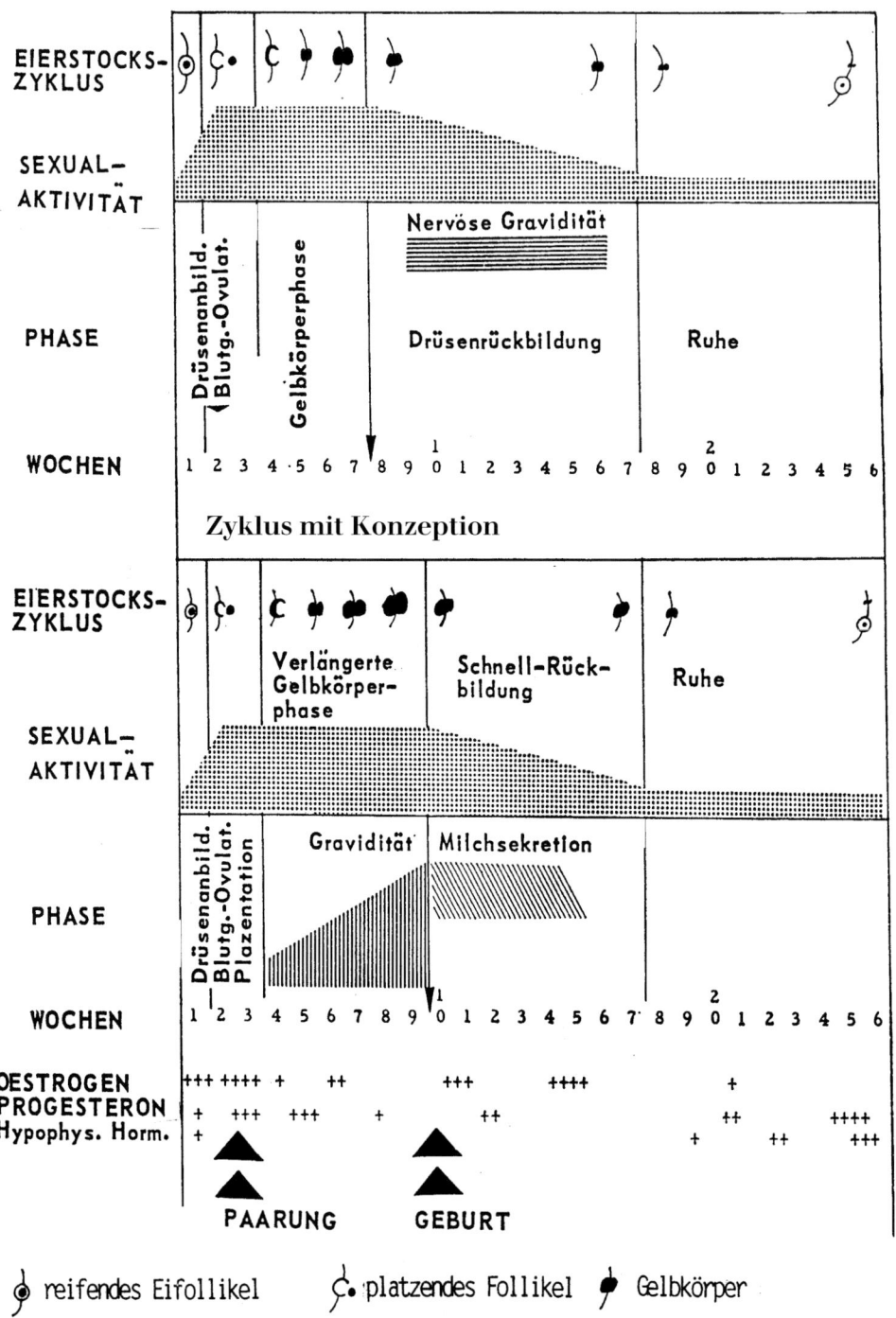

Zyklus ohne Konzeption

EIERSTOCKS-ZYKLUS

SEXUAL-AKTIVITÄT

Nervöse Gravidität

PHASE

Drüsenanbild. Blutg.-Ovulat. | Gelbkörperphase | Drüsenrückbildung | Ruhe

WOCHEN 1 2 3 4 5 6 7 8 9 0 1 2 3 4 5 6 7 8 9 0 1 2 3 4 5 6

Zyklus mit Konzeption

EIERSTOCKS-ZYKLUS

Verlängerte Gelbkörper-phase | Schnell-Rück-bildung | Ruhe

SEXUAL-AKTIVITÄT

Gravidität | Milchsekretion

PHASE

Drüsenanbild. Blutg.-Ovulat. Plazentation

WOCHEN 1 2 3 4 5 6 7 8 9 0 1 2 3 4 5 6 7 8 9 0 1 2 3 4 5 6

OESTROGEN +++ ++++ + ++ +++ ++++ +
PROGESTERON + +++ +++ + ++ ++ ++++
Hypophys. Horm. + + ++ +++

PAARUNG **GEBURT**

⚲ reifendes Eifollikel ⚲ platzendes Follikel ⚲ Gelbkörper

(aus Seiferle, Dr. Prof. Eugen: „Die neue Hundekunde", Zürich 1962)

Im **Nachbrunststadium** klingen die Läufigkeitserscheinungen ab, das Verhalten der Hündin normalisiert sich unabhängig davon, ob es zu einem Deckakt gekommen ist oder nicht. Die Anschwellung der Genitalien geht allmählich zurück, die Schamlippen sind wieder normal durchblutet, glatt und feucht, ohne Absonderungen. Nach einer Paarung sollte ab dem achten Tag danach weder roter, braunroter noch grüner Ausfluß auftreten. Bei Erkennen eines solchen Ausflusses muß der Tierarzt eine gezielte Behandlung der Hündin vornehmen, um den bevorstehenden Abortus zu verhindern und um die Trächtigkeit zu erhalten. Als Ursache für diese Vorkommnisse wird ein Mangel des Schwangerschaftshormons angenommen.

Der optimale **Decktermin** ist eng mit dem Eisprung verknüpft. Die Eizellen werden innerhalb weniger Stunden abgestoßen und bedürfen bei der Hündin noch einer Nachreifung im Eileiter von ein bis zwei Tagen, um die zweite Reifeteilung (Halbierung des Chromosomensatzes) zu erlangen. Werden die ausgereiften Eizellen nicht innerhalb von 20 bis 36 Stunden von befruchtungsfähigen Spermien des Rüden erreicht oder treffen die Samenzellen nicht auf befruchtungsfähige Eizellen, bleibt die Hündin leer. (Nach Tsutsui & Shimizu, 1975, sollen die Eizellen nicht nur 36, sondern bis zu 108 Stunden nach der Ovulation befruchtungsfähig bleiben.) Die Befruchtungsfähigkeit der Spermien im Eileiter der Hündin beträgt bis zu sieben Tagen. Der Aktionsradius der Samenzellen ist bei einem bekannten Decktermin daher kalkulierbar, nicht aber der Zeitpunkt des Eisprungs bzw. der Eisprünge. (Nach Gehring, H., Niemand/Suter, „Praktikum der Hundeklinik", Bln. u. Hbg. 1989)

Wann der Decktermin ist, zeigt die Hündin durch ihr paarungsbereites Verhalten zwischen dem *zehnten und vierzehnten Läufigkeitstag*. Wenn man ihr in dieser Zeit leicht über die Kruppe bis unter die Rute streicht oder einen angeleinten (!) Rüden an ihren äußeren Geschlechtsteilen lecken läßt (ohne den Rüden „aufreiten" zu lassen!), biegt sie ihre Rute ab und bewegt deutlich sichtbar und „einladend" ihre Vulva. Sie zeigt damit ihre **Deckbereitschaft** an, die umgangssprachlich „die Hündin steht" genannt wird. Sie kann dann zwischen dem *zweiten und vierten Tag* dieses Verhaltens dem ausgewählten Deckrüden zugeführt werden. Ein zweimaliger Deckakt am gleichen Tag (nach mehrstündiger Pause) oder innerhalb der nächsten zwei Tage ist ratsam, wenn der Ablauf der Vereinigung unklar ist oder die Zeit des Hängens unter fünf Minuten beträgt.

Dem Tierarzt stehen mehrere Methoden zur Feststellung des Decktermins zur Verfügung, zu denen neben der allgemeinen Untersuchung der Hündin auch Scheidenabstriche und Blutabnahmen mit Labortests zum Nachweis von Progesteron zählen. Hierzu müssen zeitliche Absprachen mit dem Tierarzt bereits vor der Läufigkeit der Hündin getroffen werden, damit sein Labor die nötigen Vorkehrungen treffen kann. Bei den Scheidenabstrichen, die direkt beim Beginn der Läufigkeit und ab dem fünften Tag der Blutung in einem ein- bis zweitägigen Abstand gemacht werden, wird der infrage kommende Decktag durch den Anteil der Zellen mit Zellkern und der Anzahl der roten und weißen Blutkörperchen festgestellt. Gleichzeitig kann der Tierarzt einen etwaigen, spermienschädigenden Keimbefall der Vagina als Folge einer möglichen bakteriellen Infektion diagnostizieren. Wenn ein solcher Keimbefall vorliegt, besteht die Möglichkeit, ihn zu beheben. Die tierärztliche Behandlung muß jedoch v o r dem Deckakt erfolgen.

Schematische Darstellung der Scheidenabstriche über einen Östrus-Zyklus nach A.P. Schutte

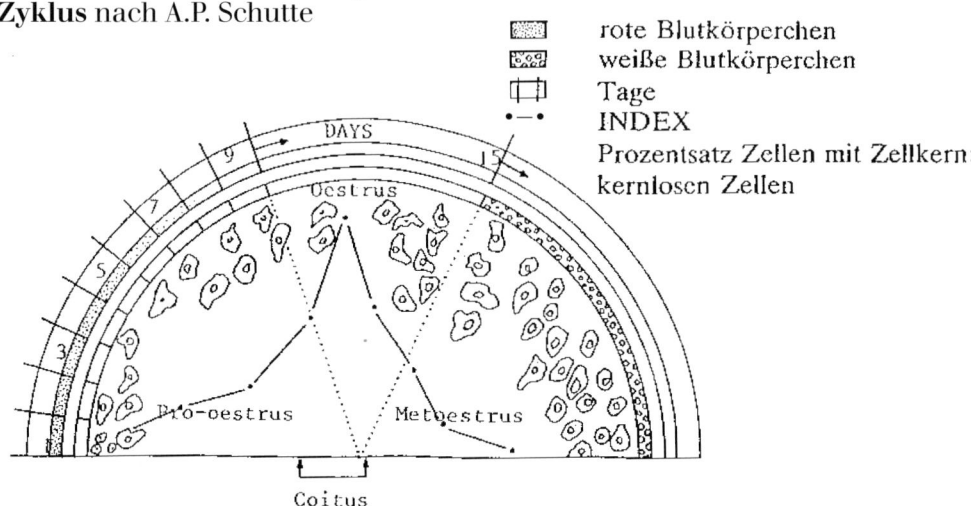

▓ rote Blutkörperchen

▓ weiße Blutkörperchen

◻ Tage

•–• INDEX

Prozentsatz Zellen mit Zellkern: kernlosen Zellen

Hier werden die bei den Scheidenabstrichen festgestellten Zellarten in den verschiedenen Stadien der Läufigkeit gezeigt.

(aus: Fleig, D. Dr., „Die Technik der Hundezucht", Mürlenbach 1987)

Von einer **künstlichen Samenübertragung** anstelle eines normalen Deckaktes sollte nur dann Gebrauch gemacht werden, wenn weder beim Rüden noch bei der Hündin Wesensschwäche oder angeborene anatomische Defekte vorliegen. Sie sollte *keinesfalls* dazu mißbraucht werden, verhaltensgestörte oder mißgebildete Hunde über diesem Umweg zur Zucht zu verwenden! In Ausnahmefällen ist eine künstliche Befruchtung - und ausschließlich nur dann - angeraten, wenn bereits Nachwuchs auf natürlichem Weg gezeugt wurde und danach durch einen Unfall verursachte Folgeschäden vorliegen, also z.B., daß die Verletzung eines Hinterlaufs dem Rüden das Aufsteigen unmöglich macht, er jedoch bester Gesundheit, Abstammung und Vererber vorzüglicher Eigenschaften ist.

Deckstörungen und Schwierigkeiten beim Deckakt kommen gelegentlich vor und können aufgrund des Körperbaus (z.B. des mächtigen Brustkorbs) auftreten oder u.a. auf „Partnerantipathie", Unerfahrenheit der Partner, mangelnde Decklust sowie auf die Annahme eines falschen Decktermins zurückgehen. Ist der Paarungstermin nicht richtig gewählt, verweigert sich die Hündin dem Rüden und wehrt ihn ab. Der Rüde ist dann verunsichert, ja verängstigt. Es ist abwegig, solche Hündinnen durch „Deckhilfen" zur Paarung bringen zu wollen.

Die meisten Hunde vollführen ein ausgeprägtes Vorspiel und reagieren, wenn sie dabei gestört werden, mit Passivität oder gehen geschockt zur Aggression über. Dann helfen auch keine Tricks der Hundebesitzer, z.B. ein Festhalten der Deckpartner. Sie können in der Folge ein ständig gestörtes Deckverhalten verursachen. Das Vorspiel sollte aber nicht so lange geduldet werden, bis die Partner erschöpft sind. Eine kurze Trennung der Hündin vom Rüden und ein erneutes Zusammensein ist ratsam und führt meistens kurz danach zum Deckakt.

Das Sexualverhalten bzw. die Decklust wird manchmal dadurch gestört, daß Hunde getadelt werden, wenn sie sich in geschlechtlicher Erregung abreagieren, gemeinsam gehaltene Hündinnen sich gegenseitig abschlecken und „besteigen" oder Rüden z.B. an einem Bein ihres Besitzers „aufreiten". Eine weitere Ursache der Deckunlust kann darin begründet sein, daß das naturbedingte „Hängen" beim Deckakt durch eine Trennung der Hunde in Unkenntnis der normalen Paarungsstellung dieser Tiere oder um einen möglicherweise ungewollten Deckakt zu vermeiden, gewaltsam abgebrochen wurde. Eine solche Trennung verhindert die Befruchtung nicht und kann außerdem zu gefährlichen Genitalverletzungen beider Hunde führen.

Nach dem Deckakt vereinigen sich die zeugungsfähigen Samenzellen des Rüden mit den reifen Eizellen der Hündin in den weiblichen Eileitern. Aus jeder befruchteten, etwa stecknadelkopfgroßen Eizelle (Zygote) entsteht durch Zellteilungen und Ausbildung der Embryonalfruchthüllen (Allantoamnion und Allantochorion) ein Keimling (Embryo). Das Allantochorion entwickelt Zotten (Villi), die tief in die mütterliche Gebärmutterschleimhaut eindringen und die Gürtelplazenta bilden. Mit diesen Zotten hat sich der Keimling etwa am 18. Tag nach seiner Entstehung in der Gebärmutter eingenistet und wird nun über das mütterliche Blut mit Sauerstoff und Nährstoffen versorgt. Die Plazenta (Mutterkuchen) übernimmt auch den Gasaustausch von Sauerstoff und Stickstoff. Jeder Keimling wächst in einer einzelnen, vom anderen Keimling getrennten Fruchtkammer heran. Die Keimlinge werden nach Entwicklung ihrer Organe, ab der zweiten Trächtigkeitshälfte ihrer Mutter, „Föten" oder „Feten" genannt. Mit ihrem zunehmenden Wachstum füllen sich die Amnion- und Allantoishöhlen mit Flüssigkeit (z.T. mit Harn über die embryonalen Harnleiter) die die Föten gegen mechanische Einflüsse von außen abschirmt. Während der Geburt platzen die äußeren Fruchthüllen meistens. Das Fruchtwasser fließt aus und macht den Geburtsweg gleitfähig.

Die **Trächtigkeit** dauert im Durchschnitt 63 Tage. Schon am 58. und bis zum 70. Trächtigkeitstag können lebensfähige Welpen geboren werden. Mit der tierärztlichen Geburtshilfe darf jedoch *nur* dann bis zum 70. Trächtigkeitstag abgewartet werden, wenn die Hündin vorher keine Beeinträchtigungen ihrer Gesundheit, keinen Temperaturanstieg, keine Geburtsvorbereitungen (Nestbau, Wehentätigkeit) und/oder Abgang von Geburtsschleim zeigt. Im Regelfall verkürzt ein großer Wurf die durchschnittliche Tragezeit. Ein kleiner

Wurf, insbesondere Einfrüchtigkeit verlängert die Durchschnittsdauer und verstärkt, wegen des überproportionalen Welpenwachstums die Vermutung einer bevorstehenden Schwergeburt.

Fruchtkammer des Hundes und Fruchthüllen (nach Zietschmann und Krölling, 1958)

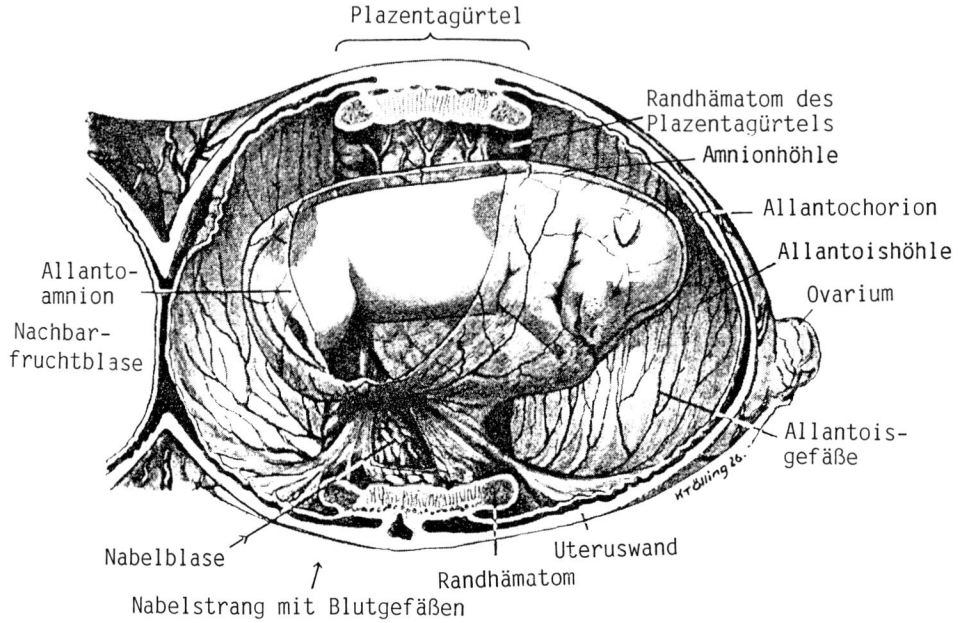

(Aus Fleig, D. Dr.: „Die Technik der Hundezucht", Mürlenbach 1987)

Die Abbildung zeigt die anfänglich noch (fast) runde Form einer Fruchtkammer, deren Form sich während der Tragezeit in eine langgestreckte Ellipse verändert. Manchmal bleibt eine Hündin nach einem normal verlaufenen Deckakt „leer". Die Ursache der **Befruchtungsstörung** kann der Tierarzt durch Untersuchungen der Hündin und Gespräche mit dem Züchter meist feststellen und möglicherweise bis zur nächsten Läufigkeit des Zuchttieres beheben. Der Fruchtbarkeitsstatus wird z.B. durch Haltung, Ernährung, Allgemeinerkrankungen und Infektionskrankheiten beeinflußt. Selbstverständlich muß auch die Gesundheit des Rüden und die Zeugungsfähigkeit seiner Spermien untersucht werden.

Bei einer belegten Hündin können zuweilen **Genitalinfektionen** auftreten, die zum Abbruch der Trächtigkeit, zu fetalen Entwicklungsstörungen und/oder zum **Welpensterben** führen. Infektionen treten vermehrt nach Schwergeburten, krankhaftem Wochenbettverlauf oder als Zwingerprobleme auf. Auch spermale Infekte sind möglich. Wenn der Züchter eine belegte Hündin, insbesondere aus einer entfernten Gegend in Pflege nimmt oder zukauft, sind Komplikationen besonders häufig, da eine mangelnde Anpasung an das neue

Trächtigkeitskalender, berechnet auf 63 Tage Tragezeit

Jan.	März	Febr.	April	März	Mai	April	Juni	Mai	Juli	Juni	Aug.	Juli	Sept.	Aug.	Okt.	Sept.	Nov.	Okt.	Dez.	Nov.	Jan.	Dez.	Febr.
Belegd.	Wurfd.	Belegd.	Wurfd.	Belegd.	Wurfd.	Belegd.	Wurfd.	Belegd.	Wurfd.	Belegd.	Wurfd.	Belegd.	Wurfd.	Belegd.	Wurfd.	Belegd.	Wurfd.	Belegd.	Wurfd.	Belegd.	Wurfd.	Belegd.	Wurfd.
1	5	1	5	1	3	1	3	1	3	1	3	1	2	1	3	1	3	1	3	1	3	1	2
2	6	2	6	2	4	2	4	2	4	2	4	2	3	2	4	2	4	2	4	2	4	2	3
3	7	3	7	3	5	3	5	3	5	3	5	3	4	3	5	3	5	3	5	3	5	3	4
4	8	4	8	4	6	4	6	4	6	4	6	4	5	4	6	4	6	4	6	4	6	4	5
5	9	5	9	5	7	5	7	5	7	5	7	5	6	5	7	5	7	5	7	5	7	5	6
6	10	6	10	6	8	6	8	6	8	6	8	6	7	6	8	6	8	6	8	6	8	6	7
7	11	7	11	7	9	7	9	7	9	7	9	7	8	7	9	7	9	7	9	7	9	7	8
8	12	8	12	8	10	8	10	8	10	8	10	8	9	8	10	8	10	8	10	8	10	8	9
9	13	9	13	9	11	9	11	9	11	9	11	9	10	9	11	9	11	9	11	9	11	9	10
10	14	10	14	10	12	10	12	10	12	10	12	10	11	10	12	10	12	10	12	10	12	10	11
11	15	11	15	11	13	11	13	11	13	11	13	11	12	11	13	11	13	11	13	11	13	11	12
12	16	12	16	12	14	12	14	12	14	12	14	12	13	12	14	12	14	12	14	12	14	12	13
13	17	13	17	13	15	13	15	13	15	13	15	13	14	13	15	13	15	13	15	13	15	13	14
14	18	14	18	14	16	14	16	14	16	14	16	14	15	14	16	14	16	14	16	14	16	14	15
15	19	15	19	15	17	15	17	15	17	15	17	15	16	15	17	15	17	15	17	15	17	15	16
16	20	16	20	16	18	16	18	16	18	16	18	16	17	16	18	16	18	16	18	16	18	16	17
17	21	17	21	17	19	17	19	17	19	17	19	17	18	17	19	17	19	17	19	17	19	17	18
18	22	18	22	18	20	18	20	18	20	18	20	18	19	18	20	18	20	18	20	18	20	18	19
19	23	19	23	19	21	19	21	19	21	19	21	19	20	19	21	19	21	19	21	19	21	19	20
20	24	20	24	20	22	20	22	20	22	20	22	20	21	20	22	20	22	20	22	20	22	20	21
21	25	21	25	21	23	21	23	21	23	21	23	21	22	21	23	21	23	21	23	21	23	21	22
22	26	22	26	22	24	22	24	22	24	22	24	22	23	22	24	22	24	22	24	22	24	22	23
23	27	23	27	23	25	23	25	23	25	23	25	23	24	23	25	23	25	23	25	23	25	23	24
24	28	24	28	24	26	24	26	24	26	24	26	24	25	24	26	24	26	24	26	24	26	24	25
25	29	25	29	25	27	25	27	25	27	25	27	25	26	25	27	25	27	25	27	25	27	25	26
26	30	26	30	26	28	26	28	26	28	26	28	26	27	26	28	26	28	26	28	26	28	26	27
27	31	27	Mai 1	27	29	27	29	27	29	27	29	27	28	27	29	27	29	27	29	27	29	27	28
28	Apr. 1	28	2	28	30	28	30	28	30	28	30	28	29	28	30	28	30	28	30	28	30	28	Mrz. 1
29	2			29	31	29	Juli 1	29	31	29	31	29	30	29	31	29	Dez. 1	29	31	29	31	29	2
30	3			30	Juni 1	30	2	30	Aug. 1	30	Sept. 1	30	Okt. 1	30	Nov. 1	30	2	30	Jan. 1	30	Feb. 1	30	3
31	4			31	2			31	2			31	2	31	2			31	2			31	4

(aus Fleig, D. Dr.: „Die Technik der Hundezucht", Mürlenbach 1987)

virale und bakterielle Umfeld besteht. Jede Umgebung hat nämlich ein unterschiedliches Umfeld, gegen das der dort lebende, gesunde Hund unempfindlich ist, weil er Abwehrkräfte aufbaut. Wird dieser Hund in eine andere Umgebung gebracht, paßt sich seine Immunität den neuen Gegebenheiten in kürzester Zeit an. Ist aber eine Hündin trächtig, ist ihr Körper vollauf mit dem Fötenwachstum beschäftigt. Nach einem Umgebungswechsel dieser Hündin dauert es bis zum Aufbau der entsprechenden Immunität etliche Wochen, bis die Gefährdung durch mögliche Infektionen fremder Umweltbedingungen ausgeschlossen werden kann. Aus dem gleichen Grund sollten Hündinnen mit ihrem Nachwuchs mindestens drei Wochen lang nach der Geburt vor Direktkontakten mit Menschen aus einem anderen Virenniveau geschützt werden, da auch dadurch Infektionen, insbesondere nunmehr der Welpen möglich sind.

Gesundheitsfürsorge, Stichwörter, Erste Hilfe

Dieses Kapitel muß sich auf die Erklärung einiger Stichwörter sowie Hinweise auf vorbeugende Gesundheitspflege und Erste Hilfe beschränken, denn ein kranker und/oder verhaltensgestörter Bully gehört in tierärztliche Behandlung! Je früher fachkundiger Rat in Anspruch genommen wird, desto schneller kann bei der Problemlösung geholfen werden.

Vorbeugende Gesundheitspflege trägt dazu bei, Probleme, bevor sie auftreten, zu vermeiden. Gesundheitsprobleme zu verhindern, ist im allgemeinen sehr viel leichter und kostengünstiger, als sie zu lösen.

Zu den vorbeugenden Maßnahmen zählen:

Impfungen schützen vor vielen verheerenden, oft tödlichen Infektionskrankheiten;

regelmäßige tierärztliche Untersuchungen dienen zur Früherkennung von Krankheiten und Gesundheitsschädigungen;

ausgewogenes Futter und regelmäßiger Auslauf verringern die durch Fettleibigkeit geförderten Risiken und Störungen der Körperfunktionen;

Parasitenbekämpfung hilft zur Verhütung und Einschränkung innerer und äußerer Schmarotzer;

die **Grunderziehung** Ihres Bullys beugt Unfallgefahren vor.

Stichwörter

Aas- und **Kotfressen** ist zumeist auf Futterergänzungsbedürfnisse Ihres Bullys zurückzuführen und kann durch Verfütterung von grünem, ungereinigtem Pansen oder Beigabe von kleingeschnittenem Salat behoben werden. Das Aasfressen ist unbedingt zu verhindern, da beim Verzehr Parasiten, sowie deren Eier und Larven aufgenommen werden können.

Analdrüsen dienen Hunden durch Sekretabgabe beim Kotabsatz zur individuellen „Reviermarkierung". Sie befinden sich beidseitig unter dem After in den Analbeuteln sowie kranzförmig um den After angeordnet. Durch Sekretstau können sich die Drüsen verstopfen und, wenn sie nicht rechtzeitig ausgedrückt werden, Entzündungen und Abszesse verursachen. Der Sekretstau äußert sich im Anfangsstadium durch einen Juckreiz in der Aftergegend. Der betroffene Hund versucht sich dort zu lecken oder sich durch Herumrutschen auf seinem Hinterteil, „Schlittenfahren" genannt, Erleichterung zu verschaffen. Dieses Verhalten ist selten auf einen Wurmbefall zurückzuführen, er ist aber nicht ganz auszuschließen. Sie sollten Ihren Hund sowie seinen Kot vom Tierarzt untersuchen lassen. Wenn feststeht, daß die Analdrüsen verstopft sind, wird der Tierarzt das dickflüssige, übelriechende Sekret ausdrücken und Bully dadurch von seinen Beschwerden befreien. Möglicherweise muß diese Behandlung nach Bedarf wiederholt werden, da manche Hunde im Winter und im Alter zum erwähnten Sekretstau neigen, der insbesondere durch chronische Verstopfung hervorgerufen wird. Um sich und Bully die Tierarztbesuche zu ersparen, können Sie sich die Handgriffe zum Ausdrücken der Analdrüsen zeigen lassen. Sie sind nicht schwer zu erlernen, sollten aber erstmals nicht ohne Anleitung eines Tierarztes durchgeführt werden. Bitten Sie ihn darum, daß er Ihnen alles zeigt und erklärt.

Appetitlosigkeit und **Futterverweigerung** ist bei einem erwachsenen Bully 1 - 2 Tage lang *nur* dann unbedenklich, wenn keine Verhaltensstörungen, Brechreiz, Fieber u.a. auftreten. Vielleicht schmeckt das derzeitige Futter Ihrem Hund nicht? Ein Futterwechsel oder Appetitreize (z.B. ein Leberwurstbrot oder frischer Pansen) können helfen. Welpen gehören bei Appetitmangel ohne Zeitverlust in tierärztliche Behandlung!

Arzneimitteleingabe von Dragees, Kapseln und Tabletten: Das Medikament entweder zerkleinern, mit dem Futter vermischen und fressen lassen oder mit den Fingern hinter den Zungenwulst schieben, Hand zurückziehen und Fang leicht zuhalten. Erst, wenn Bully die Zunge etwas zwischen den Zähnen verschiebt, hat er das Mittel abgeschluckt. Sie können die Arznei auch mit Wasser verrühren und wie eine **Flüssigkeit** eingeben. Hierzu halten Sie Bullys Kopf in einem Winkel von ca. 60° und geben die Flüssigkeit in die seitliche Backentasche ein. Wenn Ihr Hund nicht schlucken will, hilft ein leichter Druck auf den Kehlkopf oder das Zuhalten der Nase. **Zäpfchen** werden mit den Fingern in den After eingeführt. Danach halten Sie Bully einige Zeit auf dem Schoß und drücken seine Rute gegen seinen After.

Atemnot ist durch Bullys erschwerte, röchelnd-pfeifende Atmung und Hecheln mit hochgezogenen Lefzen und blau werdender Zunge gekennzeichnet. Der Hund liegt auf dem Bauch, ist kaum oder gar nicht bewegungsfähig und ansprechbar. Sind diese Anzeichen vorhanden, besteht a k u t e Lebensgefahr! (siehe Atem- und Herzstillstand, Hitzschlag, Fremdkörper)

Bei **Atemstillstand** kann nicht auf den Tierarzt gewartet werden, da n u r bis zu vier Minuten Zeit bleibt, um Bullys Leben ohne Gehirnschäden infolge Sauerstoffmangels zu retten. Als erste Hilfsmaßnahmen kommen die künstliche Beatmung und die Atemspende in Frage.

Die **künstliche Beatmung** wird wie folgt durchgeführt: Bully wird auf die Seite gelegt, wobei Sie darauf achten, daß seine Zunge seitlich heraushängt. Dann drücken Sie alle fünf Sekunden mit beiden, flach gehaltenen Händen auf seine Brustwand hinter dem Schulterblatt. Nach dieser Zeit brechen Sie den Druck abrupt ab und wiederholen ihn nach jeweils fünf Sekunden in gleicher Weise. Der Brustkorb muß solange im erwähnten Rhythmus belastet und im Wechsel entlastet werden, bis die selbständige Hundeatmung wieder einsetzt.

Zur **Atemspende** gehen Sie wie folgt vor: Sie schließen Bullys Schnauze, atmen tief ein, pressen Ihren Mund auf die Hundenase und blasen mit Ihrer Atemluft, etwa drei Sekunden lang, Bullys Lunge auf. Danach atmen Sie selbst wieder ein und wiederholen den Vorgang nach etwa zwei Sekunden, in denen Ihr Hund ausgeatmet hat. Die Atemspende muß auf gleiche Weise und im gleichen Zeittakt bis zum Einsetzen der selbständigen Hundeatmung durchgeführt werden.

Augenerkrankungen, Augen- und Lidverletzungen sowie auffällige Symptome wie Rötung, Trübung, Sekretabsonderung, ständiger Tränenfluß, Lidschwellung und dergleichen müssen ohne Zeitverlust vom Tierarzt behandelt werden, um bleibende Augenschädigungen möglichst zu verhindern. Durch eine Verletzung kann Bullys gesamtes Auge hervorquellen. Damit es nicht austrocknet und verloren ist, ist die richtige Erstversorgung wichtig: Decken Sie das betroffene Auge mit einer kalten, feuchten Kompresse ab (ein Waschlappen genügt) und beeilen Sie sich, mit Bully zum Tierarzt zu kommen!

Die **Aujeszkysche Krankheit** ist eine tödliche, von Viren verursachte Infektionskrankheit, gegen die es noch keine Heilmittel gibt. Menschen werden nicht angesteckt, jedoch alle Säugetiere nach dem Verzehr von infiziertem, rohem Fleisch, insbesondere vom Schwein. Das Schwein gilt als der Hauptwirt der Aujeszkyschen Erreger, die sich nach der Aufnahme im Zentralnervensystem ansiedeln und eine Gehirnhautentzündung mit Todesfolge hervorrufen. Die Krankheitssymptome der erkrankten Tiere sind: Ruhelosigkeit, permanenter Juckreiz, Appetitmangel, Schluckbeschwerden, Speichelfluß, Erbrechen, Mattigkeit, Fieber, schwankender Gang, Verwirrung, Angst, manchmal Aggressionsverhalten, schließlich Bewegungsunfähigkeit, Bewußtlosigkeit und Tod. Dauer der Erkrankung bis zum Ende: 48 Stunden! Zur Krankheitsvermeidung helfen nur vorbeugende Maßnahmen durch Abkochen bzw. Durchbraten von jedem verfütterten Fleisch unbekannter oder zweifelhafter Herkunft.

Bindehautentzündung (Conjunctivitis) ist eine, durch mechanische, klimatische, toxische und chemische Reize bzw. durch Erkältungen und Infektionen verursachte Entzündung der Augenbindehaut, die von Rötungen und Schwellungen der Augenlider begleitet wird. Im ersten Stadium, **Bindehautkatarrh** genannt, tritt ein Augenausfluß auf, der im Krankheitsverlauf eitrig wird. Hauptursachen dieser Erkrankungen sind Zugluft und Fahrtwind. Schützen Sie Bully davor!

Bißwunden: Wurde Bully von einem anderen Tier gebissen, muß die Wunde sofort gesäubert und mit einem sauberen Tuch abgedeckt werden, damit Bully nicht daran leckt. Stillen Sie eine starke Blutung (siehe Blutung) und suchen sie umgehend einen Tierarzt auf! Er wird nach der Wundversorgung Bully durch eine Tetanusantitoxinimpfung vor **Wundstarrkrampf** schützen, der lebensgefährlich ist. wenn er zu spät erkannt wird. Vergessen Sie nicht, sich vom Besitzer des anderen Tieres die Adresse geben zu lassen, damit Sie versicherungsrechtlich abgesichert sind. Besteht nach einem Biß **Tollwutverdacht,** werden nicht geimpfte Tiere getötet.

Blutungen stellen sich nach Verletzungen und Unfällen sowohl äußerlich als auch innerlich ein. Bei vermuteten, **inneren Blutungen** muß der Hund ruhig gelagert, warm gehalten und unverzüglich zum Tierarzt gebracht werden.

Kleine, äußere Blutungen (z.B. Verletzung einer Pfote durch eine Glasscherbe) werden nach Reinigung und Desinfektion der Wunde durch

Anlage eines Druckverbandes (Binde mit Kompresse) versorgt. Tierarztbesuch nach Erstversorgung ist angeraten.

Starke, äußere Blutungen sollten vor Aufsuchen des Tierarztes zum Stillstand gebracht werden, da Gefahr besteht, daß der Hund in der Zwischenzeit infolge des Blutverlustes stirbt. Die Druckpunkte sind bei Arterienblutungen der Vorderhand und des Halses: die Arterie am Gliedmaßenansatz; bei Hinterhandblutungen: die Schenkelarterie (etwa auf der Mitte des Oberschenkels). Sie können auch einen sehr festen Druckverband anlegen oder die Blutung durch Abbinden des Gefäßes an dem verletzten Körperteil durch einen Knebelverband zum Stillstand bringen. Verwenden Sie hierzu keinen Bindfaden, der in das Gewebe einschneiden kann, sondern einen dünnen Schlauch oder eine mehrere Zentimeter breite Binde. Eine Krawatte oder ein zusammengefaltetes Tuch leisten Ersatzdienste. Lagern Sie den verletzten Körperteil hoch, Bullys Kopf tief und lassen Sie Ihren Hund ohne Zeitverlust vom Tierarzt versorgen! Länger als anderthalb Stunden darf die Blutzirkulation nicht unterbunden werden, bei Anlage eines Knebelverbandes muß dieser sogar alle zehn Minuten für eine halbe Minute gelockert und danach wieder gestrafft werden.

Brandwunden, kleine: Säubern, mit Brandsalbe bedecken und durch Binden oder Tücher vor Schmutz und Leckversuchen Bullys schützen. **Große Brandwunden** mit sauberen, kalt angefeuchteten Tüchern abdecken (keine Papiertücher verwenden!), vor Bullys Belecken schützen und vom Tierarzt behandeln lassen.

Bronchitis (Bronchialkatarrh) ist eine Entzündung der Bronchien und muß nach dem Auftreten vom Tierarzt behandelt werden, damit sie nicht chronisch wird. Kennzeichen der Bronchitis sind: Husten, erschwerte, röchelnde Atmung, oft auch von erhöhter Körpertemperatur begleitet.

Diät kann z.B. bei Stoffwechsel- und Organerkrankungen des Hundes Erfolge erzielen. Sie sollte ohne tierärztliche Beratung jedoch nicht durchgeführt werden, um mögliche Körperreaktionen und Ernährungsmängel durch Einschränkung oder Umstellung des Futters auszuschließen.

Durchfall ist ein vermehrt abgegebener, weicher bis dünnflüssiger Kot, der durch Ernährungsfehler, Futterumstellung, Magen- und Darmerkrankungen, Parasiten, Infektionen, Vergiftungen und dergleichen verursacht werden kann und der meistens ohne erhöhte Körpertemperatur auftritt. Er besagt, daß mit der Verdauung des betroffenen Hundes etwas nicht in Ordnung ist und dem Organismus die Fähigkeit fehlt, dem Nahrungsbrei im Darm genügend Wasser zu entziehen. Bei **Welpen** muß Durchfall sehr ernst genommen werden, denn er kann wegen des Wasserverlustes tödlich sein! Der Tierarzt sollte unverzüglich die Behandlung des erkrankten Welpen übernehmen. Bis dahin muß der Welpe warm gehalten und mit häufig gereichtem oder eingeflößtem Tee (z.B. Pfefferminz-, Kamille- oder Fencheltee) versorgt werden. Einem erwachsenen Bully mit ungestörtem Allgemeinbefinden schadet Durchfall in der Regel nicht. Beobachten Sie Ihren Hund, messen Sie seine Körpertemperatur, kontrollieren Sie seine Ausscheidungen und lassen Sie ihn ein bis zwei Tage lang hungern. In dieser Zeit geben Sie Bully nur abgekochtes Wasser oder ungesüßten Tee mit einer Prise Kochsalz (2 - 3 g auf 1 Liter Flüssigkeit). Nach den Fastentagen kann Ihr Patient Reis- oder Haferschleim erhalten, den Sie nur mit Wasser gekocht und leicht gesalzen haben. (Kochsalz ergänzt den, durch den Wasserverlust abgesunkenen Natrium-Kalium-Blutspiegel.) Dazu kann gekochtes Hühner- und Kalbfleisch sowie Hüttenkäse in kleinen Mengen verfüttert werden. Während der ganzen Behandlungsdauer darf Bully weder Milch, noch Fett oder Zucker erhalten; nur etwas Honig zum Süßen des Tees ist erlaubt. Sobald der Kot sich wieder normalisiert hat, kann Bully allmählich sein übliches Futter bekommen. Man beginnt mit kleinen Portionen und verteilt die Tagesration über den ganzen Tag. Wenn der Durchfall nicht innerhalb weniger Tage aufhört, sich häufig wiederholt oder gar Blut im Kot ist, gehört Ihr Hund in tierärztliche Behandlung!

Erfrierungen kommen in unseren Breitengraden zum Glück selten vor, sind jedoch nicht auszuschließen. Besonders werden die Pfoten betroffen, wenn Bully z.B. zu lange Zeit im Schnee gespielt hat und sich Eiskristalle und Schneeklumpen zwischen seinen Ballen und Zehengliedern festgesetzt haben. Am schnellsten wird dem Hund geholfen, wenn man ihn mit allen vier Pfoten gleichzeitig in eine Wanne stellt, die zuvor mit warmem Wasser (bis zu 40° C), etwa zehn Zentimeter hoch, gefüllt wurde. Eis und Schnee schmelzen und die Pfoten werden erwärmt. Danach werden die Pfoten kräftig massiert, trockengerieben und mit einer fettreichen Salbe eingecremt. Steht kein warmes Wasser zur Verfügung, dann sollten die Eis- und Schneeklumpen entfernt und die Pfoten kräftig massiert und eingecremt werden. (Durch Massage wird die Blutzirkulation angeregt.) Anschließend sollte der Hund in Decken oder Kleidungsstücke gehüllt und warm gehalten werden. Verständigen Sie sich auf jeden Fall mit dem Tierarzt und setzen Sie seine Ratschläge in die Tat um!

Flöhe und ihre Nachkommen sind nicht nur lästige Plagegeister, die Juckreiz, Haarausfall, Hautentzündungen u.a. verursachen, sondern sind auch Zwischenwirte für den Hundebandwurm. Ein Flohbefall ist darum unbedingt zu bekämpfen und zwar nicht nur beim Hund, sondern auch in seiner ganzen Umgebung! Flöhe leben von Blut und organischem Abfall und finden auf einem Hund und in Wohnräumen ideale Lebensbedingungen. Bei gleichmäßiger Wärme kann ein einziger Floh innerhalb eines Monats mehr als 180 Nachkommen haben, die ihrerseits eifrig bemüht sind, Nachkommen zu zeugen. Flöhe werden ab und zu beim Spielen mit Artgenossen oder anderen Kontakten (z.B. beim Aufenthalt in flohbefallener Umgebung) aufgenommen und können, wenn es sich nur um wenige handelt und man sie sofort bemerkt, mit einem Staubkamm ausgekämmt und danach getötet werden. Hatten die Flöhe jedoch Zeit, Eier abzulegen oder wurden Floheier vom Hund aufgenommen, entwickeln sich daraus bereits nach vier bis zwölf Tagen Larven, die sich in Kokons verspinnen und als „Nymphen" bezeichnet, ihre Entwicklung vollenden. Es gibt beim Tierarzt und im Fachhandel Flohbekämpfungsmittel, die Sie bei *akutem* Flohbefall einsetzen sollten. Achten Sie bei Bullys Behandlung darauf, daß keines dieser Mittel mit seinen Augen in Berührung kommt, in seine Ohren eindringt oder durch Lecken aufgenommen wird. In die Parasitenbekämpfung müssen Sie auch das Lager und die von Ihrem Hund bevorzugte Umgebung einbeziehen, alles einsprühen und peinlichst säubern. Wenn Sie hierbei einen Staubsauger verwenden, wechseln Sie bitte danach den Papierbeutel, denn sonst gelangen überlebende Larven und „anhängliche" Floheier wieder zurück in die Wohnung. Anschließend ist es ratsam, Bullys Kot untersuchen zu lassen und, je nach tierärztlichem Befund, eine Wurmkur durchzuführen.

Fremdkörper, von Bully aufgenommen, verursachen bei ihm starken Würgereiz mit Schaumbildung und Atemnot. Sie erfordern o h n e Zeitverlust Ihr Eingreifen, damit Ihr Hund überlebt. Öffnen Sie sofort Bullys Schnauze und entfernen Sie aus dem sichtbaren Rachenraum alles, was die Atmung behindern kann (z.B. abgebrochene Zähne und Blut) und insbesondere den Fremdkörper. Wenn es Ihnen nicht gelingt, den Fremdkörper zu entfernen, müssen Sie mit Ihrem Hund schnellstens den Tierarzt aufsuchen. Bis er Hilfe leisten kann, sollten Sie Bullys Zunge mit Hilfe eines Tuches nach vorn oder seitlich aus dem Fang ziehen, damit sie nicht in den Rachen fällt. Außerdem sollten Sie Ihrem Hund das Halsband abnehmen, weil es Schwellungen und Stauungen verursachen kann, Bully beruhigend zureden und ihn bis zum Tierarztbesuch bequem lagern.

Die Entfernung äußerlich in die Haut eingedrungener Fremdkörper, wie z.B. von Glasscherben, Dornen, Stacheln und Hacheln (Spitzen trockener Gräser) und die Versorgung der Verletzung sollte auch unverzüglich erfolgen, um Ihren Hund von seinen Schmerzen zu befreien und um Infektionen zu verhindern. Diese vorwiegend in die Pfoten eingetretenen Fremdkörper lassen sich mit Hilfe einer Pinzette meistens gut entfernen. Ein warmes Seifenbad der betroffenen Pfote, z.B. mit reiner Kernseife, erleichtert das Herausziehen des Fremdkörpers. Anschließend muß die Wunde desinfiziert und vor Bullys Belecken geschützt werden. Fremdkörper, die Sie nicht entfernen können oder bei denen erhöhte Infektionsgefahr besteht, sowie alle Verletzungen, die stark bluten und evtl. genäht werden müssen, gehören in tierärztliche Behandlung.

Eine **Gesäuge-** bzw. **Milchleistenentzündung** (Mastitis) kann z.B. durch Verletzungen, Infektionen, Scheinträchtigkeit und Milchstau hervorgerufen werden. Sie muß vom Tierarzt behandelt werden, um Folgeschäden zu vermeiden. Eine übersehene, nichtbehandelte Gesäugeentzündung kann in wenigen Stunden zu Abszessen und Gewebeabsterben im „Milcherzeugungsorgan" (Mamma) führen. Dadurch wird die Milchversorgung der Welpen gefährdet sowie die weitere Zuchtverwendung der Hündin durch den Verlust von Gesäugeanteilen in Frage gestellt. Die Milchleistenentzündung ist daran erkennbar, daß das Gesäuge sich hart und heiß anfühlt und Berührungen der Hündin Schmerzen bereiten.

Grasfressen hat nichts mit dem Aberglauben zu tun, daß es bald regnen wird, sondern ist in den meisten Fällen ein Anzeichen dafür, daß Bully einen „Verdauungsregulator" braucht. Allerdings können für den Grasverzehr, dem häufig ein Erbrechen folgt, auch andere Ursachen vorliegen, z.B. ein Mangel an Vitaminen, Mineralstoffen und Spurenelementen oder eine Magenschleimhautentzündung. Beobachten Sie Ihren Hund, geben Sie ihm klein-geschnittenen Salat oder gewaschenes Sauerkraut ins Futter und, wenn er trotzdem weiterhin Gras frißt, fragen Sie den Tierarzt um Rat, damit Ernährungsfehler behoben und die nicht auszuschließende Magenschleimhautentzündung behandelt werden können. An sich ist Grasfressen unbedenklich, denn dort, wo Unkraut- und Insektenvernichtungsmittel unmittelbar zuvor verteilt wurden, wird Bully seine Bedürfnisse nicht befriedigen. Er ist sehr wählerisch bei der Auswahl der Gräser, denen, falls sie ungespritzt sind, Parasiteneier anhaften und von Bully aufgenommen werden können. Unter der Voraussetzung, daß Sie den Kot Ihres Hundes mehrmals im Jahr untersuchen lassen und Wurmkuren nach tierärztlicher Anweisung durchführen, ist die Gefahr eines Parasitenbefalls durch Grasverzehr im Gegensatz zum Aas- und Kotfressen relativ gering.

Haarwechsel, der um das Mehrfache den täglich normalen Haarausfall übersteigt, tritt im Frühjahr und Herbst ein. Zeitliche Abweichungen können sich bei Erkrankung, Läufigkeit und Trächtigkeit und bei den Hunden einstellen, die überwiegend in gleichbleibend warmen Räumen gehalten werden. Eine einseitige oder mangelhafte Ernährung beeinflußt den Haarwuchs negativ. Tägliches Bürsten, gutes Futter sowie eine Kur mit Vitaminen, Mineralstoffen und Spurenelementen regen die Haarzellen zum Wachstum an.

Als **Hängen** wird die durch die Erektion verursachte Verankerung des Begattungsorgans des Rüden in der Scheide der Hündin bezeichnet. Die Schwellkörper verdicken den Penis, der von der Scheidenmuskulatur der Hündin umklammert wird, so daß eine gewaltsame Trennung der Hunde während des Hängens zu schweren Verletzungen beider Paarungspartner führt. Durchschnittliche Hängedauer etwa 15 - 25 Minuten.

Hautabschürfungen sind meistens ungefährlich. Es genügt, die umgebenden Haare abzuschneiden, die Verletzung mit einer desinfizierenden Lösung zu reinigen und evtl. mehrmals mit Kamillentee zu baden. Bitte niemals Puder auftragen, da die Wunde dadurch verklebt.

Hautwunden, insbesondere **Ohrmuschelrißwunden** bluten meist stark und gehören in tierärztliche Behandlung, weil sie genäht werden müssen. Der Tierarzt wird einen Verband anlegen und Bully eine Halskrause bis zur Nahtentfernung geben, damit die Verletzung vor Eingriffen des Hundes z.B. durch Kratzen und Kopfschütteln geschützt ist.

Hepatitis contagiosa canis (abgekürzt H.c.c.) ist die ansteckende Leberentzündung und für Welpen ohne Impfschutz absolut tödlich. Die Ansteckung erfolgt zumeist durch direkte Kontakte mit erkrankten Artgenossen oder durch Übertragung von Viren, die z.B. an Schuhen oder Kleidungsstücken von

Menschen haften. Erkrankungssymptome: Hohes Fieber, Nahrungsverweigerung, Durchfall, Erbrechen, Krämpfe, nervöse Störungen u.a.

Bei **Herzstillstand** versetzt man Bully zwei bis drei kräftige Schläge mit der Faust auf die mittleren Rippen hinter der Schulter. Hatten Sie Erfolg, muß der Tierarzt aufgesucht werden, um eine weitere Behandlung des Hundes durchzuführen.

Hitzschlag, gekennzeichnet von Bullys schwankendem Gang, erschwerter, röchelnd-pfeifender Atmung, blau werdender Zunge und verringerter Ansprechbarkeit bis zur Bewußtlosigkeit, wird meist durch unvorsichtige Bulldogbesitzer selbst verursacht, wenn sie ihren Hund z.B. im Auto warten lassen, mit ihm im Auto unterwegs oder am Strand sind. Zeigt Ihr Hund die erwähnten Symptome, müssen Sie ihn sofort behandeln, weil *akute Lebensgefahr* für Bully besteht! Lassen Sie kaltes Wasser über Hals und Nacken Ihres Hundes rinnen oder machen Sie um seinen Brustkorb, Kopf und Nacken nasse Umschläge (gleichgültig womit, weil höchste Eile geboten ist)! Lagern Sie Bully kühl und ruhig im Schatten, nehmen sie ihm das Halsband ab (es kann Stauungen verursachen) und ziehen Sie seine Zunge, mit einem Tuch gefaßt, seitlich oder nach vorn aus der Schnauze, damit sie nicht, in den Rachen zurückfallend, zum Erstickungstod führt. Sprechen Sie beruhigend zu Bully, warten Sie ab, bis er sich wieder beruhigt hat und bieten Sie ihm danach Wasser zum Trinken an. Wenn Bully noch sehr geschwächt ist, benetzen Sie seine Zunge und Lefzen mit Wasser und lassen ihn solange ausruhen, bis sein Körperzustand und Verhalten wieder normalisiert sind. Gehen Sie dann mit Ihrem Hund in einem schattigen Gelände noch ein wenig spazieren und gewähren Sie ihm Freiraum. Wenn ein seichtes Gewässer in der Nähe ist, wird Bully sich dort hineinlegen und ausruhen oder sich darin wälzen und bald den Eindruck „als sei nichts gewesen" erwecken. Trotzdem sollten Sie Ihrem Hund anschließend Anstrengungen ersparen und ihn niemals wieder Situationen aussetzen, die durch Hitzestau, hohe Luftfeuchtigkeit und mangelnde Luftzirkulation zum Hitzschlag führen können. Bullies legen sich zwar mit Vorliebe sogar bei 30° C in die pralle Sonne, aber sie müssen die Möglichkeit haben, sich in den Schatten zurückziehen zu können.

Impfungen sind unbedingt notwendig, um beim Welpen eine eigene, aktive Immunisierung gegen Infektionskrankheiten aufzubauen und beim heranwachsenden sowie erwachsenen Hund zu erhalten. In den ersten Lebenswochen ist der Welpe durch die Antiköper geschützt, die er von seiner Mutter mitbekommen hat. Wie lange diese Schutzdauer anhält, ist von verschiedenen Faktoren und vom Einzelfall abhängig. Es kann daher nur ein allgemeiner **Impfzeitplan** als Anhaltspunkt vorgeschlagen werden (siehe „Pflege und Gesundheitsvorsorge der Welpen").

Insektenstiche von Bienen, Wespen und dergleichen können Bullys Leben gefährden, wenn sie in seinem Rachenraum erfolgten und das eingedrungene Gift Schwellungen verursacht, die die Hundeatmung behindern. Ohne Zeitverlust mußt der Tierarzt Hilfe leisten, um das Schlimmste zu verhindern.

Wenn Bully auf einem weniger gefährdeten Körperteil gestochen wurde, entfernen Sie den Stachel mit Hilfe einer Pinzette. Danach können Sie Bullys Schmerzen mit Kaltwasser- oder Eisumschlägen lindern. Falls die Einstichstelle und ihr Umfeld überdurchschnittlich anschwellen und sich bei Ihrem Hund Verhaltensstörungen einstellen wie z.B. verstärkte Unruhe, Muskelzittern, Atembeschwerden, Erbrechen und Krämpfe, sind das Alarmzeichen zum unverzüglichen Tierarztbesuch. Um Bully vor Stichen zu schützen, sollten Sie ihn in den insektenreichen Monaten verstärkt beobachten.

Kastration Ihres Bullys kann Ihnen als Hundebesitzer die geschlechtsspezifischen „Unarten" wie Herumstreunen, Masturbieren und dergleichen sowie die Folgen eines unerwünschten Deckaktes ersparen und die Entzündungsgefahr der Geschlechtsorgane beim Vierbeiner herabsetzen. Sie schadet einem Hund weder körperlich noch seelisch, denn gestillter Trieb macht keinen Hund gesünder (und Vermehrungslust keinen verantwortungsvollen Züchter). Die Kastration sollte jedoch nicht vor Bullys Geschlechtsreife vom Tierarzt durchgeführt werden. Danach kann der kastrierte Hund bei Bewegungsmangel verstärkt zu Fettansatz neigen und braucht dann weniger Nährstoffe.

Bei Verdacht auf **Knochenbrüche** und **innere Verletzungen**: Keine Eigenmaßnahmen beim Hund versuchen! Bully nicht unnötig bewegen, ihn an eigenen Bewegungen hindern und erschütterungsfrei lagern, unverzüglich mit ihm den Tierarzt aufsuchen!

Läuse kommen beim Hund überwiegend als Haarlaus und als Blutlaus, selten als Kopflaus vor und ernähren sich von organischen Stoffen (Blut und Hautschuppen) ihrer „Wirte". Am gefährlichsten ist die Haarlaus, die als Zwischenwirt des Hundebandwurms (Diphylidium caninum) auftritt. Läuse halten sich bevorzugt hinter den Ohren, am Hals, in der Leistengegend und auch an der Rutenunterseite auf. Die Vernichtung aller Läuse ist äußerst wichtig, da diese Parasiten nicht nur hartnäckige Hautentzündungen und Blutarmut verursachen, sondern auch Toxine (Gifte) ausscheiden, die für Welpen und Junghunde (je nach Menge des Läusebefalls) sogar tödlich sind! Haben Welpen Läuse, muß der Tierarzt zugezogen werden, bei erwachsenen Bullies reichen zur Läusevernichtung in der Regel zwei- bis dreimalige Vollbäder in warmem Wasser, dem ein Schuß Essig zugesetzt wurde. Achten Sie hierbei darauf, daß kein Wasser mit Bullys Augen in Berührung kommt oder in seine Ohren dringt! Fragen Sie unbedingt Ihren Tierarzt um Rat, wenn der Läusebefall hartnäckig ist, und Bully Hautentzündungen hat!

Leptospirose, auch „Stuttgarter Hundeseuche" genannt, ist eine schwere und zuweilen auch auf Menschen übertragbare Infektionskrankheit. Der erkrankte Hund ist apathisch, hat Fieber, Schmerzen, Durchfall, Erbrechen und gelbliche Verfärbungen der Zunge und Augenschleimhaut. Vorbeugende Maßnahme: Schutzimpfung!

Milchfieber (Eklampsie) ist ein Krampfzustand, der vor allem zu Beginn der Säugeperiode einer Hündin auftritt und der, durch die vermehrte Abgabe des körpereigenen Kalziums an die Welpen zu einer Stoffwechselstörung beim Muttertier führen kann. Die Kennzeichen dieser Erkrankung sind z.B. Unruhe, Hecheln, Krämpfe, Seitenlage und Temperaturanstieg (z.T. bis 42° C). Die rechtzeitige, tierärztliche Behandlung ist dringend angeraten, um den Kalziummangel auszugleichen und das Leben des betroffenen Tieres zu retten.

Milben sind winzige, zumeist nur mit Hilfe eines Mikroskops erkennbare Parasiten, die in den Haarbälgen, Talgdrüsen und in den, von ihnen gegrabenen Hautlöchern und Gängen leben und sich vom Blutplasma und der Gewebeflüssigkeit ihrer „Wirte" ernähren. Hunde können von verschiedenen Milbenarten befallen werden, die je nach ihrer Art, wie z.B. die der Demotexmilben, sogar eine Zuchtverwendung erkrankter Tiere in Frage stellen, weil die Welpen beim Saugakt von ihrer Mutter angesteckt werden. Die durch die **Demotexmilben** verursachten Demodikose, gekennzeichnet von Rötungen, haarlosen Stellen, Schuppen und eitrigen Hautentzündungen, befällt vorwiegend Junghunde mit Immunschwäche. Für Welpen ist dieser Milbenbefall ebenso lebensbedrohend wie der, der **Sarkoptesmilben,** deren Erkrankung **Räude** (Sarkoptes) heißt. Die Räudenmilbe untergräbt den Gesundheitszustand eines befallenen Hundes sehr schnell, ist sehr ansteckend und auch auf Menschen als „Fehlwirt" übertragbar. Im Krankheitsverlauf zeigen sich bei intensivem Juckreiz, Hautentzündungen, Beulen, Krusten und Haarausfall. Die im Erdboden lebenden **Herbstgrasmilben** vermehren sich in den warmen Monaten stark, manchmal sogar explosivartig. Hunde werden von den Larven dieser Milben befallen, die Zellen der Haut (kein Blut) saugen, danach wieder abfallen und Hautveränderungen (Rötungen, Erhebungen, Knötchen) hinterlassen. Die **Ohrmilben** verraten ihre Anwesenheit dadurch, daß der betroffene Hund andauernd seinen Kopf schüttelt und sein Ohrenschmalz krümelig und mit Schuppen vermischt ist. Dieser Milbenbefall führt bei Nichtbehandlung zu Gehörverlusten.

Mykosen sind Pilzkrankheiten, die sich meistens auf der Körperhaut entwickeln und auf kreisförmigen Flächen Haarausfall, häufig ohne Juckreiz, verursachen. Die Übertragung erfolgt durch Berührungen infizierter Tiere und Menschen. Wenn Ihr Bully angesteckt wurde, sollten Sie mit ihm zum Tierarzt gehen.

Nickhautdrüsen-Vorfall kommt gelegentlich bei Junghunden durch eine relative Schwäche des Bindegewebes vor. Ab etwa einem Jahr ist das Bindegewebe soweit gefestigt, und der Vorfall tritt nicht mehr auf. Er äußert sich selten gleichzeitig bei beiden Augen und ist daran zu erkennen, daß im inneren Winkel des betroffenen Auges die Nickhautdrüse wie eine kleine, rot-gefüllte „Blase" heraustritt, die durch den Blutstau verursacht, ständig größer wird. Um den Vorfall zu beheben, drücken Sie sanft und vorsichtig die frisch vorgefallene Drüse, bei geschlossenem Augenlid Ihres Bullys, in das Auge zurück. Falls der Vorfall sich häufig wiederholt, sollten Sie mit Bully den Tierarzt aufsuchen.

Normalwerte eines Hundes:

Körpertemperatur	37,5 ° - 38,5 ° C	erwachsener Hund
	34,5 ° - 36,0 ° C	Welpe in den ersten 2 Lebenswochen
Atemzüge pro Minute in Ruhe	10 - 30	
Pulsrate pro Minute in Ruhe	90 - 160	erwachsener Hund
	90 - 210	Welpe, 2 - 6 Monate alt

Parvovirose, auch unter dem Namen **Katzenseuche des Hundes** bekannt, ist eine, insbesondere für Welpen lebensbedrohende Infektionskrankheit, die von Durchfall, Erbrechen und Fieber gekennzeichnet ist. Übertragen werden die Krankheitserreger von Hund zu Hund oder durch die Kleidung der Menschen - nicht durch Katzenkontakte. Die Parvoviren von Hunden und Katzen sind zwar ähnlich, aber nicht gegenseitig übertragbar. Parovirosen in Zuchtbeständen können nur über eine mindestens einjährige Zuchtpause und mehrfaches Durchimpfen aller Hunde des Bestandes getilgt werden.

Pfotenverbände z.B. nach einer Verletzung: Man säubert, desinfiziert und schützt die Wunde, polstert alle Zwischenzehenräume mit Watte ab (Daumenkralle nicht vergessen!) und legt einen Verband an. Damit dieser Verband nicht abrutscht, sichert man ihn mit einigen Leukoplaststreifen, die zuerst in Pfotenrichtung, dann als drei Ringtouren im 1. und 2. Drittel und am oberen Rand um den Verband gelegt werden. Bei schlechtem Wetter ist es ratsam, ein Plastiktütchen über den Verband zu stülpen und dieses auch mit Leukoplaststreifen zu befestigen. (In der Wohnung Plastikhülle abnehmen!)

Rachitis („Englische Krankheit") tritt vor allem bei jungen und wachsenden Hunden auf, deren Skelette eine mangelhafte Verkalkung des Knochengewebes aufweisen. Verursacht wird die Rachitis durch Sonnenlicht- und Bewegungsmangel, Stoffwechselstörungen, Mangel an den Mineralstoffen Kalzium und Phosphor und dem Vitamin D oder durch eine Unfähigkeit des Körpers, verfütterte Mineralstoffe und Vitamine auszuwerten. An Rachitis erkrankte Tiere leiden sowohl im Stehen als auch bei Bewegungen; Schwellungen bilden sich an den Gelenken, Knoten entstehen an den Übergängen der Rippen in die Rippenknorpel. Das Knochenwachstum wird reduziert, die Knochen bleiben weich und deformieren sich bei Belastungen durch das Körpergewicht. Es treten nervöse Störungen, z.T. mit Krämpfen verbunden auf; die Ausbildung der Zähne und der Zahnwechsel verläuft anormal.

Scheinträchtigkeit ist eine „eingebildete" Trächtigkeit einer geschlechtsreifen, ungedeckten Hündin nach der Hitze. Sie geht mit allen Symptomen einer wirklichen Trächtigkeit und Geburt einher. Der Appetit und der Körperumfang nehmen zu, das Gesäuge schwillt an, Milch schießt ein, das „Nest" wird gebaut und manchmal sogar die Geburt mit Erweiterung der Vulva simuliert. Viel Bewegung in frischer Luft, Futtermengenbeschränkung und tierärztliche Hormongaben helfen der Hündin, die Pseudogravidität zu verkürzen.

Staupe ist die bekannteste Infektionskrankheit, die ohne Impfschutz meistens tödlich verläuft oder lebenslange Körperschädigungen verursacht. Die Erkrankung beginnt mit hohem Fieber, Nahrungsverweigerung und Ausfluß an Nase und Augen. Es gibt drei Staupeverlaufsformen (Darm-, Nerven- und Lungenstaupe), die ineinander übergehen können und je nach Art von Durchfall, Erbrechen, Husten, Krämpfen, Lähmungen u.a. begleitet werden. Staupeviren werden durch direkte Artgenossenkontakte oder durch Menschen übertragen, denn sie sind auch an Schuhen und Kleidungsstücken eine Zeitlang überlebensfähig.

Tollwut ist eine schon sehr lange bekannte und anzeigenpflichtige Krankheit mit tödlicher Folge ohne Impfschutz. Die Ansteckung erfolgt überwiegend durch Bisse befallener Tiere oder vereinzelt durch deren Virusausscheidungen im Harn, Kot oder in der Ausatmungsluft. Die Ansteckungsgefahr ist in gefährdeten Gebieten hoch, denn nicht nur das gebissene Tier wird zu einer Infektionsquelle, sondern die Krankheitserreger können überall lauern. Die Krankheitssymptome sind: Wesensveränderung von Teilnahmslosigkeit bis zur rasenden Wut, Speichelfluß, Durchfall, Krämpfe und Lähmungen. Nicht geimpfte Tiere, die der Ansteckung verdächtig sind, werden getötet.

Unfälle können überraschend jeden treffen und darum ist es wichtig, auf Notsituationen vorbereitet zu sein, um schnell und umsichtig das Richtige zu tun. Denn oft sind es nur wenige Minuten, die über Leben und Tod eines geliebten Tieres entscheiden. Bewahren Sie Verbandsmaterial, Hilfsmittel und Arzneien so auf, daß sie jederzeit griffbereit sind; überprüfen und ergänzen Sie laufend den Vorrat! Üben Sie an Ihrem gesunden Bully, wie man einen Verband anlegt, wo seine Blutgefäße abgebunden werden können und dergleichen mehr. Jeder Tierarzt wird bereit sein, Ihnen vorsorglich Ratschläge zu geben, denn meine Beschreibung kann nicht alle Bereiche, insbesondere nicht in der nötigen Ausführlichkeit, erfassen. Ich kann Sie nur auf einige, wichtige Maßnahmen hinweisen. Vor allen Dingen müssen Sie versuchen, Ruhe zu bewahren, damit Sie nicht die Übersicht verlieren. Denn Sie sollten nicht nur in der Lage sein, Bullys Zustand zu beurteilen und Erste Hilfe zu leisten, sondern auch so schnell wie möglich mit einem Tierarzt Kontakt aufzunehmen! Der Tierarzt braucht Ihre präzisen Angaben, damit er Ihnen Ratschläge geben und selbst Vorbereitungen zu Bullys Behandlung treffen kann.

Nehmen Sie auch scheinbar leichte Unfälle ernst und lassen Sie Bully in jedem Fall von einem Tierarzt gründlich untersuchen! Ihr Hund kann innere Verletzungen erlitten haben, die sich nicht sofort, sondern erst nach einiger Zeit auswirken. Denken Sie auch daran, Haftungsfragen mit dem Unfallverursacher zu klären und die Adressen der Beteiligten aufzuschreiben!

Ungezieferhalsbänder gegen Flöhe, Zecken und dergleichen sollten - wenn überhaupt - nur von Zeit zu Zeit, aber nicht dauernd vom Hund getragen werden, um ihn nicht ständig den chemischen Wirkstoffen auszusetzen, auch wenn die Hersteller deren Unschädlichkeit für die Hundegesundheit betonen.

Bei einem akuten Parasitenbefall sind ein- oder mehrmalige Bekämpfungsmaßnahmen mit den entsprechenden Mitteln erfolgreich und völlig ausreichend.

Unterkühlung nicht schockartig, sondern mit gleichmäßiger Wärme und Körpermassage behandeln, damit der Hund allmählich erwärmt und die Blutzirkulation - ohne etwaige Stoffwechselstörungen - normalisiert wird. Ist Bully z.B. in kaltes Wasser gefallen, wird er mit kräftigen Bewegungen trockengerieben, in trockene, wärmende Decken oder Kleidungsstücke eingehüllt und ihm anschließend in zugfreier Umgebung Gelegenheit gegeben, sich zu erholen. Gleiche Maßnahmen gelten für Unterkühlung durch andere Ursachen. Stehen Heizkissen, Wärmelampen und dergleichen zur Verfügung, kann man diese einsetzen und Bully damit erwärmen, während man ihn gleichzeitig massiert. Auf gar keinen Fall dürfen Sie Ihrem Hund Alkohol einflößen! Auch andere Getränke oder Nahrungsmittel sollte Bully *nicht* vor Normalisierung seines Körperzustandes bekommen.

Bei einer **Vergiftung** Bullys müssen Sie sich unverzüglich mit dem Tierarzt verständigen! Nach der Art des Giftes entscheidet er, was zu tun ist. Vorher dürfen Sie Ihren Hund weder zum Erbrechen zwingen noch ihm etwas einflößen oder zum Fressen geben!

Wenn Bully **im Wasser untergegangen** ist, Hund hinten hochheben, damit das verschluckte Wasser abfließen kann oder erbrochen wird. Danach Bullys Atemwege freilegen und bis zur selbständigen Hundeatmung, künstliche Beatmung durchführen. Bully wärmen und mit kräftigen, massageähnlichen Bewegungen trockenreiben.

Der **Wolfsrachen** ist eine angeborene Mißbildung eines Welpen und ist nur bei weit geöffnetem Schnäuzchen erkennbar. Er ist eine offene Verbindung zwischen der Maul- und Nasenhöhle, die ein Ansaugen und Abschlucken der Milch verhindert. Bei einem normal ausgebildeten Gaumen legt sich die Welpenzunge beim Saugakt dicht an die Zitze an, so daß im Rachenraum ein Vakuum entsteht. Bei einem Wolfsrachen gelangt die Nahrung nicht in den Bauch, sondern fließt aus der Schnauze und Nase des Welpen ab oder wird von ihm, in Atemnot röchelnd, ausgehustet. Der betroffene Welpe muß nach seiner Geburt vom Tierarzt getötet werden, da er nicht lebensfähig ist. Denn alle Versuche, die physikalischen Gesetze der Natur durch künstliche Ernährungsmaßnahmen zu überlisten, sind für das Hundekind qualvoll und vergeblich.

Würmer: Hunde können Band-, Haken-, Peitschen- und Spulwürmer als gefährliche Parasiten haben, die ihre Wachstumsstoffe nach Schmarotzerart, überwiegend dem Wirtsorganismus entziehen und bei Nichtbekämpfung das befallene Tier bis zu seinem vorzeitigen Tod schädigen. Anzeichen für einen Wurmbefall sind: Rutschen auf Hinterteil, Durchfall, Brechreiz, Appetitlosigkeit, Abmagerung, normale oder vermehrte Freßlust ohne Gewichtszunahme, mattes Haarkleid, Krämpfe, Schwindel, Lähmungen u.a. Der Wurmbefall entsteht z.B. durch Aufnahme von Wurmeiern, die sich im Kot befallener Tiere befinden oder auf Gräsern und Früchten haften, nachdem der Wind die getrockneten Exkremente verbreitet hat. Da Hunde viel schnüffeln und gern lecken, ist die Ansteckungs- und Übertragungsgefahr, auch im Direktkontakt von Tier zu Tier und Mensch groß. Für jeden verantwortungsvollen Hundebesitzer sollte es eine Selbstverständlichkeit sein, daß er den Kot seines Vierbeiners mindestens zweimal im Jahr untersuchen läßt und nach tierärztlicher Anweisung **Wurmkuren** durchführt. Züchter müssen noch häufiger Vorsorgemaßnahmen gegen einen Schmarotzerbefall treffen, denn nicht nur erwachsene Hunde, sondern auch Welpen brauchen unbedingt Wurmkuren (siehe „Gesundheitsvorsorge der Welpen").

Zahnstein kann das Gebiß eines Hundes sehr schädigen. Zur Vorbeugung ist die Verfütterung von Hundekuchen und hartem Brot ratsam. Regelmäßige Gebißkontrollen und die Entfernung eines etwaigen Belags auf den Zähnen gehören zu den Aufgaben jedes Hundebesitzers. Die Beseitigung des Zahnsteins können Sie mit Ihren Fingernägeln oder mit Hilfe einer kleinen Spachtel (Spatel) vornehmen oder müssen mit Bully den Tierarzt aufsuchen.

Zecken, volkstümlich auch **Holzböcke** genannt, sind blutsaugende Parasiten, die vor allem in den warmen Sommermonaten, bevorzugt unter niedrigen Ästen und im Gestrüpp, auf einen „Wirt" warten. Ist dieser nah genug, lassen sie sich fallen, beißen sich fest, saugen Blut und legen ihre Eier ab.

Eine festgesaugte Zecke kann auch von ungeübter Laienhand gut entfernt werden, wenn dabei darauf geachtet wird, daß die Zeckenmundteile nicht in der Haut verbleiben oder, daß der Schmarotzer zerquetscht wird. Mit Ihren Fingerkuppen führen Sie auf dem Parasitenkörper so lange leichte, drehende Bewegungen aus, bis er abfällt. Diese Methode, die sich von der herkömmlichen „Beträufelungs-Entfernungsmethode" mit Öl, Nagellackentferner und dergleichen unterscheidet, hat den Vorteil, daß Zecken daran gehindert werden, ihre Körperflüssigkeiten während des Herausziehens abzugeben. Selbstverständlich können Sie auch eine Zeckenzange benutzen, doch diese ist nicht immer griffbereit.

Nachdem Sie den „Plagegeist" entfernt haben, betupfen Sie die betroffene Hautstelle Ihres Bullys mit einem desinfizierenden Mittel und treten die Zecke tot. (Parasiten dieser Art überstehen, lebend in die Toilette geworfen, im allgemeinen die Wege der Kanalisation.)

Zwingerhusten ist eine durch Viren hervorgerufene Bronchitis mit trockenem Husten als Kennzeichen. Eine vorbeugende Impfung ist in gefährdeten Gebieten ratsam.

Gedanken und Grundsätze zur Zucht

„Hunde paaren ist nicht schwer, Züchter sein dagegen sehr!" Mit dieser abgewandelten Redensart möchte ich dieses Kapitel beginnen und danach auch andere Menschen zu Wort kommen lassen, die sich intensiv mit der Hundezucht beschäftigt haben. Ob Sie nach dem Lesen dieser Ausführungen den Wunsch nach Bullynachwuchs aufrechterhalten, ist Ihre Entscheidung, die Ihnen keiner abnehmen kann. Es gibt kein „Patentrezept" für erfolgreiches Züchten, denn die biologischen Vorgänge der Natur sind nur beschränkt berechenbar.

Was aber kalkulierbar ist, ist der große Zeiteinsatz, den Sie mit Liebe und nicht ermattender Ausdauer zur „Wochenbett- und Kinderstubenbetreuung" erbringen müssen, wenn Sie ein gewissenhafter Züchter werden wollen. Sie sollten sich darüber im Klaren sein, daß Sie in den ersten drei Lebenswochen der Welpen - wenn nicht sogar länger - „rund um die Uhr" für den Bullynachwuchs da sein müssen und anschließend, bis zur Welpenabgabe, ebenfalls nicht frei über Ihre Zeit verfügen können! Gut aufgezogene Bullyhündinnen sind zwar in der Regel instinktsichere, liebevolle Mütter, die scheinbar keine menschliche Aufsicht brauchen, aber leider sind schwierige Geburten und Welpenverluste wegen rassetypischer Eigenschaften Französischer Bulldoggen, z.B. wegen der relativ großen Welpenköpfe und des Körperbaus der Hündin häufig.

Sie sollten auch darüber nachdenken, und sich rechtzeitig entsprechend informieren, ob Sie für den geplanten Bullynachwuchs Interessenten haben werden. Für alle Züchter - und nicht nur für „Zuchtanfänger" - ist es trotz der Welpenvermittlungsstelle oft schwierig, geeignete Personen für die Hundekinder zu finden. Es kommt zuweilen auch vor, daß nach der Abgabe eines Hundes Probleme auftreten, wenn z.B. der neue Besitzer eine Allergie gegen Tierhaare bekommt oder wenn Bully nicht artgerecht gehalten und versorgt wird. Dann muß der Züchter alle Hebel in Bewegung setzen, um für das Tier ein neues Zuhause bei netten Leuten zu finden. Die Verantwortung des Züchters, an wen und wohin er einen Welpen abgibt, endet *nicht* am Übergabetag!

Die Nachfrage nach Französischen Bulldoggen ist zudem unterschiedlich und hängt z.B. davon ab, ob mehrere Würfe ungefähr zur gleichen Zeit gefallen sind. Keinesfalls sollte der Züchter durch Inserate - vor allem nicht in Tageszeitungen - (sie sind in „Bullykreisen" nahezu verpönt!) versuchen, Käufer ausfindig zu machen. Wer sich auf eine solche Anzeige meldet, ist selten ein liebevoller, dauerhafter Hundefreund. Meistens sind es getarnte Hundevermittler, wenn nicht sogar Aufkäufer von Instituten für Tierversuche.

Der Mensch, der sich eine Französische Bulldogge anschaffen will, besucht Hundeausstellungen und informiert sich dort oder mit Hilfe von Büchern. Er ist keineswegs auf mehr oder weniger obskure Zeitungsannoncen angewiesen, hinter denen sich häufig Geschäftemacher verbergen, die sich selbstgefällig „Züchter" nennen und ihre Tiere aus ungenehmigten Deckakten oder ähnlichen, meist dubiosen Gründen ohne Ahnentafel und möglicherweise als „Sonderangebot" loswerden wollen. Der seriöse Züchter dagegen ist durch seine Mitgliedschaft beim Bullyklub, seine Teilnahme an Hundeausstellungen sowie durch den Zwingernachwuchs bekannt und hat meist mehr Vorbestellungen als Welpen. Daß er die Bullykinder nur den Menschen in die Hand gibt, die ihrem neuen Familienmitglied echte Zuneigung entgegenbringen und jene Interessenten von vornherein ausscheidet, die mit dem Hund nur renommieren oder ihn kommerziell verwerten wollen, ist selbstverständlich. Auch solche Leute kommen für seine Bullies nicht in Frage, die betonen, daß sie für ihr Kind wenig Zeit haben und deshalb einen Spielgefährten suchen. Optimal ist es, wenn der Züchter Gelegenheit bekommt und wahrnehmen kann, die Abnehmer seiner Welpen, insbesondere Erstbesitzer eines Bullys, in ihrer Häuslichkeit zu besuchen und dort Anregungen zur Haltung und Pflege des Hundes, angepaßt an die jeweiligen örtlichen Gegebenheiten, zu geben. Zumindest aber ist es wichtig, daß sich der Züchter viel Zeit nimmt, um sich mit den Bullyinteressenten und Käufern ausführlich zu unterhalten und sie zu beraten. Denn zuerst kommt die Information des künftigen Hundebesitzers und dann erst die Abgabe des Vierbeiners! Da sich manche Menschen vor Anschaffung eines Tieres keine Gedanken über dessen Versorgung machen, die nicht nur Geld kostet, sondern viel Liebe, Verständnis und Zeitaufwand erfordert, sollte der verantwortungsvolle Züchter aufklärend wirken! Nicht jeder Mensch ist, wie bereits erwähnt, ein geeigneter Hundehalter und nicht jeder Bully paßt zu jedem Menschen.

„Bevor man zum ersten Mal züchten will, überlege man sich dies noch einmal reiflich. Wer die Hundezucht aus Profitgründen betreiben will, lasse ruhig seine Finger davon, er wird nur Enttäuschungen erleben. Das … Züchten ist eigentlich eine Kunst, die angeboren sein muß; fühlt man in sich die Fähigkeit dazu und schreckt vor keiner Mühe und keinem Opfer zurück, so kann man es wohl wagen. Vor allem studiere man gründlichst die Rasse, die Rassekennzeichen sowohl im Buch, als auch am lebenden Hund bei den Ausstellungen, beim Richten, bei erfahrenen, ernsthaften und ehrlichen Züchtern."

(aus Trenkle, E.: „Die Französische Bulldogge")

„Gedanken eines Züchters von Französischen Bulldoggen

Am Anfang einer Hundezucht steht die Liebe und die Freude zum Tier. In unserem speziellen Fall zur Französischen Bulldogge. Dabei sollte man Liebe nicht mit Gefühlsduselei verwechseln. Der Hund hat sich dem Menschen unterzuordnen. Er tut dies gerne, da er von Natur aus gewöhnt ist, sich dem Leittier zu unterwerfen. Nur der einigermaßen gut erzogene Hund ist im Zusammenleben mit dem Menschen wirklich erquicklich. Nur mit einem solchen Tier können wir unsere Passion verständlich machen. Verständlich denen gegenüber, die den Hund aus mancherlei Gründen ablehnen.

Die Zucht, ganz besonders die unserer Rasse, verlangt manche Opfer und manches Mehrwissen, Tatsachen, von denen der Außenstehende vielleicht nicht weiß. Der Neuzüchter sollte sich, bevor er beginnt, genau erkundigen, wieviel Geduld, Zeit, durchwachte Nächte notwendig sind; er sollte wissen, was sein Wurf für finanzielle Vorlasten bringt, ganz gleich ob er dann lebende Welpen hat oder nicht; er muß wissen, daß genügend Raum vorhanden sein muß für den heranwachsenden Wurf, insbesondere dann, wenn die Junghunde nicht sofort abgesetzt werden können; er sollte sich auch darüber im Klaren sein, daß eine erfolgreiche Zucht - also Verbesserung der Rasse, nicht deren Vermehrung - nur möglich ist, wenn man sich vorher das Wissen dazu in der Fachliteratur erlesen, von Fachleuten erhört und auf Ausstellungen und Zuchten ersehen hat. Wer dann meint, daß er diese Voraussetzungen erfüllen kann, der möge mit der Zucht beginnen. Zu diesen genannten Vorbedingungen fehlen noch zwei essentielle Dinge: Ohne das gewisse Fingerspitzengefühl und ohne eine große Portion Glück wird man zum großen Erfolg nicht kommen. Beides kann man nicht erlernen. Für ein zielstrebiges Züchten ist eine gewisse Härte unabdingbar; gegenüber sich selbst und vielleicht auch einmal gegenüber seinem Zuchtprodukt. Ich meine der Züchter sollte gegenüber seinen Hunden ganz besonders skeptisch sein. Man läuft ansonsten Gefahr, sich zu sehr in seine Tiere „hineinzusehen". Hier ist Gefühl nicht am Platz. Wenn die Notwendigkeit dazu besteht, muß man auch ausmerzen können. Man muß Tiere von der Vererbung ausschließen können. Eine Trennung kann manches Mal, für beide Teile, geboten sein.

Bei dieser Gelegenheit möchte ich sagen: Es muß nicht unbedingt mit jedem Hund gezüchtet werden. Die Geschichte, daß ein Hund für sein physisches und psychisches Wohlergehen zur Zucht kommen muß, stimmt nicht. Es stimmt ganz besonders nicht bei unserer schwer züchtbaren Rasse.

Lassen Sie mich noch einen ganz persönlichen Gedanken hinzufügen, von dem ich annehmen kann, daß er nicht jedermanns Meinung ist. In unserer Zucht besteht ein Trend, der beinhaltet, daß vor allem die Hunde aus einem bestimmten Zwinger einen Erfolg garantieren. Abgesehen davon, daß diese Meinung nicht richtig ist, halte ich sie auch für schädlich. Es besteht die Gefahr, daß unsere geringe Zuchtbasis noch kleiner wird, die Vitalität, Gesundheit und Selbstwerfen geringer wird, der Standard immer einseitiger ausgelegt wird.

Nach meiner Meinung wäre eine bessere Lösung diese: Ein gesundes Nebeneinander von mehreren Zuchtstämmen mit eigenem Familientyp, die dann von Zeit zu Zeit ein Miteinander versuchen können. Wollen wir unser internationales Ansehen in der Zucht Französischer Bulldoggen erhalten, so kann dies auf die Länge gesehen nur durch eine Vergrößerung der Zuchtbasis geschehen. Früher konnten wir aus England Blutauffrischung bekommen. Diese Quelle ist leider am Versiegen. England ist nicht Mitglied der Fédération Canine Internationale (FCI), somit nicht an die Bestimmung gebunden, daß nur das Ursprungsland der Rasse berechtigt ist den Standard zu ändern. Dieser Standard schreibt uns die folgenden Farbschläge vor: Gestromte, Schecken und Weiße. In England wird aber zunehmend mit anderen Farben gezüchtet, so daß kaum noch Linien bestehen, die für uns brauchbare Zuchttiere bringen. Es ist also nicht eine Frage des Geschmacks, sondern einzig und alleine ein sich Unterwerfen an unsere internationalen Bestimmungen.

Ich kann völlig verstehen, daß Sie nicht immer meine angeführten Ansichten teilen konnten. Jedoch meinte ich, daß meine Erfahrung von 25 Jahren der Zucht unserer „Franzosen", mit 83 aufgezogenen Würfen Sie interessieren könnte.

Den Züchtern und den Liebhabern unserer Rasse, im befreundeten Ausland und hier bei uns, wünsche ich viel Freude und den erhofften Erfolg."

Alexander Prinz von Ratibor und Corvey
(Vorwort im Zuchtbuch Band XXIX, Jahrgang 1974/1975)

Grundsätze der Zucht

„Es gibt wohl selten ein Wort, welches so leichtfertig gebraucht wird, wie das Wort „Züchter". Jeder, der einige Tiere hält und damit wahllos Paarungen vornimmt, nennt sich stolz „Züchter", und alle anderen glauben dies, ohne weiter darüber nachzudenken. In Wirklichkeit hat diese Art der wahllosen Vermehrung unserer Fauna gar nichts mit Zucht zu tun. Von Zucht kann dann erst dort gesprochen werden, wo mit Verstand und Übersicht durch planvolles Vorgehen an einem Zuchtziel gearbeitet wird. Es ist durchaus von großer Wichtigkeit, einmal den Begriff „Zucht" unmißverständlich klar herauszustellen. Nur so kann man erreichen, daß viele dieser gedankenlosen Aufzüchter einmal sich der Mühe unterziehen und ehrlich mit sich selbst zu Rate gehen und feststellen, ob und zu welcher Art von Züchtern sie gehören. Diese Aufrüttelung ist unbedingt wichtig, wenn wir auf breiter Basis ein Vorwärtskommen bei unseren Hunden erreichen wollen. Deshalb ist klar festzustellen, daß das Paaren von zwei einer Rasse angehörenden Tieren aus beliebigen Eltern nicht als Züchten angesprochen werden kann. Dieser Vorgang ist nicht anders als ein wahl- und planloses Vermehren der betreffenden Tierart. Aus dieser Tatsache wird also deutlich, daß man von Züchtern nur dann sprechen kann, wenn nicht wahllos gepaart wird, sondern von vornherein klar und deutlich ein Zuchtziel angestrebt und konsequent verfolgt wird. Dieses Ziel muß immer dem Ideal der zu züchtenden Rasse nahekommen, es muß dem Züchter vorschweben, und er muß sich bei allen Handlungen darüber klar sein, ob sie seinem Zuchtziel nützlich sind...

Anfänger in der Zucht verfallen nun in den Fehler, daß sie sich vom Erscheinungsbild eines Tieres täuschen lassen. Es wird die Ansicht vertreten, daß ein Tier immer das sichtbare Bild vererben muß. Wenn dies zutreffen würde, wäre es ein Leichtes, Züchter zu sein, die Zucht als solche wäre uninteressant. Nun sind aber die Ergebnisse von solchen Paarungen in der Regel ganz anders, als sich mancher vorstellt, und die Enttäuschung ist dann groß. Wertvolle und für die Weiterzucht wichtige Ergebnisse wird nur der erzielen, welcher auch die Ahnen der zu paarenden Tiere einer gründlichen Prüfung unterzieht. Das ist von größter Wichtigkeit. Nur, wenn ich bei einer Reihe von Ahnen feststellen kann oder weiß, daß die und die Positionen immer gut waren, kann ich auch bei der Nachzucht mit diesen Ergebnissen rechnen. Zusammenfassend ist zu sagen: Zum Züchten gehört also in erster Linie ein Zuchtziel. Um nun dem erstrebten Ziel näherzukommen, müssen unbedingt nachstehende Grundsätze beachtet werden:

1. Jedes Einzeltier, welches zur Zucht verwendet wird, muß uns in allen seinen Positionen bekannt und für die Zucht geeignet sein, es muß aber auch vollkommen gesund sein, denn nur in einem gesunden Körper kann sich Wertvolles bilden. Des weiteren müssen wir über seine Ahnen möglichst genau Bescheid wissen.
2. Jeder ernsthafte Züchter muß fortgesetzt eine Auslese der Zuchttiere und der Nachzucht vornehmen, und alle Tiere, die nicht der Mindestanforderung entsprechen, so verkaufen, daß sie mit Gewißheit nicht mehr zur Zucht verwendet werden können (Ahnentafel einbehalten), auch wenn der dabei erzielte Kaufpreis ein geringerer sein sollte.
3. Gewissenhafte Aufzeichnungen in dem Zuchtbetrieb führen und alles Wichtige schriftlich niederlegen.

Wer diese Punkte beachtet und danach handelt, den kann man als Züchter bezeichnen, und er kann mit Recht von Zucht sprechen. Denn bei ihm ist die Gewißheit gegeben, daß sein Streben dahingeht, durch planvolle Auslese und zielentsprechendes Verpaaren von geeigneten, für die Zucht wertvollen Tieren, Nachkommen zu erzielen, die besser und wertvoller sind als die Ausgangstiere. Zucht ist nicht Schaffung von blendenden Einzelindividuen, sondern die Sicherheit von hervorragender Vererbung auf breiter Basis bei vielen Nachkommen! Ein wirklicher Züchter wird deshalb mit Überlegung und Bedacht in den Vorgang der Natur eingreifen, um dem erstrebten Ziel möglichst nahezukommen."

H. Haase
(aus: „Unser Rassehund" 7/90)

Der Zuchtrüde

Der **Geschlechtszyklus** der Haushunde weicht als Folge der Domestikation von dem der Wildhunde, Wölfe und Schakale ab, die nur einmal, in den ersten Monaten eines Jahres **Brunstzeit** haben, ihren Nachwuchs im zeitigen Frühjahr gebären und in den übrigen Monaten nicht fortpflanzungsfähig sind. Weibliche Haushunde werden in der Regel zweimal im Jahr läufig, Haushundrüden sind immer deckbereit und dokumentieren dies durch Harnspritzer mit Duftstoffen, „Duftmarken" oder „Reviermarkierung" genannt.

Die häufigen „Duftnotenabgaben" und Sexspiele eines Rüden werden seinem Halter oft recht lästig. Trotzdem sollte der Hund nicht getadelt, sondern seine Aufmerksamkeit sollte durch Ablenkung spielerisch „umgepolt" werden. Ein heranwachsender Rüde interessiert sich, noch weit vor seiner Geschlechtsreife, für das andere Geschlecht. Er übt sich, zuweilen schon als Welpe, in sexuellen Betätigungen und „reitet" z.B. Ihrer Hand oder einem Spielgefährten auf. Tadel oder gar Strafen würden seine normale, geschlechtstypische Entwicklung stören und sein triebhaftes Verhalten nachhaltig beeinflussen. Oft wird dann, wenn vom erwachsenen Rüden „Deckarbeit" erwartet wird, herumgerätselt, warum es nicht oder erst nach mehreren Anläufen wunschgemäß klappt. Häufig sind die Ursachen in falscher Erziehung zu suchen, die von Verunsicherung bis zur Deckunfähigkeit des Rüden führen kann.

Bevor Sie Ihren Bullyrüden zum Decken einer Bullyhündin einsetzen, sollten Sie sich beizeiten nach den Voraussetzungen zur **Zuchtzulassung** bei dem Klub für Französische Bulldoggen erkundigen, wo Sie Mitglied sind. Die Zuchtzulassung richtet sich nach den jeweils gültigen **Zuchtbestimmungen,** die von jedem Hundeklub herausgegeben werden. Wenn diese Zuchtvorschriften nicht erfüllt werden, riskieren Sie z.B. Zuchtverbot und eine Konventionalstrafe sowie, daß der Bullynachwuchs keine Ahnentafeln erhält und weder ausgestellt noch zur Zucht verwendet werden darf.

Wenn Sie Ihren Rüden häufig zur Zucht einsetzen möchten und ihm einen „guten Ruf" verschaffen und erhalten wollen, rate ich Ihnen, bei der Auswahl der Hündinnen sehr kritisch zu sein, auch wenn Sie auf das Deckgeld verzichten müssen. Fehlerhafte Hündinnen gebären, selbst mit dem rassebesten Rüden, naturgemäß Nachwuchs, der ebenfalls Fehler hat. Guter Nachwuchs ist aus wirtschaftlicher Sicht die beste „Visitenkarte", um finanziell den Einsatz ausgleichen zu können, der Ihnen bis zur Zuchttauglichkeit Ihres Rüden entstand. Als verantwortungsvoller Rüdenbesitzer sollten Sie jedoch die **Zuchtziele,** nämlich die Förderung und Verbesserung der Rasse, vorrangig vor Augen haben!

Hündinnen, die mit Ihrem Rüden durch gleiche Blutsführung verwandt sind, sollten Sie nur nach eingehenden Überlegungen von Ihrem Rüden decken lassen, auch wenn es dem Besitzer der Hündin wegen örtlicher und zeitlicher Umstände bequem ist. Verwandtschaftspaarung, **Inzucht** genannt, ist zwar möglich, doch gehört sehr viel Wissen und Erfahrung dazu. Ohne diese Voraussetzungen führt sie nicht zu Zuchterfolgen, sondern zu Degenerations-schäden und Verstärkung negativer Anlagen.

Niemals sollten Sie Ihren Rüden mit einer paarungsbereiten Hündin allein-lassen oder einem Deckakt zustimmen, wenn die Hündin nicht von einem Menschen „ausbruchsicher" festgehalten wird, der körperlich (und seelisch!) dazu in der Lage ist. Einerseits können Sie dann den vollzogenen Deckakt nicht bestätigen und andererseits kann Ihr Rüde Schaden erleiden, wenn sich die anfangs willige Hündin plötzlich wie „wild geworden" gebärdet.

Der Hinweis darauf, daß Sie nach dem geglückten Deckakt eine Bestätigung darüber ausstellen müssen, soll nicht unterbleiben. In dieser **Deckbeschei-nigung,** erhältlich bei Ihrem Bullyklub, müssen die Namen und Zuchtbuch-nummern der gepaarten Hunde und deren Eltern, sowie Ort und Tag des Deckaktes eingetragen und mit Ihrer Unterschrift bestätigt werden. An-schließend muß dieser Schein vom Rüdenbesitzer umgehend an den Zucht-leiter des zuständigen Klubs geschickt werden.

Die Zuchthündin

Nun haben Sie, bewußt Ihrer Verantwortung und des großen Zeitaufwands, Ihre Entscheidung getroffen und wollen Ihre Bullyhündin belegen lassen. Jedoch sind mit Ihrem Entschluß allein noch nicht die Voraussetzungen gegeben, daß Sie ein anerkannter Züchter werden und der Bullynachwuchs Ahnentafeln bekommt. Sie müssen zuvor die **Zuchtzulassung** für Ihre Hündin beantragen und die jeweils gültigen Zuchtbestimmungen erfüllen. Diese Bestimmungen mit Angabe über die Anforderungen zur **Zuchttauglichkeit** sollten sie beizeiten bei dem Bullyklub erfragen, dem Sie als Mitglied angehören. Die Zuchtvorschriften können von Klub zu Klub voneinander abweichen, z.B. bei den Vorgaben, wieviele und welche Ausstellungsprädikate Ihre Hündin erworben haben muß und welches **Zuchtreifealter** vorgeschrieben ist.

Nachfolgend einige allgemeine Richtlinien:

1. Sie müssen eine gültige Mitgliedschaft in einem Klub besitzen, der die Rasse der Französischen Bulldogge betreut,
2. unter dieser Voraussetzung müssen Sie einen Zwingernamen beim Klub beantragen und
3. über geeignete Räumlichkeiten mit Hundeauslauf verfügen,
4. ferner müssen Sie sich mit dem Zuchtleiter Ihres Klubs in Verbindung setzen und um Genehmigung des beabsichtigten Deckaktes Ihrer Hündin mit dem Rüden Ihrer Wahl, möglichst mit Angabe eines Ersatzrüden - unter der Voraussetzung, daß Sie bereits einen oder zwei Rüden auserkoren haben -, bitten. Diesem Gesuch müssen Sie die Unterlagen der Zuchttauglichkeit Ihrer Hündin beilegen, wobei Sie die vom Klub vorgeschriebene Meldefrist beachten sollten. Ihre Hündin darf *nicht* vor der erteilten Genehmigung gedeckt werden, der Nachwuchs bekommt sonst keine Ahnentafeln und Sie riskieren Geldbuße und Klubverweis!

Zuchtanfängern rate ich dringend dazu, keine Mühe zu scheuen, um sich vom Zuchtleiter und von erfahrenen Züchtern die Konstellationen einzelner Rüden und Erfolgsaussichten in bezug auf das Ergebnis einer Paarung mit Ihrer Hündin erklären zu lassen und den Ratschlägen zu folgen. Dadurch werden folgenschwere Fehler oder gar Mißerfolge vermieden.

Nachdem der nach seinem Erscheinungsbild (Phänotyp) und seinen Erbanlagen (Genotyp) zu Ihrer Hündin am besten passende Rüde gefunden wurde und Sie mit dessem Besitzer Kontakt aufgenommen haben, sollten Sie die „Rahmenbedingungen" des beabsichtigten Deckakts, zweckmäßig schriftlich, klären. Hierzu gehören: Festlegung der Deckgebühr und Fälligkeit der Zahlung, Vereinbarungen über ein „Leerbleiben" der Hündin sowie Ort und voraussichtlicher Termin der Paarung. Im allgemeinen ist es üblich, daß die Hündin zum Rüden gebracht wird, damit er sich seiner Aufgabe in seiner gewohnten Umgebung voll widmen kann.

Wenn Sie diese „Hürden" genommen haben, beginnt die Zeit des Wartens auf die Hitze Ihrer Hündin. Wie bereits erwähnt, kündigt sich die Läufigkeit durch

Rötung und Schwellung der Schamlippen an. Damit Sie die ersten Blutstropfen nicht übersehen, die möglicherweise verwischt oder von Bully abgeleckt werden, sollten Sie das Lager der Hündin mit hellen Tüchern abdecken und den Tag, an dem Sie erstmals blutigen Ausfluß bemerken, als ersten Läufigkeitstag festhalten und zur Gedächtnisunterstützung aufschreiben. Die Anlage eines Tagebuchs zum gewissenhaften Eintragen aller Bully betreffenden großen und kleinen Ereignisse, empfehle ich sehr, damit Sie jederzeit auf Ihre Aufzeichnungen zurückgreifen können. Selbst die nebensächlichste Notiz kann manchmal wichtig sein. Auch zu der Anschaffung eines **Zwingerbuches,** erhältlich bei Ihrem Bullyklub, rate ich. Es hat einen offiziellen Charakter und besitzt mit den gewissenhaft vorgenommenen Eintragungen eine wichtige Aussagekraft. (Einige Bullyklubs, so z.B. der „Internationale Klub für Französische Bulldoggen", verpflichten Züchter zum Führen des Zwingerbuches.)

In den, dem Läufigkeitsbeginn folgenden Tagen, haben Sie Gelegenheit, alle paarungswilligen Rüden der Nachbarschaft kennenzulernen, denn Ihre Hündin sorgt durch großzügig verteilte „Duftmarken" dafür, daß ihre Hitze im Umkreis bekannt wird. Dagegen können Sie nicht viel tun, weil Mensch und Tier Bewegung brauchen, aber unter Umständen müssen Sie viel zum Schutz Ihrer Hündin unternehmen, wenn die unerwünschten Freier lästig werden. Ob Sie die Belagerer mit Hilfe von Kaltwassergüssen und nachgeworfenen, leeren Konservendosen abwehren oder mit Ihrem hitzigen Bullymädchen einsamere Wege als zuvor für Ihre Spaziergänge suchen, muß ich Ihnen und den Gegebenheiten überlassen.

Empfehlung für die Energie- und Nährstoffversorgung der Zuchthündin

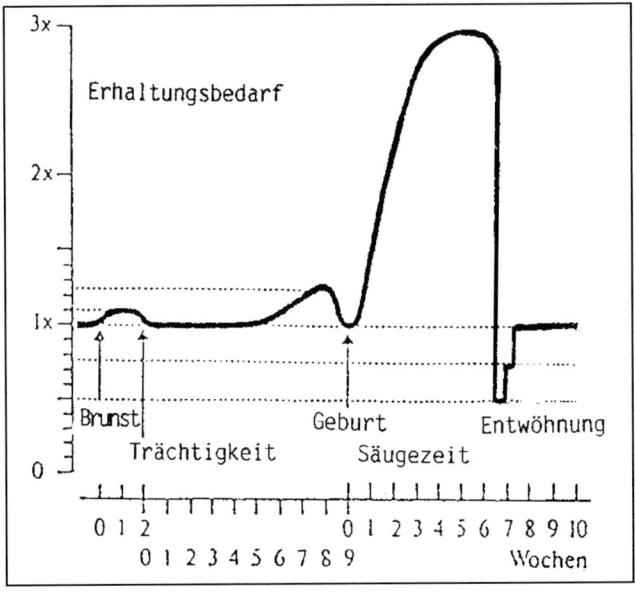

(aus: „Unsere Hunde", 1/85)

Ab dem ersten Läufigkeitstag ist es ratsam, das Futter Ihrer Hündin sowohl qualitativ als auch mengenmäßig leicht aufzubessern und dem Tier viel Bewegung zu verschaffen, damit es nicht fett wird. Der Einfluß der Nahrung wirkt sich günstig auf Bullys Hormonhaushalt aus. Es ist bekannt, daß weibliche Tiere wenig oder gar keinen Nachwuchs in Hungerzeiten haben und ihre Organismen in der Lage sind, befruchtete Eier und Föten auszustoßen. Nach dem Deckakt sollten Sie die Tagesration Ihrer Hündin innerhalb einer knappen Woche, bis zum Ablauf der vierten Trächtigkeitswoche, wieder „normalisieren" und danach langsam ansteigend aufbessern.

Zur Körper- und Gesundheitspflege sollten Sie die Schamlippengegend der läufigen Hündin bei Bedarf mit lauwarmen Wasser abwaschen, damit sich dort keine Verkrustungen und Entzündungen einstellen. Daß Sie die beschmutzte Papiereinlage des Läufigkeitshöschens entfernen und durch eine saubere Einlage ersetzen müssen, ist eine Selbstverständlichkeit. Taschen- und Küchentücher aus Papier eignen sich vortrefflich zu diesem Zweck. Vergessen Sie nicht, das Läufigkeitshöschen nach Gebrauch zu waschen. (Vorheriges Einweichen in kaltem Wasser löst Blut am besten.) Ferner ist es wichtig, den Kot der Hündin vom Tierarzt kontrollieren zu lassen und, wenn erforderlich, eine Wurmkur v o r dem Deckakt durchzuführen. (Bei Zuchthündinnen sollte der Kot regelmäßig dreimal im Jahr kontrolliert und mit den Welpen Wurmkuren vorgenommen werden.)

Etwa ab dem siebten „Hitzetag" werden Sie einen helleren, fast klaren Läufigkeitsfluor feststellen, der sich mengenmäßig im Verlauf der Tage verringert. Parallel hierzu verändert die Hündin ihr Verhalten auffällig. Sie wird unfolgsam und ist an Kontakten mit Rüden (und auch gleichgeschlechtlichen Artgenossen) interessiert. Ihre Hormone haben sich der Brunst angepaßt. Es kommt zum Eisprung und zwischen dem neunten und zwölften Läufigkeitstag zur Eifreisetzung und Gelbkörperausbildung. Ab dem elften Tag der Läufigkeit besteht im Normalfall zwei bis drei Tage „Deckbereitschaft". Da Ausnahmen von dieser Terminregel hinreichend bekannt sind, sollten Sie Ihre Hündin ab Beginn der Läufigkeit vier Wochen lang, nicht der Gefahr eines ungewollten Deckaktes aussetzen!

Wenn Sie Ihre Hündin, etwa ab dem siebten Läufigkeitstag, unterhalb der Rute und im Schamlippenbereich streicheln, zeigt sie Reaktionen, die sich, mit der zeitlichen Annäherung an die Tage der Deckbereitschaft verstärken. Je mehr sie ihre Rute seitlich abbiegt und dabei ihre „Nuß", deutlich sichtbar, von unten nach oben anhebt, desto näher ist der Paarungstermin. Diese Zeichen sind jedoch nur beschränkt aussagefähig, denn viele Hündinnen reagieren noch tagelang nach der Hochbrunst in gleicher Weise.

Damit Sie den **Decktermin** besser eingrenzen können, verweise ich auf die bereits erwähnte, tierärztliche Untersuchung Ihrer Hündin und auf das Hinzuziehen eines angeleinten (!) „Testrüden", ohne ihn aufreiten zu lassen. Setzt sich Ihre Hündin nicht hin und verwehrt dem interessierten Rüden nicht das Beschnüffeln und Ablecken ihrer Schamlippen, sondern „flirtet" mit ihrem ganzen Körper und Verhalten, ist es Zeit, sie unverzüglich zum vorgesehenen Deckrüden zu bringen. Zu diesem „Flirt", auch **Vorspiel** genannt, gehören spielerisch-tänzelnde Körperbewegungen, das Abbiegen der Rute und das verführerisch-einladende Zeigen des Hinterteils.

Planen Sie viel Zeit für den Deckakt ein. Hunde sind keine Maschinen, die auf Knopfdruck das Gewünschte tun. Bullies sind besonders sensibel und reagieren in ungewohnter Umgebung, trotz ihres normalen Geschlechtstriebs, plötzlich anders als erwartet. Manchmal sind sie völlig verspielt, manchmal schon vorzeitig überreizt. Nach einer längeren Anreise sollten Sie Ihre Hündin unbedingt ausruhen lassen und ihr Gelegenheit zur Notdurftverrichtung geben, *bevor* sie mit ihr den Paarungsort aufsuchen. Danach kann unter Ihrer und der betreuenden Aufsicht des Rüdenbesitzers der Deckakt stattfinden.

Grundsätzlich möchte ich jedem Bullybesitzer raten, der mit seinen Hunden erfolgreich züchten will, diese dem Tierarzt seines Vertrauens *vor* dem beabsichtigten Deckakt vorzustellen und auf einen etwaig gegenseitig schädigenden Keimbefall durch Bakterien untersuchen zu lassen.

Beim Rüden reicht es zeitlich, wenn Sie drei oder vier Tage vor dem Decktermin beim Tierarzt vorsprechen. Er wird in den meisten Fällen eine Vorhautspülung mit einer desinfizierenden Flüssigkeit durchführen, da männliche Artgenossen gelegentlich einen, möglicherweise eitrigen Vorhautkatarrh haben und somit zu einer Infektionsquelle werden. Der Tierarzt wird Ihnen wahrscheinlich etwas von dieser Spülflüssigkeit nach Hause mitgeben, Ihnen deren Anwendung zeigen und (in der Regel) dazu raten, einen Tag *vor* und *nach* dem Decken je eine Spülung durchzuführen.

Mit Ihrer Hündin sollten Sie unmittelbar nach Läufigkeitsbeginn den Tierarzt aufsuchen. Mit einem sterilen Tupfer wird er einen Scheidenabstrich durchführen und diesen in ein Labor zur bakteriologischen Untersuchung schicken. Nach einigen Tagen liegt das Ergebnis vor und die Hündin kann beim Vorhandensein von pathogenen (krankheitserregenden) Bakterien in der Scheide noch *vor* dem Deckakt behandelt werden. Die entsprechenden Medikamente mit dem Verabreichungshinweis erhalten Sie von Ihrem Tierarzt.

Selbstverständlich sind diese vorsorglichen Tierarztbesuche mit Kosten verbunden ohne die Garantie zu haben, daß der Deckakt aus wie auch immer gearteten Gründen überhaupt zustande kommt oder andere Probleme während der Trächtigkeit oder beim Geburtsakt eintreten. Aber Sie haben nach den empfohlenen Untersuchungen das gute Gefühl, nach dem derzeitigen Stand der Wissenschaft das Beste dafür getan zu haben, mögliche Schädigungen durch Bakterien bei den Elterntieren und ihrem Nachwuchs auszuschließen.

(Zur Bestimmung des Deckzeittermins weise ich auf Seite 217 dieses Buches hin.)

Der Deckakt

Zum ersten Deckakt sollte vorzugsweise eine „erfahrene" Hündin dem Rüden, bzw. umgekehrt, ein „geübter" Rüde der Hündin zugeführt werden. Die Paarungspartner sollten nicht unmittelbar vor dem Deckakt gefüttert werden, da sie die Nahrung im sexuellen Erregungszustand meistens erbrechen. Gleiches gilt für das Wassersaufen. (Rüden neigen jedoch mehr zum Erbrechen.) Während des Deckaktes sollten nur Sie und der andere Bullyhalter anwesend sein, also die Menschen, die den Hunden am vertrautesten sind und die sie überall anfassen dürfen. Für das bevorstehende „Ereignis" sollte ein ruhig gelegener Raum mit rutschfestem Fußboden gewählt werden, in dem einige Unterlagen (Kissen, zusammengelegte Handtücher, Podeste, dicke Bücher) sowie Papiertücher griffbereit zur Verfügung stehen.

Wo der Deckakt der Hunde stattfinden soll - ob auf einem Sofa oder auf dem Fußboden - hängt von den Räumlichkeiten und der Körperkondition der Bullyhalter ab. Jeder von ihnen muß sich während des „Hängens" der Hunde auf ein längeres Ausharren in einer möglicherweise sehr unbequemen Stellung einrichten, um den einen oder anderen Hund, manchmal auch beide Vierbeiner festzuhalten. Denken Sie deshalb rechtzeitig daran (bevor Sie einen Krampf bekommen), nach einem der Kissen zu greifen, um Ihre Lage zu verbessern!

Es gibt natürlich Hunde, die ihre Paarungen nach „Flirt" und Vorspiel ohne menschliche Hilfeleistungen vollziehen, auch wenn sie den Akt und dessen Folgen z.B. wegen gewaltsamer Unterbrechung des „Kopplungszustandes" oder wegen des Größenunterschieds der Geschlechtspartner nicht überleben. Denn der **Arterhaltungstrieb,** d.h. der Drang sich fortzupflanzen, gleich mit welchem Artgenossen, ist der Urtrieb und das oberste Gebot allen Lebens in der Natur. Bei einigen Französischen Bulldoggen besteht wegen der rassespezifischen Körperformen jedoch die Gefahr, daß sie sich durch ihre sexuelle Erregung vorzeitig verausgaben, lauthals hecheln, sich hinlegen, keine Paarungsgelüste mehr zeigen und ihren Besitzern natürlich Sorgen bereiten. Bevor es dazu kommt, sollten Sie einige **Deckregeln** beachten:

Gewähren Sie den Bullies nur etwa fünf, höchstens zehn Minuten zum „Bekanntmachen" und Vorspiel, achten Sie darauf, daß die Hündin von vorn gefaßt, von ihrem Besitzer festgehalten wird, und lassen Sie den Rüden an der Hinterseite der Hündin „aufreiten". Nun beobachten Sie bei den Stoßbewegungen des Rüden, ob sein Penis höhenmäßig passend, in die Scheide der Hündin eindringen kann. Zwischen Paarungspartnern bestehen zuweilen Größenunterschiede, die man durch Unterlagen ausgleichen kann. Es ist günstiger den Höhenausgleich nicht beim Rüden, sondern bei der Hündin vorzunehmen und ihr, je nach Notwendigkeit, entweder vorn oder hinten Kissen oder dergleichen unterzulegen. Der Rüde braucht mehr Bewegungsfreiheit für seine Aktivitäten und kann von den Unterlagen irritiert werden.

Ob dem Rüden beim Finden der Schamspalte und Einführen seines erigierten Gliedes geholfen werden muß, hängt davon ab, wie er sich anstellt und ob er sich das Anfassen, ohne abgelenkt zu werden, gefallen läßt. In den meisten Fällen reicht es, die Schamlippen der Hündin etwas auseinander zu ziehen und sie dem Rüden in passender Position zu präsentieren. Erfahrene Rüdenbesitzer sitzen ganz nah bei den Hunden, stützen die Hündin ab, damit sie nicht einknickt und manipulieren ihre „Nuß" dem Rüden so, daß sein Penis beim Vorwärtsstoßen das Ziel findet. Wenn der Penis eingedrungen ist, umfaßt der Rüdenbesitzer von hinten beide Hunde und verschränkt seine Hände unter dem Bauch der Hündin, wobei er gleichzeitig mit seinen Knie-Innenseiten gegen die Hinterschenkel des Rüden drückt. Aus dieser technisch sehr geschickten Umklammerung können sich die Paarungspartner nicht lösen und müssen in ihrer Stellung verharren.

Sobald der Geschlechtstrieb des Rüden angereizt ist, ejakuliert er eine kleine Menge einer wasserhellen Flüssigkeit. Sie wird das „erste Ejakulat" genannt und ist ein von der Vorsteherdrüse stammendes Sekret mit Gleitmittelfunktion. Wenn der Rüde seinen Penis voll in die Scheide der Hündin eingeführt hat, hört er mit dem Stoßen auf und das zweite, spermienreiche Sekret wird ejakuliert. Gleichzeitig vergrößern sich die Schwellkörper und die Zeit des „Hängens" beginnt. Sie ist beiden Hunden - besonders am Anfang - so unangenehm und schmerzhaft, daß sie geradezu hektische Befreiungsversuche unternehmen. Die Muskulaturanspannung ihrer, den Penis umklammernden Scheide und die Schwellkörperausdehnung des Rüden sind bei der Hündin die Ursachen ihrer Abwehrreaktionen; beim Rüden ist es das starke Druckempfinden auf seinen Penis, bedingt durch die Scheidenmuskulaturumklammerung der Hündin und durch die Vergrößerung seiner Schwellkörper. Damit die Paarungspartner sich nicht voneinander trennen und den Deckakt vorzeitig abbrechen, müssen sie sehr gut festgehalten und ihnen ruckartige Bewegungen verwehrt werden. Manche Hündinnen versuchen im Bestreben dem Rüden auszuweichen, sich zu setzen. Das muß verhindert werden, denn die Verletzungsgefahr durch ungeschickte Bewegungen ist bei diesen Vierbeinern groß. Liebevolles Streicheln und beruhigendes Zureden trägt neben dem Festhalten dazu bei, die unruhige Phase der Hunde zu überwinden. Wenn der Rüde nach einiger Zeit seine Stellung verändern möchte, kann man ihm helfen, von der Hündin abzusteigen: Zuerst werden seine Vorderläufe seitlich abgestellt, danach einer seiner Hinterläufe über den Rücken der Hündin geführt und auf den Boden gesetzt, so daß letztendlich beide Bullies, Hinterseite an Hinterseite, in einem Winkel von etwa 180° zueinander stehen. Damit sie in dieser, für Caniden auch typischen und natürlichen Paarungsstellung verharren, müssen sie weiterhin festgehalten und beruhigt werden und dürfen, auch bei einem unerwünschten Deckakt, nicht mit Gewalt voneinander getrennt werden!

Das zweite Ejakulat ist ein milchiges, zähflüssiges Sekret, das umso mehr Spermien enthält, je weißer und zähflüssiger es ist. Sieht es nur „glasig" aus, beinhaltet es zu wenig Samen. Im weiteren Verlauf des „Hängens" kommt es zum dritten Erguß aus der Prostata. Diese stößt eine große Menge klarer Flüssigkeit mit der Aufgabe aus, die Samen aus der Scheide durch die Gebärmutterhörner bis in die Eileiter der Hündin zu spülen.

Die Spermien, wegen ihrer Eigenbewegungen mittels ihrer langen Schwänzchen auch „Samentierchen" genannt, schlängeln sich, selbst aktiv und vom Ejakulat gespült, mit den sogenannten „Brownschen Bewegungen" zu den reifen Eizellen, vereinigen sich mit diesen und verlieren dabei ihre nicht mehr zur Fortbewegung benötigten Schwänze. Anschließend beginnt durch nacheinander folgende Zellteilungen das Wachstum neuer Lebewesen.

Das Ende der „Hängezeit", verursacht durch das Nachlassen der Scheidenmuskulaturanspannung, kündigt sich dadurch an, daß beide Bullies erneut spürbar unruhig werden und auseinanderstreben. Es ist ratsam, nach wie vor beruhigend zu den Hunden zu sprechen und sie so lang wie möglich festzuhalten. Auf einmal aber haben sich die Deckpartner dann doch voneinander getrennt, wobei der Hündin manchmal ein Flüssigkeitsschwall aus der Scheide fließt. Diese Flüssigkeit, die dem reichlichen, dritten Ejakulat des Rüden entstammt, enthält praktisch keine Samen. Ihr Verlust gibt keinen Anlaß zur Beunruhigung und zu der Annahme, daß der Deckakt mißlungen sei.

Der Deckakt

Nach der vollzogenen Paarung brauchen beide Bullies Erholungszeit und viel Zuwendung, bis ihre Erregung abgeklungen ist. Jeder Besitzer sollte sich ausschließlich und sehr liebevoll um seinen Hund kümmern. Der Rüde hat Mühe, insbesondere nach einer kurzen „Hängezeit", seinen ausgeschachteten und durch die Schwellkörper noch sehr vergrößerten Penis in den Schaft zurückzuziehen. Sie können ihm diese Prozedur dadurch erleichtern, daß Sie ihn auf seiner Kruppe über der Schwanzwurzel leicht kraulen und seine Flanken von vorn nach hinten entlang, beidseitig mit Ihren Händen fest streichen. Vergessen Sie nicht, ihren tüchtigen Rüden zu loben!

Die Hündin muß natürlich auch sehr gelobt und viel gestreichelt, aber vor allem daran gehindert werden, daß sie nach dem Deckakt vor Ablauf von etwa dreißig Minuten, Harn absetzt. Ihr Blasenausgang führt durch die Scheide und beim Urinieren können Spermien ausgespült werden. Manche Züchter halten das Hinterteil ihrer Hündin nach der Paarung sogar fünf bis zehn Minuten hoch, damit die Samenflüssigkeit nicht abfließt. Ob das eine übertriebene Vorsichtsmaßnahme ist, sei dahingestellt. Es ist jedoch sehr zu empfehlen, der Hündin zwei bis drei Stunden lang vermeidbare Erschütterungen zu ersparen. Lassen Sie darum Ihre Hündin nicht herumtoben, auch dann nicht, wenn sie dazu oder zum Graben im Erdboden und zum Zerreißen von Sachen größte Lust zeigt, so, als wenn sie sich nach der erlebten Anspannung und dem unterdrückten Bewegungsdrang abreagieren will. Beruhigen Sie Ihre Hündin und fahren Sie mit ihr keinesfalls vor Ablauf einer Stunde Auto!

Verlieren Sie nicht die Geduld, wenn der erste Deckversuch nicht sofort klappt. Reden Sie freundlich und aufmunternd zu den Bullies, aber zwingen Sie sie nicht durch einen sofort anschließenden Wiederholungsversuch zur Paarung, wenn die Hunde den Eindruck von allzu großer Aufregung und Anstrengung machen. Legen Sie eine Pause ein und lassen Sie den Paarungspartnern Zeit, sich zu beruhigen. Geben Sie ihnen Gelegenheit, eine geringe Menge Wasser zu saufen und ihre etwaige Notdurft zu verrichten. Wie lange diese Pause bis zum Wiederholungsversuch dauern soll und kann, ob eine Stunde oder einen ganzen Tag, hängt *allein* vom guten, körperlichen Befinden und der natürlichen Paarungsbereitschaft beider Bullies ab, und nicht von der Ungeduld und dem möglichen Termindruck ihrer Besitzer und „Deckhelfer"!

Die trächtige Hündin

Nach dem Deckakt und dem Abklingen der Läufigkeit normalisiert sich das triebbedingte Verhalten der Hündin. Sie wird wieder folgsam und mit dem Fortschreiten der Trächtigkeit zunehmend anhänglicher und liebebedürftiger. Bully möchte die Hauptperson Ihrer Zuwendungen sein, was zu Konflikten und Eifersucht innerhalb Ihrer Familie und bei den, vielleicht gleichzeitig gehaltenen Tieren führen kann. Es erfordert dann ein wenig Diplomatie und vor allem Einfühlungsvermögen, die Zuneigung und das Vertrauen der gedeckten Hündin nicht zu enttäuschen und keinen der vorhandenen Zwei- und Vierbeiner zu benachteiligen. Wenn Sie jedoch daran denken, daß Trächtigkeit ein absolut natürlicher Zustand und keine Krankheit ist, werden Sie den „goldenen Mittelweg" finden und mit einer unkomplizierten Einstellung die folgenden Wochen verbringen. Selbstverständlich müssen Sie der Hündin nach der Paarung besondere Aufmerksamkeit widmen und den Tierarzt um Rat fragen, sobald Ihnen Verhaltensänderungen und Gesundheitsstörungen bei ihr auffallen. Roter, rotbrauner oder grüner Scheidenausfluß ist z.B. ein Alarmzeichen!

Die Gewißheit, ob Ihre Bullyhündin trächtig ist oder nicht, kann Ihnen der Tierarzt verschaffen. Vermehrter Appetit, ein gesteigertes Schlafbedürfnis und das bereits erwähnte, zunehmende Liebebedürfnis der Hündin sprechen zwar dafür, daß sie beim Deckakt aufgenommen hat. Aber äußerlich ist ihr bis etwa der vierten Trächtigkeitswoche wenig anzumerken. Ihre Vulva ist kaum auffallend größer als im nicht graviden Zustand; ab der dritten Woche stellt sich ein grauweißer oder weißgelblicher, glasigschleimiger Trächtigkeitsschleim in geringen Mengen ein und gelegentlich treten Brechreiz und Futterverweigerung auf. Dies alles hängt mit dem Stoffwechsel der Hündin zusammen, der sich der Trächtigkeit anpaßt und ist, bei einem ungestörten Allgemeinbefinden der werdenden Mutter nicht besorgniserregend.

Ab dem 18. bis etwa zum 32. Tag nach dem Deckakt können Fruchtkammern vom Tierarzt durch Abtasten (Palpieren) des Hündinnenleibes lokalisiert werden. Danach wird die ertastete Diagnose wegen der zunehmenden Leibesfülle der Hündin schwieriger. Das eigene, unkundige Abtasten der Hündin sollte stets unterbleiben, da es dem Muttertier und den Föten sehr schaden kann! Sehr zuverlässige, wenn auch anzahlmäßig ungenaue, aber risikofreie und jederzeit wiederholbare Untersuchungsergebnisse liefert ab dem 25. Tag nach der Paarung, die Ultraschalldiagnostik. Am Ende der sechsten Trächtigkeitswoche kann man Welpenbewegungen fühlen, wenn man seine Hand flach auf den Bauch der Hündin legt. Eine um den 55. Tag der Tragezeit vorgenommene Röntgendiagnose trägt zur Klärung der Welpenanzahl bei.

Ich rate sehr dazu, sobald ein **Graviditätsnachweis** möglich ist, ihn vom Tierarzt durchführen zu lassen. Denn einerseits werden Sie aus Ihrer Spannung erlöst, ob Bully aufgenommen hat und andererseits können Sie sich auf die jeweilige Situation entsprechend einstellen. Denn es kann durchaus sein, daß

Ihre Hündin scheinträchtig ist. Sie braucht während der Pseudogravidität, die an anderer Stelle bereits erwähnt wurde, gleiche liebevolle Zuwendung und Aufmerksamkeit wie eine tatsächlich werdende Mutter, aber deutlich verringertes Futter und gesteigerte Bewegung.

Es ist außerordentlich wichtig, daß eine tragende Hündin - gleich, in welcher Jahreszeit der Wurf erwartet wird, - viel Gelegenheit zu freiem Auslauf und regelmäßigen Spaziergängen hat. Sie muß für die bevorstehende Geburt körperlich fit sein und braucht gut trainierte Muskeln, kräftige Lungen und ein gesundes Herz! Träges Herumliegen, Fettansatz und übertriebene Schonung mindern die Aussichten auf einen störungsfreien Tragezeit- und Geburtsverlauf.

Keinesfalls sollten Sie die Hündin in den ersten dreißig Tagen nach dem Deckakt reichlicher als zuvor ernähren. Die übliche Futtermenge ist völlig ausreichend, da die embryonalen Keimlinge in dieser Zeit noch keine zusätzlichen Nährstoffe von ihrer Mutter benötigen. Erst danach und wenn anzunehmen ist, daß die Hündin wirklich tragend ist, sollte der normale Erhaltungsbedarf allmählich, etwa um die Hälfte mehr, durch Qualitätsanhebung (nicht durch Mengenvermehrung!) gesteigert werden, um die bedarfsabhängigen Ernährungsbedürfnisse optimal abzudecken. In Zahlen ausgedrückt, sollte eine Hündin mit einem angenommenen Normalgewicht von 10,0 kg vor dem Deckakt, ab dem 30. Tag der Tragezeit anstelle von 3.100 kJ allmählich ansteigend bis zu etwa 4.600 kJ täglich erhalten. Wenn die Hündin nach sechs Wochen Tragezeit noch schlank ist, kann angenommen werden, daß sie nur sehr wenige oder nur einen Welpen austrägt. Dann sollte das zusätzliche Futter nur um etwa zwanzig Prozent, bei einer zuverlässig festgestellten Einfrüchtigkeit um etwa zehn Prozent, ausgehend vom Erhaltungsbedarf vor der Paarung, vermehrt werden. Ein reiches Futterangebot fördert überproportionales Fötenwachstum und läßt eine schwere Geburt befürchten. Dagegen zeigt der rasch wachsende Leibesumfang der Hündin im allgemeinen an, daß mit einem größeren Wurf gerechnet werden kann und rechtfertigt Überschreitungen des Zusatzfutters im Qualitätsangebot, nicht jedoch mengenmäßig vermehrter Nahrung.

Sehr wichtig ist es, an den **zunehmenden Vitamin- und Mineralstoffbedarf** der trächtigen Hündin zu denken, der vom Wachstum und der Anzahl der Föten abhängig ist. Da sowohl eine Überversorgung wie auch eine Unterversorgung zu schweren Körperschädigungen der Welpen führen kann, sollten Sie sich auf den Rat des Tierarztes verlassen, der Ihnen, die von Ihrer Hündin benötigten Ergänzungsstoffe zum Untermischen ins Futter oder als Kautabletten geben wird.

Es ist ratsam, die tägliche Futterration der Hündin im letzten Drittel der Tragezeit auf mehrere, kleine Mahlzeiten zu verteilen. Denn der Magen, der durch eine große Mahlzeit gefüllt ist, beansprucht viel Platz und wird dann der werdenden Mutter unbehaglich.

Im Durchschnitt erhöht sich das Körpergewicht der Hündin bis zum Wurf-tag um etwa 500 g je Welpen. Diese Gewichtszunahme errechnet sich aus 200 bis 250 g Geburtsgewicht und 200 bis 300 g Fruchtwasser und Fruchthäuten eines Welpen.

Ab etwa der fünften Trächtigkeitswoche ist die Gravidität Ihrer Hündin in der Regel auch äußerlich erkennbar, wobei es, wie bei den meisten Regeln, Aus-nahmen sowohl hinsichtlich des Zeitpunktes als auch der Merkmale gibt, die Rätsel aufgeben und Erfahrungswerte auf den Kopf stellen. Im angenomme-nen Normalfall runden sich die Flanken Ihrer Hündin, sie bekommt ein zu-nehmend umfangreicheres Bäuchlein, das zum Ende der Tragezeit birnen-förmig aussieht. Die Zitzen schwellen an, der Bereich um sie rötet sich und manchmal setzt bereits ab dem 40. Trächtigkeitstag die Milchproduktion (Lak-tation) ein. Ab Ende der fünften Woche der Tragezeit vermehrt sich der Schei-denausfluß und Temperaturschwankungen treten auf. Es ist zu empfehlen, ab Ende der siebten Woche dreimal täglich den Verlauf der Körpertempera-turschwankungen durch Einführen des Thermometers in den After der Hün-din (rectal) zu kontrollieren und die Messungsergebnisse aufzuschreiben. Gleichzeitig sollten Sie mit der Pflege des Gesäuges und der äußeren Ge-schlechtsteile beginnen. Das behutsame Einreiben dieser Körperteile mit ei-nem neutralen Öl ist eine vorsorgliche Maßnahme, um das empfindliche Ge-webe zu säubern und geschmeidiger zu machen. Ein wichtiger und beab-sichtigter Nebeneffekt für die bevorstehende Geburt ist hierbei, daß die wer-dende Mutter sich an Berührungen ihres Genitalbereichs gewöhnt.

Gegen Ende der Tragezeit, etwa um den 50. Trächtigkeitstag, ist es ratsam, mit dem Tierarzt Ihres Vertrauens Kontakt aufzunehmen und zu klären, ob er zum voraussichtlichen Geburtstermin auch nachts zur Verfügung steht. Kann dieser Tierarzt nicht anwesend sein, sollten Sie sich rechtzeitig um eine an-dere tierärztliche Versorgung Ihrer Hündin kümern, damit Sie bei einer mög-lichen Geburtsstörung jemanden haben, der Geburtshilfe leistet.

Die Hündin wird sich Ihnen in den Tagen kurz vor dem Werfen noch enger anschließen und Ihre Nähe gar nicht mehr missen wollen. Das ist ein gutes Zeichen, daß Sie ihr uneingeschränktes Vertrauen besitzen. Enttäuschen Sie ihr „dickes Mädchen" nicht, dem es zunehmend schwerer fällt, Sie bei den täglichen Spaziergängen zu begleiten. Verkürzen Sie die Ausgehzeiten, ver-langsamen Sie Ihren Schritt, aber gehen Sie nicht allein fort! Bully braucht nicht nur Ihre Zuwendung und Gesellschaft, sondern auch Bewegung.

Vorbereitungen für den Wurftag und die Aufzucht

Für die bevorstehende Geburt und Welpenaufzucht sollten Sie nach der alten Züchterweisheit, der sogenannten „Drei-R-Regel", Reinlichkeit, Ruhe und Regelmäßigkeit, die entsprechenden Voraussetzungen schaffen und Vorbereitungen treffen. Einige der nachfolgend erwähnten Vorbereitungen sind unbedingt notwendig, andere dagegen dienen der Vorsorge und sind empfehlenswert.

Zunächst ist die Raumfrage zu klären. Welches Ihrer Zimmer ist ruhig und störungsfrei gelegen, hat Heizungs-, Wasser- und Stromanschluß, gute Licht- und Belüftungsverhältnisse und bietet der zugfrei aufgestellten Wurfkiste sowie einer Ruheliege für Sie ausreichend Platz? Eine Ruheliege ist deshalb wichtig, weil Sie sich auf viele Stunden des Wartens auf die Geburt und der Betreuung der Mutterhündin und der Welpen einrichten müssen. Günstig für Sie ist es, wenn Ihr Schlafzimmer wenigstens in den ersten drei Wochen nach der Geburt „Wochen- und Kinderstube" wird. Dann behalten Sie einen Teil Ihrer Gemütlichkeit und haben dort Groß und Klein bequemer als vielleicht anderswo unter Ihrer Aufsicht und Obhut. Wenn der vorgesehene Raum einen empfindlichen Fußbodenbelag hat, ist es ratsam, ihn mit Tüchern abzudecken, weil mit Blut- und Schmierflecken gerechnet werden muß. Falls der Raum fußkalt ist, sollten Sie die Wurfkiste auf eine Unterlage stellen, die die Bodenkälte z.B. durch eine Isloliermatte oder starke Bretter abhält. Bei der Platzwahl für die Wurfkiste, die von mindestens zwei Seiten gut zugänglich sein sollte, müssen Sie darauf achten, daß Sie eine Wärmelampe ohne Gefährdung der Hunde anbringen und bedienen können.

Die Anfertigung und Bereitstellung einer **Wurfkiste** ist unbedingt zu empfehlen. Die Hundeahnen warfen und versorgten ihre Jungen zwar in Höhlen, die sie zuvor gegraben und danach ausgepolstert hatten, aber Bullies sind keine solchen Überlebenskünstler und brauchen ein Lager, das ihnen Geborgenheit und gleichzeitig dem Züchter jederzeit freien Einblick und Zugang gibt.

Nachstehende Zeichnungen zeigen eine praktische Wurfkiste, die entweder wie vorgegeben genauso oder ähnlich nachgebaut werden kann. Sie besteht aus einem zusammenklappbaren Rahmen mit einer abklappbaren Bodenplatte und einem herausnehmbaren „Distanzeinsatz". Auf dem zehn Zentimeter hohen Einsatz sind umlaufend sechs Zentimeter schmale Leisten zum Schutz der Welpen angebracht, damit die Hündin ihren Nachwuchs ungehindert versorgen und wärmen, aber nicht versehentlich erdrücken kann. Wir verwenden dieses „Wurfkistensystem" seit Jahren. Wir haben jedoch die Bodenplatte (wegen vorhandener Fußbodenheizung und einem griffigen Fußbodenbelag) bei der Wurfkiste fortgelassen und statt dessen den „Distanzrahmen" mit einer Bodenplatte versehen. Dieser Rahmen, im Aussehen einer Schublade ähnlich, steht während der „kritischen" Lebenstage der Welpen und so lange als „Wochenbett" im Schlafzimmer, bis die Bullykinder zu laufen beginnen. Danach wird er weggeräumt und die Welpen kommen mitsamt ihrer Mutter in die große Wurfkiste, die aus Platz- und Überwachungsgründen in der Wohnküche steht. An diese schließen sich die Terasse und der eingezäunte Garten stufenlos an.

Die Vorteile der dargestellten Wurfkiste bestehen darin, daß die Hündin, wenn sie zu oder fort von den Welpen will, nicht springen muß und sich dabei verletzen kann, weil das bei der Wurfkiste vorhandene Türchen für sie jeweils geöffnet wird. Die Wurfkiste bietet den Welpen als Schlafraum und Laufstall Geborgenheit und so lange Bewegungsfreiraum, bis sie mehr Spielfläche brauchen. Die an der Wurfkiste angebrachten Scharniere ermöglichen ein platzsparendes Wegstellen bei Nichtgebrauch.

Achten Sie bei der Verarbeitung darauf, daß alle Holzkanten durch Schmirgeln mit Sandpapier gerundet werden, keine Nägel u.a. hervorragen und kein gesundheitsschädigendes Material verwendet wird. Isolierbeläge, Kleber, Lacke, und dergleichen können lebensgefährdend sein. Damit der Wurfkistenboden pflegeleicht und gleichzeitig griffig wird, können Sie ihn z.B. mit Badezimmerauslegeware aus rutschfestem Material belegen. Beim Zuschneiden dieser Bodenauflage sollten Sie einen etwa vier Zentimeter breiten Rand hinzurechnen, ihn an seinen vier Ecken randbreit schräg einschneiden und danach an den Wurfkistenwänden hochklappen. Dadurch wird verhindert, daß Welpen unter den Bodenschutz kriechen und dort an Luft- und Versorgungsmangel sterben.

Verwenden Sie bitte keine glatten Kunststoffplatten oder Plastiktücher als Bodenauflage, die zwar auch pflegeleicht sind, aber weder dem Muttertier noch den Welpen ausreichenden Halt beim Laufen und Kriechen geben. Vor der Geburt und etwa fünf Tage danach ist es trotz der pflegeleichten Bodenauflage ratsam, auf ihr wertlose, aber saubere Stofftücher (z.B. ausrangierte Bettlaken) auszulegen, die nachdem sie zerkratzt und verschmutzt worden sind, weggeworfen werden können. Denn das Putzen des Wurfkistenbodens beunruhigt die Hündin dann besonders, wenn sie Ruhe braucht. Von der Verwendung alter Zeitungen in der Wurfkiste halte ich nichts, da dieses Material weder ausreichend aufsaugt noch hygienisch ist. Hinzu kommt, daß Zeitungsdruckerschwärze beim Naßwerden abfärbt und Sie nach dem naturbedingten, feuchten Geburtsablauf mit intensiven „Felltönungen" Ihrer Bullies rechnen können. Selbstverständlich müssen Sie, solange Tücher in der Wurfkiste liegen, aufpassen, daß kein Welpe unter oder zwischen die Tücher kriecht und dort erstickt. Nach Ablauf der Tage, in denen die Hündin viel Wochenfluß verliert, kann anstelle der Tücher die zugeschnittene und bezogene Schaumstoffmatte in die Wurfkiste gelegt werden.

Alle in den Gebrauch genommenen Stoffbezüge sollten nach Beschmutzung jeweils gewechselt werden. Sie dürfen grundsätzlich keine Löcher und Verschlußöffnungen haben, in die Welpen hineinkriechen und danach ersticken können. Praktisch sind Bezüge, die so lang sind, daß man den überstehenden

Stoff über die Öffnungsseite nach unten, von den Hunden abgewendet umschlagen und (evtl. mit Sicherheitsnadeln) schließen kann. Dadurch erspart man sich das Anbringen von Knöpfen und vor allem die Sorge, daß die Bezüge zu Todesfallen für die kleinen Vierbeiner werden.

Liegefläche mit Wärmebereichen

Als Wärmequelle hängen Sie eine **Wärmelampe** mit variabeler Höheneinstellung über einen Teil der Liegefläche und/oder legen Sie evtl. ein **Heizkissen** in die Wurfkiste. Die Wärmelampe muß so angebracht sein, daß die Hündin und die Welpen die Möglichkeit haben, ihren bevorzugten Temperaturbereich selbst zu wählen. Beziehen Sie das Heizkissen mit einem waschbaren Bezug und umwickeln Sie die elektrische Zuleitung mit Tüchern oder mit elastischen Binden, *bevor* sich die Welpen zu einem späteren Zeitpunkt daran zu schaffen machen und einen Stromschlag erhalten. Das Heizkissen sollte Thermostatregelung haben, damit eine gleichbleibende Wärme im „Welpennest gewährleistet ist.

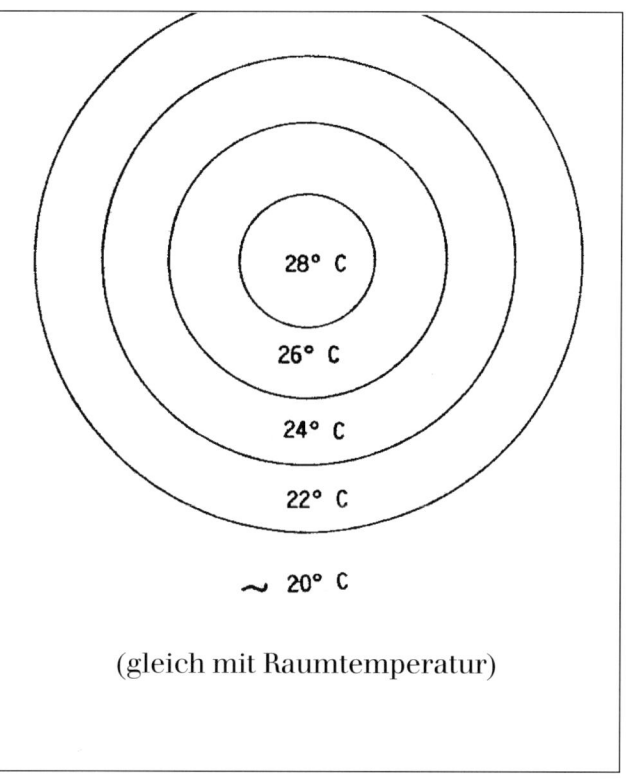

28° C

26° C

24° C

22° C

~ 20° C

(gleich mit Raumtemperatur)

Kontrollieren Sie bitte das einwandfreie Funktionieren der Wärmelampe und des Heizkissens sowie die bodennahe Temperatur in der Wurfkiste. Die Wärmebedürfnisse der Welpen an die Umgebungstemperatur ihres Lagers liegen durchschnittlich zwischen 24° und 28° C. Sie hängen vom Alter, Entwicklungsverlauf und von den Aufzuchtvoraussetzungen der Hundebabys – ob mit oder ohne Muttertier – ab.

Halten Sie neben den nachfolgend aufgelisteten Gegenständen, auf deren Verwendung ich in den nächsten Kapiteln hinweise, auch eine **Wärmflasche** in Bereitschaft. Sie kann dann nötig sein, wenn die Welpen nach einer Schnittgeburt von der Tierarztpraxis zur eigenen Wohnung transportiert werden müssen. Achten Sie beim Herrichten der Wärmflasche darauf, daß sie nur etwa halbvoll mit Wasser gefüllt und vor dem Verschließen leicht auf sie gedrückt wird, damit die Luft entweichen kann. Luft speichert Wärme weniger als Wasser, zudem purzeln Welpen von einer prallen Wärmflasche hinunter. Das eingefüllte Wasser kann wärmer als die normale Körpertemperatur, darf aber nicht heißer als 40 ⁰ C sein. Auf jeden Fall sollten Sie die Wärmflasche, insbesondere ihren Verschluß auf Wasserundurchlässigkeit prüfen und sie stets in ein Frottiertuch hüllen, bevor Sie sie benutzen.

Ferner benötigen Sie ein **Körbchen** bzw. eine Kiste oder einen stabilen Karton in der Größe von etwa 25 cm x 35 cm zur zeitweiligen Distanzierung der erstgeborenen Welpen vom Muttertier. Während der nachfolgenden Geschwistergeburten werden die „Erstlinge" wieder naß und können durch ungeschickte Bewegungen der Hündin verletzt werden. Dieses Körbchen leistet auch während der Aufzucht der Welpen gute Dienste und bietet ihnen einen geschützten Platz, wenn Sie z.B. den Stoffbezug der Wurfkistenmatte wechseln. Legen Sie ein warmes Tuch (z.B. ein Frottiertuch) in das Welpenkörbchen und ein zweites, leichtes Tuch als Wärmeschutz darüber.

Sehr zu empfehlen ist die Anschaffung von Hundebetteinlagen. „Drybeds" genannt, die es in verschiedenen Größen in Tierfachgeschäften und im Versandhandel gibt. Ihr Preis ist zwar relativ hoch, aber diese Einlagen sind ideal für die Welpenaufzucht, weil sie wasser- und luftdurchlässig, kuschelig warm, reißfest, antiallergisch, ungeziefersicher, maschinenwaschbar und hygienisch sind. Es ist ratsam mehrere, mindestens drei Stück dieser „Drybeds" zum Wechseln zu kaufen. Auf ihnen liegt der Bullynachwuchs stets trocken und wächst auf einem optimalen Lager heran. Da die Unterlage zudem griffig ist, rutschen die Welpen beim Kriechen nicht aus und finden zum Laufenlernen guten Halt. Wir verwenden diese „Drybeds" seit Jahren und legen sie mit ihrer flauschigen Seite nach oben auf Krankenbetteinlagen mit Zellstoff („Molinea", Firma Hartmann) in die Wurfkiste. Diese „Wegwerf-Einlagen" werden bei der Betreuung von Menschen verwendet, die an Inkontinenz leiden, sind in Apotheken erhältlich und in der ausreichenden Größe von 40 x 60 cm nicht allzu teuer und vor allem sehr praktisch. Darunter wird dann das Heizkissen gelegt, das etwa vier Wochen lang ununterbrochen mit Thermostatregelung eingeschaltet bleibt. Je nach der Umgebungstemperatur des Lagers und der Bedürfnisse der Welpen wird außerdem die Wärmelampe für kurze oder längere Zeit, aber nicht ständig, in Betrieb genommen, da sie zu Hautaustrocknung bei den Hundekindern führen kann. Wir achten deshalb auch auf ein normales Raumklima und stellen, wenn nötig, Wasserbehälter auf.

Mindestens drei Tage vor dem erwarteten Geburtstermin sollten Sie die werdende Mutter an die Wurfkiste gewöhnen und mit ihr in dem als „Wochen- und Kinderstube" vorgesehenen Raum schlafen, sie aber keinesfalls dort, in der möglicherweise ungewohnten Umgebung allein lassen. Ein späterer Quartierwechsel und ein Getrenntsein von Ihnen mindern das Wohlbefinden der Hündin und ihr Vertrauen zu Ihnen. Bully *braucht* Ihre unmittelbare Nähe, viel Zuwendung und einen ungestörten Tagesablauf!

Wurfkiste, von vorn gesehen, Gesamtgröße 1 m x 2 m, Höhe 80 cm

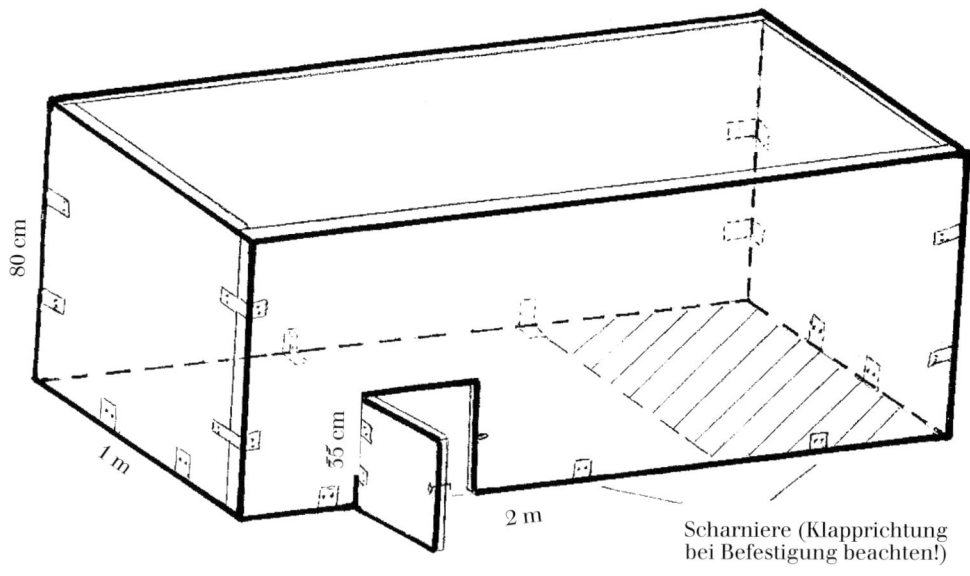

80 cm

1 m

55 cm

2 m

Scharniere (Klapprichtung
bei Befestigung beachten!)

Wurfkiste, von oben gesehen

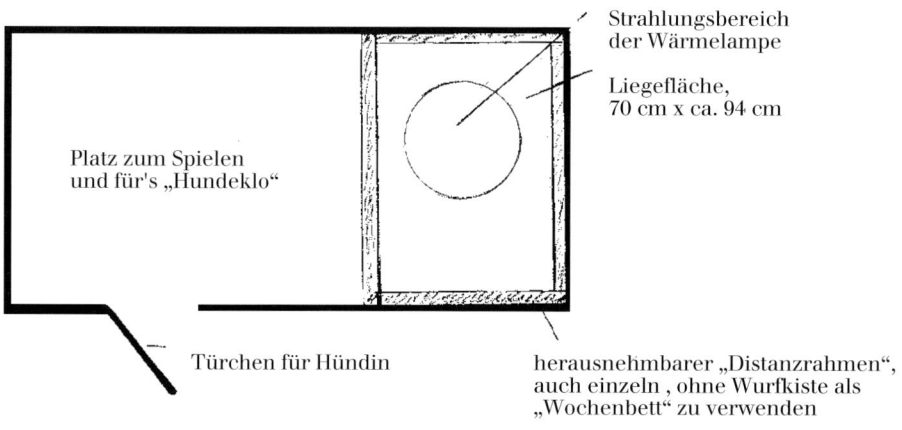

Strahlungsbereich
der Wärmelampe

Liegefläche,
70 cm x ca. 94 cm

Platz zum Spielen
und für's „Hundeklo"

Türchen für Hündin

herausnehmbarer „Distanzrahmen",
auch einzeln , ohne Wurfkiste als
„Wochenbett" zu verwenden

Auflistung weiterer Vorbereitungen

- Telefonnummer des Tierarztes und, falls kein Auto mit Fahrer zur Verfügung steht, der Taxivermittlung,
- Schreibzeug für Notizen und Anfertigung des Wurfprotokolls,
- Fieber- *und* Raumthermometer, Wattestäbchen
- Seife, Nagelbürste, Desinfektionsmittel (z.B. Sagrotan) zum Händewaschen,
- Gummihandschuhe, sogenannte „OP-Handschuhe" (erhältlich in Apotheken und Drogerien),
- Fettcreme oder Hautöl, neutral (z.B. Vaseline oder Penatenöl),
- Schaumstoffmatte, größenmäßig in den „Distanzrahmen" der Wurfkiste passend,
- mehrere, gut waschbare Bezüge für diese Matte und das Heizkissen,
- Frottier- und andere Stofftücher (ausrangierte, saubere Badelaken und Biberbettwäsche sind vortrefflich geeignet),
- mehrere „Drybeds", im Fachhandel oder bei Verkaufsständen auf Hundeausstellungen erhältlich,
- Krankenbetteinlagen mit Zellstoff (gibt es in Apotheken),
- Zellstoff oder Papiertücher (z.B. Küchenpapierrollen),
- Abfalleimer mit Deckel,

- Taschenlampe zur Beobachtung der Hündin bei nachts ablaufender Geburt,
- Halsband und Leine (Hündin während der Geburtsphasen nie freilaufen lassen!),
- Wassernapf für Hündin,
- Eimer mit kaltem Wasser gefüllt, evtl. zum „Welpenerwecken" nötig,
- Herztropfen (für Hündin) und etwas Brandy (für Welpen), vorsorglich,
- Alkohol zum Desinfizieren, evtl. bei Abtrennung der Nabelschnur nötig,

- Küchenwaage zu Gewichtskontrollen der Welpen, möglichst einhändig bedienbar,
- Welpenmilchpulver (Muttermilchersatz), vorsorglich,
- Pipetten (erhältlich in Apotheken) oder „Puppenmilchfläschchen", vorsorglich,
- 2 Babymilchflaschen mit Saugern, vorsorglich,
- Babyflaschenwärmer, vorsorglich.

Die Normalgeburt

Das Ende der Tragezeit kündigt sich durch mehrere, hormonell bedingte Anzeichen an. Die Milchleisten und die äußeren Geschlechtsteile schwellen an, der Trächtigkeitsschleim verflüssigt sich und tropft ab, die Körpertemperatur der trächtigen Hündin sinkt in der Regel um etwa 1° unter die Normalwerte zwischen 37,5° und 38,5° C. In diesem tiefen Temperaturplateau verbleibt die Temperatur zwischen 8 bis 48 Stunden und länger. Mehrmalige, tägliche Kontrollmessungen im After der Hündin sind sehr angeraten, denn das Ansteigen der Körpertemperatur zeigt an, daß der Geburtsbeginn in den nächsten 12 bis 24 Stunden bevorsteht. Steigt die Temperatur jedoch auf den kritischen Wert von 39° C, ist das ein besorgniserregendes Signal dafür, daß Welpen vorzeitig absterben oder bereits abgestorben sind. Der Tierarzt muß unverzüglich verständigt werden und helfend eingreifen!

Temperaturverlauf einer Geburtshündin

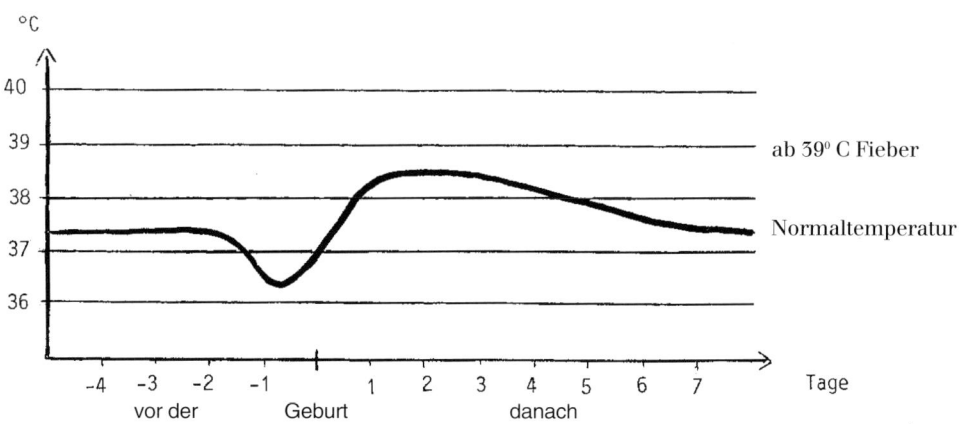

Es kommt vor, daß die Hündin in den letzten Stunden, ja oft sogar in den letzten zwei Tagen vor dem Werfen ihr Futter verweigert. Man sollte sie nicht zum Fressen zwingen und auch nicht meinen, sie brauche unbedingt stärkende Nahrung. Alles, was man der werdenden Mutter zu dieser Zeit - möglicherweise unter Zwang verabreicht -, wird sie wieder erbrechen. Die dazu aufgewendete Kraft fehlt ihr dann in den folgenden Stunden.

Etwa 24 Stunden vor der Geburt verändern sich bei einer größeren Fötenanzahl einige Körperformen der Hündin, die bei wenigen Föten jedoch kaum auffallen. Die Hündin fällt im Bereich ihrer Flanken ein, die Hüftknochen zeichnen sich ab und der Bauch scheint verrutscht zu sein. Diese Vorgänge, „Absacken der Früchte" genannt, werden durch das Nachgeben der Becken- und Gebärmutterbänder verursacht. Ungefähr 12 Stunden vor dem Einsetzen der akuten Geburtsphase beginnt die Hündin zu hecheln, wird zunehmend unruhiger und wirkt zuweilen wie geistesgestört. Wie blindwütig zerwühlt sie ihr Lager, zerreißt Tücher und Papier, kratzt auf dem Fuß- oder Auslaufboden herum und scharrt im Garten Löcher, gleichsam so, als wolle sie eine Höhle bzw. ein Nest für den Nachwuchs bauen. Nirgendwo findet die werdende Mutter in der Regel einen Ruheplatz. Immer wieder steht sie auf, legt sich hin, steht wieder auf, will ins Freie und von dort ins Zimmer zurück. Sie läuft zum Wassernapf, säuft hastig, erbricht das Wasser danach meistens und dreht sich häufig um ihre eigene Achse, „Runddrehen" genannt, um ihre äußeren Geschlechtsteile zu belecken. Diese fahrig-unsteten, aber heftigen Bewegungen bezwecken die Stimulation der Geburt. In diesem Zeitraum, der als „**Geburtseröffnungsphase**" bezeichnet wird, ist die Hündin völlig mit sich selbst beschäftigt. Sie reagiert nur kurzfristig auf Zuwendungen und setzt danach ihr Treiben fort, das mehr oder weniger ausgeprägt oder in einer anderen Reihenfolge abläuft und von einem deutlich sichtbaren Flankenzittern sowie von weißlichem, dünnflüssigem Scheidenausfluß begleitet wird.

Dieser Ausfluß und alle anderen Reaktionen Bullys sind völlig normal und nicht besorgniserregend. Lassen Sie die Hündin gewähren, beobachten Sie sie und bleiben Sie allein mit ihr. Ihre ständige Anwesenheit wirkt beruhigend auf die Hündin, deren Unrast durch die natürlichen Vorgänge der Geburt ausgelöst werden. Hierbei haben die Hormone wie z.B. Östrogen und Oxytozin sowie die, aus der Plazenta in den Blutkreislauf der Hündin gebrachten Stoffe die Aufgaben, den Geburtsweg zu dehnen und die Wehen auszulösen. Bei dem Mechanismus der Geburt sind jedoch nicht nur die Hormone und erwähnten Stoffe beteiligt, sondern auch alle inneren Organe und die gesamte Muskulatur der Hündin. Denn keines der Genitalorgane besitzt eigene Muskeln, welche die Ausstoßung der Föten herbeiführen können. Der Ausstoßungsvorgang geschieht demzufolge durch das Zusammenwirken der Organe und Muskeln, wobei die Bauchmuskulatur und das, durch die vollen Lungen gestützte und durch die Brustmuskeltätigkeit gestärkte Zwerchfell die Schubkraft bewirken.

Während der Geburtseröffnungsphase treten die ersten Muskelanspannungen und Muskelbewegungen im gesamten Gebärmutterbereich der Hündin auf. Durch diese anfänglich fast unsichtbaren, wellenförmig verlaufenden **Eröffnungswehen** werden die, noch in den Fruchtblasen liegenden Föten aus den Gebärmutterhörnern in Richtung Gebärmutterhals geschoben. Als Folge auf diesen Druck öffnen sich die weichen Geburtswege und der Gebärmutterhals wird geweitet und verstrichen. Dieser Vorgang, der den Welpenausstoß einleitet, braucht Zeit und kann etwa zwischen sechs und achtzehn Stunden dauern. Bei einer gesunden, gut gebauten Hündin mit normalem Tragezeitverlauf sollten keine manuellen oder medikamentellen Versuche unternommen werden, den Geburtsablauf zu beschleunigen. Statt dessen kann man sich bemühen, die Hündin zu kleinen Spaziergängen an der Leine zu veranlassen, auch wenn es hierzu (ohne Gewaltanwendung!) einiger Überredungskünste bedarf. Denn die zukünftige, gute Mutter entfernt sich höchst ungern mehr als wenige Schritte von dem Wurflager, zumal sie an den Welpen auch einiges zu tragen hat. Jedoch kann gezielte Bewegung den Geburtsablauf verkürzen.

Nach der Eröffnungsphase, in der die Welpen in „Abrufposition" gebracht werden, wird die Hündin wieder stetiger und ansprechbarer. Sie hechelt stark, aber verbleibt auf ihrem Lager, das sie immer wieder von neuem durcheinanderwühlt. Je stärker ihre Schmerzen sind, umso mehr versucht sie sich durch diese Bewegungen Erleichterung zu verschaffen. Sprechen Sie tröstend zu der werdenden Mutter, streicheln Sie sie sanft und zärtlich, keinesfalls „massageähnlich", und reiben Sie ihre äußeren Geschlechtsteile mit einer neutralen Fettcreme ein. Während Sie nahe bei der Hündin sind, können Sie die Wehentätigkeit beobachten. Sie verläuft in immer kürzer werdenden Abständen und steigert sich durch den Einsatz der Bauchmuskulatur, der sogenannten „Bauchpresse" zu **Preßwehen**. Dieser Zeitraum bis zur Welpengeburt heißt **„Austreibungsphase"**.

Nun ist es an der Zeit, daß Sie das bereitgestellte Körbchen für die „Erstlinge" durch Einschalten des Heizkissens wärmen und mit einem Tuch abdecken. Danach und in Wiederholung kontrollieren Sie die Temperatur im „Welpennest". Sie sollte konstant zwischen 24° und 28° C sein. Die Temperatur des Raumes, in dem die Geburt stattfindet, sollte normal temperierten Zimmern entsprechen. Wenn es im Geburtszimmer wesentlich wärmer als 20° bis 22° C ist, wird dadurch die Unruhe und das Hecheln der Hündin verstärkt.

Bevor der erste Welpe in der Scheidenöffnung der Hündin sichtbar wird, vergeht im Verhältnis zu den folgenden Geschwistergeburten wesentlich mehr Zeit. Der „Erstling" hat nämlich die „Wegbereiterfunktion", d.h. er muß den ganzen Geburtsweg, insbesondere den meist engen Beckendurchlaß weiten. Die Passage durch den vorderen Beckenrand ist ein kritischer Geburtsengpaß und erfordert einen entsprechend großen Krafteinsatz von der Gebärenden, um die Dehnung der Engstelle zu erreichen. Häufig zerreißt hierbei die äußere Fruchthülle des „Erstlings". Sie hat ihre Hauptfunktion erfüllt. Dem abfließenden, leicht schleimigen Fruchtwasser fällt nunmehr die Aufgabe zu, den weiteren Geburtsweg gleitfähiger und die Vaginalmuskulatur weicher zu machen. Das Fruchtwasser des ersten Welpen ist normalerweise eine klare, helle Flüssigkeit. Bei den nachfolgenden Welpen kann das Fruchtwasser eine grünliche bis rötliche Farbe haben. Übelriechendes Fruchtwasser ist ein Alarmzeichen und deutet auf abgestorbene Föten hin. Ebenfalls besorgniserregend ist, wenn zwischen dem Fruchtwasserabgang und der Geburt des Welpen mehr als zwei Stunden verstreichen (siehe „Geburtsstörungen").

Bullyhündinnen gebären meistens in Kotabsatz-Haltung, zuweilen legen sie sich auch hin und stützen sich mit ihren Hinterläufen am Wurfkistenrand ab. Verhalten Sie sich in dieser Zeit ruhig. Jedes Geräusch - und sei es noch so vertraut - veranlaßt die Gebärende aufzumerken und das Pressen zu unterbrechen. Endlich ist es soweit, in Bullys Schamspalte ist etwas zu sehen! Wenn die Fruchtblase nicht schon im Geburtsweg zerriß, erkennt man eine kleine, dunkle Blase. Wenn sie zerriß, kann es das Köpfchen oder ein Beinchen des

„Erstlings" sein. Nach einigen kräftigen Preßwehen gleitet der Welpe in sein Erdendasein und wird sogleich von seiner Mutter aus der Fruchthülle befreit, abgenabelt und trockengeleckt. Hierbei geht die Hündin ziemlich unsanft, aber instinktsicher mit dem kleinen Geschöpf um. Sie rollt es hin und her und beleckt und säubert jeden Körperteil ihres Kindes gründlich und mit großer Ausdauer. Diese derbe, scheinbar wenig liebevolle Behandlung regt aber alle Körperfunktionen an, insbesondere den Darmpechabsatz (vorgeburtliche Kotansammlung im Enddarm) des Welpen. Ohne reflexauslösende „Bäuchleinmassage" kann ein neugeborenes Hundebaby weder Harn noch Kot während seiner ersten zwölf bis sechzehn Lebenstage selbständig absetzen. Erst dann, wenn die Hündin mit ihrer Arbeit an dem strampelnden, wehleidig quiekenden Welpen zufrieden ist, unterbricht sie ihre Tätigkeit und gönnt sich Ruhe. Das Hundebaby hat nun sehr großen Hunger und kriecht eilig und mit seinem Köpfchen pendelnd zu den Milchleisten, wo es nach kurzem Suchen eine Zitze findet. Dort saugt es sich fest und trinkt mit leicht stupsenden Kopfbewegungen und Vorderfußtritten („Milchtritten") so lange, bis es satt ist und sein Bäuchlein wohlgerundet aussieht.

Wenn Sie eine Hündin haben, die sich nach der Geburt ungeschickt anstellt, müssen Sie den Welpen abnabeln und seine Atemwege freilegen, damit er alsbald selbständig atmen kann. Nehmen Sie den Neugeborenen so in eine Hand, daß sein Köpfchen schräg nach unten zeigt. Mit Ihrer freien Hand öffnen Sie die Fruchthülle unter der Welpenkehle. Dann kann das Fruchtwasser seitlich abfließen, ohne in die Atemwege zu gelangen. Nach dem Fruchtwasserabfluß streifen Sie die dünne, hautähnliche Fruchthülle wie einen Handschuh von unten nach oben vom Welpen ab. Wenn der Welpe ungeschützt von der Fruchthülle geboren wurde, halten Sie ihn ebenfalls ein bis zwei Sekunden schräg nach unten, da er Fruchtwasser aufgenommen haben kann. Überzeugen Sie sich davon, daß keine Geburtsschleim- und Fruchthüllenreste im Bereich von Welpennäschen und Schnäuzchen verbleiben und die Atmung behindern. Tupfen Sie gegebenenfalls die Welpennase und Schnauze mit einem sauberen Tuch oder Watteträgern ab. Genauso müssen Sie den vorderen Innenraum der Welpenschnauze vorsichtig säubern.

Die einfühlsamste Methode zur Entfernung von Fruchtwasser und Geburtsschleim ist, das Welpenschnäuzchen behutsam in den eigenen Mund zu nehmen, die Flüssigkeit anzusaugen und danach auszuspucken. Für Ihre Bemühungen dankt Ihnen der neue Erdenbürger mit sichtbarem Atemholen, vielleicht auch mit Niesen oder einem Mißfallenslaut. Anschließend fassen Sie die Nabelschnur an, pressen sie zwischen Ihrem Daumen und Zeigefinger zusammen und quetschen Sie dann mit Ihren Fingernägeln ab. Achten Sie hierbei darauf, daß vier bis sechs Zentimeter Nabelschnur am Neugeborenen verbleiben und tupfen Sie das Nabelschnurende mit Alkohol ab. Wenn es nachblutet, quetschen Sie das Nabelschnurende zwei bis drei Minuten, bis die Blutung aufhört. Die Nabelschnur trocknet nach wenigen Stunden ein und fällt nach etwa drei Tagen ab.

Bei Ihrer „Hebammentätigkeit" sollten Sie aufpassen, daß der Welpe, ein kleines, nasses Geschöpf, Ihren Händen nicht entgleitet! Es ist deshalb ratsam, den Neugeborenen in ein Frottiertuch zu hüllen und alle Arbeiten nach Möglichkeit im Sitzen, den Welpen auf Ihrem Schoß, zu verrichten. Dann ist der Kleine sowohl vor der möglichen Abrutschgefahr als auch vor dem Wärmeverlust bestmöglichst geschützt. Arbeiten Sie bitte rasch, damit das Hundebaby ohne unnötigen Zeitverlust in die Obhut seiner Mutter gelangt und von ihr trockengeleckt und gesäugt wird. Falls die Hündin - aus welchen Gründen auch immer - nicht die weitere Versorgung ihres Kindes übernimmt, müssen Sie den Welpen trockenreiben, sein Bäuchlein massieren und ihn füttern.

Die Hündin legt nach jeder Welpengeburt eine Pause von etwa zehn bis vierzig Minuten ein. Sie widmet sich dann ihren mütterlichen Pflichten, ruht sich aus oder möchte zur Notdurftverrichtung ins Freie. Leinen Sie das Muttertier vor jedem Ausgang an und nehmen Sie nachts stets eine Taschenlampe mit, damit Sie in der Dunkelheit nichts übersehen! Ein Fruchtwasserabgang oder gar ein (versehentlicher) Welpenausstoß wären möglich. Gegen Ende der Geburt werden die Erholungspausen länger, doch sollten sie zwei bis drei Stunden nicht überschreiten. Nutzen Sie diese Pausen, die jeweils beschmutzten Wegwerftücher durch frische Wurfkisteneinlagen zu ersetzen und dazu, Notizen über den Geburtsablauf aufzuschreiben. Falls die Hündin sich nicht selbst ableckt, können Sie sie, insbesondere ihren äußeren Genitalbereich mit einem feuchten und sauberen Tuch abreiben, damit sich keine Verkrustungen festsetzen. Mit diesen Pflegemaßnahmen schaffen Sie ausreichend saubere Hygieneverhältnisse während des Geburtsgeschehens, wobei ich von zeitlichen Übertreibungen und dem Einsatz von sonstigen Putzmitteln dringend abrate. Eine normal verlaufende, ungestörte Geburt ist wichtiger, als einige verbleibende Flecken.

Inzwischen hat sich der zweite Welpe durch das Verhalten der Mutterhündin angekündigt. Sie wird unruhig, beleckt ihren äußeren Geschlechtsbereich und preßt zunehmend stärker. Während Sie der Gebärenden beruhigend zureden, legen Sie den erstgeborenen Welpen in das vorgewärmte „Welpennest", damit er dort, vom weiteren Geburtsablauf unbehelligt, sein Verdauungsschläfchen halten kann. In diesem Körbchen wird er bis zum abgeschlossenen Geburtsvorgang und bis sein nachfolgendes Geschwisterchen trockengeleckt ist, aufbewahrt. Danach kommt er wieder zu seiner Mutter und verbleibt dort in Gesellschaft seines Brüderchens oder Schwesterchens, bis sich das nächste Hundebaby ankündigt.

In dieser Reihenfolge sollten Sie den, bzw. die zuvor geborenen Welpen vor dem erneuten Naßwerden und etwaigen Verletzungen durch die Gebärende schützen, aber *nicht* darauf vergessen, ihn bzw. sie der Hündin zur Versorgung in den Geburtsintervallen zurückzugeben, damit die besorgte, vom Pflegeinstinkt gesteuerte Mutter sich nicht allein am Welpenkörbchen zu schaffen macht und dieses möglicherweise dann umkippt.

Ob Sie die Wärmelampe jetzt zusätzlich als Wärmespender für die Welpen einschalten, hängt davon ab, ob ihre Ausstrahlungswärme die Gebärende stört und sie zum stärkeren Hecheln veranlaßt. In der Regel reicht die gleichmäßige Wärme des Heizkissens für das ungestörte Wohlbefinden der Welpen. Sie müssen die Temperatur aber ständig überwachen, damit es dem Nachwuchs nicht unbehaglich wird und er sein Mißfallen äußert. Diese Laute würden die Hündin beunruhigen und den Geburtsablauf unterbrechen.

Sofern keine geburtshemmenden Störungen vorliegen, verläuft die Geburt des zweiten Welpen in kürzerer Zeit als die des „Erstlings". Auch alle anderen nachgeborenen Geschwisterchen können es - ohne die Erholungspausen mitzurechnen - nach jeweils drei bis fünf Minuten schaffen, ihren ersten „Schnaufer" zu tun. Und jedesmal erleben Sie das Wunder der Natur von neuem, wenn Sie das kleine Geschöpf in den Händen halten und das rosige Schnäuzchen an Ihren Fingern nuckeln möchte!

Die Welpen werden entweder mit dem Kopf oder mit den Hinterbeinen nach vorn geboren. Beide Lagen, **„Vorder- und Hinterendlage"** genannt, sind völlig normal. Bei der Vorderendlage sind die Vorderläufe in Schulterbeugehaltung. Bei der Hinterendlage (volkstümliche Bezeichnung „Steißlage") sind die Hinterläufe gestreckt und treten als erste in den Geburtsweg. In allen normalen Lagen wird der Fruchtquerschnitt durch enges Anlegen der Läufe an den Rumpf möglichst klein gehalten, um den Geburtsvorgang zu erleichtern.

Geburt eines Welpen

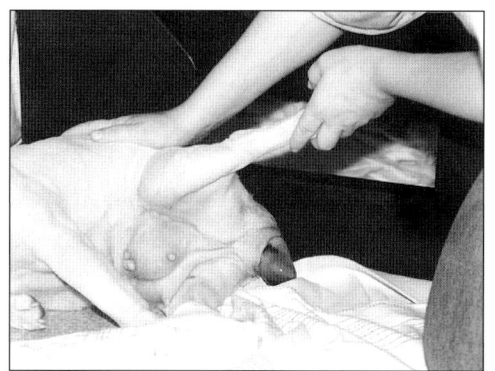
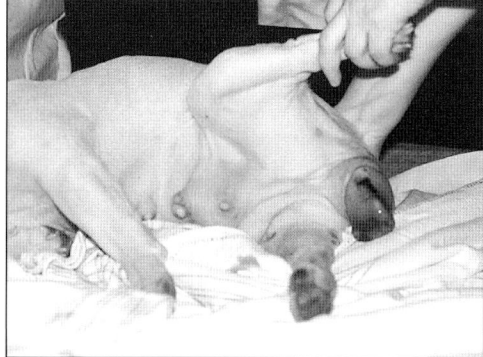
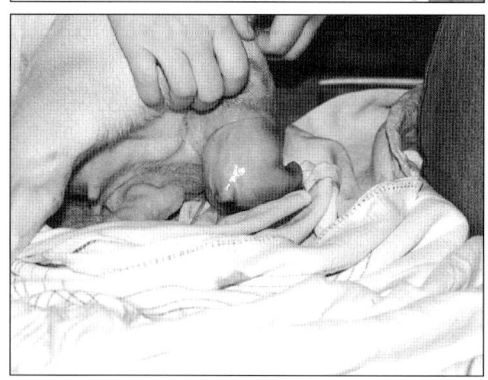

Der Geburt eines jeden Welpen folgt die zugehörige **Nachgeburt** (Plazenta) entweder unmittelbar danach oder etwas später. Sie wird von der Hündin, wenn man sie nicht daran hindert, meistens aufgefressen. Das entspricht dem angeborenen Verhalten, möglichen Feinden keine Spur hinterlassen zu wollen, aber keiner von Wissenschaftlern bewiesenen Schlußfolgerung, daß der Nachgeburtsverzehr die Milchleistung fördert. Er löst bei vielen Hündinnen sogar Brechreiz aus und führt zu einer zusätzlichen Beschmutzung des Wurflagers sowie zur Unterbrechung des Geburtsablaufs. Die Nachgeburten sollten darum, unbeobachtet vom Muttertier, weggenommen und gezählt werden. Ihre Anzahl muß mit der Welpenanzahl übereinstimmen.

Das **Geburtsende** ist vor allem daran zu erkennen, daß das Bäuchlein der Hündin einen leeren Eindruck macht. Zudem ist die junge Mutter völlig ruhig und friedlich und widmet sich, sichtlich zufrieden, ihrem Nachwuchs. Vom eigenen, unkundigen Abtasten des Muttertieres, um festzustellen, ob die Geburt abgeschlossen ist, rate ich dringend ab! Es ist der Hündin schmerzhaft und zudem können dadurch Verletzungen bei der Hündin und bei den möglicherweise noch ungeborenen Welpen verursacht werden. Falls Sie nicht sicher sind, ob alle Welpen geboren und die Nachgeburten ausgeschieden wurden, sollten Sie den Tierarzt zuziehen. Er wird der Hündin, nachdem er sie untersucht hat, höchstwahrscheinlich eine Injektion, die sogenannte „Entleerungsspritze" geben, die die Gebärmutter nochmals zur Kontraktion und gleichzeitig zur optimalen Rückbildung anregt. In der Hündin verbleibende Föten und Nachgeburten führen zu schweren Erkrankungen, wenn nicht sogar zum Tod des Muttertieres durch Vergiftung!

Einen allgemeinen Rat für das Geburtsgeschehen möchte ich Ihnen noch auf den Weg geben: Verlieren Sie bitte in keiner Situation, gleich was geschieht, Ihre Nerven und die Übersicht. Denn wenn Sie in Panik geraten, sind Ihre Bullyhündin und die Welpen dadurch sehr gefährdet. Vergessen Sie auch nicht, von Zeit zu Zeit auf die Uhr zu sehen: Ein Geburtsablauf, der sich länger als zwölf Stunden ab Beginn der „Erstlingsgeburt" hinzieht, schwächt Ihre Hündin überdurchschnittlich. Der Tierarzt muß dann Geburtshilfe leisten.

Trächtigkeits- und Geburtsstörungen der Hündin und das „Erwecken" der Welpen

Zum ersten Teil dieses Kapitels ist allgemein zu sagen, daß Trächtigkeits- und Geburtsstörungen bei jedem Lebewesen und somit auch bei Ihrer Bullyhündin auftreten können. Einige Ursachen, die Störungen in Aussicht stellen, kann der Tierarzt bei der Vorsorgeuntersuchung der Hündin, noch *bevor* der Deckakt stattgefunden hat, feststellen und behandeln, z.B. anormale Bildungen der äußeren Genitalien. Andere Untersuchungsergebnisse können die Zuchtverwendung der infrage kommenden Hündin z.B. aus anatomischen Gründen (u.a. wegen der Enge ihres Beckens) ausschließen.

Trächtigkeitsstörungen können u.a. zu Gebärmuttervereiterungen, Aborten und zum Absterben der Föten führen. Die Ursache für diese Störungen sind zumeist Infektionen durch Bakterien oder Viren, die sich zunächst mit Ausfluß, Fieber und Mattigkeit als Kennzeichen bei der betroffenen Hündin bemerkbar machen. Eine tierärztliche Behandlung dieser Hündin ist unbedingt erforderlich, um die Gesundheit des Tieres wieder herzustellen und die Trächtigkeit zu erhalten. Auch Einwirkungen z.B. durch einen Sturz oder Sprung der Hündin während ihrer Tragezeit können Trächtigkeitsstörungen, insbesondere eine **Fehlgeburt** zur Folge haben und tierärztliche Nothilfe erfordern. Werden Welpen vor dem normalen Ablauf der Trächtigkeit geboren oder vom Tierarzt durch eine Schnittgeburt geholt, sind sie erst ab dem 58. Tag der Tragezeit lebensfähig, weil sie dann 75 % des durchschnittlichen, normalen Geburtsgewichts von etwa 250 g erreicht haben. Vor diesem Zeitpunkt geborene und untergewichtige Welpen sind in der Regel physiologisch unreif und nicht überlebensfähig.

Geburtsstörungen werden in Störungen, die von der Hündin ausgehen und in Geburtshindernisse untergliedert, deren Ursache sowohl bei den Föten als auch bei dem Muttertier liegen können. Sind die ungeborenen Hundebabys z.B. bereits tot und aufgegast oder überdurchschnittlich groß, körperlich mißgebildet und/oder ihre Körperhaltung ist so fehlerhaft, daß sie von der Hündin nicht auf natürliche Weise ausgestoßen werden können, spricht man von **Geburtshindernissen.** Sie sind in der Austreibungsphase sowohl beim ersten Welpen als auch bei einem anderen nach den normal verlaufenen Geburten mehrerer Welpen möglich, je nachdem, aus welchem der beiden Mutterhörner als Ausgangsposition und in welcher Reihenfolge ein Fötus zum Geburtshindernis wird. Zuweilen sind es auch zwei, völlig normal ausgebildete Föten, die sich beide gleichzeitig im Geburtsweg befinden und wegen der gegenseitigen Behinderung nicht geboren werden können. Wenn ein Geburtshindernis vorliegt, zeigt die Gebärende deutliche Anzeichen für die Geburt: Preßwehen, Abgang des Fruchtwassers und manchmal auch die Fruchtblase oder Körperteile des Welpen. Wenn die Austreibungsanstrengungen der Hündin länger als zwei Stunden ohne sichtbaren Erfolg andauern, muß der Tierarzt eine Schnittgeburt durchführen.

Die anderen Geburtsstörungen sollen nun, soweit es im Rahmen dieses Buches möglich ist, nacheinander erörtert werden. Hierzu gehört die **Welpenübertragung** (verlängerte Trächtigkeitsdauer ohne Anzeichen für Geburt). Sie kann z.B. durch hormonelle Fehlsteuerungen oder wegen einer Veranlagung der Hündin, insbesondere aber bei Ein- oder Zweifrüchtigkeit auftreten. Solange die Hündin keine Änderung ihres Verhaltens und keine Beeinträchtigung ihrer Gesundheit zeigt, kann längstens bis zum 70. Tag der Tragezeit der normale Geburtsbeginn abgewartet werden. Ich rate jedoch *dringend* dazu, um den 66. Trächtigkeitstag tierärztlichen Rat einzuholen. Dadurch erspart man sich möglicherweise viel Kummer und der Hündin Leiden. Ein Züchter, der nicht gleichzeitig Tierarzt ist und daher nicht das gleiche Wissen hat, ist nicht in der Lage, die Ursache einer überdurchschnittlichen Tragezeit festzustellen.

Bei der Hündin können Geburtsstörungen z.B. durch Konstitutionsschwäche (Alter, Fettleibigkeit, vorausgegangene Krankheiten) sowie durch Stoffwechselstörungen und Schäden an oder durch Überladung der Gebärmutter vorliegen, die den natürlichen Geburtsbeginn verhindern und **„primäre Wehenschwäche"** genannt werden.

Zeigt die Hündin während des Geburtsgeschehens Verhaltensänderungen und Gesundheitsstörungen wie z.B. Schmerzzustände, Apathie und/oder Unruhe sowie einen Anstieg der Körpertemperatur, muß unverzüglich der Tierarzt verständigt werden, da eine akute Geburtsstörung angenommen werden kann, die das Leben der Hündin und der Welpen gefährdet. Ursachen hierfür können z.B. eine Gebärmutterdrehung, eine Veranlagung oder gar eine Vergiftung der Hündin durch vorgeburtlich abgestorbene Föten sein.

Wegen der Anzahl, Lage und Größe der Welpen und/oder Ermüdung der Hündin können sich Störungen auch während des Geburtsablaufs einstellen. Ermüdungserscheinungen, **„sekundäre Wehenschwäche"** bezeichnet, treten zuweilen bei einer langen Wehendauer ohne Welpenausstoß oder nach einer normalen Wehentätigkeit mit Welpengeburten gegen Ende des Geburtsgeschehens auf. Die anfänglich zehn bis vierzig Minuten dauernden Erholungspausen werden deutlich länger, bis die Wehentätigkeit schließlich ganz erlahmt. Die Hündin ist dann erschöpft und braucht Hilfe. Zögern Sie - insbesondere als unerfahrener Züchter - *nicht* den Tierarzteinsatz hinaus und probieren Sie keinesfalls irgendwelche „Mittelchen" aus, die Sie möglicherweise vom Hören-Sagen kennen! Dagegen können und sollten Sie der Hündin während einer Geburtsstörung dann helfen, wenn sich in ihrer Geschlechtsöffnung eine Fruchtblase oder Körperteile eines Welpen zeigen, der Gebärenden jedoch die Kraft zu der entscheidenden Preßwehe fehlt: Ziehen Sie sich rasch Gummihandschuhe an und warten Sie den Zeitpunkt ab, an dem die Hündin zu pressen anfängt. In diesem Augenblick, also parallel zu einer Preßwehe, erfassen Sie die Fruchtblase oder zwei seitlich des Halses bzw. des Beckens liegende Hautfalten des Welpen und ziehen mit einer ganz leichten Drehbewegung an dem Welpenkörper. Dieses zeitgleiche, mitgehendgefühlvolle Ziehen während einer Preßwehe löst meistens das massivere Einsetzen der „Bauchpresse" und den Welpenausstoß aus.

Wenn die Fruchthülle eines Welpen im Geburtsweg eingerissen ist, das Fruchtwasser austritt und der Geburtsweg dadurch an Gleitfähigkeit verliert, verzögert sich die Geburt des betroffenen Welpen. Für eine kurze Zeit ist diese Situation (meistens) gefahrlos, sofern der Welpe über die Nabelschnur und Plazenta unverändert mit dem mütterlichen Kreislauf verbunden ist, mit Sauerstoff versorgt und nicht von der Nabelschnur erwürgt wird, die sich möglicherweise um ihn gewickelt hat. Doch mehr als dreißig Minuten bis längstens zwei Stunden sollten zwischen dem Fruchtwasserabgang und der Geburt des Welpen nicht verstreichen! Verständigen Sie sich innerhalb dieser Zeit mit dem Tierarzt und bitten Sie ihn um seine eventuell nötige Hilfe. Es gibt zwar Fruchtwasserersatz (Geburtsschleimersatz, erhältlich in Apotheken und beim Tierarzt), der in die Scheide der Hündin eingeführt wird. Aber Sie können diese Maßnahme nur dann durchführen, nachdem Ihnen der Tierarzt alle notwendigen Handgriffe gezeigt und erklärt hat, weil sie äußerste Sorgfalt und sterile Ausführung erfordern.

Es kann im Ausnahmefall auch vorkommen, daß eine Hündin während der Austreibungsphase ins Freie drängt und den Eindruck erweckt, als müsse sie eine Notdurft verrichten. Meistens handelt es sich dann um eine unerfahrene Hündin, die dieses Bedürfnis mit dem Welpenaustritt verwechselt. Wie bereits erwähnt, müssen Sie deshalb die werdende Mutter vor jedem Ausgang anleinen, nachts eine Taschenlampe mitnehmen und entsprechend aufpassen! Falls ein Hundebaby außerhalb der Wurfkiste geboren wird, müssen Sie es schnell aufnehmen und warm halten, bis es in der geschützten Umgebung Ihrer Wohnung vom Muttertier oder von Ihnen versorgt wird.

Da es außerordentlich wichtig ist, muß ich Sie nochmals darauf hinweisen, Ihre hochträchtige Hündin zu keiner Zeit aus den Augen zu lassen, vor allem dann nicht, wenn die Geburt begonnen hat! Bei einer gebärenden Bullyhündin besteht das Risiko, daß Welpen mit ihren relativ großen Köpfen im Geburtsweg steckenbleiben und absterben oder nach ihrer Austreibung in den Fruchthüllen ersticken. Manche Bullyhündin hat eine ungünstige Zahnstellung und ist deshalb nicht fähig, die Fruchthülle aufzureißen und die Nabelschnur zu zerbeißen. Auch Welpenverletzungen durch ungeschickte Bewegungen des Muttertieres sind möglich.

Ein Welpe, der nach seiner Geburt leblos zu sein scheint, weil seine Eigenatmung nicht einsetzt, ist möglicherweise nur erschöpft und durchaus lebensfähig, sofern er gesund ist und Sie ihm schnell helfen: Zuerst werden die Atemwege des Welpen durch Abtupfen und Absaugen freigelegt, danach müssen seine Körperfunktionen angeregt werden. Diese Aufgabe kann die Hündin mit ihrer Zunge übernehmen. Wenn das Muttertier - aus welchen Gründen auch immer - nicht zur Verfügung steht, reiben Sie den Welpen mit einem Frottiertuch trocken und massieren ihn ganz leicht, ohne dabei einen Druck auszuüben. Wenn der Neugeborene nach zehn bis zwanzig Sekunden noch nicht atmet, nehmen Sie seinen ganzen Körper in Ihre beiden Hände und schließen diese schützend. Danach schwingen Sie den Welpen mehrmals mit halbkreisförmigen, nicht zu heftigen Bewegungen nach unten. (Diese sogenannte „Schwungtechnik" bewirkt, daß die Bauchorgane wiederholt auf die Lunge des Welpen drücken.) Prüfen Sie, ob der Welpe atmet. Wenn nicht, wiederholen Sie die schwingenden Bewegungen. Hat die Welpenatmung noch nicht eingesetzt, tauchen Sie den Welpen einmal kurz, niemals öfters (Unterkühlungsgefahr!) in den bereitgestellten Eimer mit Kaltwasser. Anschließend wird der Welpe mit seinem Köpfchen schräg nach unten zeigend, kurz und sanft geschwungen, damit eventuell eingedrungenes Wasser abfließen kann und danach trockengerieben. Falls die Lebensgeister des Welpen jetzt noch immer nicht erweckt sind, nehmen Sie das Welpenschnäuzchen in Ihren Mund, atmen mit Ihrer Nase ein und blasen Ihre Atemluft gefühlvoll in die Welpenlunge. Nach zwei Sekunden saugen Sie die Luft ebenso wie das, vielleicht vom Welpen aufgenommen und wieder austretende Wasser ab, anschließend ausatmen, ausspucken, einatmen! Wiederholen Sie die **Atemspende** so lange wie nötig und zwar etwa 24 mal pro Minute.

Manchmal ist ein winziges Tröpfchen Brandy auf die Welpenzunge gegeben, zur Belebung hilfreich. Ich empfehle dieses „Weckmittel" jedoch nicht bedenkenlos: Es kann in die „falsche Kehle" (Luftröhre und Lunge) statt in den Magen gelangen und Hustenreiz, Atemnot und letztendlich den Tod des Welpen auslösen.

Geben Sie Ihre Bemühungen um das „Erwecken" eines gesund aussehenden Welpen *nie* vor Ablauf einer halben Stunde nach seiner Geburt auf! Ihre Geduld und Ihr intensiver Einsatz können belohnt werden. Der Lebenswille eines normal gebauten Welpen ist erstaunlich stark, auch wenn das Aussehen des praktisch leblosen und bläulich gefärbten Welpenkörpers berechtigte Zweifel daran aufkommen lassen. Die Freude und das Glücksgefühl, die den Geburtshelfer erfassen, wenn ein „Sorgenkind" endlich selbst atmet, sind fast unbeschreiblich. Ich kann diese Eindrücke, trotz der Gefahr pathetisch zu wirken, nur als jubelnden Dank an die Schöpfungsallmacht ausdrücken! Wenn ein Welpe jedoch lebensschwach ist, kann auch der beste Tierarzt auf der Welt keine Wunder vollbringen.

Die Hündin nach der Geburt

Nach dem abgeschlossenen Geburtsablauf braucht die Hündin Erholungsruhe, hochwertiges Futter sowie sorgfältige und besonders liebevolle Betreuung, um ihren anstehenden Mutterpflichten körperlich und seelisch gewachsen zu sein. Sie wird in der Saugperiode der Welpen, insbesondere bei einem großen Wurf wesentlich stärker körperlich in Anspruch genommen als während der Tragezeit, in der sie notfalls eigene Reserven einsetzen konnte.

Die Zeit nach der Geburt wird „**Nachgeburtsphase**" (Puerperium) genannt. Sie dauert etwa vier Wochen und wird vom „Wochenfluß" (Lochien) begleitet. Dieser **Scheidenausfluß** ist in den ersten drei Tagen nach dem Werfen sehr reichlich und schleimig-schwarzgrün. Danach wird er schleimig-rotbraun. Im Verlauf weiterer Tage wird der Ausfluß wässeriger und verringert sich. Er sollte mit dem Ablauf der vierten Woche nach dem Wurftag ganz aufgehört haben. Geringfügige Terminabweichungen sind unbedeutend, wenn das Allgemeinbefinden und Verhalten des Muttertieres ungestört und gut sind. Alle Ausscheidungen der gesunden Hündin sind nicht infektiös, hinterlassen aber Flecke. Sparen Sie darum nicht mit schützenden Tüchern auf Teppichen und dergleichen. Einer säugenden Hündin kann man kein Läufigkeitshöschen anziehen.

Neben dem Scheidenausfluß tritt eine erhöhte Körpertemperatur beim Muttertier auf. Sie kann in den ersten drei Tagen nach der Geburt bis zu 39,5° C betragen, sollte aber danach wieder in den Normalbereich zwischen 37,5° und 38,5° C zurückfallen. Ich rate dazu, die Hündin dreimal täglich rectal (im After) zu messen, um etwaige Abweichungen vom Normalverlauf festzustellen und, wenn nötig, den Tierarzt zuzuziehen.

Nach einer **Schnittgeburt** (Kaiserschnitt) hat die Hündin meistens Narkosenachwirkungen, z.B. ein vermehrtes Schlafbedürfnis und ein scheinbares Desinteresse an der Umwelt, einschließlich der Welpen. Sie kann einen verwirrten Eindruck und unkontrollierte Bewegungen machen. Bis die Hündin wieder voll ansprechbar ist, sind die Neugeborenen besser, von ihr getrennt, in dem vorbereiteten, gewärmten Welpenkörbchen aufgehoben. Fragen Sie den Tierarzt, wie lange die Nachwirkung der Narkose anhält und wie Sie die Welpen zwischenzeitlich versorgen sollen. Nur er kann Ihnen präzise Antworten geben, weil sie vom individuellen Einzelfall abhängen. Nachdem die mütterlichen Lebensgeister erwacht sind, verläuft die Nachgeburtsphase fast problemloser als nach einer Normalgeburt, auf jeden Fall „pflegeleichter". Die Scheidenabsonderungen sind mengenmäßig wesentlich geringer und hören nach kürzerer Zeit auf. Die Schnittwunde sollte täglich kontrolliert und wenn notwendig, gesäubert und gepflegt werden. Sie vernarbt rasch und beeinträchtigt im Regelfall weder das Wohlbefinden der Hündin noch die Milchversorgung der Welpen.

Die **Ernährung** der Hündin sollte sehr gehaltvoll und ihrem Bedarf angepaßt sein. Der Nährstoffbedarf, insbesondere der Energie-, Protein- und

Mineralstoffbedarf erhöht sich durch das kontinunierliche Wachstum der Welpen und ist, ebenso wie die Milchergiebigkeit etwa zweieinhalb bis vier Wochen nach der Geburt am größten. Es ist ratsam, den normalen Erhaltungsbedarf der Hündin in Abhängigkeit von der Anzahl und dem Entwicklungszustand der Welpen, langsam ansteigend zu erhöhen und die Tagesration auf mehrere Mahlzeiten zu verteilen. Am Ende der Entwöhnung, also ab der siebten Woche nach der Geburt, sollte der Erhaltungsbedarf der Hündin auf den anderthalb- bis einfachen Bedarf reduziert werden, die Ergänzungsstoffe ebenfalls. Falls die Hündin in der achten Woche noch viel Milch hat, kann das Futter bis zur Hälfte des Enthaltungsbedarfs vorübergehend reduziert werden.

Faustregel für die Ernährung einer Bullyhündin während der Säugeperiode

Welpen-anzahl	Menge des Erhaltungsbedarfs 1. Woche	Menge des Erhaltungsbedarfs 2. - 6. Woche
1	anderthalbfache	anderthalbfache bis doppelte
4	doppelte	dreifache
6	dreifache	vierfache

Mineralstoffe und Vitamine im gleichen Verhältnis w.o. erhöhen.
(Erhaltungsbedarf der Hündin etwa 300 kJ/kg Körpergewicht)

Durch diese Ernährungsmaßnahmen wird eine Überladung des Verdauungstrakts der Hündin vermieden und gleichzeitig die Milchabsonderung (Laktation), den Bedürfnissen der Welpen entsprechend, gesteuert und eine übermäßige Milcherzeugung verhindert. Nicht abgesaugte Muttermilch führt zu einem **Milchstau** und letztendlich zu einer **Gesäugeentzündung.** Selbstverständlich muß dem Muttertier ständig Wasser zur Verfügung stehen und häufiger als vor der Säugeperiode erneuert werden, da die Laktation das Trinkbedürfnis steigert.

Der erhöhte Nährstoffbedarf der Hündin hängt von den Bedürfnissen der Welpen ab. Je mehr die Hundekinder wachsen, desto mehr Nährstoffe brauchen sie. Diese Nährstoffe entnehmen sie, solange sie ausschließlich von der Hündin ernährt werden, der Muttermilch. Die Erzeugung der Milch entzieht dem Körperhaushalt des Muttertieres die erforderlichen Stoffe, die entsprechend ergänzt werden müssen, damit die Hündin keinen gesundheitlichen Schaden nimmt und ihre Milchleistung den Nachwuchs ausreichend sättigt und optimal aufbaut. Da Hündinnenmilch sehr gehaltvoll ist und je Liter z.B. rund achtzig Gramm Eiweiß (Protein) enthält, muß die säugende Hündin, um bei diesem Beispiel zu bleiben, etwa 135 Gramm Eiweiß aufnehmen, weil nur circa sechzig Prozent des verdaulichen Proteins ausgenutzt wird. Glücklicherweise wird der Appetit der Hündin durch die Milchabsonderung und Welpenversorgung angeregt und versetzt das Muttertier in die Lage, größere Nährstoffmengen zu fressen und zu verwerten. Die Milchabsonderung versiegt, wenn sie nicht mehr durch den mechanischen Reiz, den die Welpen beim Saugen ausüben, angeregt wird. Diese Reize auf die Zitzen und auf das ganze Milchsystem der Hündin sind für die Hormonproduktion der Hypophyse, durch die die Milchdrüsen stimuliert werden, unerläßlich.

Wenn in der Zeit des sehr großen Nährstoffbedarfs der Hündin am Futter gespart wird, ist das eine, *nie* mehr nachholbare Investition, die zu äußerst bedenklichen Körperschädigungen beim Muttertier und bei den heranwachsenden Bullies führt. Um möglichen Ernährungsmängeln vorzubeugen, sollte die Hündin, solange sie Saugwelpen versorgt und eine Zeitlang danach, entsprechend tierärztlichem Rat, zusätzlich zum Futter, Vitamine und Mineralstoffe bekommen. Sehr zu empfehlen sind Produkte, die alle ergänzenden und notwendigen Bau- und Wirkstoffe in einer ausgewogenen Mischung enthalten und dadurch eine jeweils detaillierte Mengenberechnung erübrigen.

Säugende Hündin mit Welpen

Die **Pflege** des Muttertieres sowie die Sauberkeit und Hygiene des Wurflagers sind wichtige Voraussetzungen für eine gesunde Welpenaufzucht. Die Hündin muß nach jedem Ausführen ins Freie, insbesondere bei Schlechtwetter und wenn Salz und Asche gestreut wurden, abgeputzt und bei nassem Fell abgetrocknet werden, bevor sie wieder zu ihren Welpen darf. Es ist selbstverständlich, daß der Scheidenausfluß der Hündin sofort nach Austritt abgewischt werden sollte und ein Wechsel der beschmutzten Wurfkisteneinlagen gegen frische Tücher von Fall zu Fall erforderlich ist. Ferner sollten die Geschlechtsteile und das Gesäuge der Mutterhündin - je nach Bedarf - mit handwarmen Wasser abgewaschen werden. Nach einer nassen Behandlung ist das Abtrocknen dieser Hautpartien nötig, damit die Welpen nicht feucht werden. Achten Sie auf Hautveränderungen (Rötungen u.a.) bei der Hündin und tasten Sie bitte regelmäßig alle Zitzen einzeln ab! Es kommt vor, daß die eine oder andere Zitze bei den Welpen weniger beliebt ist oder die Milch reichlicher, den Bedarf der Hundekinder übersteigend, fließt. Wenn die Zitzen nicht gleichmäßig abgesaugt werden, führt das, wie bereits erwähnt, zu einem **Milchstau** und einer **Gesäugeentzündung.** Sie sollten das Absaugen aller Zitzen deshalb überwachen und Welpen rechtzeitig gezielt an besonders pralle Zitzen legen oder, wenn der ganze Nachwuchs gesättigt ist, die Restmilch aus den betroffenen Zitzen mit sanften Fingerbewegungen ausdrücken. Eine Gesäugeentzündung (Mastitis) ist daran zu erkennen, daß die Milchleisten sich hart und heiß anfühlen. Das Auflegen feucht-lauwarmer Tücher und häufiges Ausmelken bringt dem Muttertier Erleichterung, doch sollten Sie in jedem Fall den Tierarzt um Behandlung dieser sehr schmerzhaften Erkrankung Ihrer Hündin bitten.

Zuweilen verursachen die spitzen Welpenkrallen kleine Verletzungen, insbesondere am Gesäuge der Hündin. Dadurch können Entzündungen entstehen. Um dieser möglichen Gefahr vorzubeugen, sollten Sie sich regelmäßig die Welpenkrallen ansehen und sie kurz halten.

Des weiteren empfehle ich, die Wurfkiste und alle Gegenstände, mit denen die Hunde in Berührung kommen, ein- bis zweimal wöchentlich mit einem zweiprozentigen Sagrotanwasser (20 ml Sagrotan auf 1 Liter Wasser) abzuwaschen und danach gut trocken zu reiben. Bevor Sie mit dieser Arbeit beginnen, sollten Sie die kleinen Bullies in das vorgewärmte „Welpennest" legen und die Hündin kurzfristig aussperren, damit die Tiere keinen Direktkontakt mit den Putz- und Desinfektionsmitteln haben.

Um die Mutterhündin nach der Säugezeit vor den Saugversuchen der Welpen zu schützen, ist es ratsam, ihr eine „Bauchbinde" oder eine „Schürze" anzuziehen. Man kann die Bauchbinde wie einen Schlauch anfertigen (nähen, stricken, häkeln). Er muß nur genügend weit und so lang wie der Rücken der Hündin sein, damit er alle Zitzen abdeckt, aber das Tier nicht beengt. Die Bauchbinde sollte an ihrem vorderen Teil Bänder haben, mit denen sie wie ein Halsband (oder am Halsband) befestigt werden kann. Um eine „Schürze" anzufertigen, braucht man ein Tuch in der Größe: Rückenlänge mal reichlicher Brustumfang der Hündin. An alle vier Ecken sowie in der Mitte der beiden Längsseiten des Tuches werden Bänder genäht. Sie müssen so lang sein, daß sie, nachdem das Tuch um den Brustkorb und Bauch der Hündin gelegt wurde, bequem verknotet werden können. Damit die „Bauchbinde" oder „Schürze" bei Bewegungen nicht verrutscht, kann man bei der Anfertigung Aussparungen für die Beine der Hündin vorsehen oder nachträglich, je nach Material, dem Umfang der Vorder- und Hinterhand entsprechend, große Löcher ausschneiden. Ungeeignet zum Schutz sind Tücher, die um den Leib der Hündin gewickelt und mit Sicherheitsnadeln zusammengehalten werden. Sie verrutschen bei Bewegungen des Tieres. Zudem stellen Sicherheitsnadeln, die Welpen zugänglich sind, eine große Gefahrenquelle dar.

Bullymütter mit ihren Kindern

(Foto Bosch, Girard u. Jorns)

Die Welpen nach der Geburt

Nach dem Geburtsgeschehen ist es an der Zeit, daß Sie die neugeborenen Welpen gründlich betrachten, wiegen und das Wurfprotokoll vervollständigen. Die Hündin wird Sie, während Sie ihr ein Hundebaby nach dem anderen kurzfristig fortnehmen, mißtrauisch und mit zunehmender Unruhe beobachten. Sprechen Sie beruhigend zu ihr, sie wird sich daran gewöhnen, daß auch Sie sich um ihren Nachwuchs kümmern. Zuweilen kann man den Trick anwenden, der Hündin zwei der Nachkömmlinge gleichzeitig fortzunehmen und ihr, bevor sie unruhig wird, einen der Welpen zurückzugeben. Sie ist dann abgelenkt und man selbst hat Spielraum gewonnen, um den anderen Welpen z.B. zu wiegen.

Achten Sie beim Hochheben und Tragen eines Welpen immer bitte darauf, daß Sie zuerst eine Hand unter seinen Körper schieben und ihn mit der anderen Hand festhalten, damit das Hundekind Ihnen nicht entgleiten kann. Heben Sie keinen Hund an seinem Nackenfell, seinen Beinen oder mit einem „Schultergriff" hoch! Das führt zu Kehlwammen, überdehnten Schulterbändern („losen" Schultern) und schlimmen Körperverletzungen.

Das **Wurfprotokoll** ist unbedingt notwendig, um ausgehend vom Geburtsgewicht die fortschreitende Entwicklung jedes einzelnen Welpen genau beobachten und, wenn nötig, steuern zu können. Unterteilen Sie das vorgesehene Papier, auf dem Sie die Aufzeichnungen eintragen, in die Anzahl der Welpen und tragen Sie nacheinander das Geburtsgewicht, Geschlecht, die Geburtszeit und Farbe sowie unverwechselbare Fellzeichnungen jedes Hundebabys gewissenhaft ein. Drei Wochen lang sollten Sie die Welpen täglich wiegen und diese Ergebnisse mit Anmerkungen über Besonderheiten ihrer Entwicklung, Fütterung u.a. im Wurfprotokoll festhalten. Danach genügen im allgemeinen **Gewichtskontrollen** und deren Notierung in einem Abstand von zwei bis drei Tagen. Das Wurfprotokoll dient auch als Grundlage für die **Wurfmeldung** an den Bullyklub, dem Sie als Mitglied angehören. Dorthin müssen Sie innerhalb der festgesetzten Frist die Anzahl und Farbe sowie das Geschlecht der Welpen melden, mancherorts auch, ob Welpenmißbildungen auftraten und wie die Geburt (Normal- oder Schnittgeburt) verlief.

Keines der Bullykinder darf angeborene **Mißbildungen** haben, z.B. einen Wasserkopf, eine Hasenscharte, einen Wolfsrachen, Bauchspalten oder verkrüppelte Glieder. Letztgenannte sollten jedoch nicht mit „verdrehten Pfötchen" verwechselt werden. Wenn ein Welpe eine Mißbildung aufweist, ist er nicht lebensfähig und sollte unmittelbar nach seiner Geburt vom Tierarzt getötet werden, um ihm ein leidvolles Dahinsiechen und Sterben zu ersparen. Denn die instinktsichere Mutter verliert sehr schnell ihr Interesse an einem lebensschwachen Nachkömmling. Ein gesunder Welpe muß hörbar, sichtbar und möglichst lebhaft auf die Zuwendungen der Hündin reagieren, sonst wird er von ihr überhört und übersehen oder von seinen stärkeren und von Zeit zu Zeit lauteren Geschwistern „ins Abseits" gedrängt. Dort ist sein Schicksal ohne Ihr Zutun dann durch die natürliche Auslese besiegelt.

Welpen, die mit voll ausgebildeten Gliedern geboren werden, bei denen aber der Eindruck entsteht, daß der eine oder andere Fuß falsch angewachsen sei, weil er eine, von der Normalstellung abweichende Winkelung bzw. Drehung aufweist, brauchen wegen der scheinbaren Mißbildung nicht getötet zu werden. Diese „verdrehten Pfötchen", die vermutlich durch Platzmangel innerhalb des Hündinnenleibes oder auf dem Geburtsweg zuweilen entstehen, nehmen nach einigen Tagen die Normalstellung ohne nachteilige Folgen an.

Fünf Zehen an einem Hinterfuß, sogenannte „Afterklauen", sind zwar eine Mißbildung, aber kein Grund zum Töten des Welpen. Die überzähligen Zehen, „Überbleibsel" aus der Entwicklung vom Fünfzeher zum Vierzeher, können operativ entfernt werden. Sie führen, ob entfernt oder nicht, nach den Bestimmungen des IKFB zur Disqualifikation. Der betroffene Bully kann nicht ausgestellt oder zur Zucht verwendet werden und sollte nur in die Hände von Liebhaber, aber nicht Züchter Französischer Bulldoggen kommen.

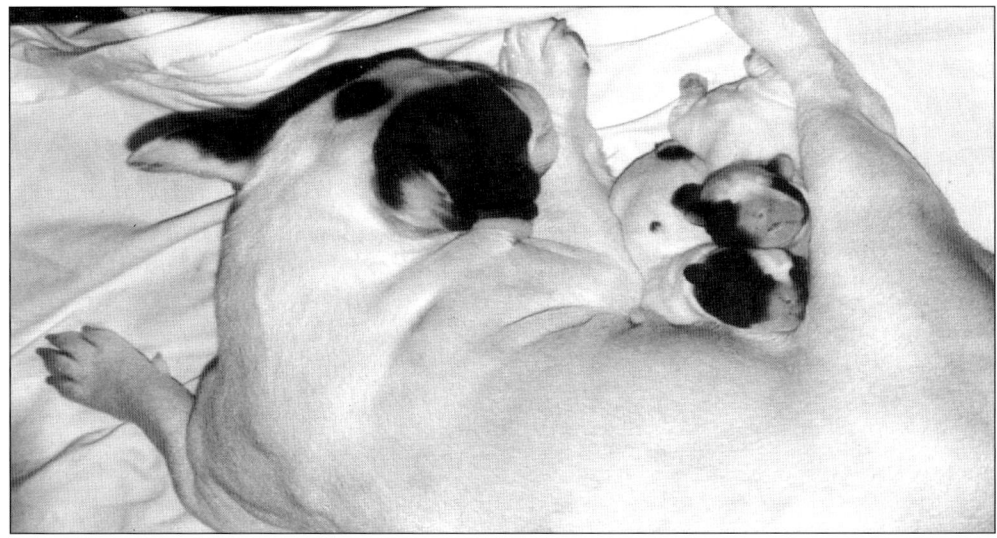

Welpen unmittelbar nach der Geburt

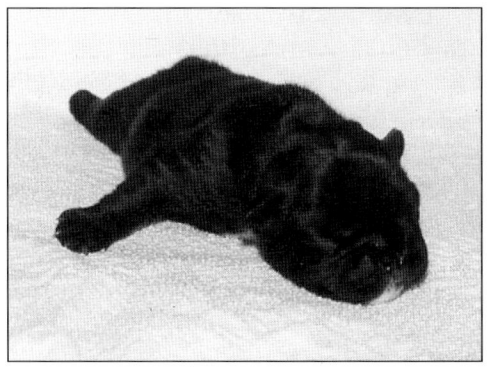

und am dritten Lebenstag

Wenn die Neugeborenen, vor allem Schecken, noch nicht richtig pigmentiert sind, ist das kein Anlaß zur Beunruhigung. Die meisten Bullykinder werden, auch wenn sie von gut pigmentierten Eltern stammen, mit rosa Lefzen, Nasen und Fußballen geboren. Die dunkle Färbung stellt sich in den ersten Lebenswochen ein. Durch tierärztliche (!) Gaben von Spurenelementen ab dem Zeitpunkt der Beifütterung kann der Körper eines Welpen zur Mehrproduktion von Melanin angeregt werden, das für die **Pigmentierung** verantwortlich ist. Es gibt einige Präparate mit Spurenelementen wie Eisen, Jod und Mangan im freien Handel, doch rate ich von unkontrollierter Anwendung wegen möglicher Nebenwirkungen *dringend* ab! Denn auch unerwünschte Pigmentierungen wie z.B. „Forellenflecken" werden gefördert.

Interessanterweise zeigen Welpen unmittelbar nach ihrer Geburt die Anlage ihrer späteren, erwachsenen Körperformen deutlich, z.B. einen typvollen Kopf und die Länge des Rückens. Nach wenigen Stunden verwischen sich die Eindrücke und es dauert Monate, bis sich die Körperformen, vom sogenannten „Babyspeck" gepolstert, wieder prägnant abzeichnen. Der erfahrene Züchter plant vor und berät die Abnehmer seiner Bullykinder dementsprechend.

Vergessen Sie nach der abgeschlossenen Geburt nicht, den Wurf innerhalb der vorgeschriebenen Frist den Stellen zu melden, die gemäß den Zuchtbestimmungen des Bullyklubs, dem Sie angehören, dafür zuständig sind. Beim Internationalen Klub für Französische Bulldoggen sind es der/die Zuchtbuchführer/in, Zuchtleiter/in und der/die Zuchtwart/in.

Die ersten Lebensphasen und die natürliche Aufzucht der Welpen

Hunde werden als „Nesthocker" geboren, d.h. sie sind völlig unreif und unselbständig und können weder hören noch sehen. Selbst zum Absetzen von Urin und Kot sind sie nur dann fähig, wenn die entsprechenden Reflexe durch Belecken und „Bäuchleinmassage" ausgelöst werden. Zudem haben Welpen nur sehr geringe Energiereserven (Glykogen) und sind deshalb nicht in der Lage, ihre Körpertemperatur zu halten. Mit dem Sinken der Umgebungstemperatur sinkt die Körpertemperatur der Welpen und sie kommen in ernsthafte Schwierigkeiten, die innerhalb kurzer Zeit zu ihrem Tod führen können.

Der **Wärmebedarf** in den ersten zwei Lebenswochen der Welpen erfordert Tag und Nacht gleichbleibende Temperaturen zwischen 24° und 28° C im „Welpennest" bei natürlicher Aufzucht. Anschließend und bis zum Ende der vierten Lebenswoche sind die Hundebabys mit Temperaturen zwischen 22° und 24° C zufrieden, da sie ihre Mutter zum Wärmen haben. Weil diese aber auch fressen und sich lösen muß und dann ein Absinken der Temperatur eintritt, ist es ratsam, etwa vier Wochen lang ein Heizkissen mit Thermostatregelung auf dem Welpenlager liegend und/oder eine Wärmelampe mit variabeler Höheneinstellung oberhalb der Wurfkiste angebracht, einzuschalten und die Temperatur in der direkten Umgebung der Welpen mehrmals täglich zu kontrollieren. Vergleichen Sie hierzu bitte die Zeichnung „Liegefläche mit Wärmebereichen" im Kapitel „Vorbereitungen für den Wurftag und die Aufzucht".

„Kontaktliegen"

Neben den erwähnten Wärmequellen ist die zusätzliche Verwendung einer Rotlichtlampe, insbesondere in den ersten Lebenstagen der Welpen, ebenfalls sehr zu empfehlen. Rotlicht hat eine anregende Wirkung auf die physiologischen und psychologischen Körperfunktionen. Die Rotlichtlampe braucht nicht ständig eingeschaltet zu sein, vor allem dann nicht, wenn die Hundebabys ihre „kritischen" Lebenstage hinter sich haben und älter als zwei Wochen sind. Dann reicht eine etwa halbstündige Bestrahlungsdauer, die die Welpen sichtbar genießen. Wenn sie genug von der Bestrahlung haben und die Wärme ihnen unangenehm wird, ziehen sie sich in die dunkleren und kühleren Zonen ihres Lagers zurück oder versuchen, sich unter der Auflage des Wurfkistenbodens zu verkriechen. Damit die Welpen darunter nicht ersticken können, aber ihren Liegeplatz nach ihren jeweiligen Bedürfnissen wählen können, muß die „Kinderstube" genügend groß und ohne verhängnisvolle Schlupfwinkel sein und zudem von Ihnen beaufsichtigt werden.

Ab der fünften Lebenswoche verringern sich die Ansprüche der Welpen an die Temperatur ihrer nahen Umgebung allmählich, da die Kleinen sich viel bewegen und ihr Lager in der Wurfkiste überwiegend nur noch zum Schlafen aufsuchen. Der Bullynachwuchs kann allmählich an Spielzeiten im Freien - auch im Winter und bei bedecktem Himmel - gewöhnt werden. Die Sonneneinstrahlung, die man bei Bewölkung zwar nicht sieht, aber trotzdem vorhanden ist, und frische Luft fördern die körperliche Entwicklung. Beachten Sie jedoch bitte, daß ein Allzuviel schädlich sein kann und Welpen vor Übertreibungen gleich welcher Art, insbesondere aber vor Zugluft geschützt werden müssen. Hundebabys sind noch wenig belastbar und brauchen ihren ausgiebigen Schlaf. Beginnen Sie die Aufenthaltszeit im Freien mit etwa fünf Minuten und steigern Sie die Verweildauer innerhalb der ersten zwölf Lebenswochen allmählich zunehmend und wetterabhängig auf eine halbe bis ganze Stunde. (Zeit bei Regen, Schnee und Kälte abkürzen!) Vergessen Sie nicht darauf, die Vierbeiner im Auge zu behalten, damit sie keinen Schaden erleiden oder anrichten!

Bei Welpen, die im Spätherbst oder im Winter geboren wurden und ihre ersten Aufenthalte im Freien bei Temperaturen um den Gefrierpunkt erleben und Bekanntschaft mit Schnee machen, ist es ratsam, sie nicht alle gleichzeitig ins Freie laufen zu lassen und sie einem Kälteschock auszusetzen. Es ist besser, zunächst ein Hundekind auf den Arm zu nehmen, es in eine wärmende Decke zu hüllen und draußen einige Minuten herumzutragen. Danach kommt ein anderer Welpe und wieder danach ein anderer an die Reihe, bis der ganze Bullynachwuchs die frische Luft geschnuppert hat. Diese Arbeit sollten Sie sich etwa eine Woche lang täglich mehrmals machen. Denn dadurch werden die Hundebabys an die Außentemperaturen langsam gewöhnt und so gut wie möglich vor Erkältungskrankheiten bewahrt. Nach dieser „Eingewöhnungszeit", also etwa ab der siebten Lebenswoche, können Sie die Welpen dann im Auslauf frei laufen lassen. Sie werden dort, gleich ob Schnee liegt oder nicht, genauso vergnügt herumtoben wie auf einer grünen Wiese und sich, sofern sie sich viel bewegen, weder bei Schnee noch bei kalten Außentemperaturen erkälten. Trockene Kälte verträgt jeder gesunde, normal entwickelte Welpe ab seiner siebten Lebenswoche, ein nasses Fell zu keiner Zeit. Denken Sie darum immer an das Abtrocknen eines naß gewordenen Hundes!

Das Wohlbefinden von Welpen erkennt man an ihrem Verhalten und ihren Lauten. Wenn sie unzufrieden und hungrig sind, abgedrängt und zu kühl liegen, sind sie unruhig, wimmern leise vor sich hin und kriechen nach Nahrung und Wärme suchend auf ihrem Lager in Kreisen umher. Das wird „Kreisrobben" genannt und ist eine logische Handlung des Instinkts. Denn die Wahrscheinlichkeit das Gesuchte in einem Kreisbereich zu finden ist größer, als die Suche nach ihm auf einer geraden Linie durchzuführen. Wenn es den Hundebabys dagegen zu warm ist, sind sie auch unruhig, klagen und streben aus dem unangenehmen Temperaturbereich fort. Wenn die Hundekinder sich aber wohlfühlen, schlafen sie friedlich und entspannt und scheinen dabei zu träumen, weil sie in fast regelmäßigen Abständen mit ihren Körpern zucken, was besonders bei den Gliedmaßen auffällt. Diese Bewegungen im sogenannten „Aktivschlaf" dienen jedoch dem Training ihrer Muskeln, damit sie mit etwa siebzehn Tagen genügend Kraft zum Laufen haben. Unterbleiben diese Muskelzuckungen, ist das ein Anzeichen für eine Erkrankung.

Die Welpen verbringen ihre ersten zwei Lebenswochen in einem völlig selbstbezogenen Stadium, das die **vegetative Phase** oder „infantile Periode" genannt wird. In dieser Zeit wird der Tagesrhythmus der Hundebabys durch ihr Trink- und Schlafbedürfnis bestimmt, wobei ihnen angeborene Verhaltensweisen (Erbkoordinationen) und das bereits entwickelte Riech- und Wärmeempfinden zugute kommen. Sie beherrschen z.B. das Suchen nach der mütterlichen Wärme und nach den Zitzen perfekt und auch der „Milchtritt" ist ihnen geläufig. Sobald die Welpen eine Zitze gefunden haben, nehmen sie sie ins Schnäuzchen, saugen sich daran fest und treten mit ihren Vorderpfoten auf das Gesäuge. Mit diesen Tritten bewirken sie die Milchabsonderung. Wenn der Milchfluß in Gang gebracht ist, saugen die Kleinen gierig, wobei sie ihre Zunge löffelartig um die Zitze legen und gleichzeitig den „Milchtritt" aussetzen. Läßt der Milchfluß nach, wird die Zitze von neuem „massiert" oder nach einer anderen, ergiebigeren Nahrungsquelle gesucht, bei der die gleichen Bewegungen ausgeführt werden, bis jeder Welpe satt ist und einschläft. Man kann den Welpen die Suche nach Milch dadurch erleichtern, indem man die Hündin von Zeit zu Zeit in eine andere Seitenlage legt. Dabei wird durch die Zugänglichkeit beider Milchleisten außerdem erreicht, daß die Milch aus allen Zitzen gleichmäßig abgesaugt werden kann und keine Restmilch in ihnen verbleibt.

Um gleichbleibend gute, störungsfreie Lebens- und Versorgungsbedingungen für die Welpen sicherzustellen, ist es mindestens drei Wochen lang nach ihrer Geburt nötig, sie „rund um die Uhr" zu überwachen. Das erfordert einen sehr großen persönlichen Einsatz, den ein Betreuer allein kaum erbringen kann, weil jeder Mensch Schlaf braucht. Der Züchter sollte sich deshalb beizeiten um eine ihn vertretende, zuverlässige Aufsicht der „Kinderstube" kümmern, damit das in den ersten Lebenstagen sehr leise Wehklagen eines Hundebabys nicht überhört wird. Denn die Möglichkeit, daß Welpen durch ungeschickte Bewegungen ihrer Mutter verletzt oder gar erdrückt werden, besteht zu jeder Tages- und Nachtzeit und selbst dann, wenn man glaubt, eine besonders fürsorgliche Hündin zu besitzen. Die Welpen können sich auch gegenseitig von der Wärme und den Zitzen des Muttertieres verdrängen. Häufig ist es der „Erstgeborene", der das sogenannte Recht des Stärkeren ausübt. Der abgedrängte Welpe kühlt aus und bleibt hungrig. Er ist ein Todeskandidat, wenn er nicht alsbald gewärmt wird und genügend Nahrung bekommt (siehe „Welpen in Not").

Lassen Sie bitte nachts in dem Raum, wo die „Wochenstube" eingerichtet ist, das Licht brennen, damit Sie alles jederzeit überblicken können und keine wertvolle Zeit durch die Suche nach dem Lichtschalter verloren geht! Auch für die Hündin ist es besser, wenn sie ihre Jungen stets sehen kann. Die Verletzungsgefahr der Welpen durch das Muttertier ist in einem dunklen Zimmer größer.

Es gibt für mich nichts Interessanteres und Schöneres, als einen Wurf gesunder Welpen mit ihrer stolzen Mutter zu beobachten. Es sind immer wieder neue Eindrücke und Erlebnisse. Kein Welpe gleicht einem anderen genau und jedes Hundekind ist mit seiner ganzen Persönlichkeit und seinen Veranlagungen jeweils ein „Einzelstück", das umsorgt und geliebt werden möchte. Schon allein das Verhalten unterscheidet Welpen voneinander, was Rückschlüsse auf ihre Charaktere zuläßt. Hierbei spielen das Geburtsgewicht und das Geschlecht keine Rolle. Der dominanteste Welpe will sich einfach durchsetzen und beansprucht die beste Zitze und den angenehmsten Liegeplatz für sich. Ein anderes Hundebaby ist dagegen tolerant und läßt sich das Belecken der Hündin oder von seinen Geschwistern beiseite gedrängt zu werden, geduldig gefallen.

Damit aber alle Welpen gleiche Lebenschancen und Gewichtszunahmen haben, sollte der aufmerksame Züchter die dominanten Welpen behutsam steuern und die Hundekinder, die keine Vorherrschaftsgelüste zeigen, besonders umsichtig betreuen. Die regelmäßigen **Gewichtskontrollen** und das gewissenhaft geführte **Wurfprotokoll** geben deutliche Auskunft über den Entwicklungsverlauf der Welpen. Gewichtsstillstand oder gar Gewichtsabnahme sind Alarmzeichen! Vitale, starke Welpen nehmen innerhalb der ersten vierundzwanzig Stunden nach der Geburt bereits zu und mehren ihr Geburtsgewicht kontiunierlich täglich. Eine bewährte Faustregel ist: Verdoppelung des Geburtsgewichts nach sieben bis zehn Lebenstagen, Verdreifachung des Geburtsgewichts nach etwa zwei Lebenswochen der Welpen.

Welpen, die nach ihrer Geburt klein erscheinen und kaum oder gar nicht zunehmen, sollten vom Züchter häufiger bei der Hündin angelegt oder mit Muttermilchersatz zusätzlich ernährt werden, wenn das Muttertier nicht genügend Milch für alle Welpen hat. Außerdem sollten die Gewichtskontrollen häufiger durchgeführt sowie das Belecken der Hündin besonders aufmerksam überwacht werden, damit festgestellt werden kann, ob die „Sorgenkinder" ausreichend Nahrung aufnehmen und Kot und Harn absetzen. Wenn sie dann regelmäßig an Gewicht zunehmen und ihr Verhalten ungestört ist, verläuft ihre weitere Entwicklung normal. Da es vorkommen kann, daß z.B. eine Scheckenhündin einen dunkelgestromten Welpen wegen seiner Farbe ablehnt, können Sie dieses verschmähte Bullykind mit abgemolkener Hündinnenmilch und evtl. zusätzlich mit Muttermilchersatz ernähren. Die „Bäuchleinmassage" zur Anregung des Kotabsatzes sowie die übrige Versorgung des betroffenen Welpen ist, wie in „Welpen in Not" beschrieben, vorzunehmen.

Zeigen Welpen jedoch Körperfunktions- oder Verhaltensstörungen wie Durchfall, Saugunlust und Mattigkeit, ist *keine* Zeit zu verlieren, den Tierarzt einzuschalten! Nur er kann die betroffenen Hundebabys retten, die ohne rechtzeitige, tierärztliche Hilfe innerhalb weniger Stunden sterben. Es ist wichtig zu wissen, daß hungrige, unterversorgte Welpen während ihrer ersten zwei Lebenswochen kaum hörbar auf sich aufmerksam machen. Sie verlieren praktisch klaglos zunehmend ihre Lebensfähigkeit und normale Lebhaftigkeit und bringen schließlich keine Kraft zum Saugen mehr auf. Dagegen sind Welpen etwa ab ihrer dritten Lebenswoche selten zu überhören. Man lernt sehr schnell die Laute der Hundekinder zu unterscheiden.

Nach der zweiten Lebenswoche beginnt die **Übergangsphase,** an die sich ab der vierten bis einschließlich der siebten Lebenswoche die **Prägungsphase** der Welpen nahtlos anschließt. Zwischen dem elften und fünfzehnten Lebenstag öffnen sich die Lidspalten und die äußeren Gehörgänge. Doch es dauert noch bis zum Ende der dritten Lebenswoche, bis der Seh- und Hörsinn vollständig ausgebildet ist. In der Mitte der vierten Lebenswoche bekommen die Welpen ihre ersten Milchzähne und beginnen ungefähr am 45. Lebenstag ihre Ohren aufzustellen. Ab etwa dem siebzehnten Lebenstag versuchen die Hundekinder auf ihren anfangs noch wegrutschenden Beinchen zu stehen und zu laufen, was ihnen durch Training des Bewegungssystems und durch Koordinierung der Bewegungsabläufe zunehmend besser gelingt. Parallel hierzu verläuft der Tatendrang der Welpen. Je mehr sie von ihrer Umgebung wahrnehmen können, umso mehr reagieren sie auf Reize und werden täglich unternehmungslustiger.

Welpen nehmen etwa ab der dritten Lebenswoche ihre Wurfgeschwister wahr und verankern im Zusammenleben mit ihnen und ihrer Mutter das Bild ihrer Artgenossen unverrückbar. In diese Zeit fallen nämlich auch die ersten erzieherischen Einwirkungen der Hündin auf ihren Nachwuchs. Sie ernährt und säubert ihn nicht nur, sondern legt bestimmte Normen und Verhaltensregeln fest. Der Welpe, der sich z.B. der mütterlichen Reinigungsprozedur zu entziehen versucht, wird von der instinktsicheren Hündin, zuweilen ziemlich unsanft, zurechtgestupst. Werden der Welpenvater und andere Hunde gleichzeitig vom Züchter gehalten, dürfen sie zwar gelegentlich schnüffeln, mehr aber meistens nicht. Nur in Ausnahmefällen werden mitbetreuende Artgenossen zu dieser Zeit vom Muttertier geduldet. Während der späteren Lebensphasen der Welpen haben sie jedoch wichtige und prägende Erzieherfunktionen. Die Bullykinder lernen im Kontaktspiel mit ihnen und bei Begegnungen mit anderen Hunden, wie diese Vierbeiner aussehen und sich verhalten. Man nennt das „Spezies-Identifizierung".

Etwa gleichzeitig ab der dritten Lebenswoche der Welpen und zunehmend besser kann der Mensch als künftiger Sozialpartner wahrgenommen werden. Wenn Welpen in der Prägungsphase ausreichend Gelegenheit haben, den Menschen ausgiebig und regelmäßig zu beschnüffeln und neben dem körperlichen Geruchskontakt auch optische und akustische Eindrücke von ihm aufnehmen, werden sie für ihr Leben in der menschlichen Gemeinschaft gut geprägt. Wachsen Welpen in dieser Entwicklungsphase dagegen in einem „sterilen", kontaktarmen und reizlosen Zwinger auf, fehlen ihnen die Voraussetzungen, ihre angeborenen, weitreichenden Lerntriebe und Körperanlagen zu entwickeln, einzusetzen, durch Erlebnisse zu lernen und Erfahrungen zu sammeln. Die Erbanlagen verkümmern und die Hundekinder werden u.a. verhaltensgestört und auch im erwachsenen Alter unsicher, scheu und ängstlich sein. Denn die Zeit der prägenden Charakterbildung, des Erkennens der Daseinsfunktionalität und des Aufbaus ungetrübten Vertrauens ist befristet! Entwicklungsmängel und Lerndefizite, die neben anderen Erscheinungen unweigerlich zur fehlenden Selbstsicherheit (Isolierungssyndrom) der betroffenen Hunde führen, sind trotz intensivster Bemühungen später nie mehr aufzuholen. Charakter- und Körperanlagen werden als **Erbanlagen** zwar von den Eltern weitergegeben, doch neben der Vererbung ist der Einfluß der Umwelt auf das Verhalten und die Körperfunktionalität ihrer Nachkommen von sehr großer, wenn nicht sogar von ausschlaggebender Bedeutung. „Die Natur legt den Grund, der Mensch formt den Hund!" (Abwandelung eines Ausspruchs von Frau Lorle Spakowsky, Hamburg)

Es ist darum unerläßlich, daß der verantwortungsvolle Züchter den heranwachsenden Hunden in ihren Entwicklungsphasen sehr viel Zeit widmet. Er muß sie beobachten und liebevoll so beeinflussen, daß die wertvollen Anlagen sich entfalten können und die weniger guten Eigenschaften frühzeitig unterbunden werden. Denn die Grundsteine zur Verhaltensentwicklung und zu *allen* künftigen Beziehungen werden in der Prägungsphase gelegt! In diesem vierwöchigen Zeitraum sowie bis zum Besitzerwechsel muß den Welpen unter der Obhut der Hündin und des Züchters Gelegenheit gegeben werden, ihre Umgebung auch außerhalb der Wurfkiste und des „Laufstalls" unter Verwendung all' ihrer Sinne einschließlich des oralen Tastsinns zu erkunden und andersartige Tiere kennenzulernen. Entfernen oder schützen Sie, *bevor* Sie die Bullykinder herauslassen, alle Gegenstände, die in Reichweite der kleinen Vierbeiner für sie gefährlich sein können oder ihrem Betätigungsdrang nicht widerstehen! Falls ein Welpe sich dennoch an etwas Unerlaubtem vergreift, können Sie bereits jetzt die ersten Tabus festlegen, tadelnde „Neins" oder „Pfuis" aussprechen und den „Missetäter" mit der Hand von dem betreffenden Gegenstand sanft wegschubsen.

Welpen in der Wurfkiste

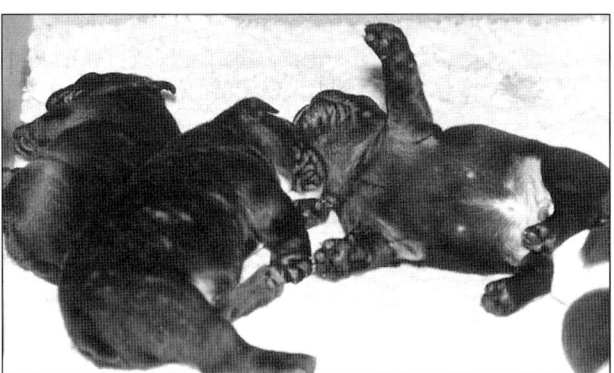

 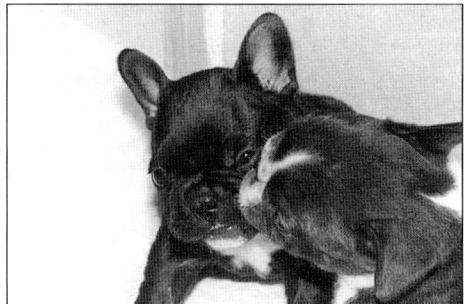

(Foto Held und Jorns)

Soll ein Hund im Haushalt seines künftigen Herrchens z.B. mit Katzen zusammenleben, muß er in der „aktiven Annäherungsphase", also *vor* seiner zwölften Lebenswoche lernen, was und wie diese Tiere sind. Ebenfalls muß er mit Kindern Bekanntschaft machen, denn sie unterscheiden sich von Erwachsenen nicht allein nur durch ihre Größe und andere Proportionierung ihrer Körperformen, sondern auch durch ihr Verhalten und ihre Bewegungen. Ein Kleinkind hat z.B. einen unsicheren, mehr oder weniger schwankenden Gang und macht zuweilen recht ungestüme Annäherungsversuche. Ein Hund wird nur dann besonders kinderfreundlich sein, wenn er als Welpe beizeiten an das Wesen von Kindern gewöhnt wurde.

Auch Welpen brauchen Spielsachen. Ich verweise auf das Kapitel „Spielen und Spielzeug", möchte aber bei sehr jungen Welpen auch auf die Spiel- und Beschäftigungssachen für Babys hinweisen, die einem Junghund und erwachsenem Hund kaum standhalten, aber Hundekinder stundenlang fesseln. Ich denke dabei z.B. an Stoffbälle und Stofftiere, in denen innen Glöckchen oder Klappern angebracht sind, so daß das Spielen damit „geräuschvoll" und anregend wird. Auch Beißringe für Babys sind für Welpen geeignet, weil sich mehrere Tiere gleichzeitig damit beschäftigen und ihre Kräfte einsetzen können.

Der Erziehungsbeginn zur **Stubenreinheit** fällt auch in die Prägungsphase. Die neugierigen Welpen lassen sich mühelos zum „Hundeklo" innerhalb der Wurfkiste locken. Für diesen Löseplatz eignet sich als Unterlage ein Blatt des gesandeten Papiers, das für Vogelkäfige verkauft wird. Darauf geben Sie als Aufsaugmaterial Vogelsand oder „Katzenstreu" (erhältlich u.a. in Supermärkten). Diese genannten Materialien sind hygienisch einwandfrei und geben den Welpenfüßchen besseren Halt als alte Zeitungen, die zudem unhygienisch sind und zu Felltönungen führen. Außerdem ähnelt Sand oder Katzenstreu auf der rauhen Unterlage den natürlichen Bodenverhältnissen im Freien. Daran gewöhnte Welpen brauchen später kaum umzulernen. Wenn der Bullynachwuchs nicht mehr kriecht und laufen gelernt hat, ist es ratsam, das gesandete Papier nebst der Einstreu auf ein großes, flaches Tablett zu geben und dieses nach einigen Wochen durch ein sogenanntes „Katzenklo" (flache Plastikwanne) zu ersetzen. Dadurch wächst die Randhöhe der Hundetoilette mit und die Einstreu bleibt trotz des Spielens und Scharrens der Welpen innerhalb des häuslichen Löseplatzes. Dieser sollte örtlich gleichbleibend sein, da Hunde zur Gewöhnung neigen und verwirrt sind, wenn irgendetwas anders als üblich, insbesondere ihr „Klo" nicht an der gewohnten Stelle ist. Die Einstreumenge hängt von der Welpenanzahl und der Benutzung ihrer „Toilette" ab. Es ist ratsam, abgesetzten Kot sogleich zu entfernen, damit er von den Hundekindern nicht herumgetragen wird. Die Ergänzung oder der Wechsel der Einstreu sowie die Säuberung des „Katzenklos" ist nach Bedarf und jeweiliger Verschmutzung nötig. Ab etwa der fünften Lebenswoche der Welpen kann die Sandpapiereinlage fortgelassen werden. Die Standfestigkeit der Hundekinder hat zugenommen und sie rutschen auf weniger rauhen Bodenflächen kaum noch aus. Von der Verwendung einer im Obst- und Gemüsehandel üblichen Holzkiste als häuslichen Löseplatz rate ich dringend ab. Das verarbeitete Holz kann splittern und läßt sich nicht so gut reinigen und austrocknen wie Kunststoff.

Gedränge im „Hundeklo"

Locken Sie die Welpen am besten nach ihrem Schlaf und nach jeder Futteraufnahme mit aufmunternden „Komm-komm-Rufen" zu dem Löseplatz und rascheln Sie dabei mit Ihren Händen oder einem Stöckchen spielerisch in der Einschütte. Günstig ist es, wenn Sie das Muttertier zuvor aus dem „Hundezimmer" entfernt haben. Dann sind die Welpen weniger abgelenkt und konzentrieren sich besser auf das neue Zubehör und die unbekannten Geräusche in der Wurfkiste. Sie wollen sie erkunden, kriechen hin und beginnen im Einstreu zu kratzen und zu spielen. Ganz nebenbei setzen sie ihre Notdurft ab und werden dafür gelobt und gestreichelt. So prägt sich bei Welpen bereits im frühesten Alter ein: „Geschäftchen-Machen ist angenehm!" Sie gewöhnen sich problemlos an das Lösen am erlaubten Platz, an den Tonfall Ihrer Stimme sowie an (verdiente) Zuwendungen. Natürlich hören Sie mit Ihrem Locken und Rascheln nicht eher auf, bevor nicht alle Welpen ihre Notdurft verrichtet haben und tadeln sie keinesfalls bei „Fehlplazierungen". Sie geschehen im Spieleifer, werden jedoch im Verlauf der nächsten Wochen immer seltener, wenn Sie die Hundekinder beobachten und sie zu ihrer „Toilette" locken, bevor ein Mißgeschick passiert ist. Da sich die Welpen zunehmend auch länger im Freien aufhalten, sollten Sie dort beizeiten einen geeigneten Löseplatz auswählen und den Bullynachwuchs daran gewöhnen, damit er lernt, seine Notdurft auch außerhalb des Hauses nur an erlaubten Plätzen abzusetzen.

Zwischen der achten und zwölften Lebenswoche festigt sich der Charakter der Welpen durch die aus der Umgebung einwirkenden Faktoren und Kontakte. Dieser Zeitraum wird die **Sozialisierungsphase** genannt. Die Hundekinder sind neugierig, lerneifrig und nahezu unermüdlich spielbereit. Beim Spielen werden Wahrnehmungs- und Reaktionsfähigkeit erprobt sowie Muskelfunktionen und Sozialverhalten eingeübt. Wenn der Züchter die Welpen individuell geschickt fördert, wachsen sie problemlos und artgerecht in das Gemeinschaftsleben mit Mensch und Tier hinein. Sie lernen spielerisch, aber konsequent eingeführte erste Tabus sowie Halsband und Leine kennen und sind fähig, sich an angenehme oder unangenehme Erlebnisse zu erinnern.

... und wer bist Du?

Der Züchter muß sich zwischenzeitlich nach den Richtlinien des Bullyklubs, dem er als Mitglied angehört, um die **Wurfabnahme** kümmern und die Welpen dem **Zuchtwart** vorstellen, damit die Hundekinder beim Zuchtbuchamt eingetragen werden und **Ahnentafeln** erhalten. In der Regel ist das in der neunten Lebenswoche der Welpen fällig. Danach sind sie, wenn die notwendigen Schutzimpfungen in ihrer achten Lebenswoche vorgenommen wurden, zur Übernahme durch ihr neues Herrchen bereit. Falls die Welpen erst mit neun Wochen geimpft werden, sollte der Besitzerwechsel um eine Woche verschoben werden, damit der Züchter sie in dieser Zeit auf Impfreaktionen beobachten kann und die kleinen Bullies keinen zusätzlichen Belastungen durch eine neue Umgebung ausgesetzt sind.

Die vierte Lebensphase der Entwicklung, die sogenannte **jugendliche Phase** beginnt ab der dreizehnten Lebenswoche der Hundekinder und dauert bis zu ihrer geschlechtlichen Reife. Das Verhaltensmuster ist zwar bereits fertig entwickelt, doch der Reifungs- und Festigungsprozeß vollzieht sich so lange, bis die Bullies als erwachsen bezeichnet werden können. Bis dahin sind sie im allgemeinen lernwillig und bereit, sich artgerecht in die Lebensumstände ihres Herrchens einzufügen. Junghunde kommen in ihrer jugendlichen Phase allerdings auch in ein „Rüpelalter". Sie wollen soziale sowie unbekannte Kontakte vermeiden und u.a. ihre eigene Machtstellung erproben (siehe „**Erziehungsgrundlagen**").

Mit diesem Wissen arttypischen Verhaltens und Ihrem Verständnis dafür, sollten Sie, lieber Bullybesitzer, Einfluß auf die körperliche und seelische Entwicklung Ihres Hundes nehmen und ihn durch Erziehung zu Ihrem vierbeinigen Gefährten machen!

Ein Korb Hunde

Der erste Schnee

Welpen im „Urwald"

(Foto: Brandes, Wolter u. Jorns)

Spielende Welpen

”… ob das etwas zum Fressen ist?“

(Foto: Girard u. Jorns)

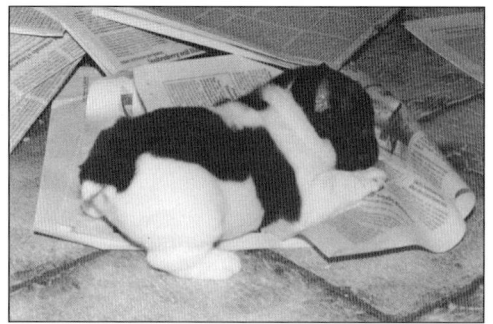

„Zerreißproben"

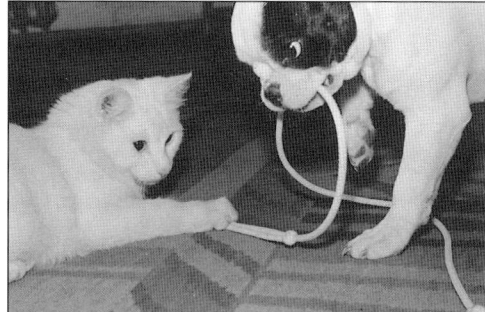

Bitte spiel mit mir!

Kommentar überflüssig (Foto: Jorns)

Anwärter zur „Bully-Olympiade"

„Wir
möchten
auch schon
trainieren!"

(Foto: Brandes, Dr. Pramer u. Jorns)

Welpen in Not und ihre künstliche Aufzucht

Manche Hündin hat zu wenig Milch oder fällt als Betreuerin und Ernährerin der Welpen teilweise oder ganz aus, wenn z.B. ihr Gesundheitszustand durch die Geburt überdurchschnittlich geschwächt ist oder eine Gesäugeerkrankung vorliegt. Eine nicht ausreichende Milchleistung erkennt man nicht nur an den schwach ausgeprägten Milchleisten und an den schlaffen Zitzen, sondern auch an den ungenügend ernährten Welpen. Ihre kontinuierlichen Gewichtszunahmen bleiben aus. Der Nachwuchs muß entweder zusätzlich oder vollständig künstlich ernährt und pflegerisch versorgt werden.

Die künstliche, mutterlose Aufzucht von Welpen ist, wenn keine mitbetreuende Hündin und Hundeamme zur Verfügung steht, sehr arbeitsaufwendig und erfordert viel Geduld. Wenn man das Glück hat, eine zweite Hündin zu besitzen oder sich eine gutmütige Hündin ausleihen kann (Tierärzte können gelegentlich eine „Ersatzmutter" vermitteln, wobei Säugefähigkeit nicht Bedingung, aber wünschenswert ist), muß die Frage geklärt werden, ob sie die Bullykinder annimmt. Hierzu gehen Sie wie folgt vor: Reichen Sie der Hündin, die die Pflegemutterrolle übernehmen soll, mit der Hand zunächst nur einen Welpen zum Geruchskontakt und lassen Sie sie am Hinterteil des Kleinen schnüffeln. Wenn sie sich für das fremde Hundebaby interessiert, es beriecht und ableckt, können Sie dieser Hündin nacheinander die Welpen einzeln geben und sie ihr zur Betreuung unter Ihrer Aufsicht überlassen. Sie sind nunmehr der Sorge enthoben, die Neugeborenen massieren und säubern zu müssen. In seltenen Fällen kommt es sogar vor, daß aus einer solchen „Ersatzmutter" eine richtige Amme wird, auch wenn die betreffende Hündin vorher weder belegt wurde noch scheinträchtig war. Ihr Hormonhaushalt kann durch die Welpenbetreuung so angeregt werden, daß ihr Gesäuge anschwillt und Milch einschießt.

Wenn die Hündin die Welpen jedoch nicht beachtet oder sie gar zu mißhandeln versucht und weder geduldiges Zureden noch erneute Versuche helfen, ihren Arterhaltungstrieb und Pflegeinstinkt zu wecken, ist es Ihre Aufgabe, die Versorgungstätigkeiten eines Muttertieres zu übernehmen und nachzuahmen, um den Bullynachwuchs am Leben zu erhalten. Hierzu gehört, daß Sie die Körperfunktionen der Welpen in ihren ersten zwölf bis sechzehn Lebenstagen regelmäßig durch Massage in ein- bis zweistündigen Abständen anregen müssen, damit die Kleinen Harn und Kot ausscheiden können. Ein mit handwarmen Wasser angefeuchteter Wattebausch ist gut geeignet, die leckende Zunge einer Hündin zu ersetzen. Da jeder Welpe Einzelversorgung braucht und nicht früher ins „Welpennest" zurückgelegt wird, bevor er nicht „seine Geschäftchen" gemacht hat, müssen Sie sich die Welpen nacheinander vornehmen. Legen Sie den jeweils zu versorgenden Welpen - am besten auf Ihrem Schoß - auf den Rücken und massieren Sie drucklos sein Bäuchlein strichweise zum After hin. Dort und auf der Geschlechtsöffnung werden sanfte, kreisende Bewegungen mit dem, von Zeit zu Zeit wieder angefeuchteten Wattebausch gemacht, damit der Massagevorgang ähnliche

Voraussetzungen wie die feuchte Hundezunge hat. Beachten Sie bitte, daß Welpen niemals naß werden oder auskühlen dürfen!

Mutterlose Welpen brauchen während ihrer ersten vier Lebenstage Welpennest-Temperaturen zwischen 29° und 32° C und anschließend bis zum Ende der vierten Lebenswoche allmählich auf 26° C absteigende Wärmeverhältnisse mit zirkulierender, feuchter Luft (Luftfeuchtigkeitsgehalt mindestens 50 %) ohne Zugluft. Ab der fünften Lebenswoche der Welpen kann die Temperatur in ihrer direkten Umgebung langsam auf 22° C abgesenkt werden. Die Temperatur sollte täglich mehrmals durch Messungen in Höhe des „Welpennestes" kontrolliert und dem Entwicklungsverlauf und Verhalten der Bullykinder angepaßt werden. Welpen wissen nämlich genau, welche Temperatur ihnen angenehm ist oder nicht. Drängen sie sich z.B. eng zusammen und wimmern, ist es ihnen zu kühl. Wenn Welpen unruhig sind, auseinanderstreben und von der Wärmequelle entferntere Liegeplätze aufsuchen, ist es ihnen zu warm. Liegen sie dagegen wohlig-gelöst in ihrem Nest und zucken im sogenannten „Aktivschlaf" in einem fast gleichmäßigen Rhythmus zum Muskeltraining mit ihren Körpern, fühlen sie sich wohl. Der Dauereinsatz eines Heizkissens und/oder einer Wärmelampe ist unbedingt zu empfehlen, damit die jeweils richtige Temperatur im „Welpennest" gewährleistet ist. Bitte vergleichen Sie hierzu die Zeichnung „Liegefläche mit Wärmebereichen" im Kapitel „Vorbereitungen für den Wurftag und die Aufzucht".

Wenn ein Welpe - aus welchem Grund auch immer - unterkühlt ist, erwärmt man ihn am besten durch menschliche Körperwärme und steckt ihn z.B. in die innere Jackentasche oder legt ihn unter das Hemd bzw. die Bluse direkt auf die Haut, wobei man darauf achten muß, daß der Welpe nicht herausfallen kann und ausreichend Luft bekommt. Bewegungslos dazusitzen braucht man in dieser Situation nicht, im Gegenteil! Man sollte sich bewegen und kann einer Beschäftigung nachgehen, weil Temperatur, Herzschlag und Atemfrequenz des betroffenen Welpen durch die Körperwärme und das Rütteln während der Bewegungsabläufe seines Betreuers normalisiert werden. Danach kann man der Hündin den Welpen wieder zurückgeben oder ihn wieder selbst wie üblich versorgen. Ein Futterangebot, bevor die erwähnte Normalisierung eingetreten ist, sollte unbedingt vermieden werden, da durch die **Unterkühlung** der Verdauungstrakt des Welpen gelähmt ist und die Nahrung aus dem Magen nicht weiterbefördert wird. Der Welpe erschlafft sichtbar und sogar dann, wenn er selbst Nahrung aufnimmt. Auch die schnelle Erwärmung eines unterkühlten Welpen durch Heizmatten, Wärmelampen und dergleichen ist schädlich. Denn dadurch wird zunächst die Haut, dann das darunter liegende Gewebe erwärmt, das nun mehr Sauerstoff als während des Unterkühlungsvorgangs benötigt. Doch da sowohl die normale Atemfrequenz von 15 - 35 Atemzügen als auch der Herzschlag von seiner normalen Frequenz von 180 - 220 Schlägen pro Minute indessen gesunken sind, kann der betroffene Welpe nicht ausreichend Sauerstoff bekommen. Die zu rasch erwärmten Körperzellen bleiben unversorgt und lösen den Tod des Welpen letztendlich aus.

Scheidet ein Welpe dünnflüssigen Kot aus, hat er **Durchfall,** der in jedem Fall als besorgniserregendes Alarmzeichen gewertet werden muß! Denn Welpen sind - insbesondere in ihren ersten vier Lebenswochen - durch den Wasserverlust bei Durchfall lebensgefährdet! Ihr Körper kann keinen krankheitsbedingten Flüssigkeitsverlust verkraften. Er besteht aus 82 % Wasser, im Gegensatz zu etwa 69 % Wasser bei erwachsenen Hunden, die eine kurze Durststrecke abhängig von ihrer Kondition und den Umgebungsverhältnissen (meistens) überleben. Bei **Saugwelpen** mit Durchfall muß ihre normale Ernährung sofort ausgesetzt und kurzfristig auf z.B. Pfefferminz-, Kamillen- oder Fencheltee *ohne* Nähr- und Geschmacksstoffe umgestellt werden. Dadurch wird der Verlust von Körperflüssigkeit ausgeglichen, ohne den Verdauungstrakt der Patienten zu reizen. Jedoch sollte der Tierarzt am gleichen Tag des Auftretens von Durchfall bei Saugwelpen zugezogen werden, damit sie ihre Erkrankung überleben. Zwischenzeitlich müssen die betroffenen Welpen warmgehalten und auf dem Bauch, After und Bereich der Geschlechtsöffnung etwa halbstündlich massiert werden.

Bei älteren Hundekindern ab etwa ihrer achten Lebenswoche mit ungestörtem Verhalten und ohne Fieber kann bis zum nächsten Tag mit dem Tierarztbesuch gewartet oder sogar ganz davon abgesehen werden, wenn die Bereitstellung von Tee und täglich mehrmalige Fütterungen mit Reis- oder Haferschleim in kleinen Portionen und durch eine Prise Kochsalz ergänzt helfen, den Kot wieder zu festigen. Nach diesem einen, längstens zwei Durchfalltagen muß entweder der Tierarzt doch eingeschaltet werden oder, wenn der Durchfall behoben ist, kann der Welpe häufige, aber kleine Mahlzeiten bestehend aus Reis- oder Haferschleim mit gekochtem Hühner- oder Kalbfleisch erhalten. Diese Schonkost mit Tee zum Durststillen sollte weitere zwei Tage beibehalten werden. Danach kann der Welpe allmählich an seine übliche Nahrung und an den, seinem Alter entsprechenden Fütterungsplan gewöhnt werden.

Wenn Welpen noch nie zuvor an den Zitzen ihrer Mutter gesaugt haben, gewöhnen sie sich meist rasch und problemlos an die **Fütterung** aus einem Fläschchen. In den etwa drei ersten Lebenstagen der Neugeborenen ist es jedoch ratsam, hierzu eine **Tropfpipette** (erhältlich in Apotheken und Drogerien) zu verwenden. Die winzigen Milchmengen, die von den Welpen bei einer Fütterung aufgenommen werden, sind besser zu kontrollieren und warmzuhalten. Nach diesen Tagen können Sie die Hundekinder aus Puppenfläschchen (erhältlich mit „Liebesperlen" gefüllt in Süßwaren- und Spielzeuggeschäften) oder aus Babyflaschen mit passenden Saugern füttern. Besorgen Sie sich möglichst zwei Flaschen sowie einen Babyflaschenwärmer und füllen Sie die angemischte Milch (siehe „Ernährung der Welpen") je zur Hälfte oder der Bedarfsmenge eines Welpen angepaßt, etwa 37,5° C - körperwarm (Handrückenprobe!), in beide Flaschen. Während Sie mit der einen Flasche der ersten Welpen füttern, bleibt die übrige, angemischte Milch in der anderen Flasche inzwischen im Flaschenwärmer warm und kann ohne Zeitverlust sogleich beim zweiten Welpen eingesetzt werden. Manchmal kann der Austausch der Flaschen bereits während der Fütterung eines Welpen erforderlich sein, wenn z.B. der Kleine langsam trinkt und die Milch indessen ausgekühlt ist.

Legen Sie *vor* der Fütterung ein Tuch zum Warmhalten und Schnäuzchen-Putzen des Welpen auf Ihren Schoß und nehmen Sie das hungrige Wesen so in die Hand, daß es gegen Ihren Körper treten und bequem aus der schräg gehaltenen Flasche trinken kann. Achten Sie hierbei darauf, daß es tatsächlich Milch und nicht Luft ansaugt! Den Saug- und Atemrhythmus bestimmt der Welpe, der auch Zeit für sein „Bäuerchen" (Aufstoßen) braucht.

Welpen, die bereits bei ihrer Mutter gesaugt haben, gewöhnen sich etwas schwerer an die Milchflasche und wissen damit zunächst nichts anzufangen. Sie müssen mit unendlich viel Geduld an das andere Saugverhalten und an den fast mühelosen Milchfluß gewöhnt werden. Wichtig ist hierbei, daß die Temperatur der Milch und der Umgebung stimmt. Halten Sie den zu fütternden Welpen auf Ihrem Schoß warm und geben Sie ihm durch Ihre Körpernähe Gelegenheit zum „Milchtritt"! Ein Milchtröpfchen auf der Saugerspitze erleichtert die Annahme der „Ersatzzitze". Wenn der Welpe seinen Fang nicht selbst öffnet, müssen sie behutsam nachhelfen und den Sauger in sein Schnäuzchen geben. Danach können Sie ganz leichte Bewegungen mit der Flasche machen oder aus ihr ganz wenig Milch ausdrücken, damit der Welpe das Ungewöhnlich-Gewöhnliche wahrnimmt und die Milch schmeckt. Je nach Veranlagung und Hunger des Welpen dauert es einige Zeit, bis das Hundekind die Dinge begriffen hat, die Milch ansaugt und abschluckt. Achten Sie unbedingt darauf, daß die Milch wirklich nur tröpfchenweise aus der Flasche herausgesaugt werden kann, damit der Welpe sich nicht verschluckt. Gleiches gilt sinngemäß für die Fütterung mittels einer Tropfpipette. Geben Sie dem Welpen *nur* einzelne Tropfen ins Schnäuzchen und führen Sie keinesfalls eine „Zwangsfütterung" durch, die seinem Schluck- und Atemrhythmus nicht angepaßt ist!

„Sorgenkinder"

(Foto: Dr. Pramer und Jorns)

Wenn ein Welpe kaum Milch ansaugt oder sich gar verschluckt, liegt das häufig am Sauger. Sein Austrittsloch für die Milch kann zu groß oder zu klein sein. Es ist ebenfalls möglich, daß die Form des Saugers nicht „schnäuzchenpassend" ist. Sie sollten dann verschiedene Sauger kaufen und den geeignetsten ausprobieren. Achten Sie beim Anmischen der Milch darauf, daß keine Klümpchen zurückbleiben und richten Sie sich genau nach den Herstellerhinweisen! Mehr als die Menge anzumischen, die für eine Mahlzeit aller Welpen gebraucht wird, ist ebenfalls wie das Aufheben der Milch von einem Tag zum anderen nicht ratsam, wenn nicht sogar für die empfindlichen Welpenmägen schädlich. Selbstverständlich müssen Sie beim Anmischen der Welpennahrung mit sauberen Gerätschaften arbeiten und die Milchflaschen sowie Sauger nach jedem Gebrauch gründlich reinigen und (materialabhängig) auskochen.

Sehr zu empfehlen ist, eine laut tickende Uhr in der unmittelbaren Nähe der mutterlosen Welpen aufzustellen. Das gleichmäßige Geräusch erinnert an den vorgeburtlich wahrgenommenen Herzschlag der Mutter und wirkt in allen Entwicklungsphasen der Hundekinder beruhigend.

Ernährung der Welpen

Die natürliche Nahrung in den ersten Lebenstagen der Welpen ist die Milch ihrer Mutter. In den ersten Stunden nach der Geburt ist sie besonders gehaltvoll, weil sie Kolostrum enthält, das die Gesundheit der Welpen durch Antikörper (Immunglobuline) vor möglichen Infektionskrankheiten etwa sechs bis acht Wochen lang schützt. Falls - aus welchen Gründen auch immer - keine Erstmilch (Kolostralmilch) der Hündin zur Verfügung steht, kann der Tierarzt den Mangel durch Gaben von Paramunitätsinducern (Stoffe, die die allgemeine Abwehr steigern) ausgleichen, um den Gesundheitsschutz bei den Neugeborenen aufzubauen.

Welpen an der „Milchbar"

(Foto Theunissen und Jorns)

299

Bis zum Ende der dritten Lebenswoche benötigen Welpen nur Hündinnenmilch oder Muttermilchersatz. Am Verhalten der Hundekinder, z.B. an ihrem Interesse am Freßnapf des Muttertieres, merkt man, wann sich ihre Bedürfnisse ändern und mit der Zufütterung begonnen werden muß. Manche Hündinnen beginnen sogar schon etwa zehn Tage nach der Geburt, ihrem Nachwuchs eigene, angedaute Nahrung vorzubrechen. Wenn die Welpen hungrig sind, fangen sie an, von dem Erbrochenem zu fressen und gewöhnen sich bereits früh an andere Kost als Milch. Der Übergang zur Zufütterung durch den Züchter fällt ihnen dann leicht.

Bei vollkommen künstlicher Aufzucht kann man den Welpen ab ihrem vierten Lebenstag zusätzlich zur Milch auch fein geschabtes, rohes Rindfleisch (Tatar) in der Größe eines Reiskorns, am besten auf der Fingerspitze gereicht, anbieten. Diese Minimenge kann innerhalb von drei Wochen auf zehn bis zwanzig Gramm allmählich gesteigert und auf mehrere, kleine Portionen verteilt, täglich verfüttert werden.

Von einer bedenkenlosen Welpenernährung basierend auf Milch von Kühen und anderen Säugetieren, wenn aus irgendwelchen Gründen keine Hündinnenmilch zur Verfügung steht, rate ich dringend ab! Jede Milch unterscheidet sich in ihren Bestandteilen von der Milch einer Hündin wesentlich. Zum Beispiel hat Kuhmilch u.a. etwa 5 % Laktose (Milchzucker), 4 % Fett und 70 Kalorien, Hündinnenmilch jedoch etwa 3,3 % Laktose, 9,5 % Fett und 170 Kalorien. Kuhmilch ist für Welpen also viel zu mager und der erhöhte Milchzuckeranteil verursacht bei ihnen Durchfall. Man kann natürlich die unterschiedlichen Substanzen durch entsprechende Ergänzungen ausgleichen, um den gleichen Nährwert zu erzielen. Doch hierbei können sich Fehler leicht einschleichen und der Arbeitsaufwand ist aus Zeit- und Kostengründen unrentabel. Jeder Tierarzt kann Ihnen ein gutes Milchprodukt für Ihre Welpenaufzucht geben und Sie über die richtige Verwendung beraten. Auch im freien Handel kann man Hundemilch-Ersatzprodukte erwerben, bei denen man jedoch sehr auf die Zusammensetzung und das Verfallsdatum der Milch achten sollte. Eine, von der Hündinnenmilch abweichende Strukturierung und eine Haltbarkeitsüberschreitung können zu Unverträglichkeiten führen.

Falls im Ausnahmefall keine Hundeersatzmilch zur Verfügung steht, können Sie auf Muttermilch-Ersatzprodukte für neugeborene Babys ausweichen. Sie müssen diese Milch aber sehr rahmig anmischen, damit der Energiegehalt der Hündinnenmilch erreicht wird. Desgleichen können Sie Kuhmilch an Welpen dann verfüttern, wenn ihr etwa zwei Drittel (abhängig vom Fettgehalt) ungezuckerte Kondensmilch zugemischt wurde. Doch wie gesagt, nur im Ausnahmefall! Denn nicht nur eine falsche Zusammensetzung der Nahrung, sondern auch jede Ernährungsumstellung ist für Welpen, insbesondere in ihren ersten vier Lebenswochen äußerst risikoreich.

Die **Zufütterung** mit aufbauwichtigen Nährstoffen sollte etwa nach der dritten Lebenswoche der Welpen einsetzen und allmählich zunehmend gesteigert werden, damit das Muttertier beizeiten entlastet wird. Die Ansprüche an die Verdaulichkeit und biologische Wertigkeit der Welpenernährung sind hoch! Die Qualität und *nicht* die Quantität des Futters hat den entscheidenden Einfluß auf die körperliche Entwicklung der Hunde. Ernährungsfehler bei Welpen können auch durch hochwertigstes Futter in späterer Zeit nicht ausgeglichen werden! Die in ihrer Jugend unzureichend ernährten Hunde sind krankheitsgefährdet und ihr Körperbau ist durch die Mangelernährung gezeichnet. Sie sind z.B. schmaler und hochbeiniger gebaut oder weniger vital veranlagt als gut und richtig ernährte andere Bullies.

Die Gewöhnung an Zusatzfutter ist ein kleiner Lernprozeß für Welpen, den sie leicht und schnell bewältigen, wenn der Züchter anfangs die „Handfütterung" statt der Fütterung aus dem Napf bevorzugt. Hundekinder sind nämlich sehr neugierig und schnüffeln sofort interessiert an den ihnen (einzeln!) gereichten Fleischhäppchen und nehmen sie gern auf, weil Fleisch ja viel besser als Milch riecht und schmeckt! Zur Nahrungsaufnahme aus dem Napf ist es dann nur noch ein kleiner Schritt, zu dem man am besten ein Fleischhäppchen in Riechnähe eines hungrigen Welpen hält und sein Köpfchen dem verlockenden Bissen bis zum bereitstehenden Futterteller folgen läßt. An dieser Stelle möchte ich darauf hinweisen, daß die Einzelfütterung jedes Welpen - sei es mit der Hand oder aus dem Napf - bis mindestens zur fünften Lebenswoche und länger - zur Kontrolle des tatsächlichen Verzehrs angebracht ist. Zum Warmhalten der Welpennahrung sind Flaschenwärmer und Warmhalteteller für Babykost sehr zu empfehlen.

Es ist ratsam, die Zufütterung bei natürlicher Aufzucht mit fünf bis zehn Gramm rohem, geschabten Rindfleisch (Tatar!) je Welpen täglich - und zwar abends gereicht - zu beginnen, damit die Ergänzungsnahrung gut aufgenommen und vertragen wird und zudem den Bullynachwuchs für einen Teil der Nacht sättigt. Wenn das Fleisch vor dem Verzehr mit einigen Tropfen abgekochtem, warmen Wasser breiig gemacht wird, erspart man sich das Erwärmen und den Welpen „Freßprobleme" des Fleisches. Hundebabys wissen nämlich anfangs noch nicht, daß sie ihre Zunge auch zum Auflecken von Nahrung benutzen können. Sie saugen bzw. schlürfen das Futter auf und müssen das richtige Freßverhalten erst erlernen, wozu sie in der Regel nur wenige Tage brauchen. Innerhalb der nächsten Wochen kann die tägliche Fleischration allmählich zunehmend vergrößert und anstatt Tatar preiswerteres, rohes Rinderhackfleisch, gekochtes, mageres Fleisch von allen Tieren einschließlich vom Fisch (Ausnahme vom Schwein!) sowie Fertigfutter für Welpen verfüttert werden.

Erfahrungsgemäß lassen sich Milchprodukte wie z.B. Quark, Joghurt und Hüttenkäse bei der Welpenernährung sehr gut verwenden, weil bei ihnen ein Teil der Laktose vergoren ist. Manche Hundekinder mögen diese Nahrung leicht gesüßt lieber, sie vertragen jedoch keinen Zucker. Honig ist dagegen bekömmlich. Er läßt sich, selbst dann, wenn er dickflüssig ist, nach kurzer Erwärmung, gut verwenden. Die Honigmenge sollte dem Welpenalter angepaßt werden. Anfangs reichen ein bis zwei Tropfen, ab der sechsten Lebenswoche verträgt jeder Welpe etwa einen halben Teelöffel Honig täglich.

Ab der sogenannten „Entwöhnungszeit", von der an die Welpen nicht mehr überwiegend von ihrer Mutter ernährt werden, brauchen sie zusätzlich zu ihrem Futter Vitamine und Mineralstoffe. Sie haben im Wachstum daran einen etwa um das Doppelte größeren Bedarf als ausgewachsene Hunde. Um diesen Bedarf nicht im einzelnen ausrechnen zu müssen, sind Produkte zu empfehlen, die eine ausgewogene Mischung aller Ergänzungsstoffe enthalten. Lassen Sie sich vom Tierarzt ein geeignetes Präparat für Ihre Bullies geben und verwenden Sie es genau nach Anweisung.

Ferner brauchen Welpen, die entwöhnt werden, einen ständig bereitstehenden Napf mit zimmerwarmen Wasser, damit sie, so oft sie wollen, ihren Durst stillen können. Bis etwa zur vollendeten vierten Lebenswoche der Welpen sollte das Wasser vor der Verwendung stets abgekocht werden, um Unverträglichkeiten auszuschließen. Danach können Sie auf kohlensäurearmes Mineralwasser ausweichen, falls Leitungswasser Ihrem Bullynachwuchs nicht schmeckt. Sie können Ihren Vierbeinern auch schwach mit Honig gesüßten Tee anbieten. Er braucht nicht ständig bereitzustehen, vielleicht einmal täglich für einige Stunden als Wasserersatz. Die frühzeitige Gewöhnung an einen nicht zu stark aufgebrühten Tee (z.B. Pfefferminz-, Fenchel- und Kamillentee) ist gut für die Verdauung und besonders bei einer möglichen Erkrankung vorteilhaft.

Die Anzahl der täglichen Mahlzeiten reduziert sich im Verhältnis zum Lebensalter der Welpen. Der Neugeborene braucht in seinen ersten zwei Lebenswochen alle zwei Stunden, also auch nachts (!) Nahrung. Der drei- und vierwöchige Welpe hat einen vierstündigen Bedarf und muß somit sechsmal, auf den Tag und die Nacht verteilt, gefüttert werden. Das fünf- bis neunwöchige Hundekind hat täglich fünf Mahlzeiten nötig. Der Bullynachwuchs ist ab seiner zehnten Lebenswoche bis zu einem Alter von einem Vierteljahr bereits mit vier Fütterungen am Tag zufrieden. Diese Mahlzeiten können allmählich dann so verteilt werden, daß die Welpen eine längere Nachtruhe ohne Nahrungsangebot haben. Ab dem vierten bis zum neunten Lebensmonat kann die Anzahl der Mahlzeiten auf drei und anschließend bis Bully ausgewachsen ist, auf täglich zwei Fütterungen umgestellt werden. Ob Sie dabei bleiben oder Ihrem Hund seine ganze Tagesration bei nur einer Fütterung am Tag geben, liegt in Ihrem Ermessen. Französische Bulldoggen vertragen die Aufnahme ihrer gesamten Bedarfsmenge bei täglich nur einmaliger Fütterung in der Regel. Diese Angaben zum Mahlzeitenbedarf sind jedoch nur allgemeine Richtlinien. In Problemfällen muß häufiger, dem individuellen Bedarf angepaßt, gefüttert werden. Es ist nämlich durchaus möglich, daß ein untergewichtiges und krankes „Sorgenkind" z.B. halbstündlich Flüssigkeit und Nahrung braucht.

Zum Futteranmischen eignet sich Wasser und Kochwasser bzw. Brühe von Fleisch, Knochen, Teigwaren und von Gemüse einschließlich Kartoffeln, nicht jedoch von Hülsenfrüchten und Kohl. Bei Verwendung des erwähnten Kochwassers von Gemüse u. dergl. ist das in Normaldosierung zugefügte Salz für Welpen und erwachsene Hunde unschädlich, und, sofern keine

Stoffwechselstörungen bei ihnen vorliegen, für ihren Körperhaushalt sogar vorteilhaft.

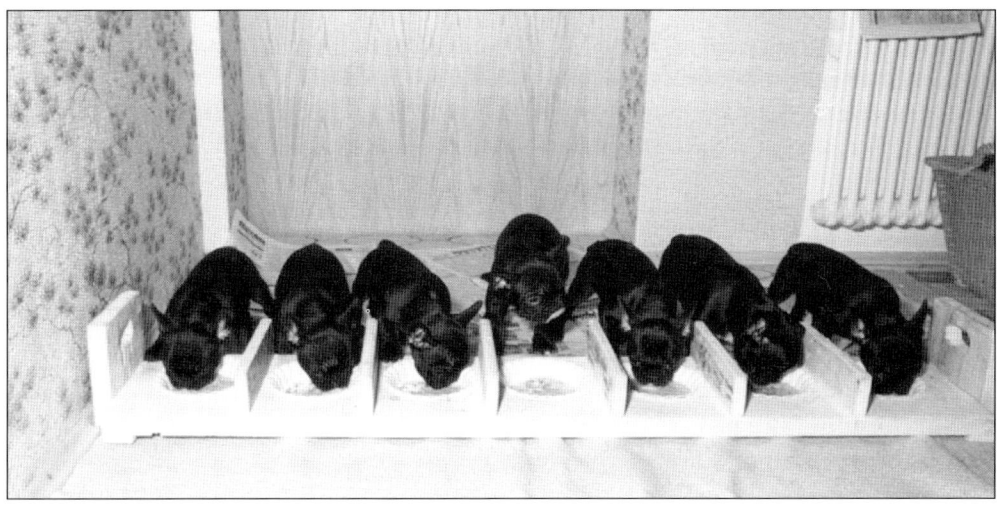

Vorbildliche Fütterung (Foto: Dieterle)

Aber auch hier kommt keiner zu kurz.

Nicht jedes Futter schmeckt jedoch den Welpen. Sie bringen es problemlos fertig, sich bei einer Mahlzeit mit unbeliebtem Futter appetitlos zu zeigen und sich aber bei einer anderen Mahlzeit mit schmackhaftem Futterangebot den Magen so vollzuschlagen, daß sich das schädigend auf ihre Körper auswirken kann. Deshalb sollte der Züchter die gleichmäßige Nahrungsaufnahme steuern und den Welpen das weniger beliebte Futter als erste Mahlzeit nach ihrem Nachtschlaf anbieten. Dann sind die Hundekinder am hungrigsten und fressen „Problemfutter" am besten, wodurch das Auslassen einer späteren Mahlzeit vermieden wird. Eine Fleischportion mit einem nur geringen Anteil von Nahrung pflanzlicher Herkunft (z.B. Gemüse und Futterflocken) sollte als letzte Mahlzeit den Tag abschließen. Sie wird bestimmt restlos vertilgt und, weil sie den größten Sättigungswert hat, verlängert sie die Nachtruhe. Es ist ratsam, die für die Entwicklung der Hundekinder notwendigen Ergänzungsstoffe (Vitamine und Mineralstoffe) den Fleischmahlzeiten zuzufügen. Bis zum Ende der siebten Lebenswoche sollten die Welpen entwöhnt und völlig auf ihr eigenes, bedarfsgerechtes Futter umgestellt sein.

Ratsam ist auch die Abwechslung des Futters. Kaufen Sie nicht immer die gleiche Fleischsorte und wechseln Sie von Zeit zu Zeit die Herstellerprodukte, wenn Sie Fertigfutter verwenden. Beim Fleischeinkauf kann man oft günstige Sonderangebote ausnutzen und sie nach Einteilung in Tagesportionen bis zum späteren Einsatz einfrieren. Durch eine abwechslungsreiche Nahrung bleibt der Appetit der Hunde erhalten und man läuft am wenigsten Gefahr, die Vierbeiner einseitig und mangelhaft zu ernähren.

Es ist von Anfang an wichtig, einen Plan für die Zeiten der Fütterungen und der Einteilung der infrage kommenden Nahrungsmittel aufzustellen und ihn einzuhalten. Dadurch werden die Welpen auch an weniger beliebtes Futter und vor allem beizeiten daran gewöhnt, daß der Freßnapf nur zu bestimmten Stunden gefüllt wird. Gleichzeitig lernen sie, zügig zu fressen. Denn wer trödelt, erwischt nicht den besten Brocken und kommt zu kurz, weil ein Wurfgeschwisterchen auf eine Gelegenheit zum Stibitzen aus dem Freßnapf bereits wartet oder die Futterschüssel vom Züchter nach etwa zehn Minuten fortgenommen wird. Natürlich gibt es Welpen, die bedächtiger veranlagt sind und langsamer fressen. Auf sie muß entsprechend Rücksicht genommen und die Zeit des Nahrungsangebots etwas verlängert werden. Aber keinesfalls sollte Futter ständig zur freien Verfügung stehen! Abgesehen davon, daß das Futter nach seiner jeweiligen Beschaffenheit mehr oder weniger schnell verdirbt oder durch die Hunde verunreinigt wird, erzieht man sich durch ein ständiges Nahrungsangebot mäkelige und undankbare Fresser, die nie richtig Hunger haben und zum Fettansatz neigen. Denken Sie daran, daß die Ernährungsgewohnheiten eines Hundes bereits im Welpenalter für sein ganzes Leben festgelegt werden! Ob ein Hundekind genug gefressen hat, sagt nicht nur die Gewichtskontrolle, sondern auch sein Gesamtbild aus. Ein gesunder Welpe soll im Züchterjargon „rund, fest und vollgepackt" sein.

Nach Möglichkeit sollten Welpen, die entwöhnt werden oder bereits entwöhnt worden sind, erst nach dem Spielen und Auslauf gefüttert werden. Dadurch werden ein etwaiges Erbrechen des Futters sowie eine Überlastung vom Tragegerüst des Körpers und der Sehnen weitgehend verhindert. Zudem verdauen alle Lebewesen, die von ihnen aufgenommene Nahrung in Ruhestellung bzw. im Schlaf besser. Bekanntlich macht ein voller Magen müde, weil die durch die Verdauung bedingten Vorgänge im Inneren des Körpers Schläfrigkeit auslösen und mangelnde Ruhe nach der Nahrungsaufnahme zu Verdauungsstörungen führen kann. Sehr junge Welpen sind davon noch wenig betroffen. Wenn sie aufwachen, haben sie Hunger, wollen fressen und danach ausgiebig spielen. Aber je älter die Hundekinder sind, umso mehr sollte auf die Grundregel: „Ruhepause nach der Fütterung" geachtet werden.

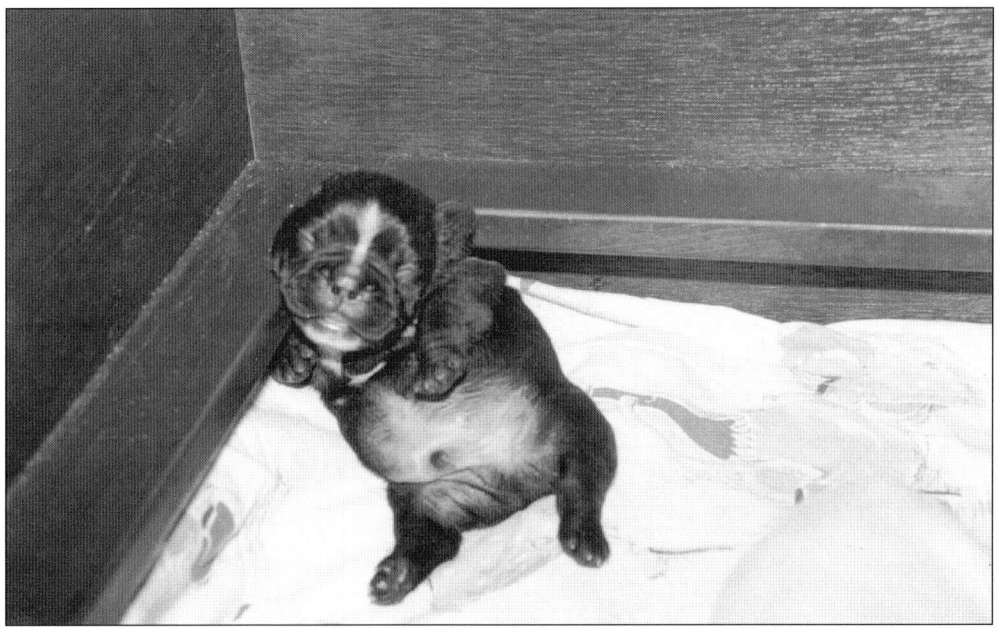

Verdauungsschläfchen auf besondere Art...

Mutterlose Aufzucht von Welpen

1. Lebenswoche:	18	g Milchmenge pro Tag pro 100 g Körpergewicht
2. Lebenswoche:	21	g Milchmenge pro Tag pro 100 g Körpergewicht
3. Lebenswoche:	22,5	g Milchmenge pro Tag pro 100 g Körpergewicht
4. Lebenswoche:	24	g Milchmenge pro Tag pro 100 g Körpergewicht

(z.B.: Ein Welpe mit 250 g Körpergewicht erhält 45 g Milch am ersten Lebenstag.)

Die Milchmenge pro Mahlzeit beträgt anfangs 4 - 5 g, es sind 12 Fütterungen pro Tag erforderlich. Mit zunehmendem Lebensalter des Welpen wird die Milchmenge pro Mahlzeit langsam auf 20 - 30 g gesteigert, die Zahl der Fütterungen kann langsam auf 8 mal täglich reduziert werden.

Gewichtsentwicklung bei Welpen

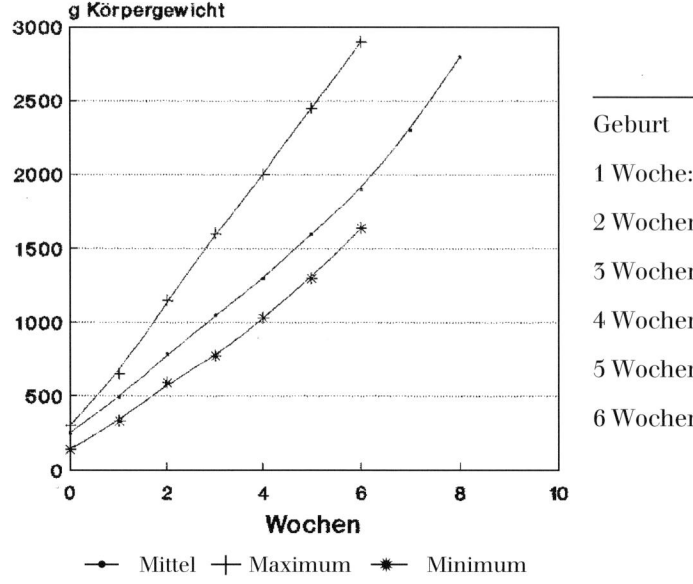

	Mittel	Min.	Max.
Geburt	250 g	140 g	300 g
1 Woche:	500 g	330 g	650 g
2 Wochen:	750 g	590 g	1150 g
3 Wochen:	1080 g	770 g	1600 g
4 Wochen:	1290 g	1030 g	2000 g
5 Wochen:	1600 g	1300 g	2450 g
6 Wochen:	1860 g	1640 g	2960 g

Diese Werte sind meine Erfahrungswerte. Gewichtsabweichungen sind durchaus möglich. Nicht das erreichte Gewicht ist von ausschlaggebender Bedeutung, sondern die *kontinuierliche* Gewichtszunahme sowie der allgemeine Gesundheitszustand der Welpen.

Gewichtsentwicklung von Junghunden

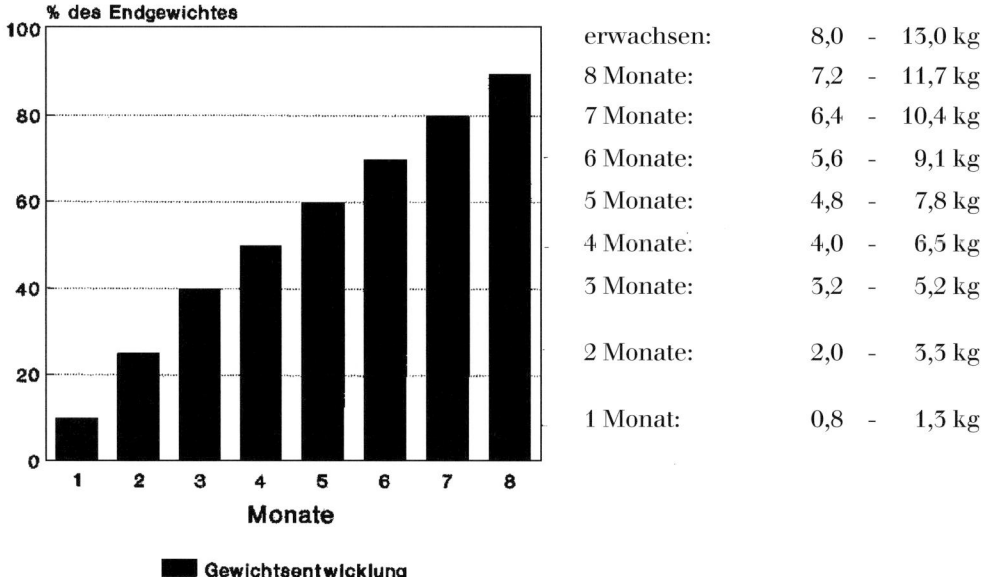

erwachsen:	8,0	-	13,0 kg
8 Monate:	7,2	-	11,7 kg
7 Monate:	6,4	-	10,4 kg
6 Monate:	5,6	-	9,1 kg
5 Monate:	4,8	-	7,8 kg
4 Monate:	4,0	-	6,5 kg
3 Monate:	3,2	-	5,2 kg
2 Monate:	2,0	-	3,3 kg
1 Monat:	0,8	-	1,3 kg

Vorgeschlagener **Fütterungsplan** für einen etwa neunwöchigen Welpen, der dem Alter und Entwicklungsverlauf des Hundekindes, seinem jeweiligen Bedarf entsprechend durch Minderung oder Mehrung der Mahlzeitenanzahl und der Fütterungsmenge angepaßt werden kann:

7 Uhr: 1 Tasse Mehrkornbrei (Babynahrung, z.B. Milana 7-Korn-Brei, Milupa AG) mit Joghurt und Wasser körperwarm breiig angemischt

oder

1 angewärmte Bio-Joghurtportion (125 g Becher) mit o.g. Mehrkornbrei oder mit Getreide- und Gemüseflocken (für Hunde) breiig angemischt

oder

100 g Hüttenkäse oder Quark mit Wasser breiig angemischt und angewärmt

(Danach nur dreistündige Pause, da diese Mahlzeit weniger als eine Mahlzeit mit Fleisch sättigt.)

10 Uhr: $1/2$ Tasse gekochtes, kleingeschnittenes Fleisch oder Fisch (ca. 100 g) sowie 2 Eßlöffel weichgekochtes Gemüse (z.B. Karotten, Blumenkohl, Kohlrabi) mit Futterflocken und Flüssigkeit breiig angemischt und angewärmt

oder

$1/2$ Tasse Welpen-Vollwertnahrung (z.B. „Pedigree Pal Junior", Effem GmbH) angewärmt und nach Bedarf mit Flüssigkeit breiig angemischt

oder

60 g Fertigfutter für Welpen (z.B. „Selection for Puppies", Royal Canin) entweder trocken gereicht oder eingeweicht und angewärmt.

14 Uhr: Gleiche Mahlzeit wie 10 Uhr, evtl. mit Resten von vorherigen Fütterungen.

18 Uhr: 60 g Fertigfutter für Welpen, w.o.

oder

1 kleine Handvoll (etwa 50 g) Hundekuchen (z.B. „Pedigree Biscrok", Effem GmbH)

22 Uhr: Fast gleiche Mahlzeit wie 10 Uhr vom ersten Vorschlag, aber etwas mehr Fleisch als früh und nur 1 Eßlöffel Gemüse mit Futterflocken und Flüssigkeit, dazu die tägliche Gabe von Vitaminen und Mineralstoffen sowie zweimal in der Woche je ein Eigelb und einen Teelöffel Speiseöl (z.B. Distel- oder Sonnenblumenöl, kaltgepreßt).

Pflege und Gesundheitsvorsorge der Welpen

Zu den Züchteraufgaben gehört, den **Kot- und Harnabsatz** der Welpen zu überwachen und diesen nach Notwendigkeit durch sanfte Bauch- und Aftermassage auszulösen (siehe „Welpen in Not und ihre künstliche Aufzucht"). Denn neugeborene Welpen können, wie bereits erwähnt, ihre Verdauungsrückstände ohne Reflexauslösung nicht selbständig ausscheiden und gehen elend zugrunde, wenn ihnen vom Muttertier oder vom Züchter nicht geholfen wird.

Im Regelfall weiß die Hündin instinktsicher, was sie zu tun hat und beleckt ihre Kinder mit großer Ausdauer und Sorgfalt, wobei ihr allerdings zuweilen auch passieren kann, daß sie einen Welpen mehrmals hintereinander abschleckt, einen anderen dagegen unabsichtlich vernachlässigt. Es ist deshalb ratsam, der Hündin nacheinander die Welpen einzeln zum Belecken hinzuhalten. Hierzu setzt man sich am besten unmittelbar neben die Wurfkiste, nimmt jeweils einen Welpen in Normalstellung (Kopf oben, Läufe unten) in beide Hände und hält sein „Hinterteil" der Hündin so hin, daß ihre Zunge sein Bäuchlein und die Aftergegend bis zum Rutenansatz gut erreichen und ablecken kann. Halten Sie Papiertücher zum Abwischen von Harn und Kot in Bereitschaft! Manche Hündinnen fressen die Exkremente der Welpen nicht und verweigern insbesondere dann die Aufnahme, wenn ihr Nachwuchs andere Nahrung als reine Muttermilch bekommt.

In der Entwöhnungszeit werden die Bullykinder nur noch wenig oder gar nicht mehr von ihrer Mutter abgeleckt und gesäubert, was zu Verkrustungen und Entzündungen führen kann. Diese können z.B. bei Hündinnen in der kleinen Grube ihres Geschlechtsteils auftreten. Dort sammelt sich Schmutz, der Juckreiz auslöst und in der Folge eine Entzündung verursacht. Der Züchter sollte zur Vermeidung solcher Hautreizungen nach wie vor auf die Sauberkeit der Welpen, insbesondere auf die ihrer **After- und Geschlechtsgegend** achten und die Reinigung beschmutzter Körperteile nach Bedarf durchführen. Hierzu eignen sich feuchte Tücher mit einigen Tropfen eines neutralen Körperöls.

Auch in den **Ohren** der Welpen sammelt sich Schmutz, weil Ohrenschmalz für eine gute Haftung sorgt. Die Ohren müssen deshalb regelmäßig kontrolliert und bei Bedarf mit einemÖlläppchen oder mit einer speziellen Reinigungsflüssigkeit für Ohren (erhältlich beim Tierarzt) gesäubert werden. Seien Sie dabei aber bitte sehr vorsichtig, entfernen Sie nur den Schmutz, den Sie bei gutem Licht sehen können und überlassen Sie die gründliche Ohrenreinigung dem Tierarzt!

Den rasch wachsenden **Welpenkrallen** müssen Sie ebenfalls Aufmerksamkeit widmen und sie kurz halten, damit die Hundekinder sich nicht gegenseitig oder ihre Mutter verletzen können. Zuweilen weichen Muttertiere ihrem hungrigen Nachwuchs sogar aus und überlassen ihm die Zitzen nur noch in stehender Haltung statt in der Ruhelage. Manchmal wird dann irrtümlich angenommen, die Zähne der Saugwelpen wären schuld an diesem Verhalten der Hündin. In Wirklichkeit sind es die spitzen Welpenkrallen beim „Milchtritt". (Die Zähne der Saugwelpen kommen nämlich mit den mütterlichen Zitzen nicht in Berührung, weil sie durch die Zunge beim Saugen abgedeckt sind.) Werden die Krallen nicht rechtzeitig gekürzt, können sich bei den durch sie verursachten, anfangs harmlosen Hautkratzern, Entzündungen und Infektionen sowohl bei den Bullykindern als auch bei der Hündin einstellen.

Damit Welpen vor möglichen Krankheiten und Parasiten geschützt sind, müssen sie beizeiten entwurmt und geimpft werden. Die vorgeschlagenen Pläne für die **Entwurmung** und **Schutzimpfung** der Hundekinder sollen Ihrer Information und Terminplanung als Anhaltspunkte dienen. Der Tierarzt Ihres Vertrauens wird entscheiden, zu welcher Zeit er die Durchführung der Maßnahmen - und nach den örtlichen Gegebenheiten evtl. auch weitere – für richtig hält. An den „Entwurmungs- und Impftagen" können die regelmäßigen Gewichtszunahmen der Welpen ausbleiben. Das ist kein Grund zur Besorgnis, sofern der Bullynachwuchs einen ungestörten und normal-munteren Eindruck erweckt und nicht auf seine Nahrung verzichtet. Wenn Sie bei ihm jedoch irgendwelche Auffälligkeiten feststellen, sollten Sie unbedingt den Tierarzt um Rat fragen.

Welpen sind durch einen **Wurmbefall** deshalb so sehr gefährdet, weil sie von ihrer Mutter trotz aller vorsorglichen Maßnahmen infiziert werden. Haken- und Spulwurmlarven, die von Hunden z.B. beim Lecken aufgenommen werden, haben nämlich die Eigenschaften, sich entweder sogleich bis zur eigenen Geschlechtsreife zu entwickeln oder sich in den Organen und in den Muskeln ihres Wirtes in „Wartestellung" anzusiedeln. Die bei einer Trächtigkeit auftretenden hormonellen Veränderungen einer Hündin sind den eingekapselten Larven willkommener Anlaß, ihre unheilvolle Tätigkeit aufzunehmen. Sie wandern über die Nabelschnüre bis in die Leber der ungeborenen Welpen und in die Milchdrüsen des Muttertieres. Sobald der Welpe geboren ist, nimmt er über die Muttermilch Unmengen der Wurmlarven auf und die Larven aus der Leber wandern in den Darm. Hier entwickeln sich die Larven zu erwachsenen Würmern, die die Darmschleimhaut sehr schädigen und die für den Welpen bestimmte Nahrung verzehren. Stark von Würmern befallene Welpen verkümmern und sterben; überlebende Welpen sind ohne rechtzeitig vorgenommene Wurmkuren neue Larvenwirte. Rechtzeitig heißt in diesem Fall: Der Lebenszyklus der Larven, die sich in einem Welpen befinden, muß unbedingt *vor* der Geschlechtsreife des entwickelten Wurmes unterbunden werden! (Ein Spulwurmweibchen z.B. kann täglich bis zu 200.000 Eier legen!)

Vorgeschlagener **Entwurmungsplan**

1. Wurmkur: Welpen, 10 - 12 Tage alt
2. Wurmkur: 1 Woche später (ca. 17. Lebenstag)
3. Wurmkur: 2 Wochen später (ca. 31. Lebenstag)
4. Wurmkur: 2 Wochen später (ca. 45. Lebenstag)
Wiederholungskuren: alle 2 Wochen bis zum Absetzen
          und   10 Tage nach Eingewöhnung im neuen Heim
          sowie etwa 2 - 3 x im Jahr nach Bedarf

Vorgeschlagener **Impfschutzplan**

mit 7 Lebenswochen:	Impfung gegen Parvovirose	(P)
mit 8 Lebenswochen:	Impfung gegen Staupe, Hepatitis und Leptospirose	(SHL)
mit 12 bis 16 Lebenswochen:	Wiederholungsimpfung gegen Staupe, Hepatitis, Leptospirose, Parvovirose	(SHLP)
	und Impfung gegen Tollwut	(T)
danach:	jährliche Wiederholungsimpfung vor Ablauf des 12. Monats nach der Impfung zur Erhaltung des Impfschutzes gegen Leptospirose, Parvovirose und Tollwut	(LPT)
	zweijährliche Wiederholungsimpfung vor Ablauf des Impfschutzes gegen Staupe und Hepatitis	(SH)

Siebzig Jahre - ein Leben mit Hunden

Meine „Prägung auf den Hund" begann, bevor ich das Licht der Welt erblickte. Meine Mutter, auf Schritt und Tritt von „Hexi" und „Argo", einem Scotch- und einem Airedaleterrier begleitet, gebar mich in einem Raum, neben dem die Tiere ihr Lager hatten. (Hausgeburten waren in meinem Geburtsort, Bad Kudowa, um 1930 üblich.)

Dem neuen Lebewesen galt von nun an die ungeteilte Aufmerksamkeit und Anhänglichkeit dieser Vierbeiner, die ich erwiderte. „Hexi", „Argo", ihre späteren Nachfolger und viele Hunde der Nachbarschaft waren meine liebsten Spielkameraden und vertrautesten Gefährten. Puppen mochte ich nicht, ich fand sie langweilig. Mit Hunden war das nie so, ich konnte den ganzen Tag mit ihnen verbringen, sie bemuttern, pflegen und ihnen Erziehungslektionen erteilen. Waren wir müde, verkrochen wir uns in einem Heuschuppen, träumten und schliefen dort, wie Welpen aneinander gekuschelt, bis wir gerufen wurden.

All' meine Lebensjahre sind mit Erinnerungen an Hunde der unterschiedlichsten Rassen und Gestalt verknüpft. Wenn ich nicht bei meinen Freunden sein konnte, blieb ich mit ihnen in Gedanken verbunden. Ich schrieb Erlebnisse auf oder las alle mir zugänglichen Tierbücher und medizinischen Fachbücher, denn natürlich wollte ich denselben Beruf wie mein Vater ergreifen und Ärztin werden. (Daß ich nicht, sondern meine Tochter Jutta erst die Möglichkeit zum Studium meines „Traumberufs" hatte, sei ergänzend erwähnt.)

Vor etwa fünfundvierzig Jahren lernte ich die Französische Bulldogge kennen. Wenn man von „Liebe auf den ersten Blick" sprechen kann, so traf das bei dieser Begegnung voll zu. Daran hat sich bei mir nur geändert, daß sich dieses Gefühl weiter vertiefte und verstärkte.

Was mir mein Hund, mein Bully bedeutet, versucht das Gedicht „Gefährte Hund" auszudrücken.

Gefährte Hund

Da liegst Du nun, mein Hund,
und schaust mich an mit aufmerksamen Augen,
Du wedelst und fragst nicht nach einem Grund,
mir Deine Liebe zu bekunden.

Du bist mein Freund, mein Hund,
geduldig, mir bedingungslos ergeben,
wir schlossen einen Lebensbund
und dreh'n gemeinsam uns're Runden.

Ich rede gern mit Dir, mein Hund,
denn Du verstehst mich, Du kannst schweigen,
Dir gebe ich Gedanken kund, -
wem könnte ich sie sagen? -

Ich danke Dir, Gefährte Hund,
für Dein Vertrauen und für Deine Treue,
laß uns zusammensein noch manche Stund',
bis Sensenmann uns scheidet.

Ursula Bratke-Jorns

Um die Seitennummerierung nicht zu sprengen, erst hier einige Worte zur dritten Auflage:

Seit dem Entstehen meines Lebenswerks, dem „Bullybuch" in den Jahren 1990 bis 1993 hat sich mehr ereignet, als in Jahrzehnten zuvor. Völlig neue Forschungsergebnisse (z. B. die Entschlüsselung der Gene) liegen vor, aufgrund dieser wurden veränderte Erkenntnisse und Ansichten populär, die Verhaltensforschung wurde intensiv betrieben, alte Gesetze und Verordnungen wurden gestrichen und/oder korrigiert, ergänzt, anders formuliert (wie z. B. Kaufverträge) oder völlig neue Gesetze erlassen. Eine „neue" Rechtschreibung löste die „alte" ab, andere Ansprechpartner und Anschriften ersetzten die vorhergehenden, neue Züchter meldeten ihre Zwinger an, alte starben oder gaben auf und natürlich entwickelte auch ich neue Ideen und Ratschläge zum Besten unserer Bullies.

Gern würde ich mein Buch auf den neuesten Wissensstand bringen und zu jeder Zeit „top-aktuell" erhalten. Doch keinem Autor ist dies möglich. Die Zeit bleibt nicht stehen und bevor die Druckerschwärze trocknet, hat sich irgendetwas Wichtiges irgendwo bereits ereignet, das der übereifrige Schreiber unbedingt auch noch hinzufügen möchte und nun vor der Frage steht, entweder sein Buch, so wie es ist, abzuschließen oder bis zum Nimmerleinstag zu bearbeiten. Um auf den Kaufvertrag zurück zu kommen: Mein „unverbindliches Kaufvertragsmuster" (Seite 31) veränderte ich nicht. Denn selbst der beste, super-korrekt und juristisch einwandfrei formulierte Vertrag kann einen „Streithammel" nicht daran hindern, etwas zu bemängeln und eine teure, unter Umständen jahrelange „Rechtsstreitlawine" los zu treten.

Bei dieser vorliegenden Auflage habe ich nur eine mir sehr wichtige Ergänzung (Seite 247) eingebracht und alle anderen Kapitel in bewährter Form belassen. Auch hierfür bitte ich um Ihr Verständnis und verlasse mich auf Ihr Gefühl und Ihren Verstand, das „Bullybuch so zu verstehen und auszulegen, wie es gemeint ist: Ein Ratgeber für die Freunde Französischer Bulldoggen, ohne den Anspruch auf Perfektion und Vollständigkeit zu erheben oder auf jede Frage antworten zu können.

Schönau am Königssee, im Juli 2003

Ursula Bratke-Jorns

Kontaktadressen

Deutschland: Internationaler Klub für Französische Bulldoggen e.V. (IKFB), 1. Präsidentin u. Welpenvermittlung: B. Pallasky, D-61350 Bad Homburg v.d.H.; Zuchtleiterin: Dr. med. vet. J. Gerwert, 46342 Velen; Zuchtbuchführerin: H.Neumann, 23816 Neversdorf

Verband für das Deutsche Hundewesen e.V. (VDH), Dortmund, Westfalendamm 174, Tel. 0231/56500-0; Telefax 0231/592440

Deutscher Tierschutzbund e.V., Baumschulallee 15, Bonn

Bundesverband Tierschutz, Dr.-Boschheidgen-Str. 20, Moers

Tasso-Haustierzentralregister, Frankfurter Str. 20, 65795 Hattersheim, Tel. 06190/932214; Telefax 06190/5967

Belgien: Union Royale Cynologique Saint-Hubert, 98 Avenue Albert Giraud, B-1030 Bruxelles, Tel. 0032-2/245 4840, Fax: -2/245 8790

Bulgarien: Fédération Cynologique Républicaine prés du Conseil Central de l'Union Bulgare des Chasseurs et des Pécheurs, 31-33 Boulevard Vitoche, BG-1000 Sofia, Tel. 0035-9/86687

Dänemark: Dansk Kennel Klub, Parkvej 1-Jersie Strand, DK-2680 Solrød Strand, Telefon 0045-56/188100, Fax: -56/188191

Finnland: Suomen Kennelliitto Finska Kennelklubben, Kamreeintie 8, SF-02770 Espoo, Telefon 00358-9/887300, Fax -9/88730331

Frankreich: Société Centrale Canine pour l'Amélioration des Races de Chiens en France, 155, avenue Jean Jaurés, F-93535 Aubervilliers Cedex, Tel. 0033-1/49375400, Fax: -1/49370120

Griechenland: Kennel Club of Greece, P.O. Box 51119, GR-14501 Kifissia/Athens, Tel. 0030-1/6209707, Fax: 1/8076802

Israel: Israel Kennel Club, P.O. Box 10555, IL-52110 Ramat Gan, Tel. 00972-(0)3/672 7174, Fax -(0) 3/6727173

Italien: Ente Nazionale della Cinofilia Italiana, Viale Corsica 20, I-20137 Milano, Tel. 0039-(0)2/7002031, Fax: -(0)2/70020364

Jugoslawien: Jugoslovenski Kinoloski Savez, Alekse Nenadovica 19-23, YU-1100 Beograd, Tel. 00381-11/437652, Fax: -11/437652

Kroatien:	Hrvatski Kinoloski Savez, Ilica 61, KR-1000 Zagreb, Tel. 0038-51/4846124, Fax: -1/4846124
Luxemburg:	Union Cynologique Saint Hubert du Grand Duché du Luxembourg, Boite Postale 69, L-4901 Bascharage, Tel. 0035-2/502866
Monaco:	Société Canine de Monaco, Avenue d'Ostende 12/Palais des Congrés, MC-98000 Monte Carlo, Tel. 00377-93/505514
Niederlande:	Raad van Beheer op Kynologisch Gebied in Nederland, Postbus 75901, NL-1070 AX Amsterdam Z, Tel. 0031-20/6644471
Norwegen:	Norsk Kennel Klub, Nils Hansens Vei 20/Box 163 BRYN, N-0611 Oslo 6, Tel. 0047-22/656000, Fax: -22/720474
Österreich:	Österreichischer Kynologenverband, Johann-Teufelgasse 8, A-1230 Wien, Tel. 0043-1/8887092 oder 1/8887093
	Österreichischer Club für Französische Bulldoggen, Vorsitzender RA Dr. Hannes Pramer, Geschäftsstelle: E. Pramer, Stiftgasse 15, A-1070 Wien, Tel. 0043(1)5261926 oder -5233566
Polen:	Zwiazek Kynologiczny w Polsce, ul. Nowy-Swiat 35, PL-00029 Warszawa, Tel. 0048-22/8260574, Fax: -22/8264654
Portugal:	Clube Portugués de Canicultura, Rua Frei Carlos 7, P-1600 Lisbonne, Tel. 0035-1/1799 4790, Fax: 1/17994799
Rumänien:	Asociatia Chinologica din Romania, Str. Popa Tatu 61, RO-70771 Bucarest, Tel. 0040-1/314 3763, Fax: -1/314 3763
San Marino:	Kennel Club San Marino, Via F. Fiori, 27, RSM-47895 Domagnano, Tel. 0037-8/90 1842, Fax: -8/904465
Schweden:	Svenska Kennelklubben, Rinkebysvängen 70, S-16385 Spänga, Tel. 0046-8/7953000, Fax: -8/7953040
Schweiz:	Schweizerische Kynologische Gesellschaft, Länggassstr. 8/Cace Postale 8217, CH-3001 Bern, Tel. 0041-31/301 5819 oder -31/302 2373, Fax: -31/3020215
	Schweizerischer Klub für Französische Bulldoggen (SKFB), Präsident: Antoine Leuenberger, CH-2036 Engollon, Telefon und Fax: 0041 (0) 32 753 5266
Slovakische Republik:	Slovenska Kynologicka Jednota, Stafanikova 10, SK-81105 Bratislava, Tel. 0042-17/5249 2298, Fax: -17/5249 2298

Slovenien: Kinoloska Sveza Slovenije, Ilirska 27, SLOV-61000 Ljubljana, Tel. 00386-61/320949, Fax: -61/315574

Spanien: Real Sociedad Canina de Espana, Lagasca, n° 16, Bajo Derecha, E-28001 Madrid, Tel. 003491/426 4960

Tschechische Ceskomoravská Kynologická Unie, U Pergamenky 3, CR-17000
Republik: Praha 7 - Helesovice, Tel. 0042-(0)2/66712827

Ungarn: Magyar Ebtenyésztök Orszagos Egyesülete, Tétényi ut 128/b-130, H-1116 Budapest, Tel. 0036-1/208230.

Literaturverzeichnis

Auszug benutzter und weiterführender Literatur

Appel, F.:	Rückblick zum 50jährigen Jubiläum des I.K.F.B., München 1959
Bairacli-Levy de, J.:	Die Aufzucht junger Hunde nach natürlichen Methoden, Rüschlikon bei Zürich, 3. Aufl.
Bayer. Staatsministerium der Justiz:	Das Haustier und sein Recht, München 1989
Burkert, B.:	Der Bully, München 1971
Busack, W.:	Pflege und Abrichtung des Hundes, München
Bylandt, H. von:	Hunderassen, Wien und Leipzig o.J.
Comminges, W. de:	Le Bouledogue français, Paris 1933
Cooper, H. St. John:	Bulldogs and all about them, London 1925
Das Beste aus Reader's Digest:	Mein Freund der Hund, Stuttgart 1988
Deutscher Club für Bullterrier e.V.:	Das Deutsche Bullterrier Handbuch, Weiden 1982
Dzwillo, M. u.a.:	Das neue Tierreich nach Brehm, Gütersloh 1973
Edney, A./Mugford, R.:	1 x 1 der Hundehaltung, Mürlenbach 1989
Elmadfa, I. u.a.:	Die große GU Nährwerttabelle 1988/89, Verlag Gräfe und Unzer, München
Farman, E.:	The Bulldog, 3rd edition, London 1903
Feddersen-Petersen, D.:	Hundepsychologie, Wesen und Sozialverhalten, Stuttgart 1986
Fleig, D.:	Die Technik der Hundezucht, Mürlenbach, 1. Aufl. 1987
Fleig, D.:	Gladiatoren I, Mürlenbach, 5. Aufl. 1981
Gay, A.-L. und E.-P.:	Die Französische Bulldogge, St.-Maurice 1971
Harant, W.:	Unser Kamerad Hund, München, 4. Aufl. 1959
Hutchinson, W.:	Hutchinson's Dog Encyclopaedia, 3 Bde., London o.J., ca. 1934
Klever, U.:	Dein Hund - Dein Freund, Reinbeck 1978
Lorenz, K.:	So kam der Mensch auf den Hund, München, 10. Aufl. 1971
Lundberg, I.:	Kommentarer till rasstandarden för Fransk Bulldogg, Nossebro 1991
Luquet, M.:	Dogues et Bouledogues (Races Brachygnathes), Bruxelles 1982
Müller, H.:	Der Bullterrier, Hamburg und Berlin, 2. Aufl. 1989
Meyer/Bronsch/Leibetseder:	Supplemente zu Vorlesungen und Übungen in der Tierernährung, Hannover 1985
Niemand/Suter:	Praktikum der Hundeklinik, 6. Auflage, 1989, Verlag Paul Parey Berlin und Hamburg
Ochsenbein, U.:	Der neue Weg der Hundeausbildung, Rüschlikon bei Zürich, 3. Aufl. 1979
Pugnetti, G./Napoli, M.:	Hundelexikon, Köln 1983
Rheenen van, J.:	Das Lexikon für Hundefreunde, Berlin 1969
Sieber, I./Aldington, E.:	Hundezucht naturgemäß, Weiden, 3. Aufl. 1984
Stanek, V.J.:	Das große Bilderlexikon der Tiere, Gütersloh 1975
Stockmann, F.:	Das Gangwerk des Hundes, Weiden 1985

The French Bulldog Club of America and The French Bulldog Club of New England:
                The French Bulldog, New York 1926

Trenkle, E.:   Die Französische Bulldogge, Gräfelfing bei München 1937

Trumler, E.:   Das Jahr des Hundes, München 1986

Ullrich, K.:   Der kranke Hund, Berlin, 2. Aufl. 1950

Uzé, M.:   Das Hundebuch, Wiesbaden 1953

Walser, K./Bostedt, H.:   Neugeborenen- und Säuglingskunde der Tiere, Stuttgart 1990

Wiesner, E./Willer, S.:   Lexikon der Genetik der Hundekrankheiten, Basel und weitere 1983

Wintzell, A.:   Hunde, meine große Liebe, München und Wien 1976

Woodhouse, B.:   Wie erziehe ich meinen Hund? München 1980

Register

NOTIZEN

NOTIZEN

NOTIZEN